印度洋战略研究丛书

中国海外利益风险分析

基于中国“走出去”战略的全球视角

宋海啸◎著

时事出版社
北京

图书在版编目（CIP）数据

中国海外利益风险分析：基于中国“走出去”战略的全球视角/宋海啸著. —北京：时事出版社，2017. 12

ISBN 978-7-80232-958-4

Ⅰ. ①中…　Ⅱ. ①宋…　Ⅲ. ①国家利益—风险分析—中国　Ⅳ. ①D621

中国版本图书馆 CIP 数据核字（2017）第 287993 号

出 版 发 行：时事出版社
地　　　址：北京市海淀区万寿寺甲 2 号
邮　　　编：100081
发 行 热 线：（010）88547590　88547591
读者服务部：（010）88547595
传　　　真：（010）88547592
电 子 邮 箱：shishichubanshe@ sina. com
网　　　址：www. shishishe. com
印　　　刷：北京朝阳印刷厂有限责任公司

开本：787 × 1092　1/16　印张：21. 5　字数：369 千字
2017 年 12 月第 1 版　2017 年 12 月第 1 次印刷
定价：138. 00 元

序

文化软实力与中国海外利益维护

赵伯乐

（云南大学国际关系学院教授）

一、什么是“软实力”？

“软实力”这个概念实际上是被引进而来的，“软实力”的概念运用在国际关系这个领域当中，最早的提出者是美国学者约瑟夫·奈。约瑟夫·奈不是一个单纯的学者，他既有美国著名的哈佛大学教授的学者身份，同时也曾在美国的政府中两次担任美国国防部副部长一职。所以在1990年，他从他自己的学术学历和从政经历中提出了一个在国际关系学里比较引人注目的概念，就是“软实力”的概念。“软实力”到今天作为一个正式的概念被提出已经有20年的时间了，事实上它本身也在不断的修正和完善。按照现在一个比较通行的说法就是，所谓软实力是一种依靠吸引力，而非通过威逼或利诱的手段来达到目标的能力。

我想我们还是从最初的这个词说起，就是“power”。因为“power”这个词译成中文是有不同用词的，而且在我们国内的学术界也曾经有过一些不同的看法。“power”的原意实际上是权力的意思。“权力”这个词尽管它的含义非常多，但是有一个基本点应该是正确的，就是自己的自由和对别人的一种影响。也就是说，权力的含义就是作为我拥有权力的主体而言，我可以随心所欲地做我想做的事，这就是权力。而对于别人而言，就是我有一种力量能够强迫别人，或者是利诱别人来做我的意志希望他做的事情，这就是权力。当然，我说的是国际关系这个领域当中权力的含义。

中国翻译“power”的时候，特别是在软和硬这两个字联系在一起的时候，常常我们不用这个含义，而用“实力”。“实力”的含义，我的理解它实际上着重讲的是一个行为体、一个国家他所具有的一种力量的聚合。

从硬实力的角度而言，实力确实能够更好地说明硬实力或硬权力本身的含义，硬实力本身确实主要指的是一个国家所拥有的、可以量化的、可以看得见的一种力量的状态。所以，硬实力主要反映在以下几个方面：一是经济利益。因为经济利益我们可以用GDP、钢产量、自然资源和石油蕴藏量有多少等这些指标来非常清晰地表达出来，而且还可以很清楚地表达出来与其他国家相比，其经济利益的强弱；三是军事力量。比如说一个国家每年在军事领域当中有多少投入，拥有多少艘航空母舰，多少架战斗机等等。刚才所提到的这些指标都是可以量化的，而且它所能够发挥的作用往往我们也能够比较清晰地感受到。从这个角度上来说，硬实力是非常精确的。

与之不同的是软实力，因为如果按照软实力概念的提出者约瑟夫·奈的观念，软实力主要是源于一个国家的文化、政治理念和政策，特别是外交政策。而这三个方面相比于硬实力而言，我们就会发现它很难精确地量化。因为你无法说这个国家的文化是多少。比如军事力量，我们可以很清楚地说出一个国家的军事实力如何等等。但是文化很难判断，也许在某些方面可以说这个国家的出版量是多少，一年有多少电影的产量，但是仅仅只是这些数量是无法正确反映出一个国家文化力量的强或弱。同样的道理，我们说到政治理念也很难用量化的标准来说。要说这个国家的政策，特别是外交政策也无法用清晰的用量化标准来说。因此，从这个角度来看，软实力和硬实力相比，都有自身的一些特点。所以，在国家的一个行为过程中，他对别的国家施加影响的时候往往是硬软并用的。这就是软实力。

作为一个国家，特别是像中国，正在快速发展中的国家，在不同的时期我们的发展重点是有侧重的。在这些年，中国的硬实力往往是放在发展的一个相对比较偏重的位置上，但是光有硬实力一定是不够的。所以，硬软兼备是真正意义上的世界强国所必须具有的，而且随着时间的发展，越接近顶尖强国的位置时，我认为软实力的重要性就显得更加重要。因为这个时候他的目标已经不局限于只是把自己国家的事情办好，同时他的目标是要在这个世界舞台上发挥越来越大的作用，这样就可以影响世界。因为有了这个目标，软实力的作用就凸显出来了。

通观世界，我们发现一个非常普遍的现象，就是很多国家里面的政治家和学者们，对于软实力的认识相对较晚，也要弱于硬实力的认识。不管是美国、英国这些传统的强国，还是像中国、印度这样新兴的大国，似乎在社会的层面，在一般舆论的层面，大家都非常看重硬实力的发展。因为我们首先要做的是我们看得见的，并感受得到的，没有强硬实力，软实力是不会强的。

软实力特意强调是1990年才提出的，美国成为世界超级强国，那是几十年前的事，但是美国这几十年内也不太强调软实力，在学术上也没有特意强调软实力，这是一个普遍的现象。但是如果看到这种现象我们就误认为说软实力的发展在序列当中一定是晚于硬实力的话，那这种认识就是误区。事实上对于一个国家而言，特别是对于一些成功地实现了崛起的大国而言，软硬同步发展，这是一个必然的规律。如果你不同步发展的话，那么你不可能成为一个真正的大国。

比如说英国和美国，就我的研究，他们是成功地实现了崛起目标的传统大国。因为任何一个时代要崛起的国家都不会只有一个，从来都是群体崛起的。英国那个时代，荷兰、葡萄牙、西班牙等很多国家也崛起了，但是走完这个路的、成为真正意义上的世界大国只有英国。美国也是一样的，冷战时期美国跟苏联争斗了这么多年，都想成为一个世界的真正大国，但是美国走到了最后。各位从历史中可以发现，英国最早完成的是本国的政治制度的构建，属于软实力。英国的工业革命在经济上的起飞要晚于他的政治制度100年左右，但英国注重软实力大于硬实力的建设。

同样的情况也发生在美国身上，美国200多年前就独立了，但是美国真正在经济上的飞跃是在他的政治制度固定下来以及文化体系基本成形以后，经过百年的时间才走完的，这是成功的经验。所以，软实力尽管我们可能认识得不是那么明晰，但是，如果我们不能在文化上、政治理念、政治制度、外交政策上和我们国家的经济和军事力量同步协调把发展前进的话，中国是不可能实现成为一个世界大国的目标，这一点是毫无疑义的。所以，中国必须全面发展，在世界的舞台上做出大的调整与规则，有力地增强国家软硬实力的基础建设，中国才能有更大的发展、突破。

二、中国海外利益与海外利益保护的特点

我个人认为中国的海外利益本身就包括硬软两个方面的特点。“利益”这个词是基于现实主义考量的，这是我们讨论的一个必要前提，同时也是互利双赢的基础条件。

因为现在按照通行的说法，海外利益是使海外侨民的生命得到保护，他们的经营活动能够获利，我们走向海外的这些企业和公司，并使他们在海外能够获利的这些项目活动能够达到他们的目标。中国走向海外，包括运输，在航线上要得到保护。而这一切，我们都能看到一个共同的东西，就是他们都和我们的经济领域密切相关，或者说，和我们的安全息息相关。

海外利益保护有两种形式，一种形式是硬手段。当我们的海外利益受到威胁，我们采取在经济上制裁，或者出动武装力量，迫使对方让步，使我们的利益得到有效的保护。例如我们在索马里海盗的问题上，很显然我们采取的就是硬手段，派出我们的海军到前面去护航，将威胁消除。

第二种手段就是软手段，软手段就是向对方施加影响，而这种影响更多的是一种缓和的，比如说文化方面，通过外交手段来谈判。促使对方的态度发生转变，使其对政策做出调整，从而使危机得到缓解，使可能发生危机的趋势发生转变，转向良性的方面。

虽然这两种方法我个人认为，后者也许它的效果不会马上显现出来，因为它需要一个过程。但是从长远的角度看，后者似乎更加聪明，也更加具有可持续性。

三、近年来中国海外利益保护呈现的趋势

据我所知，事实上这些年来我们在海外利益保护方面所面对的挑战更

多的是"软挑战"和"软制约"。因为如果按照一般的、现在国际流行的游戏规则，特别是在经济活动领域，我们中国的实力是很少有哪个国家能够跟我们硬碰硬来挑战的。比如说海外油田的开发权，大家投标，谁给的条件好就由谁开发，因此我们可以竞争，我们也愿意竞争。

相反是来自其他涉及软实力的领域，很多国家都会给我们设置障碍。比如说中国的通讯部门要想进入其他国家市场的时候，其他国家不会说你中国的企业实力较弱技术落后，他们认为一旦中国企业进入后会威胁本国的国家安全，所以不让其加入，等等。

很显然，这些例子太多太多，然而这些例子背后最重要的一点就是软实力。

目前中国的硬实力与软实力的发展是不太平衡的。我自己有一句话是这样说的，"我们的脚步已经走到外国去了，已经走向世界了，可是我们的脑袋还没有完全走向世界，有点不太平衡"。所以，当我们遇到了有关海外利益方面的情况时，我们更习惯地是用我们传统的思维，也就是重视硬实力，重视硬手段，而对于软实力方面却准备不足。因此，我们有点力不从心。正因为出现了这样的情况，我们才需要在海外利益保护上，将我们的重视度放在软实力方面。

四、应用软实力，充分发挥其在保护海外利益方面的作用

首先我个人认为，对于中国的软实力，他到底应该包括哪些东西，以及他在保护海外利益方面能够起到什么作用，先以美国为例。

美国在成为世界大国的历程中是非常错综复杂的，政策制度理念先行，然后经济实力再起飞，同时也有一个先达到硬实力的目标，然后再扩充软实力。美国在19世纪末，GDP总量就已经超过了英国而成为世界第一大国，但是美国一直到1945年才成为真正意义上的世界头号强国。这里面除了很多其他原因之外，有一个很重要的原因就是，美国在19世纪末一直到第二次世界大战期间，他始终没有把自己的国家定义为一个世界大国。他有一个光荣、孤立的政策，他的老师是从英国来的，他始终认为把自己的事情做好就可以了，所以他最多就只是讲拉丁美洲是他的"后院"，他只在这个地区发挥他的作用。很显然，虽然美国可能已经有了一定的软

实力，但是他在很长一段时间并没有认识到软实力的重要性。只有到了第二次世界大战结束的时候，他才真正以世界的领袖、世界的强国来自居。这个时候他已经意识到了他可以给世界带来更大的影响，这种影响是什么呢？我们会发现他非常聪明，他开始从制度的建设、设计，以及构建一个执行这些制度的运行机制方面着手。所以，我们会看到他主导联合国、世界一些经济组织和一些法律组织等等。

现在我们回过头来看中国，中国有一个先经济改革后社会改革，最后政治改革的序列。这个序列是合理的，因为在30多年前中国的经济改革不能不走。当中国借助改革开放走向世界的时候，邓小平同志的那句话说得非常清楚，“当今世界的主题是和平与发展”。30多年的经验证明，中国改革我们是受益的。

我们现在有历史文化方面的优势。一方面我们在制度建设这个领域中，我们更多只是个适应者，然而我们有的是传统文化领域的优势。但就今天的海外利益方面而言，我们会发现，实际上中国人在海外是有断层的。为什么我要这么说？中国走向海外至少有几百年的历史，我们知道几百年前明、清时期就有非常多的人走向海外。今天也有很多人走向海外，这是新一代的移民。老一代的移民和新一代的移民之间其实是有很多变化，相比之下，老一代的移民身上带有很多中国传统文化的根基，他们融入到当地的社会后，却依然保留了自己的传统文化。

但是新一代的移民，坦率地说，中国的历史优势和长处在他们身上并不是很明显，这样就形成了一种落差。现在在海外的影响力越来越大，涉及的领域也越来越广，但是相应的，国际环境和中国的海外同胞、海外企业的生存环境却没有完全同步地改善和发展。甚至相反，我直观的感觉，我们的国际环境受到的挑战也随之越来越多。

在软实力的领域中，包括文化、政治理念、政治制度以及外交几个层次。如果从软实力的角度来讲，外交包括两个方面：一个是政府外交，一个是民间外交，或者叫公共外交。而公共外交的意识和能力，中国的很多企业和老百姓现在应该还处在一个刚刚起步的、意识相对比较薄弱的阶段。大多数中国企业家认为外交是政府的事情，其实他们的一言一行都关系着中国的外交。

所以，我们要学会保护自己的利益，这个责任不仅仅只依靠政府，更多地还在于海外的中国公民本身。所以，必须要正视它的重要性。并加以灵活运用。

其实近两年来还有一个新的词出现了，叫做“巧实力”。“巧实力”有它的含义，我在这里仅是借用这个概念，我想说的是，你要会用它，有实力不等于它就能够自然而然地发挥效益，你要在合适的时间、合适的地点用合适的方法去运用它，它才能发挥最大的效益。我们运用这个“巧实力”的方式、运用软实力的能力现在还有待于提高。这个不仅仅是在老百姓的层面，政府也是如此。

五、几点思考，一个总结

第一，中国海外利益的延伸是中国未来发展的必然趋势。一个大国不会只闭门造车，他必然是要走向世界的。正因为我们走向世界的步伐是不会停止的，因此在海外利益方面的挑战一定也是长期存在的，而且在近期会呈现多发性与复杂性的趋势。中国现在的经济实力是世界第二，我记得人民大学国际关系学院的金灿荣教授曾说过：“老二是最难当的”，我非常赞同这句话。老二为什么难当？老大不喜欢你，因为老大觉得你对他造成威胁了，怕你将来可能取代他，所以老大总要压制你。老三、老四、老五、老六也不喜欢老二。为什么？因为他们觉得你在上面压着我，其实你比我强不到哪里去。所以，在以前的国际关系历史中，常常是老大和老三、老四、老五联合在一起，老大不和老二在一起。德国当过老二，日本当过老二，前苏联也当过老二，他们最后的发展都不尽如人意，要走出这样的怪圈是需要我们共同去努力的。

第二，软实力更多体现的是运用这种力量的能力。我记得香港大学的丁学良先生在云南大学讲座的时候，他曾经说过一句话让我记忆深刻，他说“相比于硬实力而言，软实力的影响力是相对可怕的”。因为软实力是在不知不觉当中“不请自来”，例如，他说好莱坞电影，你是心甘情愿地掏钱去电影院看，没有人强迫，他说可怕就可怕在这里。中国文化有没有这样的魅力，有没有这样的磁性？我认为其实是有的，只不过我们现在做得还不够。所以，我们要学会运用这种实力的能力。

第三，如何用软实力来维护自己。我觉得我们其实依然是停留在一个操作的层面上，事实上当我们达到一定水平的时候，我们还要再上一个台阶，这个台阶就是我们要主动地参与到世界秩序的构建和改造的过程当中去。我们现在只是一个适应者，因为这个规则不是我定的，我们的话语权不多。那么，一旦我们达到了某个水平的时候，我们就应该是成为这些规则的制定者。当你真正达到这一步的时候你才可能成为当今世界秩序的主导者。当然，我们也就能够在运用我们的软实力保护海外利益方面更加主动，能够取得更多的效果。

（根据“岭南大讲坛·文化论坛——中国海外利益保护专场”录音整理）

目　录

第一章

导 论

一、中国海外利益风险研究综述

2000年，国家把“走出去”上升到国家战略，中国国际贸易进入了快速发展的轨道，中国企业国际化经营也呈现“井喷式”增长。2007年，为实施“走出去”战略。2013年，中央经济工作会议提出，建设“21世纪海上丝绸之路”，进一步提升我国对外开放水平。

经中国海外利益风险研究专家调查和研究与中国对外经济关联比较密切的几十个国家和地区政治、经济和社会状况，以及中国近100家企业的海外经营情况，发现中国海外利益风险露点较多、敞口较大，保护情势严峻。我们组建了“中国海外利益风险分析课题组”，网罗国内外著名专家学者，深入研究海外利益风险问题，建立海外利益风险预警机制，为中国“走出去”企业提供贴心服务，同时加强与对象国（地区）的沟通，增进中国与世界国家的相互理解、沟通与民心沟通、政治互信，为国家发展战略服务。

二、中国海外利益风险分析基本理论与方法

建立中国海外利益风险分析与风险预警机制，必须结合不同国家和地区的差异性特征，以及中国海外利益涉及的广度和深度，从政治、经济、社会、人文环境等多角度进行综合分析，以准确性高、可操作性强的指

标，建立海外实时预警机制。

中国海外利益风险分析与风险预警机制建立的重点在于高效、准确地分析海外政治、经济、社会、人文等环境变化情况并根据变化提供预警报告。关于海外利益保护的调查、研究和评估，是一个系统、科学的工程，应当协同中央和地方成立一个跨部门、多学科的科研人员队伍，就目前涉及到中国海外利益的重要方面、关键环节和热点问题，进行集中攻关研究，定期发布中国海外利益风险信息。

中国海外利益风险分析与风险预警机制坚持科学合理、系统全面、简明可行、通用可比、内涵对应及导向性、主客观指标相结合原则，体现可衡量、可操作、可评价特点，突出不同海外投资环境的变化趋势。

（一）中国海外利益风险分析与风险预警机制的功能要求

1. 决策导向功能。指标对各级政府的决策具有很强的导向性。因此，指标的设置必须高度符合国家海外利益的重大决策部署和战略要求。

2. 分析功能。指标必须较完整地反映国际经济环境和利益相关国家或地区的内部经济环境，并能较好地预测海外经济发展的实际效果和动态进程。

3. 预警功能。指标应充分发挥预警功能，从海外经济环境发展的综合水平中发现潜在的国际或国内风险，为中国各级部门及海外企业决策提供参考。

（二）中国海外利益风险分析与风险预警机制构建的原则

1. 以国际环境分析与特定国家（地区）考察相结合原则。对国际经济环境的分析有利于把握国际市场运作情况与经济发展趋势，从中了解中国海外利益在不同国家和地区所面临的潜在共同风险。对特定国家的考察能够充分地了解海外企业在业务所在地区所面临最为直接的风险，是对海外利益所面临的风险进行差异性分析。因此，必须遵循国际经济环境分析和对特定国家考察相结合原则，提供全面的海外企业生存和发展环境分析和风险评估。

2. 科学评价原则。指的是客观、准确、全面反映被评价对象的本质特征。科学评价原则包含三个方面的内涵：一是风险评估的指标内容的科学性，使指标内容能够完整的多角度的反映中国海外利益发展环境的综合水平；二是由指标所构成的风险评估体系，应能客观的体现评价的目的，所选取的指标能够科学客观地评价出海外环境的现状、存在的风险和发展趋势等；三是评价指标体系的构建方法具有科学性，使指标体系既能反映海外利益风险的实际水平，在长期的工作中又能客观反映政府各项指导工作的努力和成效。

3. 系统全面性原则。海外利益风险的测量涉及到方方面面，影响因素众多，其中以经济因素为主，同时也包括非经济因素；既受到国际经济环境发展的共性所影响，又受到特定国家或地区的实际环境所左右。在综合比较权衡中，风险评估体系的制定必须能够完整地多角度的反映海外发展环境的综合水平，使风险评估体系成为一个层次分明的整体。

4. 简明可行性原则。在确定海外发展环境的风险评估体系时，要从各国和各地区经济社会、自然条件和文化传统的具体实际出发，尽量简明扼要，既便于调查实际操作，又方便政府进行宏观指导。

5. 通用可比性原则。风险评估体系要求所选用的各项指标要具有相互独立性，避免交叉重叠。评价指标既要充分体现当时当地的企业发展的实际需求和客观生存环境的相对稳定性，又要对未来的近期发展有所预见而力求保持一定的连续性，使评估体系有广泛的适应性，要尽可能采用各国通用的、普遍认可的指标，并符合统计制度标准要求，方法统一，口径一致，计量单位规范。

6. 动态预警原则。根据科学构建的风险评估体系，对各个国家及地区的发展环境进行动态的监测。一旦出现重大的变化，能够及时迅速地做出预警，促使相关部门和企业针对突发状况做出相应的调整。

（三）中国海外利益风险分析的核心观测点

1. 核心关注：中国企业海外利益的海外并购、海外直接或间接投资、海外市场和业务开拓的相关风险；海外华人华侨、海外资产的风险现状研究。

2. 主要内容：主要从社会、政治、经济、个性四大类别进行指标体系评估，并以此为根据，主要识别四大类别风险：

（1）社会风险：对象国社会内部分层冲突、不同利益集团冲突、民族宗教冲突、对华态度的变化等。

（2）政治风险：对象国政府效率，政府的财政、货币、外汇、税收、环保、劳工、资源政策的调整，政府更迭、武装冲突、战争，国际政治环境变化及国际关系变化等。

（3）经济风险：指国际和对象国经济危机、金融市场动荡、主权债务危机、通货膨胀、利率汇率变动等宏观经济形势变化。

（4）个性风险：由于所在国家和地区与中国的特殊联系，而产生的个性风险，如主要海外投资，技术、能源、原材料进口地，主要产品出口、投资目标地和主要侨民集中地等。

（四）中国海外利益风险分析重点地区

本书将对象国（地区）划分成传统市场（欧洲、美国和日本）及新兴市场（韩国、东南亚、中东、南美洲、非洲等）两大类，分别确定各级指标权重的确定，并根据中国企业海外利益情况的轻重缓急，分批进行评估。

（五）分析指标构成

中国海外利益风险由对象国（地）的国家挫折水平和中国海外利益要素的集中程度决定的。其中，对象国（地）的挫折水平由该国（地）的政治稳定性、社会稳定性和经济增长稳定性所带来的福利水平、期望水平与抱负水平决定的；而中国海外利益的海外并购、海外直接或间接投资、海外市场和业务开拓，以及海外华人华侨、海外资产，常常会因为对象国（地）的政局动荡、社会冲突、经济危机而面临风险。

据此设计以下一级指标 4 个、二级指标 14 个、三级指标 61 个：

表1　风险指标设计

一级指标	二级指标	三级指标
政治风险	国际环境	国际政治环境
		国际经济环境
	国际关系	与国际组织关系
		与主要国家关系
		与周边国家关系
	国内政局	中央与地方关系
		执政党与在野党关系
		政府稳定性
	政府治理	依法行政程度
		政府能力与效率
		政策连续性和稳定性
社会风险	社会稳定性	社会结构
		社会治安
		社会冲突
		国内利益集团
	民众对华态度	对中国政府态度
		对华人态度
		对中国企业态度
经济风险	经济实力	GDP 增长率
		人均 GDP 增长率
		通货膨胀率
		失业率
		经济结构
		经济增长动力
		资源能力
	金融风险	M2/GDP
		利率
		汇率
		不良贷款率
		银行杠杆率
		银行资产负债总额/GDP
		资本充足率
		官方外汇储备对进口的覆盖月数

续表

一级指标	二级指标	三级指标
经济风险	财政风险	政府财政收入/GDP
		经常性收入/总收入
		财政收入增长率/GDP增长率
		政府财政支出/GDP
		经常性支出/总支出
		财政支出增长率/GDP增长率
		政府总债务/GDP
		国家内债总额/财政收入
		国家外债总额/出口总额
		国家外债总额/GDP
	贸易风险	进口风险
		出口风险
		对外经济依存度
		国际收支平衡
个性风险	政策风险	财经政策变化频率
		产业政策与产业状况
	侨民风险	华人集中地
		华侨集中地
		华工集中地
		留学生集中地
	贸易风险	原材料进口地
		能源进口地
		产品输出地
	资产风险	投资目的地
		资金来源地
		债务国（地）
		债权国（地）
		跨国公司集中地

（六）中国海外利益风险分析方法

1. 文献资料法。通过文献检索，搜集中国海外利益风险分析与预警等相关理论研究成果，世界主要国家海外利益的风险管控理论和实践经验的相关材料，为调研提供广阔视野和理论支撑。

2. 数据分析法。取得国际和特定国家或地区与研究指标相关的数据进行分析，了解全球宏观经济运作情况和各国经济发展状况等。

3. 个案分析法。对于在特定国家或地区进行差异性调查，结合访谈、文本分析、实地考察等方法，了解特定国家或地区的差异性状况。

4. 座谈（视频）交流法。与我国大型跨国企业、海外华人商会、相关华侨团体、留学生组织进行交流，深入了解海外企业发展的状况及所积累的经验，听取他们的建议。

5. 专家研讨法。邀请国内外相关专家学者专题研讨论证，从专业视角对海外利益风险分析和风险预警机制构建提出意见和建议，切实保障课题研究的专业性和科学性。

三、中国海外利益风险的总体概况

我们认为，目前国际政治总体形势平稳，权力均势趋势进一步发展，但大国之间博弈更加剧烈，地缘政治敏感地区更加动荡，局部风险大幅增加。从微观层面来看，未来是海外利益政治风险高发期。

传统安全能够得到保障，尽管在一些热点地区有大国介入的可能性，以及在西太平洋地区出现以海军技术为核心的军事装备竞赛，但是大国间发生军事冲突的可能性几乎为零。不过在气候变化、自然灾害、走私贩毒、恐怖主义威胁等非传统领域，仍然面临比较大的地区风险。

全球经济整体上进入缓慢复苏轨道，发达国家中美国表现较好，欧元区表现欠佳但结束“探底”；受中国市场对原材料旺盛需求拉动，发展中国家仍然保持较快的增长。但是全球经济仍具不确定性，经济下行的风险并未完全消除，美国财政赤字与欧债危机的根源仍然存在。预测未来全球经济将会加快复苏速度，达到3.6%以上增速。

中国受对外贸易增长位于安全脆弱地区、对象国政府管理不善、“中国威胁论”、企业自身能力不足和缺乏风险评估机制和预警机制的影响和制约，中国企业“走出去”总体上难以成功。

尽管未来中国“走出去”仍然面临政治、经济和产业上的不确定性，但是综合地看，预见未来发达经济体经济形势将会继续好转，新兴经济体继续领跑全球经济增长的态势仍然会继续，在可以预见的未来，中国海外利益在全球风险评价为较小，中国企业处于“走出去”的战略机遇期。

（一）国际政治总体形势平稳，权力均势、趋势进一步发展，未来仍是海外利益政治风险高发期

近年来，国际政治多极化趋势较快，经济全球化的步伐不断加速，国家之间相互依存度不断加深，国际力量步入了一段深刻的调整期，整体来看西方国家主宰世界能力减弱，世界均势趋势进一步发展，国际政治形势总体平稳。从区域来看，北美、西欧、南太平洋地区是政治最为稳定的地区。但是，大国间环绕全球主导权之争更加剧烈，作为唯一超级大国的美国虽仍然保持整体性全球战略优势，但其全球霸权衰落不可避免，为了维持全球霸权而实施的全球大战略将会导致世界形势出现新的不稳定，特别是美国“重返亚太”战略，导致了西太平洋地区局势更加动荡不安。大国之间博弈，加上局部地区民族宗教问题纠结，导致地缘政治的敏感地区局势更加动荡，2014年比较突出地表现在中东地区埃及、叙利亚，北非地区利比亚、苏丹，东欧地区乌克兰，东北亚地区韩、朝、日、中之间，东南亚地区中、菲、越之间等，成为政治风险高发地。尽管2014年来联合国作为最大国际冲突的协调的作用重新受到重视，但是鉴于一些主要国家受经济不景、国内问题扎堆、民意汹涌掣肘的牵绊，在对外行为上越来越多地体现出单边主义和利己主义倾向，导致在利益交集、资源集中地区，大国较量频繁，局势动荡，局部风险大幅增加。从微观层面来看，未来是海外利益政治风险高发期。

（二）非传统安全领域的面临较大地区风险

传统安全能够得到保障，尽管在一些热点地区有大国介入的可能性，以及在西太平洋地区出现以海军技术为核心的军事装备竞赛，但是大国间发生军事冲突的可能性几乎为零。不过在气候变化、自然灾害、走私贩毒、恐怖主义威胁等非传统领域，仍然面临比较大的地区风险。

2014 年，在叙利亚战争、伊朗核危机、朝鲜半岛局势、阿富汗局势、巴以矛盾等热点问题上，由于利益博弈，相关大国还有进入的可能（不过这种可能性越来越小），同时，由于美国战略重心东移、日本右翼势力崛起、朝鲜政局变化等因素影响，西太平洋地区局势有紧张趋势，并引发了区域内出现以海军技术为核心的军事装备竞赛。但是，据我们预测，近期内大国间发生军事冲突的可能性几乎为零。不过，在气候变化、自然灾害、走私贩毒，以及以“基地”组织活动为核心的恐怖主义威胁等非传统领域，仍然面临比较大的地区风险。特别是埃及军方与穆兄会博弈、利比亚无政府状况、南北苏丹冲突等西亚北非国家的内部“转型动荡”，给恐怖主义活动提供温床和场所，并连锁诱发在世界其他地区如非洲肯尼亚、南亚、东南亚地区的恐怖活动蔓延。

在相关地区，中国海外利益面临的非传统安全威胁主要集中在海盗、走私、贩毒、非法移民、网络攻击、恐怖主义破坏、能源短缺、大宗商品价格上涨、气候变化、海外公民威胁等方面。

（三）全球经济整体进入缓慢复苏轨道，美国财政赤字与欧债危机的根源仍然存在

2013 年全球经济总体形势略好于 2012 年，全球经济整体上进入缓慢复苏轨道。发达国家中，美国经济表现较佳，复苏势头最强，第三季度 GDP 增速超过预期，达到 2.8%，失业率也下降到 7%，通胀率控制在 1% 左右，债务危机以及“政府关门”事件都未给经济带来实质影响。但欧元区表现欠佳，经济活动继续疲弱，失业率仍处于危险高位，尤其是在法国和意大利。但德国经济表现尚好，爱尔兰等国家逐步走出债务危机门槛，分析显示欧洲经济结束“探底”。日本 GDP 尽管第一二季度分别增长了

4.1%和3.8%，出现久违的增长，但第三季度经济增长率下降为1.9%，显然“安倍经济学”仍然无法拯救日本。

2013年新兴经济体领跑全球经济，特别是受中国市场对原材料旺盛需求拉动，资源型国家保持较快的增速。但是受发达国家经济政策溢出效应的负面影响，尤其是美联储削减量化宽松措施规模预期、发达经济体市场需求不振、新兴经济体内部结构调整、大宗商品价格下降等因素影响，2013年上半年新兴经济体出现出口下降、工业增长放缓、通胀率高企、货币贬值和资本外流等现象，经济增长势头受挫；下半年新兴经济体增长开始提速，随后则维持了增长势头，在新兴市场65个可投资的国家里，多数国家的增速都接近趋势增长率。未来，在全球市场普遍好转的推动下，中国城镇化水平的进一步提高、消费支出持续强劲以及服务业繁荣发展，以及相关国家完成经济政策的转型，新兴经济体增速将得以提高，预计2014年增速5.5%。不过值得关注的是，新兴经济体中印度和印度尼西亚正面临着国际资本流动的压力和国内选举的不确定性影响，2014年发展前景依然不明朗。

国际权威机构，经合组织（OECD）、联合国、国际货币基金组织均对2014年世界经济做了较为乐观的预测——增长了3.6%，好于2013年。这显示在经济领域，2014年中国海外利益的机遇大于挑战。

（四）中国海外利益受对外贸易增长等对的影响，未来前景仍需努力

中国对外开放程度最高、经济对外依存度最大的省份广东省，海外利益的风险露点多、敞口大，保护情势严峻。广东海外利益增长点均位于矛盾和风险高发地区，不是位于内部战争和社会冲突频发的非洲和中东，就是位于与我国有领海纠纷的日本和东盟。

综合分析，中国海外利益风险的来源和原因主要有：

第一，海外市场新的增长点主要分布在风险高发地区。以广东为例，2013年，受机电产品、服装、鞋类产品等强劲出口增长拉动，广东对东盟的进出口贸易值为1022.1亿美元，比2012年同期增长10.7%，超越欧盟，成为广东第三大贸易伙伴，同时东盟也被评为2013年贸易增长最快的市场

（2012 年为 -0.9%）。2013 年，东盟与非洲、中东地区成为广东省增长较快的主要进出口市场——2013 年前三季度，广东对非洲进出口 334.8 亿美元，增长 3.5%；对中东（17 国）进出口 283.5 亿美元，增长 7.9%。但是这些地区恰恰是风险高发地区——与中国关系紧张（如菲律宾、越南）、国内政局动荡（如泰国）、政府更迭频繁（如叙利亚、埃及）、内乱频发（如利比亚）、地区民族宗教矛盾尖锐（如南北苏丹）、国际恐怖主义活动猖獗（如伊拉克）等。

第二，由于所在国政府管治不善，民众不满，缺乏安全意识、防备不力的中国公司和工人经济、安全等方面受到威胁。虽然东道国政府对中国十分友好，但应对些突发状况仍不能完全控制局面。

第三，一些国家故意制造“中国威胁论”，通过政治、法律与政策手段干预中国企业的海外正常经营活动。中国企业经济实力的不断增强使一些西方国家企业将之视为潜在威胁和强劲对手，它们通过影响，使得所在国政府对中国企业海外正常经营活动（如并购）以“经济安全”或“国家安全”为由进行政治干预和阻挠。实际上，一些中国企业已被欧美国家企业视为主要竞争者，它们已经成为其所在国政府实施贸易保护的对象。华为、中兴等企业遭美国国会恶意指控，以及欧盟试图实施针对中国政府采购的“报复性立法”，以使得中国企业丧失在欧盟成员国范围内承揽包括铁路、水务在内的大型基础设施建设业务的机会，这类事件频发，就是“中国威胁论”在新环境下的表现。

第四，中国企业海外经营管理能力不足，是我国海外利益风险存在的内在原因。经过研究，我们发现中国企业海外经营管理能力不足主要存在于三个方面：第一，企业家个人素质有待于提高。要在海外经营管理中获得成功，企业家的跨文化理解能力和跨文化学习能力的提高是这个环节之中的关键部分；第二，企业内部的治理结构有待于优化。跨国企业组织内部建立起一个高度国际化的治理结构是当务之急，也就是在企业内部是否能够建立起一个成熟的跨文化社会关系网的问题；第三，企业外部社会关系网的构建有待于加强。中国海外企业在国家建立企业外部社会关系网时，常常处在大量重复关系中而不掌握结构洞的网络，被主要交易对象控制结构洞而自身仅仅是一个一般交易结点的网络等。这些因素的存在，都是中国海外利益风险存在的内在原因。

第五，缺乏海外利益风险分析机制和预警机制，使得中国海外企业无法未雨绸缪，规避海外风险。十几年来，随着中国企业海外投资日益增长，水土不服成为海外企业发展的常见问题，而与当地的矛盾冲突也时有发生。实际上许多投资项目没有经过系统的考察论证，更不用说经过科学的风险评估。研究发现，西方成熟的跨国企业在赴高风险地区经营前，甚至会花上一年时间调研社区关系，把冲突评估纳入环保等评估体系之中。由于缺乏海外利益风险分析机制和预警机制，中国一些企业在进入当地后也就没有风险应对机制。而进入高风险地区的西方跨国企业往往在人员、资金、结构体制上有着完善的风险应对配备，一旦出现风险不是像中国企业那样“慌不择路”。这些措施的缺失，使得中国企业无法未雨绸缪，规避海外风险。

近年也不断爆发中资企业海外财产受到非法侵犯，中国工人遭到绑架或遇袭的事件。这些事件的爆发点，遍布了从非洲的苏丹、利比亚、尼日利亚，到南亚的巴基斯坦、阿富汗，再到东南亚的菲律宾、泰国、柬埔寨和缅甸，甚至在欧洲的西班牙等国。总体上，中国企业海外发展普遍不顺，利益受挫。海外利益的企业在国际上不但在价格、功能和服务质量、新产品开发时间等方面都面临着对手激烈的竞争，而且在业务所在国家涉及诸多风险，包括政治经济和社会不稳定、贸易保护、实行外汇管制、私人资产的国有化、债务危机和法律环境风险等，甚至受到专利起诉、恶意指控威胁，一些企业选择彻底放弃海外市场。

二、不确定性分析与未来预测

（一）政治不确定性

未来地看，中国海外利益最大的风险来源于国际政治的不确定性。首先，尽管面临困难，美国仍然不会放弃亚太“再平衡”战略，它将会继续强化与盟国关系，在日本修宪、集体自卫权和扩军上，美国采取默许态度，并着力经营亚太防御体系，争取相关国家军事合作。其目标当然是围堵中国，这势必造成亚太地区局势的动荡与不安。其次，由于美国国内石油供给充足而降低了对中东石油的依赖，但是作为地缘政治要地，如果叙利亚局势继续恶化，仍然无法排除西方军事介入的可能性。如此一来，中东的局势仍然无法恢复平静，地区风险较高。第三，俄欧在乌克兰展开的关于东欧控制权的争夺，随着乌克兰国内政治危机的持续发酵而充满不确定性，在欧元区经济低迷与俄罗斯资源优势的博弈背景下，局势仍然变幻不定。最后，西亚非洲地区仍然面临国家“转型”，种族、教派、利益集团矛盾难以调和，社会恢复平静仍然要走很长的路，局部动荡隐患难以根本消除，由此引发的恐怖主义威胁增大，在肯尼亚、尼日利亚、利比亚、也门、马里、伊拉克等国的恐怖活动有进一步升级的可能。

（二）经济不确定性

首先，发达经济体特别是美国量化宽松政策继续执行，美元贬值态势持续，不断上升的通缩风险不但会拖累全球经济复苏，而且使中国持有美元资产大幅贬值，外汇资产风险的提升，导致大宗商品价格上涨、大量热钱进入，令中国通胀治理变得更加困难。其次，美国积极推动的明显针对中国的泛太平洋战略经济伙伴关系协定（简称 TTP）、跨大西洋贸易与投资伙伴协定（简称 TTIP）谈判进程不明朗，如果中国继续被排除在外，将来中国企业面对的技术性贸易壁垒会越来越多，最终可能会被迫退出发达国家市场。第三，近期内欧元区债务问题仍然没有彻底解决可能，加上失业率不断攀升，欧盟对华贸易保护主义抬头，中国企业出口面临巨大的压力。

（三）产业不确定性

全球产业创新能力下降，生产力降低，创新对经济增长贡献下降，全球恐遭遇“生产力危机”。据权威机构披露，全球劳动生产率增速从 2012 年的 1.8% 跌至 2013 年的 1.7%，而这一增速在 2010 年高达 3.9%，全要素生产率则下跌了 0.1%，表明世界各国将劳动力和资本资源转化为货物和服务的能力出现下降，创新可能正处于停滞之中。

综合分析以上因素，预见未来发达经济体经济形势将会继续好转，新兴经济体继续领跑全球经济增长的态势仍然会继续，在可以预见的未来，中国海外利益在全球风险评价为较小，中国企业处于“走出去”的战略机遇期。

第二章

中国在亚洲地区的利益风险分析

一、阿拉伯联合酋长国

阿拉伯联合酋长国国际关系较好，政局保持稳定，社会秩序安定，福利体系健全，产业转型战略成效突出，经济发展迅速，物价和汇率保持平稳，金融体系稳健，财政和贸易均维持盈余状态，债务负担较轻，投资环境不断改善，与中国经济互补性较强，双边经贸联系日益加深，但其与伊朗领土纠纷仍未解决，就业状况还有待改善，此外，国际油价的回落，利率长期较低等问题仍制约着阿联酋的进一步发展。

（一）阿联酋与中国经济贸易关系发展良好，政局保持稳定，国内政权高度集中

第一，阿联酋重视外交关系，国际政治环境总体稳定，与中国经贸关系日益密切，政治互信逐渐加强，与美国等西方国家关系也保持良好，虽然与伊朗仍有岛屿纠纷，不过阿伊两国爆发军事冲突的可能性相对较低。

阿拉伯联合酋长国一直奉行的是中立、睦邻友好和不结盟的外交政策，积极加强与美国等西方国家关系，至今已与147个国家建立良好的外交关系。近年来，阿联酋积极推行“东向”政策，发展与中国、日本等亚洲国家关系。中国与阿联酋自1984年建交后，两国关系保持友好，高层互访频繁，政治互信不断加深。2012年1月，国务院总理温家宝率团访问阿联酋，同年3月，阿布扎比酋长国王储默罕默德·本·扎伊德·阿勒纳哈扬访华。中阿两国贸易往来是双边经济关系发展的基石，中国是阿第二大贸易伙

伴，阿是中国在中东地区最佳贸易伙伴。

阿联酋独立前是英国的保护国，英国文化对阿联酋影响较大，独立后两国关系保持紧密。英国经常派军政要员访阿，参加历届迪拜国际航空展和阿布扎比防务展。而美国对于欧佩克和海湾石油国有较大的依赖性，阿联酋在抵御伊朗威胁上也有求于美国，在总体利益相互依赖下，阿联酋与美国关系日益密切，两国关系并未受到之前因石油禁运等个别事件的影响。在与周边国家关系上，阿联酋是海湾六国联盟的核心成员国，与周边国家关系总体保持较好，但仍与伊朗存在大小通布岛和阿布穆萨岛三岛问题，利益矛盾短期内难以有效解决，若处理不当，可随时异变为大争端。目前，这个因素是阿联酋国际政治环境的主要隐患，虽然阿伊两国都尽量弱化边疆纠纷的影响，但两国关系却因此不太稳定。不过，阿联酋与美国的安全同盟关系、与伊朗较为紧密的贸易往来以及绕开霍尔木兹海峡的输油管开通，使国家安全较有保障。同时，叙利亚动荡及伊朗核问题有所缓解使中东地区局势暂时得到缓和，并在短期内为阿联酋赢得了较为有利的外部环境以吸引更多外资进入。

第二，阿联酋政治局势保持稳定，政权稳固在家族统治者中，广泛的民主协商机制使各酋长国处理内部事务既有序又不发自主性，国内问题也能得以及时反馈并解决，同时保证了政策的稳定性。

阿联酋作为一个由君主制酋长国构建的联邦，酋长国内部执行绝对君主制，政治权力稳固地集中在家族统治者手中；在联邦层面，各国统治家族密切联系，尤其是联邦内两大酋长国阿布扎比和迪拜的王族之间相互合作并有所制衡。阿联酋政治局势保持稳定，积极推动经济发展和国家现代化建设。在巨额油价收入和公共开支的支持下，各酋长国统治家族在本酋长国内部地位稳固，君主专制的政治制度当前尚不存在明显的隐忧，在可预见的时期内，政治体制不会出现实质性变革。由于广泛民主协商机制（酋长国之间、酋长国之内、联邦事务协商等）的存在，政治事务能够得到充分协商，各酋长国政治秩序稳定又不乏自主权，也由于权力是世袭制的，仍保留着家族统治方式。根据阿联酋宪法规定，联邦政府不得干预各酋长国的内部事务，除外交和国防外各酋长国在其他方面有自主权。在阿联酋联邦国民议会中，协商议员的代表性和民选性使得阿联酋联邦的重大问题都可以得到及时的反馈和处理。同时，高级委员会的民主协商机制有力保持联邦的政策稳定性和连续性。

（二）阿联酋基本一致的民族构成和宗教信仰使社会治安保持良好，社会秩序长期维持稳定

阿联酋是由七个酋长国组成的联邦国家，在社会结构上属于部族联合管理，基本民族构成都是单一的阿拉伯民族。据阿联酋国家统计中心数据显示，阿联酋总人口为826.4万，外籍人口占88.5%，主要来自印度、巴基斯坦、埃及、叙利亚、巴勒斯坦、伊朗等国。虽然阿联酋本土人口占比非常较小，但当地居民大多信奉伊斯兰教，多数属逊尼派，行事规则以伊斯兰法为基准。基本一致的民族构成和宗教信仰使阿联酋社会治安良好，刑事暴力类案件较少，但近年来由于外来人口迅速增多且流动性较大，偷窃和抢劫案件也偶有发生，不过目前仍未发现针对中国公民的典型案件。

与此同时，阿联酋良好的社会秩序也有赖于完善的国民福利体系。阿联酋实行的是全国免费教育，政府为本国国民提供从小学、中学到大学的免费教育。阿联酋的教育投入较高，现在15岁以上人口识字率92%，入学率75.4%，并免费为失业者提供就业再培训教育，其国民出国留学还可以获得公费资助。阿联酋的教育和医疗经费支出占政府财政支出的18%，劳保社会福利的支出占国内生产总值的12.5%，基本让阿联酋国民无需顾虑教育和医疗等开支费用。阿联酋虽然总人口数不多，但设立的大型医院和医疗中心很多，人均医疗配置相当高。

在改善就业方面，阿联酋就业政策倾向于本国公民。为保护核心国民的利益，平衡外籍劳务人员结构，阿联酋劳务政策有一些特殊规定。如在用人优先顺序上，阿劳工法规定对于本国人不能从事的工作，按照以下顺序聘用：外籍劳务人员、海湾合作委员会成员国公民、其他国籍的阿拉伯公民、其他国籍的公民。对于外资企业则规定其必须按一定比例招收本国人，有很多规定甚至细致到必须雇佣多少名本国人。因为有了政府很多倾斜性的政策扶持，阿联酋失业率是阿拉伯世界中最低的，低失业率和良好的劳工保护是社会安定的保证。阿联酋还有一个社会福利惠及全民，那就是商品免所得税或低税率。通常商品进口只收1%—4%的过境手续费，对

居民的收入也不直接收所得税。实行高税率的商品只是烟酒这些不符合伊斯兰教义的个别商品，对销售商品实行低税率，使得阿联酋商品充裕。

（三）阿联酋经济发展迅速，自然资源丰富，转口贸易发达，与中国贸易联系紧密

第一，阿联酋经济增速较快，产业转型战略促进了非石油部门的发展，物价水平保持稳定，但就业状况仍有待改善。中期内，石油工业仍是阿联酋经济的主要动力，但油价的小幅回落将给经济带来一定压力。不过，中期内阿联酋油气和水产资源丰富仍能为其带来可观的收入。

15 年前阿联酋的国内生产总值才 480 亿美元，到了 2012 年阿联酋的国内生产总值已达 3736 亿美元，大幅攀升了 7.8 倍，人均 GDP 也从 1997 年的 2.6 万美元上升到 2012 年的 4.5 万美元。近几年来，为减少对石油的依赖，实现经济可持续增长，阿联酋一直致力于实施经济多元化政策，着力推动石化冶金、加工制造、新能源、金融、旅游等产业的发展，非石油产业在经济增长中的比重不断提高。2012 年阿联酋非石油部门 GDP 为 1886 亿美元，占 GDP 比重为 67.3%。经济的转型战略起到明显的成效，阿联酋现在除石油天然气出口外，还有加工制造工业、贸易、旅馆、餐饮业、房地产、运输、仓储、通讯等等多种产业的支持。此外，近年来阿联酋物价水平基本稳定，并呈逐年下降趋势。2012 年，阿联酋通货膨胀率为 0.66%。我们预计，阿联酋的宏观经济环境将继续向好，政府开支持续增长，2013 年通胀率将略微上升至 1.6%。但近五年来，阿联酋年均失业率为 4.26%，就业状况仍有待进一步改善。

石油工业仍是阿联酋国民经济发展的最大动力，政府公共开支的增加也将刺激经济的进一步发展。尽管全球油价在未来一段时间预计将有所下滑，但仍高于阿联酋 71 美元的原油预算价格。短期内，国际原油价格小幅回落，全球资本逐渐向欧美发达国家回流，将一定程度削弱石油产业及 2013 年再次回暖的房地产业对阿联酋经济的支撑作用，我们预计 2014 和 2015 年阿联酋经济增速分别为 3.5% 和 2.5%，较此前两年 4% 以上的增速有所下降。不过，在石油产业及经济多元化战略缓慢推进的支撑下，阿联酋长期经济增速有望维持在 3% 左右，但经济波动性特征仍将持续，长期

经济发展仍存在一定的脆弱性。

从资源能力上看，目前阿联酋已探明的石油储藏量为978亿桶，位居世界第六，已探明的天然气储藏量为6.43万亿立方米，位居世界第七，其他储量丰富的矿产资源还有：硫磺、镁、石灰岩等。油气产业是阿联酋的支柱产业，巨额稳定的石油收入使其成为世界上最富有的国家之一。阿联酋的水产资源也很丰富，已发现鱼类和海洋生物约3000多种。

第二，在石油收入强力支撑和非石油部门的不断拓展下，近年来阿联酋财政盈余幅度不断扩大，财政储备与外币资产保持庞大，债务偿还压力仍然较轻。

从2010年以来，阿联酋联邦政府一直处于财政盈余状态且盈余幅度不断扩大，丰厚的石油收入是其主要支撑力量。非石油部门产业的不断拓展也是阿联酋政府财政收入的一个新增长点。据阿联酋财政部报告显示，2013年上半年阿联邦政府实际财政收入为86.64亿美元，财政支出为69亿美元，预算实际盈余达到17.6亿美元。作为阿拉伯第二大经济体，阿联酋把最大限度提高财政收支合理化、实现财政收支平衡作为一项战略性政策。此外，阿联酋债务规模也比较小，2012年阿联酋政府的公共债务约占国内生产总值的40.4%，外债余额约为1587亿美元。在高额财政盈余和庞大政府资产支持下，我们预计，阿联酋政府仍将保持较强的偿债能力，2014年各级政府负债率仍将继续保持在20%以下的较低水平，各级政府财政盈余率也将维持在10.8%的较高水平。长期高额财政盈余将为阿联酋积累了大量财政储备与外币资产，2013年其主权财富基金规模超过国内生产总值的200%，这将继续为政府偿债能力提供有力保障。

第三，阿联酋金融体系保持稳健，银行经营环境持续改善，汇率保持稳定，但利率水平仍然较低。不过，随着国民经济增长，阿联酋证券市场发展迅速。

阿联酋的金融体系较为完善，银行经营状况保持稳健。在阿联酋从事金融业务的机构有银行、证券公司、财务投资公司、金融咨询公司和金融中介公司等各类金融机构。截至2012年6月，阿联酋本国银行有23家，开设分行799个；外国银行28家，开设分行84家；外国银行代表处112家。房地产市场的持续复苏使银行的不良贷款率下降和利润率的增加，经营环境得到改善。2009年以来，阿联酋银行资本充足率年均高达16.35%。2013年前9个月央行总资产835亿美元，为历史最高。由于阿联酋经济好转，2012年阿联酋银行业盈利增长近15%。2013年阿联酋经济继续复苏形势良好，预计银行不良贷款率由去年的8.5%降至2013年底的7%。在汇率方面，阿联酋从建国开始就将迪拉姆与美元直接挂钩，买卖外汇不受限制，币值长期保持稳定。但阿联酋银行的弱点是在利率较低、竞争日益激烈的情况下，面临着较大的边际利润压力。不过，阿联酋银行体系资金雄厚，有能力吸收金融振荡的冲击，2013年和2014年将继续保持较强的融资和良好的流动性。

作为中东的金融中心，阿联酋证券市场也表现活跃。根据阿联酋证券商品局2013年度报告，2013年阿联酋股市市值6462.7亿迪拉姆，2012年底为3790亿迪拉姆；股市交易额2445亿迪拉姆，同比增长245.8%。2013年阿联酋股市收益2670亿迪拉姆，比2012年的330亿迪拉姆大幅增长，是中东地区表现最好的股市，增幅排名世界第二，仅次于委内瑞拉。这主要是因为，国民经济增长，经济各领域复苏，市场纳入摩根斯坦利新兴市场指数，迪拜成功申办世博会。

第四，阿联酋对外贸易发达，贸易顺差保持在较高水平，转口贸易战略成效显著，成为阿拉伯世界最大的货物进口市场。阿联酋对中国外贸依存度较高，双边贸易持续快速发展。

2012年，阿联酋外贸总额6116亿美元，同比增长15%。其中，油气产品出口1181亿美元，增长5.8%；非油气产品出口964亿美元，增长35.9%；转口1358亿美元，顺差高达1283亿美元，货物和服务进口总额达到2735亿美元，占阿拉伯国家货物和服务进口总额1.02万亿美元的27%。至此，阿联酋进口已经超过沙特，一跃成为阿拉伯世界最大的消费市场。阿联酋的地理位置古往今来一直就是贸易的中转地，因此发展转口贸易是阿联酋国家的另一个战略，各种自贸区和金融区的建立都是为了便利转口贸易的进行。迪拜对外贸易总额约占阿联酋的外贸总额的73%，在300亿美元左右，迪拜已位居新加坡、香港之后成为全球第三大转口贸易中心，迪拜进口72%的商品转口至世界160个国家和地区。

近年来，中阿两国贸易往来是双边经济关系发展的基石，中国是阿第二大贸易伙伴，阿是中国在中东地区最佳贸易伙伴。过去十年中，中阿贸易额平均年增长率35%，2009—2011年中阿贸易额近910亿美元。推动中阿贸易发展的因素很多，最重要的是在中阿经贸联委会框架下，通过双方协调、探讨和磋商推动双边关系发展。阿联酋从中国主要进口产品有电器、机械产品、铁制品等，向中国出口产品主要有塑料及其制品、铜及其制品、钢铁等。在各国经济发展大背景下，两国间货物贸易将持续发展。

（四）阿联酋投资环境不断改善，外资规模持续扩大，产业多元化发展规划有助于中国与阿联酋经济互补，双边经贸合作关系稳定发展

第一，阿联酋营商环境优越，外国直接投资规模快速上升。从未来发展规划中可以看出，当地政府不断重视非石油部门在经济发展中的比重，有助于实现经济的多元化和可持续发展，但阿联酋商业公司法里仍存在地方保护主义的色彩。

阿联酋政治经济稳定，地理位置优越，基础设施发达，社会治安良好，商业环境宽松，金融资源丰富，是海湾和中东地区最具外商直接投资吸引力的国家之一。据阿拉伯国家间投资担保公司数据显示，2000—2010年间，阿联酋吸引外国直接投资750亿美元，成为继沙特之后阿拉伯国家第二大外国资本流入目的地。2012年，阿联酋吸引外国直接投资96亿美元，同比增长25%，占阿拉伯国家20.8%，投资领域主要集中在房地产业、交通通讯业、金融中介、酒店餐饮业等。据联合国贸发会会议发布的2013年《世界投资报告》显示，2012年阿联酋吸引外资流量为96亿美元。目前各酋长国已建成16个自由贸易区，主要集中在迪拜。各自由区制定的优惠政策和鼓励措施基本相似，主要包括外国人在区内建厂可享受100%所有权、可以完全由外国客户自己出资、不需要与本地合资、无需担保人，15年内免征公司税、期满后可延期15年、资本和收入可自由汇出、免征个人所得税、进口产品免征关税、无货币汇入汇出限制、无注册资本限制等。在各酋长国自由区的公司已超过3000家。据世界银行发布的《2013－2014年营商环境报告》显示，阿联酋全球最具竞争力的189个国家和地区中，排第23位，同比上升了三位。

在发展规划方面，阿联酋政府一直致力于减少对石油资源的依赖，并通过增加其他部门在国民生产总值中的比重来实现经济多元化，从而在世界石油价格震荡时保护经济增长。同时，阿联酋政府也鼓励增加私营部门在经济发展中的比重，并为本国国民提供新的工作机会。阿联酋经济发展主要的三大目标是：实现经济长期稳定的发展；实现经济多元化；吸引外国和本地的直接投资。据《迪拜2015年战略规划》显示，未来发展重点是旅游、贸易、交通和物流行业，这几大行业将成为迪拜未来经济发展的风向标。而阿联酋工业银行报告指出，2010年到2015年阿联酋基础设施投资将达到2300亿美元，这其中包括了能源领域的投资。不过，《阿联酋商业公司法》规定，除阿联酋公民所从事的商业活动外，成立公司须有一个或多个阿联酋籍合伙人，而且其在公司资本中所占股份不少于51%。在自由贸易区经营的公司，或是与联邦政府或酋长国政府达成“特别协定”的不受此限制。如果外国公司要建立分支机构，必须寻找本地“代理人”，“代理人”必须是阿联酋公民或阿联酋持股100%的企业。

第二，中阿两国经贸合作需求巨大，双边经贸关系持续稳定发展。中国企业在阿联酋的投资领域与合作方式不断拓展，未来投资合作前景将继续扩大。

阿联酋市场需求广泛，对海湾各国市场的经贸辐射力强，是值得中国企业开拓的市场。随着中国对阿联酋石油需求的增长，以及中东海湾国家的经济发展，双边经贸合作还有继续增长的潜力。中国企业在阿联酋工程承包劳务市场的营业额近年增长很快，阿联酋已经成为中国企业走出去的一个重要的新兴市场。多年以来，中国与阿联酋发挥各自比较优势，不断拓展和深化互利合作，扩大双边贸易，鼓励相互投资，推动金融合作，开拓承包市场，双边经贸关系持续稳定发展。

阿联酋与中国在政治、宗教、文化、贸易等多方面也有紧密的合作，有利于中国企业到阿联酋投资。依据摆脱对石油和天然气产业过分依赖的国家发展战略，阿联酋在其各酋长国都开展扶持农业的政策和投资，对于加工业和服务业发展的投资力度也很大。中国企业在阿联酋的业务正在从商品、工程向金融、物流、新能源、旅游等领域不断拓展为钢铁、建材、建筑机械、五金、化工等行业，合作方式已经由单纯的贸易和承包向投资、合资等转变。近年来，我企业不断探索在阿经济多元化进程中的合作机会。2012 年，阿对华投资增长较快，前三季度投资项目 28 个，同比增长 12%；实际投资 1 亿美元，同比增长 56%。

未来由于当地劳务成本的大幅上升，目前在迪拜承揽承包工程的中资公司都已偏向于使用外籍建筑工人，如中建公司在迪拜的承包工程项目已广泛使用印巴孟籍劳务。双方还鼓励两国贸易企业和企业家参加在中国或阿联酋举办的贸易展览，参与独资或合资项目，这些都有利地推动了中阿经贸发展。目前，阿境内共有 3800 家中国各类企业，主体为数十家大中型工程承包类企业。迪拜“龙城”是中国与阿联酋合作的一个典范。有统计显示，每年“龙城”商品贸易成交量高达 800 亿至 900 亿美元。龙城迪拜的人文景观、购物中心，也是迪拜经济比较主要的构成，有鉴于此龙城一期成功的经验，第二期 17.7 万平米的龙城项目正在开工，这将是中国企业到迪拜发展发展的一个好机会。龙城不单打开了我们在中东的产品销售窗口，还创建了很多贸易的渠道和路径。

二、不确定性分析和未来预测

第一，迪拜成功申办 2020 年世博会，将对迪拜房产业和建筑业提供一个良好的发展契机，就业机会和外商投资规模将极速增加，也将大幅推动迪拜以及阿拉伯联合酋长国总体的经济增速。

世博会是每五年举办一次的全球盛会，历时六个月，吸引着数以百万计的参观者前来探索创意和妙思，感受科技的进步。2013 年 11 月，迪拜赢得了 2020 年世博会主办权。世博申办成功将推动迪拜经济，特别是提振投资者对近期房地产业和股票市场的信心。世博将为迪拜创造 30 万个就业机会，其中 90% 发生在 2018 年到 2021 年间，多数就业机会将成为永久工作岗位。对迪拜房地产的需求也将增加，从而推升房地产价格。渣打银行的一份报告预计，无论是从短期、中期还是长期看，举办世博都将使阿联酋和迪拜受益。迪拜将从 69 亿美元的基础设施投入中获益，长期利用好这些基础设施将极大地巩固和提高迪拜在旅游、商业贸易、物流服务等领域的领先水平，也将提升投资者和跨国企业对迪拜的信心。房地产和建筑业将是迪拜世博的最大受益者。我们预计，占阿联酋经济比重1/3的迪拜经济，可能因此重新回到2003至2008年每年6%—7%的增长速度。2015年至2021年阿联酋政府开支、游客和参展国的开支合计将达230亿美元。这将使阿联酋国内生产总值在2016年至2019年间每年新增0.5个百分点，2020年至2021年间每年新增2个百分点。

第二，阿联酋与伊朗在海湾岛屿归属纠纷虽然短期内不会引发较大冲突，但由于该问题牵连到海湾国家总体的安全局势，中长期来看仍是一个不可忽视的潜在隐患。

阿联酋与伊朗在领土纠纷问题上虽暂时克制，短期内不会引发大的争端，但长期则是一个危害地区稳定性的潜在风险因素，阿联酋有可能因此与伊朗关系恶化。阿伊两国领土争端一直影响着海湾国家安全局势，伊朗也因此与阿联酋所属的“海湾六国”同盟关系紧张。如果伊朗要改进地区关系就必须在三岛问题上做出让步，但是海湾六国一旦失去美国的支持就会马上处于弱势。因此，三岛问题是伊朗与阿联酋之间的主要安全问题，也是伊朗与海湾六国之间的主要地缘政治风险，一旦事态恶化就很容易引发出大动乱。不过，就目前判断，短期内这个问题不会发作。因为现在是伊朗控制三岛，而且军事优势明显。阿联酋和海湾国家也不会轻易挑起事端，而会依赖谈判等和平手段来解决这个棘手问题。

第三，随着世界经济的复苏，2014年阿联酋经济将维持稳步向上的发展趋势，但美元升值和新能源的开发将对经济进一步增长带来一定压力。不过，财政和贸易盈余状态将得以维持，未来阿联酋政府将加大在教育、医保和政务上投入。

我们预计，2014年阿联酋经济将延续最近几年的向好趋势，保守估计GDP增速在3%—4.5%。主要原因是，全球经济复苏有助于油价保持高位，阿非石油经济将继续增长，未来几年阿有望成为世界第一大铝生产国，世博因素也将刺激旅游和航空向好。但短期内，美元走强以及全球范围内非传统油气资源的开发将对阿联酋的经济增长、财政和外汇收入造成一定影响。不过，2014年阿联酋财政与经常项目的双盈余状态仍将得以维持，财政盈余将达GDP的9%，是2012年的两倍；出口有望从2013年的

3540亿美元增至2014年的3800亿美元，进口从2170亿美元增至2338亿美元；吸引外资有望接近120亿美元。未来阿联酋政府将加大在教育、医保和政务等领域上的投人。据2014年政府财政预算报告显示，51%将用于社会发展项目，包括教育21%、医疗8%、社保6.5%、婚姻基金0.9%（用于资助青年人结婚）、退休基金9.3%；40%用于政府事务，主要包括海外领事机构、提高服务效率等。

二、巴基斯坦

我们认为，巴基斯坦加大打击恐怖分子力度，国内恐怖活动势头有所压制、极端势力活动暂时无法猖獗，但是国内安全风险仍然维持较高。巴基斯坦政局动荡，社会张力较大，军人干政情况累累发生，出现政治局势与恐怖形势相关联的状况。巴基斯坦基础设施滞后，能源短缺严重，对国际投资形成较大的制约作用，不过鉴于巴基斯坦与中国友好关系，以及政府保障中国投资的政策不断落实，相信对提振投资者信心有一定的作用。中国在巴基斯坦的重大项目和重大投资，处于恐怖活动和分裂势力活动频发地区，面临较大的社会风险。

鉴于巴基斯坦新组建的联合政府难以迅速稳定国内政治和经济局面，财经政策仍未明朗。在全球经济放缓的背景下，巴基斯坦经济将继续处于不振状态，突出的财政压力无法有效缓解。国内安全形势在短期内也难以明显改善。因此，在未来一段时间内，中国在巴基斯坦的投资风险级别仍然较高。

（一）巴基斯坦国内安全风险分析

鉴于塔利班势力一时难以消灭，巴基斯坦采取了打击和接触的两手政策。2014年1月底，巴基斯坦政府宣布与塔利班举行会谈，但由于塔利班武装发动了恐怖袭击，巴政府随即宣布取消会谈，并开始使用空军战斗机对塔利班武装分子隐藏地进行了多次空袭，据消息指，有100多名武装分子被打死。并不久决定组建快速500人干预部队，成立情报交换局，协调

26个安全和情报机构工作，重点打击塔利班武装分子的营地和集中地区。2月24日，伊朗驻巴基斯坦白沙瓦领事馆附近发生自杀式爆炸袭击，造成两人死亡，11人受伤，巴塔宣布对事件负责。此外，巴塔高级领导人阿斯马图拉·沙欣24日在北瓦济里斯坦部落地区遭枪击身亡。为此，2月25日巴基斯坦军方对该国西北部北瓦济里斯坦和南瓦济里斯坦部落地区发动空袭，打死了至少30名武装分子。此外，军方还摧毁了武装分子的藏匿地点和用于培养自杀式袭击者的训练中心，国内恐怖活动势头有所压制、极端势力活动暂时无法猖獗。

与此同时，巴基斯坦内政部长乔杜里·尼萨尔·阿里汗3月6日在巴国民议会表示，巴基斯坦政府准备与巴基斯坦塔利班举行直接对话，以制定出新的和谈战略。

巴安全形势对中国的投资、合作有一定影响。2003年以来巴基斯坦出现了多起专门针对中国工程技术人员的恐怖活动并造成多人死伤。尽管巴政府积极采取措施防范恐怖活动，保证工程项目及人员的安全，但难以根除恐怖活动在中国投资者心里埋下的治安隐忧，巴基斯坦国内安全风险仍然维持较高。

（二）巴基斯坦政局动荡，社会张力较大，政治局势与恐怖形势不容乐观

巴基斯坦政局一直不稳，虽然早就实行了民主制度，但历史原因造成巴军方势力坐大。过去几十年，选民不断选出民选政府，但不是被军方政变夺权就是被军方施压下台。尽管目前民选谢里夫政府再次上台，但是由于国内政治派别众多，政治主张差异较大，政治局面仍然难以稳定。另外，长期的政局不稳，巴基斯坦精英阶层和民众脱离，社会资源分配不公（尤其是教育），导致极端，倾向越来越明显，加上国际间宗教极端势力影响不断扩大，导致巴基斯坦国内的宗教极端势力也越来越猖獗，不少演变恐怖组织。兼之有政治势力要利用极端思潮达到自己的目的，因此，巴基斯坦国内宗教极端势力的消极作用一直存在。

军队是巴基斯坦有武装的最大“政党”，在国家安全、反恐、对阿富汗和印度等政策领域方面一言九鼎。随着反恐深化和扩大，军队的重要作

用将日益凸显，其政治地位也将水涨船高，将加速回归政治前台。巴基斯坦政党光谱大体上呈现出中左的人民党和地方民族政党联盟、中右的“大穆盟”和宗教政党的联盟并立的特点。恐怖极端主义的蔓延不断侵蚀传统政党的政治空间，将逐步改写这一政治版图。在恐怖袭击和反恐逐步成为政治生活主题的过程中，主流政党人民党和穆盟被迫形成反恐的“最低共识”，出现“恐怖形势越严峻，政治格局越稳定”的局面。

（三）巴基斯坦基础设施滞后，能源短缺严重，中巴关系友好，对国际投资形成较大的制约作用

巴基斯坦基础设施滞后和能源短缺等因素导致外国投资者信心下降，对国际投资形成较大的制约作用，2010—2011 财年外国直接投资下降达 29.7%。近年来，巴基斯坦能源短缺影响加剧。例如，由于天然气供应量急剧减少，导致巴基斯坦最重要的工业区之一——卡拉奇工业园区每日停电时间超过八个小时，对工业生产造成严重影响。持续的能源短缺及不断上升的国际油价，对占国内经济 12.2% 的制造业产生严重冲击。尽管政府通过推动中国、俄罗斯、哈萨克斯坦等过在巴进行能源投资缓解能源危机，但国内能源部门大量三角债务问题尚无任何直接解决措施，导致该部门存在一定资金链断裂风险，并制约了上下游相关产业的发展。

中国企业家存在“拓展南亚市场对本地的经济带动作用不如拓展东南亚市场、欧美国家市场那样大”的错误认识，直接影响到中巴经贸合作的积极性和主动性。而对巴方，一些企业家反映，巴基斯坦的关税较高，现在的平均税率在 20% 左右，个别工业产品税率更高，不利于中国企业特别是私营企业在巴的进一步发展。

不过鉴于巴基斯坦与中国友好关系，以及政府保障中国投资的政策不断落实，相信对提振投资者信心有一定的作用。

巴基斯坦政府日前宣布成立高级委员会，专门负责跟进同中国合作的能源和基础设施建设领域的项目，并确保项目得以迅速完成。委员会成员包括财政部长和计划部长，将定期向总理报告项目进展。巴基斯坦政府希望，中国在巴基斯坦不断加大的投资可以增强其他外国投资者对巴的信心。

（四）中国在巴基斯坦的重大项目和重大投资，处于恐怖活动和分裂势力活动频发地区，面临较大的社会风险

中国在巴基斯坦的重大项目和重大投资，包括“中巴经济走廊”和瓜达尔港的建设，均处于恐怖活动和分裂势力活动频发地区，面临较大的社会风险。

“中巴经济走廊”贯穿巴基斯坦北部的瓦济里斯坦地区，那里与阿富汗接壤的一片山区，同西北边境的其他五个部落一起被称作“联邦部落地区”，享有高度的自治权。居民大部分是普什图人，他们分属于好几个部族，其中最主要的一个是马哈苏德部族。大多数的塔利班武装分子就来自这个部族，情况异常条件复杂。

南瓦济里斯坦地区有众多部落，它们各自为政，并且与政府关系疏远，政府难以对这一地区进行有效管理。一些境外武装组织趁机渗透进来。塔利班武装分子花费多年时间在南瓦济里斯坦地区营建基础设施。而落后的经济文化、极端宗教意识形态的传播以及反美情绪等因素也使极端和恐怖势力在这个地区滋生蔓延。巴基斯坦政府2001年以来对南瓦济里斯坦开展过三次地面攻势，但最后都以谈判停火结束，塔利班仍掌握着控制权。

瓜达尔港的建设，恰恰又位于独立倾向明显，恐怖活动不断的俾路支省。俾路支省位于巴基斯坦与伊朗及阿富汗三国交界地区，面积34万平方公里，是巴面积最大的省。当地人口以俾路支人为主，语言为乌尔都语及俾路支语，信奉逊尼派伊斯兰教，以放牧和农业为主。多年来，俾路支省有一股势力，特别是极端组织“俾路支解放军”一直致力于通过武力建立独立的俾路支斯坦国。进入新世纪以来，俾路支省连续发生暴力袭击事件，2004年和2006年，该组织曾连续制造绑架和刺杀中国工程师的袭击事件。

瓜达尔港位于该省南部，是中国最大的港口建设项目。瓜达尔港不但使中国获得进入阿拉伯海的通道，对巴基斯坦的经济也有就很大的提振作用。但是，对于这个投资巨大的开发计划，俾路支人认为他们并不是政府开发计划的受益者。一方面，巴国政府在俾路支省的开发计划过于强调资

源的开采，忽视配套设施的建设；另一方面，大型工程项目从决策到执行，俾路支人几乎都沦为旁观者，工程的承包和劳工雇佣也多来自外省或其他民族的人。其次，俾路支人认为他们在政府的开发计划中进一步被边缘化。长期以来，俾路支省地方政权都由普什图人或旁遮普人控制。因此，俾路支人认为开发计划也都是为了这些人的利益。随着开发活动的展开，其他省的居民涌入俾路支省寻找工作，进一步降低了俾路支人的人口比例。复杂的情况，加上受到一些极端组织如“俾路支解放军”的蛊惑，使得那里不时发生恐怖袭击事件，受害者当中其中包括了中国工人和工程师。2013 年 2 月 16 日，俾路支省首府奎达的哈扎拉族什叶派穆斯林聚集区的一个市场内，一名自杀式袭击者引爆了事先停在该市场内的一辆满载炸药的罐车。爆炸夺去了 87 条无辜生命。这些事件的发生对瓜达尔港的建设势必造成负面影响。

未来地看，巴基斯坦将与世界各国及关系更加密切，继续大力推行吸引外商投资政策，当地政府和民众对华态度将保持友好。但新组建的联合政府难以迅速稳定国内政治和经济局面，财经政策仍未明朗。在全球经济放缓的背景下，巴基斯坦经济将继续处于不振状态，突出的财政压力无法有效缓解。国内安全形势在短期内也难以明显改善。在未来一段时间内，中国在巴基斯坦的投资风险级别仍然较高。

三、菲律宾

菲律宾国际关系尚好，南海争端仍是其最大的国际环境风险，经济增长较快，金融体系整体稳健，财政赤字收敛，国际储备充足，经常账户保持顺差，债务规模较小，华人华侨营商和生活环境有所提高，但国内政局仍不稳定，政党冲突频繁发生，腐败问题仍较严重。贸易赤字扩大、基础设施落后、贫困和失业率高等问题仍然存在。

（一）菲律宾国际关系尚好，但南海争端仍是其最大的国际环境风险

第一，菲律宾与中国在南海的主权争端使地缘政治风险有所扩大，但

与美国、日本、东盟各国及各主要国际组织都保持着良好的关系。

从国际政治上看，菲律宾目前面临的最大风险是南海问题。南海主权争端的日益尖锐，不仅损害中菲两国的关系，而且还影响亚太地区的和平稳定。2012 年，菲律宾挑起与我国在黄岩岛海域的纠纷。4 月，中国海监船与菲律宾舰在南海对峙了三天。2013 年，菲律宾政府对 2010 年中国香港人质事件的处理态度仍然极其消极、海岸警卫队射杀台湾渔民，还扣押上百名中国劳工和中国渔民。然而，美国在“重返亚洲”战略的推动下，继续加大在菲的部署力度，承诺 2013 年向菲律宾的军事援助增加两倍，成为非第二大官方援助国。2011 年 11 月，美菲签署了《马尼拉宣言》，承诺在南海主权争议上支持菲律宾，以激发中菲间矛盾，使菲律宾的地缘政治风险有所扩大。但中菲自 1975 年 6 月建交以来，两国关系总体发展顺利，各领域合作成效显著。2011 年 5 月，全国人大常委会副委员长蒋树声、国务委员兼国防部长梁光烈访菲。6 月，菲众议长贝尔蒙特访华。7 月，菲外长德尔罗萨里奥访华。8 月底 9 月初，菲总统阿基诺来华进行国事访问。两国经贸往来也继续深化，中国近几年一直是菲律宾第三大贸易伙伴国。2011 年，中菲签署经贸合作五年发展规划。据中国海关总署统计，中国和菲律宾 2012 年进出口总额达 363.7 亿美元，比上年增长 12.8%。但是，菲律宾对华政策因为南海问题、美国重返东南亚等影响而出现较大调整，其外贸政策中的亲美倾向日益明显。海洋资源利益已成为近年来影响菲律宾对外政策的一个重要的内在动因。

在与其他国家外交方面，菲律宾迄今已和 126 个国家建交。2012 年，菲律宾延续了阿基诺三世上台以来的对外政策，即进一步拉近与美国的关系。菲律宾一直视美国为经济、军事、政治上最密切的盟国。两国在 1951 年就签订了共同防御条约和共同防御援助协议。在越南战争、海湾战争、科索沃战争、阿富汗战争、伊拉克战争等一系列战争中，菲政府全力支持美国军事行动。美国则承诺向菲提供新的军事装备，加大对菲军事经济援助。美国是菲第二大贸易伙伴。2011 年，菲美贸易总额为 135.81 亿美元。同时，作为菲最大的劳务输出国，美国菲籍劳工和侨民达 300 万人。2011 年 11 月，美国国务卿希拉里访问菲律宾。2012 年 1 月，美国与菲律宾在华盛顿举行第二届战略对话，深化海上安全合作。此外，自 1956 年 7 月菲日建交以来，菲律宾在国际事务积极支持日本。日本是菲最大援助国、第二大投资来源地和第一大贸易伙伴。2008 年 10 月，菲参议院通过了菲日经济伙伴关系协议。据菲统计局数据，2011 年，菲日贸易总额为 153.75 亿美元。同时，菲律宾重视发展与东盟其他国家的关系。菲律宾虽与马来西亚之间存在沙巴领土争端，但双方均表示愿通过友好协商解决，两国曾举行联合军演。菲律宾与越南在中国南海问题上形成一定程度同盟关系。2009 年 5 月，两国签订共同打击犯罪和维护社会稳定协定。菲律宾与东帝汶是东南亚地区仅有的两个天主教为主的国家。2009 年 4 月，菲律宾与文莱签订关于加强农业领域双边贸易和投资合作的谅解备忘录。此外，菲律宾广泛与国际组织间保持友好合作关系，目前共参与包括亚洲开发银行、亚太经合组织、国际清算银行、国际商会、世贸组织在内的 60 多个国际组织。

第二，虽然 2013 年菲律宾与最大的反政府武装组织达成了和平协议，但国内强大的利益集团及各政党组织仍冲突不断，短期内政局依旧不稳定。不过，强劲的反腐力度赢得各界对总统的支持，促其执政地位中期内趋稳。

在经过 43 年并造成 12 万人伤亡的冲突后，2012 年菲律宾政府与最大反政府武装摩洛伊斯兰解放阵线终于达成一项框架协议，将在菲律宾南部创立一个新的政治实体——“邦萨摩洛”，取代现有的“棉兰老穆斯林自治区”，象征着对这一地区先辈抗争历史的尊重。但政府与两支反政府和恐怖主义武装——新人民军和阿布沙耶夫武装的和平谈判没有取得任何进展，武装分子仍在不断制造绑架、袭击等事件。国内政局依旧不稳定，政治暴力冲突不断。2009 年 11 月，菲律宾南部棉兰老岛马京达瑙省发生的一起政治屠杀案，有 57 人惨遭杀害，包括 31 名新闻工作者。从 2012 年 10 月至 12 月，菲律宾警方就共录得 27 起与 2013 年 5 月菲律宾中期选举有关的暴力事件，其中 25 起为枪击事件，共造成 21 人死亡、17 人受伤。

民主进程总是不尽如人意，动荡与暴力挥之不去。造成这一现象的重要原因之一就是菲律宾的家族政治，“每一个家族就是一个利益集团，这些集团盘根错节，掌握着地方选票，并与中央政府有着密切的联系，并拥有私人武装”。由于政治团体的利益集团过于强大并且直接跻身政治活动中，使政党沦为单纯的选举工具，而不是一个基于意识形态和独特的纲领而存在的组织。因此，在选举时期，政党无法凝聚起选民，只能作为贿选、暴力选举、欺骗的工具，以获取资源。为了各自集团的利益，政治家族之间的恶斗经常发生。2011 年，最突出的莫过于现任总统阿基诺与前总统阿罗约之间的争斗。不过，这种争斗尚在体制内进行，并未出现大规模的示威或抗议，局势大体上保持稳定。阿基诺三世上台以来，菲律宾政府公务员被投入监狱的数量巨幅上升，对前总统阿罗约以及政府官员的反腐行动为其赢得了国内民众和天主教会的支持，政府执政地位稳固。国际组织“透明国际”最近公布的 2013 年清廉指数显示，菲律宾在 177 个被评估的国家里排 94 位，与 2012 年相比排名靠前了 11 位，但廉政建设还有较大的提升空间。

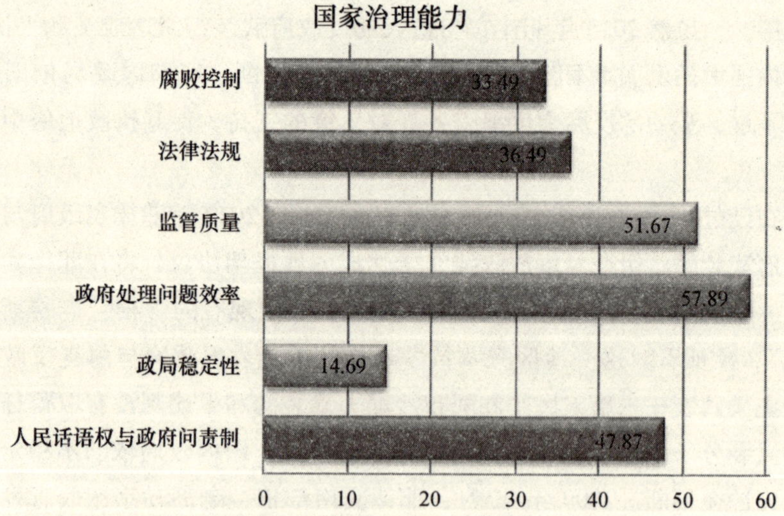

图 1　菲律宾政府治理能力

图片来源：此图为作者绘制。

世界银行《2012 年国家治理能力》显示，在六个评价政府治理能力的指标里，菲律宾政府的监管质量和处理问题效率的得分相对较高，但仅略微高于 50 分的平均线。在被统计的 215 个国家里，菲律宾政府的腐败控制、法律法规、人民话语权与政府问责制方面均低于平均水平，政局更是不太稳定。总体而言，菲律宾的国家治理能力相对较弱。

（二）菲律宾人口增长迅速，劳动力丰富，治安状况较差，社会稳定性有待提高

第一，菲律宾劳动力资源丰富，但贫困率较高，不过大部分群众对社会前景持乐观态度。在对华态度方面，受南海冲突影响，当地民众对华不满情绪有所上升。

据2012年统计，菲律宾总人口数为9671万，是仅次于印尼的东南亚第二人口大国。人口增长率平均为2.1%，是世界上人口增长率较高的国家之一，劳动力资源比较充沛。2010年，15岁以上人口达6020万，占总人口的63%。菲律宾是全球主要劳务输出国之一，在海外工作的劳工有900多万。2011年菲海外劳工汇款达201亿美元，约占GDP的9%。但人口的快速增长也加重了社会负担，使教育、就业等诸多问题难以解决，增加了社会的不稳定性因素和贫困人口。菲律宾贫困人口约3600万，约占总人口的38%。不过，菲民间调查机构“社会气象站”报告显示，38%的受访者对未来12个月生活会有所改善抱有信心，只有6%的人表示悲观，乐观人数较去年有所提高；而35%的人对国家经济增长感到乐观，11%的人持负面看法，乐观人数也高于去年。

在对华态度方面，自从南海纷争加剧后，当地民众对华也越来越不友好。菲律宾民调机构“社会气候站”发布的调查结果显示，在中菲黄岩岛事件发生后，菲律宾民众对中国的“信任感”跌到历史低点。有55%的受访者称，他们对中国“几乎不信任”，只有19%的受访者表示，对中国“非常信任”，二者相差36个百分点。2012年至2013年，菲律宾曾分别就黄岩岛和仁爱礁纷争，举行全球反华示威游行，抗议中国“掠夺菲律宾岛礁”，地点主要涉及中国驻菲和驻美使领馆以及联合国总部，但首次参与者寥寥无几。不过，由于菲律宾民众不满中国情绪的上升，反华游行规模正逐渐增大。

第二，菲律宾各民族和宗教冲突较小，但由于政局动荡，反政府武装组织数目较多且袭击频繁，社会治安状况严峻。不过，近期政府加强了相

应的打击力度。

在菲律宾，马来族占全国人口的85%以上，国民约85%信奉天主教，各民族与宗教冲突总体较小。但是，由于菲律宾政局动荡，国内有数个武装力量较大的反政府武装组织。社会治安状况较差，绑架、爆炸、抢劫案件时有发生。恐怖分子多盘踞在棉兰老岛，不时在南部地区或迁入马尼拉制造爆炸事件。吕宋岛北部和中部也时有“新人民军”制造血腥事件。2010年8月，乘坐一辆观光大客车的香港游客在马尼拉市中心遭1名持枪绑匪劫持，最终导致香港游客8人死亡、7人受伤。2011年10月，菲律宾军人与一群穆斯林分离主义者在南部一个岛屿上的战斗迫使数千人逃离家园。同时，大约200名“毛主义游击队”战士袭击了南部棉兰老岛上的3个私人采矿项目，摧毁了价值约7000万美元的设备。2011年11月，有3人在三宝颜市的炸弹袭击中丧生。这是自2011年9月以来南部发生的第三起旅馆炸弹袭击事件。2013年9月，发生在菲律宾南部城市三宝颜的穆斯林叛乱事件持续了三个多星期，造成132人死亡，1万多处民宅被毁，15万人的日常生活受到影响。直至9月底，菲律宾军方才解除三宝颜叛乱，击毙500名武装分子，解救200名人质。不过，政府近年来重点加强了对绑架的防范和打击，绑架案件逐年减少。

（三）菲律宾经济增速较快，金融体系稳健，财政赤字收敛，中长期经济增长潜力处于较高水平

第一，菲律宾目前经济增长迅速，受国内消费拉动明显，通胀保持平稳，矿产资源丰富，经济体处于健康态势，但失业率较高，外贸状况持续低迷，产业分布不均衡的问题仍值得注意。

在2012年，菲律宾国内生产总值（GDP）已增长到2275.84亿美元，GDP年增长率为6.6%，大大高于2011年的3.9%，人均GDP增长到2.328美元，其增长率为4.77%，同比上升了121.79%，经济增长速度遥遥领先于东南亚其他国家。2013年第三季度，菲律宾经济增长率开始放缓，低通胀以及低迷的进出口是拖累经济增长的主要因素。2013年11月，受台风“海燕”及电价上涨因素的影响，菲律宾全年通胀率拉升至3%，但仍处于政府设定的3%—5%通胀目标的低端。此外，菲统计办公室数据

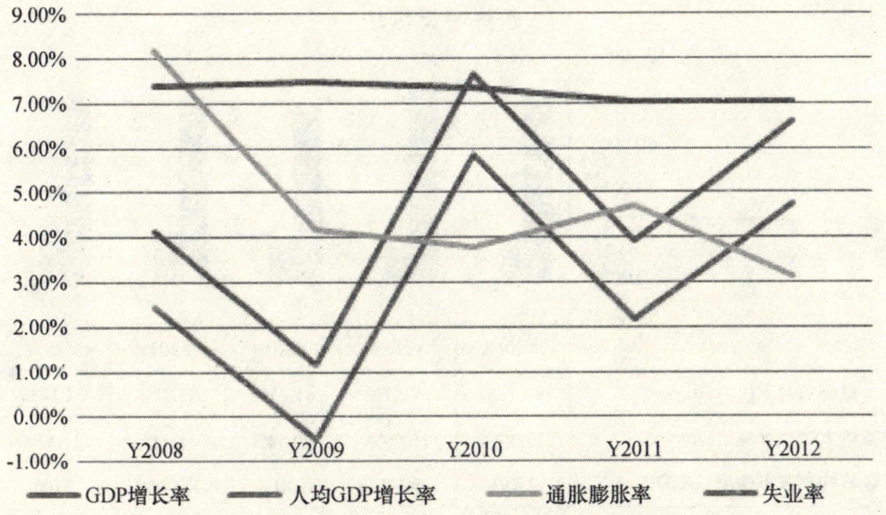

图 2　菲律宾 GDP 增长、通货膨胀率与失业率

图片来源：此图为笔者绘制。

显示，失业率从 2012 年的 3.13% 急剧上升到 2013 年 7 月菲失业率为 7.3%，同比提高了 0.3 个百分点，这相当于约 300 万人找不到工作，也意味着经济增长没能带动就业增长。但当地企业整体就业前景指数从此前的 24.1% 跃升至 31.7%，创历史新高，将提供更多的就业机会。菲律宾 2013 年持续高增长，预计第 4 季度增长为 6.8%，经济增速领跑主要东盟国家。

目前来看，菲律宾经济的快速增长与强劲的内需密不可分。2012 年，消费对菲律宾 GDP 增长的贡献率为 84.16%，同比增长了 1.04%，成为菲律宾经济增长的最主要动力。2013 年第 3 季度居民消费、政府消费和投资的增长速度分别为 6.2%、17% 和 9.7%。在消费领域，2012 年零售业增长达到 10%。2013 年 7 月，国际知名研究机构尼尔森公司公布的调查显示，日益壮大的中产阶级使菲律宾成为全球最有信心的消费市场之一。2013 年第二季度，菲律宾消费者信心指数达 121 点，为 2010 年第四季度以来的最高点，远高于全球平均水平 94 点，为全球第二名。外商投资帮助越来越多的菲律宾消费者进入中产阶级，使经济更具积极前景。经济增长

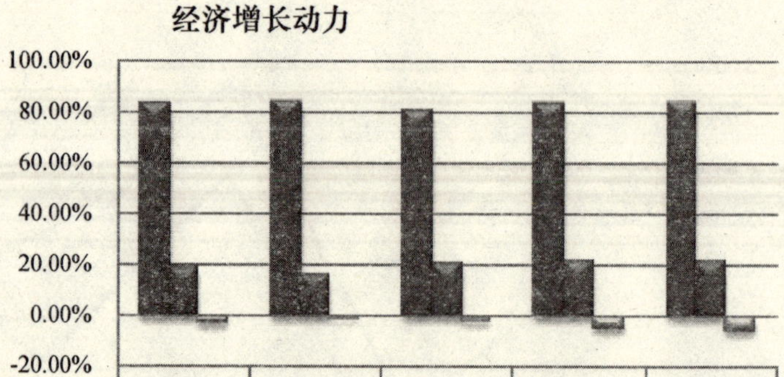

	Y2008	Y2009	Y2010	Y2011	Y2012
最终消费支出/GDP	83.17%	84.53%	81.27%	83.29%	84.16%
资本形成总额/GDP	19.29%	16.59%	20.54%	21.71%	21.52%
货物和服务净出口/GDP	-2.46%	-1.13%	-1.81%	-5.00%	-5.68%

图3　菲律宾经济增长动力

图片来源：此图为笔者绘制。

环境和低通胀也对消费增长起到了刺激作用。监于菲律宾的人口有9800万，是全球人口第12大国家，预期私人消费表现将继续突出。同时，投资对菲律宾GDP增长的贡献率为21.52%。在投资领域，投资署和经济区署在2012年共批准投资6722.5亿比索，同比增长2.29%。然而，考虑到政府消费和投资的增速与5月的大选密不可分，预计下半年这两项的增速将趋于放缓。不过，近五年来，菲律宾外贸状况持续低迷，货物与服务出口总额一直较低，拖累了菲律宾的经济增长状况，2012年菲律宾净出口对国内经济增长的贡献率为－5.68%。

从产业结构上看，菲律宾的服务业一直保持着重要支柱产业的地位，从业人口占总劳力的52.8%。2012年，服务业占国内生产总值（GDP）的55.05%，成为推动菲律宾经济增长的主要力量。菲律宾也是个传统农业国，有33%的劳动力靠农业为生。在农业生产方面，2012年农业总体增长2.9%，低于3%—5%的增长目标，农林渔业产值占国内生产总值的12.61%，是菲律宾经济的重要组成。但政府在发展农业问题上支持不足，

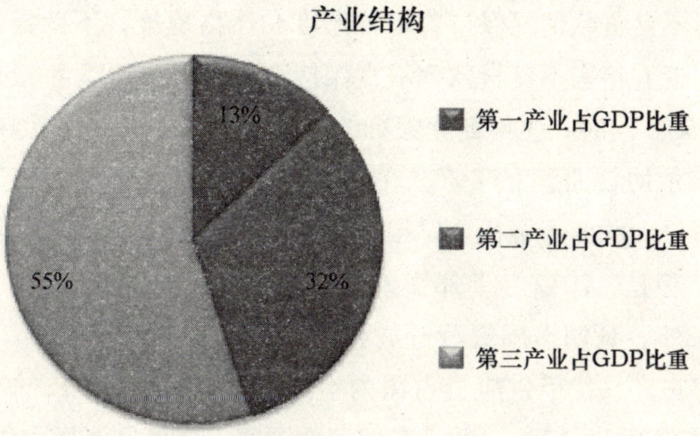

图4 2012年菲律宾产业结构

图片来源：此图为笔者绘制。

使粮食生产链运作不畅。菲律宾农业部预测，2013年粮食产量乐观预测只有1845万吨，距自给自足所需的有255万吨缺口，粮食安全隐患较大。同时，菲律宾也很重视工业的发展。2012年，工业产值占国内生产总值32.34%，从业人口占总从业人口15%。制造业占工业总产值70.1%，2012年汽车销量从2011年的141170辆上升到156649辆，增长11%。但菲律宾经济发展在地理分布上存在极大的不均衡，其工业、农业、交通设施与贸易主要集中在人口最密集的中央平原和狭窄的沿海平原地区。

在资源能力方面，菲律宾的矿产资源种类繁多，储量巨大，将有助于经济的进一步发展。矿藏主要有铜、金、银、铁、铬、镍等20余种，其中金矿储量居世界第三位，铜矿储量居世界第四位，镍矿储量居世界第五位。地热资源丰富，预计有20.9亿桶原油标准能源。巴拉望岛西北部海域有石油储量约3.5亿桶。

第二，菲律宾以银行为主导的金融体系整体保持稳健，但银行开放程度和经济货币化程度较低，短期内存在资产泡沫风险。长远来看，菲律宾国际储备对外债覆盖度高且呈上升态势，利率变化稳定，有利于抵御外部风险。

菲律宾的银行体系较为稳健，资产质量和资产配置情况较好。菲律宾商业银行对不良贷款情况保持着审慎态度和严格检查，不良贷款率仍能保持在低位。近五年来不良贷款率一直保持下降趋势，2012 年银行的不良贷款率为 2.4%。同时，主要商业银行的一级资本充足率上升至 14.74%，远高于《巴塞尔协议Ⅲ》的 8%，在东盟各国中位于前列。2013 年前 9 个月，菲律宾最大的商业银行金融银行（BDO）净收入达 182 亿比索，同比猛增 73%。但是，2012 年菲律宾银行对外资产负债总额占国内生产总值的比例为 3.63%，证明本国银行开放程度不高，资产规模较小。从 2009 年以来，菲律宾广义货币供应量占国内生产总值（M2/GDP）的比例持续下降，2012 年降至 58.93%，低于东盟其他国家，可见经济货币化程度不高。

菲律宾国际储备不断积累，较好的外部流动性保障了政府外币偿债能力不低于本币。截至 2013 年 12 月，该国外汇储备总额为 837.3 亿美元，现有外汇储备总额足以支付 12 个月的进口产品和服务，相当于按原始到期期限计算的该国短期外债的 8.4 倍之多。但国际储备较快上升与热钱加速流入有关，短期内国际投机资本大量涌入推高了菲律宾的资产泡沫风险。

此外，2013 年第三季度，菲律宾比索的贬值幅度为 3.4%，较上一季度有所缓和。由于此前比索兑美元经历了较长时间的升值，在 2009 年至 2012 年间升值幅度超过 10%。因此，现在的贬值是逐步回调。2012 年，菲律宾本币兑美元汇率变化率为 -2.5%。考虑到菲律宾经济增长仍然较好，预计菲律宾比索不会出现大幅度的贬值。同时，鉴于当前利率水平足以支持经济增长，并防范外部风险，菲律宾中央银行在 2013 年年内将隔夜拆借利率将保持在 3.5%。

第三，菲律宾政府中期财政赤字将被控制在较低水平，财政收入增长迅速，国家总外债负担趋于下降也有利于抵御外部冲击，债务违约风险较低。

2012 年，菲律宾的财政赤字是 GDP 的 2.3%，财政收入占国内生产总值为 17.89%，其中经常性收入占总收入的比例为 88.67%，财政收入有较稳定的保障。而财政支出占国内生产总值持续上升至 2012 年的 18.82%，财政支出主要放在对穷人的教育、卫生和现金转移支付上。2013 年上半年菲律宾财政赤字达到 513 亿比索，比去年同期的 344 亿比索增长近 50%，但远低于菲政府设定的 846.6 亿比索上限，菲政府仍有较大财政空间支持经济发展。由于财政收入比支出以更快的速度增长，所以菲政府8月份财政盈余高达219亿比索，比去年同期多了8倍。我们预计，政府财政巩固目标将可实现，中期各级政府财政赤字率将能够保持在1.2%左右的较低水平。不过，对外劳汇款收入的过度依赖依然是菲律宾经济面临的长期挑战。

目前，菲律宾负债情况处于良性水平。菲律宾政府债务总额占国内生产总值（GDP）比重较小且呈逐年下降趋势，近五年来该比例一直在50%以下，2012年达到41.92%，我们预计2013年菲律宾政府债务总额占GDP的比例将下降至为39.73%。2013年一季度的外债从去年同期的616亿美元下降至590亿美元，也比去年底的603亿美元进一步下降，主要原因是美元升值带来的汇率重估所致。外债负担较轻且持续降低，使菲律宾外债偿付能力得到保障。

第四，国际市场低迷使贸易赤字有所扩大，但主要贸易伙伴经济逐步好转，外贸状况将得以改善。同时，随着外汇收入的持续增长，菲律宾经常项目收支保持顺差。

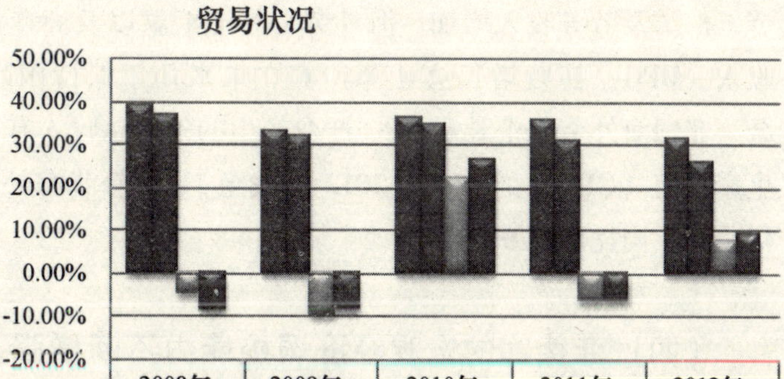

	2008年	2009年	2010年	2011年	2012年
■ 货物和服务进口额/GDP	39.37%	33.36%	36.62%	36.02%	31.76%
■ 货物和服务出口额/GDP	36.91%	32.23%	34.80%	31.02%	26.08%
■ 货物和服务进口变化率	-4.67%	-9.91%	22.15%	-6.46%	7.50%
■ 货物和服务出口变化率	-8.46%	-8.43%	26.54%	-6.48%	9.12%

图5 菲律宾贸易状况

图片来源：此图为笔者绘制。

近五年来，菲律宾对外贸易依存度较低且呈逐年下降趋势，2012 年下降至 57.85% 的低位，进出口分别增长 7.5% 和 9.12%，受国际环境影响不大。但由于外部市场持续疲弱，菲律宾电子产品制造商纷纷放缓生产，导致原材料进口需求下降。2013 年上半年，菲律宾进口额为 296.2 亿美元，与去年同期的 307.9 亿美元相比下降 3.8%。贸易赤字达到 40.6 亿美元，比去年同期的 40.3 亿美元略高，占 GDP 比重约 9%。不过，近期中美两国经济逐步复苏，将有助于推动 2013 年菲律宾的出口增长。2013 年 12 月，菲出口连续第七个月实现增长，涨幅为 15.8%，出口额达到 45.99 亿美元，几乎所有主要出口商品都实现了高增长。其中，电子产品占出口总额的 41.1%，在各类出口产品中居首位。而日本仍然是菲最大出口市场，占菲总出口额的 25%，其次分别为中国、美国和中国香港。

在菲律宾经济增长迅速的形势下，2012 年菲律宾国际收支余额达 92.4 亿美元，高于预期的 89 亿美元。2013 年二季度该国的经常项目盈余 25 亿美元，较去年同期的 23 亿美元增 9.1%，主要是因为该季度菲律宾的海外劳工汇款及劳务收入增加。海外劳工外汇汇款以及商业流程外包产业外汇收入（BPO）持续增长会让菲律宾在未来几年保持国际收支经常项目盈余，菲国海外劳工汇款和 BPO 产业产生的外汇总收入有望占到菲律宾国内生产总值（GDP）的 15%。2012 年截至 11 月份菲海外劳工汇款达到 194 亿美元，同比增长 6%。

（四）菲律宾的宏观经济调控能力不断增强，有利于华资企业升级

第一，近期菲律宾政府采取了一系列鼓励外资的发展计划和适度的宏观调控政策，有利于产业的升级发展，使菲律宾独特的竞争力进一步加强。

为吸引更多外国投资进入菲律宾亟待发展的行业，提高菲律宾在国际市场的竞争力，菲律宾政府积极改善投资环境，并采取一系列鼓励投资的政策措施，如不断开放外商投资领域；允许外国投资者拥有 100% 股权；对出口导向型企业实行投资优先计划（IPP）等。2010 年 6 月，由菲律宾

九家机构共同制定了首个《菲律宾投资促进计划》，以提高菲律宾竞争优势。该计划确定了电子业、商业流程外包和可再生能源为菲律宾具有竞争优势的产业，将采取必要措施提高这些关键产业的竞争力。2011 年 5 月，菲律宾国家经济发展署公布了《2011—2016 年中期发展规划》，以实现阿基诺总统去年竞选时向人民承诺的“16 点议程”以及到 2015 年实现联合国千年发展目标。该计划代表阿基诺政府施政纲要的文件的两大首要主题为“良政”与“反腐”，三大战略为实现包容性增长、创造大量就业与减少贫困。根据该规划，2011—2016 年菲律宾政府要实现的主要经济和社会指标为：GDP 增长率保持在 7%—8%，到 2016 年使人均收入上升至 3000 美元，在未来 20 年使人均收入上升至 5000 美元；减贫方面，到 2015 年贫困率降至 16.6%，比 1991 年的 33.1% 减半；创造就业方面，每年创造 100 万个就业岗位，每年劳动力增长 2.75%，失业率保持在 6.8%—7.2%；千年发展目标方面，到 2015 年，实现 100% 学龄前儿童入学，男女入学比例 1∶1，妇女在非农就业方面占 50%，5 岁以下儿童死亡率每千人少于 26.7 人，产妇死亡率每 10 万人少于 52 人，消除疟疾和肺结核传播。随着宏观调控转向适度宽松，制度环境趋好和人力资源优势使菲律宾经济竞争力增强，加之谨慎的财政和货币政策较为有效地控制了通胀，维持了内外平衡，长期经济增速能够处于 4.7% 左右的水平，与国际金融危机前十年相比微幅上升。

第二，华人对菲律宾经济影响较大，与当地社会融合程度较高。华人主要分布在马里拉，生活环境相对较好。

据统计，目前在菲律宾的华人约有 150 万，其中大多是来自福建闽南、广东两省。华人虽然在菲律宾人口中只占 2% 左右，但在菲律宾经济中占 20%—30%。华人在菲律宾百年来的经济发展史上一直起着重要作用，尤其是引进国外的技术、资本与生产设备，开创初期的农耕与手工业。当地华商企业人才，多能顺应潮流，掌握经济脉动，发展制造业、房地产、金融业，以及透过证券市场操作、收购企业、结成大集团，扩大对菲经济的影响力与贡献。华人经营的商业约占全国的 40% 以上，涉足行业主要是零售批发业和贸易业，华人资产占菲律宾总资产的 70%，华人工业占菲律宾全国工业的 50%。据统计全菲五百家最大公司中，华商约占 1/3，并在纺织及成衣、漂染、钢铁、五金、制糖、塑料、木材加工、建筑材料、百货及金融等行业占优势。但值得注意的是，中国公民在菲务工时，经常因缺少合法工作签证和准证而被抓扣的事件。此外，华人与菲律宾原住民融洽相处，菲华通婚十分普遍，华人与当地人种混血出生人数在东南亚仅次于泰国，但其中有很大一部分人没有接受华文教育。现在华人分布在菲律宾各个岛屿的商业中心，多数集中在马尼拉、宿务、达沃等大城市，生活环境相对较好。马尼拉的人口密度高达9317.4人/平方公里，而人口分布细小的吕宋岛北部的一些省人口密度仅有几十人/平方公里。

第三，菲律宾劳动力优势突出，营商环境不断改善，但由于政局动荡和基础设施落后，外商投资规模不大，中国在菲投资企业数目较小，来自中国的投资依然不振。

菲律宾最大的特殊投资优势是拥有数量众多、廉价、受过教育、懂英语的劳动力。菲律宾识字率达到94.6%，在亚洲地区名列前茅。同时，菲律宾劳动成本大大低于发达国家的工资水平，因而吸引了大量西方公司把业务转移到菲律宾。世界经济论坛的《2013—2014年全球竞争力报告》显示，菲律宾在全球最具竞争力的148个国家和地区中，排第59位，较上年的69位有所提升。据世界银行发布的《2013年营商环境报告》显示，菲律宾在185个经济体里排名上升至133名，同比上升了25位，特别是“道德和腐败”指标上从2010年的135位提升到了目前的87位。菲律宾对外商投资持欢迎态度，但在股份比例上对外资有较为严格的限制，加之基础设施老化、政局不稳以及恐怖威胁等不利因素制约，菲吸引外资规模不大。严重滞后的电力系统，成为潜在的外国投资者关注的主要问题。经济发展急需的各项改革仍在国会争论不休；旨在吸引私有资金的BOT计划只取得有限的成功。近年来，年引进外资额始终徘徊在20亿至30亿美元左右。

中国对菲律宾的实际投资依然非常低。2010年，中国占菲律宾外国投资总额的2.9%，仅为日本同期的1/10。我们预计，未来中国与菲律宾贸易发展状况仍主要取决于世界经济发展状况及南海问题对两国关系的影响，但中长期来看，两地经贸联系仍较密切，商品进出口状况将基本维持稳定。

（五）不确定性分析和未来预测

第一，近期菲律宾政府正加大扶贫力度，提高相关财政预算，创造更多就业机会，以缓解国家今后的贫困现象。

菲律宾贫困现象仍没有较大的改善。据菲律宾国家统计协调办公室公布的数据，2013 年第一季度菲律宾的贫困率为 27.9%，与 2009 年同期的 28.6% 和 2006 年同期的 28.8% 相比并无显著改善。对此，我们认为菲律宾应大力发展工业，创造大量就业机会以促进扶贫。菲律宾经济发展署长也表示，政府将继续增加对基础设施、农业、制造业和服务业的投入，增加就业岗位，帮助降低贫困率。近期召开的菲第 16 次内阁会议重点研究了 2014 年预算，确定加大扶贫力度、继续实施包容性增长。2014 年的预算总额为 2.26 万亿比索，比 2013 年增加了 13.1%。总统府通讯部长科罗马表示，阿基诺总统和内阁会议决定扶贫工作为明年最大预算。为此，政府接下来将筛选出贫困省份，划拨资金，实施经济发展项目，为贫困地区创造更多就业机会。

第二，菲律宾旅游业资源丰富，农业发展潜力巨大，有助于未来经济的进一步发展，但国内治安不好，基础设施陈旧以及自然灾害频繁仍将使国家今后发展减缓。

菲律宾经济发展潜在优势较多，发展前景巨大。首先，旅游业资源丰富。菲律宾是千岛之国，地处热带，气候适宜，具有大量的自然风光和具有民族特色的文化，旅游业发展具有十分优越的条件。若菲律宾将来一旦国内治安得到整治，国内外对旅游业的投资将迅速增加，国外游客将蜂拥至菲律宾，将为菲律宾的经济发展产生重大影响。其次，农业发展潜力巨大。菲律宾具有丰富的土地资源，良好的生态环境，适宜农作物生长的气候条件。只要改善农业基础设施，依靠农业科技进步，菲律宾农业将有巨大发展。菲律宾具有很长的海岸线和广阔的海域，发展水产业具有得天独厚的优势，目前菲律宾海藻生产已是世界第一，其他海产发展也具有美好前景。

但是，菲律宾自然灾害频繁，对国家发展影响较大。在 2011 年 12 月的一场暴风雨导致菲律宾南部两座城市1200多人死亡、几十万人无家可归之后，这两座城市将开始艰难地重建工作。2013年10月，菲维萨亚地区发生7.2级地震，造成213人死亡、742人受伤、8人失踪以及22亿比索的财产损失，政府机构和非政府组织向灾民提供的各类援助累计达到4590万比索，受灾地区的电力则仍未完全恢复。世界银行最新报告指出，由于气候变化对环境的影响，菲律宾将在未来两个十年内面临更加严重的台风天气，最大风速预计提高9%，高于东南亚地区6%的增幅，这将造成更大的损失。菲律宾每年大约遭遇20次台风，任何一次严重的风灾都可能造成数以百计的生命损失和数十亿比索的财产损失。2012年参加多哈联合国气候谈判的菲律宾代表团团长曾说每年因为风暴耗去菲律宾5%的GDP。2013年11月，史上最强台风“海燕”横扫菲律宾多个岛屿，当地官员称或致万人遇难，大量建筑被毁。11月份该国通胀率为3.3%，是近9个月以来最大涨幅，未来几个月通胀率会可能继续攀升。与此同时，由于灾民断水断粮，已出现抢掠情况，当地华人开设的杂货店，超市和商场都被灾民强行撬开大门入内抢货。重灾区独鲁万市据称已成无政府状态，当地华人纷纷透过管道外逃避祸。不过，为了防止灾民闯入民宅抢掠，当地驻军已实施宵禁，并在街上巡逻。

四、韩国

韩国国际关系良好，国内政权过渡平稳，社会秩序保持安定，科教文卫事业发展成熟，经济发展水平较高，金融体系稳健，财政储备充足，对外贸易持续顺差，外资营商环境优越，与中国经贸联系密切，但与日本岛屿争端和朝鲜半岛紧张局势仍是主要地缘政治风险，短期内经济增长有所放缓，财政赤字幅度和国内债务规模正逐渐扩大，外资限制领域仍然较多。不过，韩国政府改善投资环境的决心坚定，中韩两国市场需求巨大，经济互补性较强，双边合作前景广阔。

（一）韩国国际关系保持良好，外部环境总体稳定，与中国、美国、欧盟经贸联系日益密切

第一，韩国积极推进外交合作进程，与世界大国关系良好，与中国也一直保持着相互合作的友好关系，两国政治互信不断加强。同时，韩国与美国、欧盟的经贸关系日益密切，但日本和朝鲜仍是韩国主要的地缘政治风险，短期内韩国周边环境仍不太稳定。

近年来，韩国积极发展外交关系，强调韩、美平等互惠关系，促进韩中日东北亚区域合作，同时加强同俄、东盟、欧盟等其他国家的关系，积极参与地区和国际事务。截至 2012 年 10 月，韩国共与 189 个国家建立了外交关系。中韩两国自 1992 年建交后，各方面关系发展迅速，高层互访频繁，政治互信不断加深。2012 年，双方隆重纪念了两国建交 20 周年。在这 20 年间，两国贸易额增长了近 50 倍，2012 年更是创下了 2563 亿美元的历史新高。新总统上任后，对华保持积极的外交政策。2013 年 6 月，韩国总统朴槿惠访华，这是她就任韩国总统后首次访华。2013 年 7 月，韩国产业通商资源部召开了“中国经济研究会议”，并在会议上强调，韩国应紧跟中国发展趋势，随时调整对华合作策略，根据中国地区和产业发展状况制定对华合作计划。

在与大国关系上，韩美两国早在 1949 年已建立外交合作关系，1953 年就确立了军事同盟关系。目前美国在韩国约有 2.85 万驻军，掌握韩军战时指挥权，对韩国富有安全防卫义务。同时，两国经贸联系也日益密切。2007 年，韩美签订了自由贸易协定。2013 年 5 月，韩国总统朴槿惠对美国进行国事访问，发表“韩美同盟成立 60 周年联合宣言”，并就修订《韩美原子能协定》、分担驻韩美军驻扎费用、生效一周年的韩美自贸协定的成果、扩大经贸合作等交换意见。根据韩国产业通商资源部统计，2013 年上半年美国对韩投资数额最多，占韩国外资申报规模的 31.5%，达 25.2 亿美元，较去年同期增长 100.4%。不过，随着韩国经济快速发展，在资金技术和市场等方面具有一定的技术研发能力，对美国的依赖程度正在逐渐下降。此外，近年来韩国与欧盟的关系得到进一步加强。2010 年 10 月，第五届欧盟和韩国峰会在布鲁塞尔举行，欧盟和韩国正式签署了欧韩自由贸易协定，并决定将双方关系升级为战略伙伴关系。2013 年上半

年，韩国外资申报规模达80亿美元，欧盟地区对韩投资占外资申报规模31%。

但在与周边国家关系上，韩国主要的地缘政治风险仍是日本和朝鲜。韩国与日本虽在各个领域有着广泛交流与合作，但历史问题仍干扰这两国关系。韩日两国邦交正常化之后，韩国把日本作为重要发展资金和技术引进的来源，两国之间的双边贸易发展迅速，日本是韩国第三大贸易伙伴。2013年上半年，日本投资规模占韩国外资申报规模17%，仅次于美国。尽管韩日关系正常化有了突破性的进展，但由于历史遗留的问题，韩、日两国的矛盾与冲突还存在，主要是日本多次否认历史问题，遭到韩国民众强烈的谴责，战争赔偿和韩日岛屿问题仍影响着两国的关系。2012年8月，李明博总统登上了日韩争议岛屿，韩日关系骤然紧张。2013年10月，韩国在独岛（日本称竹岛）周边海域举行联合防御军演。一方面，是针对日本政府发布的“主张竹岛是日本领土”的视频，导致日韩关系进一步恶化；另一方面，朝鲜半岛划分为两个国家后，2013年朝鲜单方面宣布《朝鲜停战协定》完全无效，并宣称向美国“开战”，金正恩视察炮击延坪岛的部队，朝鲜半岛局势趋向紧张。不过，韩新政府继续推进政府多元化和世界化的外交政策，有助于缓和改善与朝鲜关系。

第二，韩国政治体系健全，政权过渡平稳，新政府改革举措有利于本国的进一步发展。多党制下各政党相处友好，政治环境总体稳定，但政府廉政建设仍有待提高。

韩国国内政治架构主要参照美国，透过立法、行政、司法三权分立的政治体系，而保持政府的运作畅顺。2012年12月，朴槿惠当选韩国第18届总统，任期至2018年。新政府着手推进“创新经济”及“经济民主化”改革，符合本国国情，有利于韩国实现产业结构的再次升级。新政府继续稳固财政政策，强化金融稳健性，社会总体安定。韩国实行多党制，目前的执政党是大国家党，执政党与在野党友好相处，中央政府具有较强的执行力，但是清廉程度还有待提高。国际组织“透明国际”最近公布的2013年清廉指数显示，韩国在177个被评估的国家里以56分（总分100分，分数越高越清廉）排名第46位，同比下降了一位。

（二）韩国人口较少，医疗及教育水平较高，社会治安状况较好

韩国人口基数较少，但增长速度较快。截至2013年3月，韩国人口约5022万，同比增长了4.3%。其中中国公民数量约72万人，从事中餐馆、旅游、物流和中药铺等行业为主，主要分布在生活条件较好的首尔市和及京畿地区。韩国是单一朝鲜民族国家，民族矛盾不会过于尖锐，当地民众对华侨华人态度也很友善。韩国无宗教信仰者较多，约占总人口的47%，其余信仰佛教和基督教的为主，历史上韩国还未遭受因宗教或种族差异引起的严重冲突事件。

韩国医疗卫生及教育水平较高，有助于社会保持稳定发展。1977年，韩国就开始实行医疗保险和医疗援助服务。2011年，韩国医疗保险覆盖率超过99%，医保支出约占当年GDP（国内生产总值）的3%。同时，韩国教育发达，对教育的重视程度较高，2013年教育预算约占政府预算的14.6%，目前实施九年国民教育。根据瑞士洛桑国际管理学院《2012国际竞争力年度报告》，韩国教育竞争力居世界第31位，劳动力具备一定素质。截至2013年2月底，韩国就业人数约2398.4万人，失业率为4.0%。在完善的社会保障下，韩国是一个低偷窃率、低犯罪率的国家，无反政府武装组织，当地居民不可持有枪支，社会治安状况良好。但是，近年随着经济不景气，贫富差距逐渐扩大，盗窃、诈骗案件有所增多，其他恶性犯罪也有抬头趋势。根据韩国大检察厅统计，2011年韩国各类违法犯罪案件仅约190万起。

（三）韩国经济金融体系总体稳健，服务业优势突出，财政收入充足，与中国经贸往来将保持密切

第一，国内消费是韩国经济增长的主要动力，但短期内受低迷的国内外市场需求影响，韩国经济增速趋缓。不过，中长期来看，韩国新政府政策将有助于促进经济增长，通货膨胀率也将保持在低位运行。同时，产业结构合理，电子及汽车产业所创造的利润值最大。

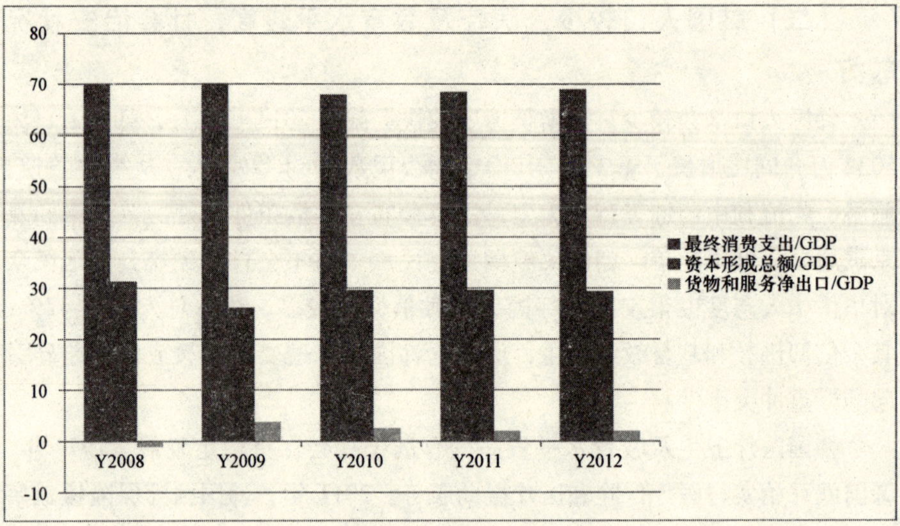

图 1　韩国经济增长动力

图片来源：此图为笔者绘制。

韩国具有较强的经济实力，近十年来实际 GDP 平均增速超过 4%，国内消费一直是主要拉动力量。2012 年，韩国国内生产总值约合 11365 亿美元，位居世界第 15 位，人均国民收入为 22720 美元，也位居世界第 15 位。但受内需萎靡、投资减少及外部市场需求低迷等影响，2012 年韩国经济增速有所放缓，且短期内难有较大改观。我们预计，韩国 2013 年和 2014 年经济增速分别为 2.8% 和 2.7%。不过中长期内，新政府增加实施科技投入，再次升级产业结构，加大支持中小企业，放松管制等政策将有可能使经济实现 3.5% 左右的增长率。在物价水平方面，得益于农畜水产品和石油类产品价格稳定，2013 年 12 月韩国消费者物价指数（CPI）同比上涨 1.1%，保持低位运行。2013 年消费者物价年均上涨率仅为 1.3%，是 1999 年（0.8%）至今的最低值。

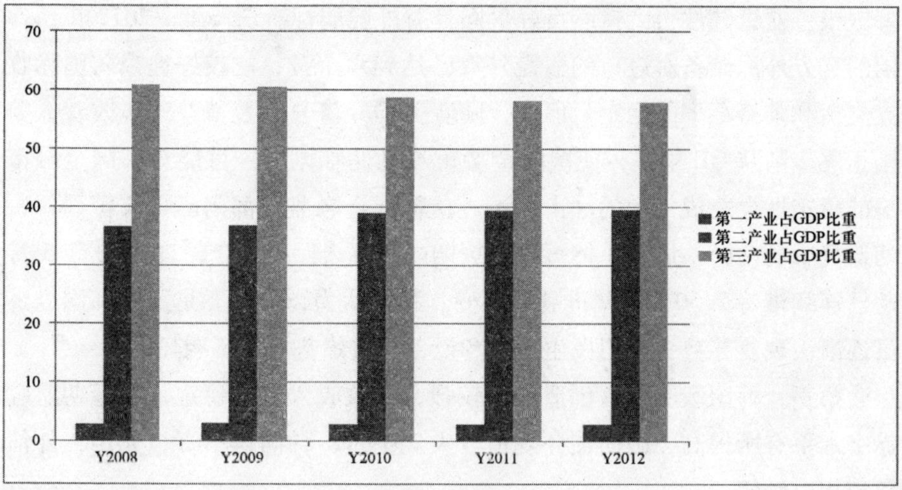

图 2　韩国产业结构

图片来源：此图为作者绘制。

从产业结构上看，韩国第三产业一直保持着重要支柱产业的地位，服务业对 GDP 的贡献率近五年年均达到 59.47%，而电子和汽车产业是韩国经济增长两大主要拉动行业。2013 年 10 月，韩国央行公布的企业经营分析统计资料和金融信息机构资料显示，韩国企业所创当年净利润中，三星电子、现代汽车、起亚汽车合计人民币 1421 亿元，在全体韩国企业所创净利润中占比 28.6%，且呈逐年上升趋势。

第二，韩国在经历了金融危机之后，对金融业开始整顿，使韩国金融体系保持稳健，资产质量不断提高。虽然近期国际金融市场持续波动对韩国金融市场将带来一定冲击，但韩国金融监管警惕，基准利率保持稳定状态。

金融危机过后，韩国开始对金融体系进行改组，提高金融效率，让外汇和资本市场自由化。近五年来，韩国广义货币供应量占国内生产总值（M2/GDP）的比例保持增长趋势，2012 年达到 144.26%，这经济货币化程度在世界上也处于较高水平。2012 年，韩国商业银行资本充足率平均达到 14.3%，远高于《巴塞尔协议Ⅲ》的 8%，银行不良贷款也仅为 1.5%。

韩国银行业稳健性得到持续良好巩固且对外脆弱性有所降低。2012 年，韩国的官方外汇储备对进口的覆盖月数已达到六个月，能较好地预防国际收支失衡和维持汇率的稳定。但是，随着美国经济复苏及就业逐步改善，美国正逐步削减 QE 规模，使国际金融市场动荡加剧，这可能对韩国金融市场的稳定性会造成一定的冲击。不过，韩国金融监管部门已提高警惕，密切监督市场动向，风险总体可控。短期内利率将保持稳定，自 2013 年 5 月起已连续维持 2.50% 的基准利率不变。我们认为，这主要是因为韩国经济虽逐渐出现复苏势头，但民生消费和设备投资增势依旧不明显。

第三，韩国政府财富创造能力较强，财政收入来源稳定，但近期财政赤字水平有所提高，国内债务规模较大。不过，韩国偿债资金充足，外债负担相对较轻。

韩国政府财政收支状况稳健，但近期财政赤字水平有所提高。2012 年，韩国财政收入占国内生产总值的 23.27%，同比上升了 0.16%。其中，从 2008 年到 2011 年，政府经常性收入占总收入保持在 99% 以上，2012 年财政收入增长率是 GDP 增长率的 2.65 倍，可见韩国财力充足，财政收入处于保持稳定。2012 年，韩国政府财政支出占国内生产总值的 21.36%，同比下降了 0.25%。但是，韩国的政府仍然处于财政赤字的状态。韩国中央政府财政收支数据显示，2013 年上半年财政收支出现了 46.2 万亿韩元的赤字，同比增加了 16.2 万亿韩元，创下了历年上半年财政赤字的新高。韩国政府的债务水平也从 2008 年底的 30.1% 增至 33.67%，未来政府的负债率有上升的趋势。从 2008 年开始，韩国国内内债总额占财政收入一直都高于 115%，2012 年甚至高达 124%，可见国内还债压力较大。但韩国外债总规模中等、债务结构合理，全部为长期外债，主要为长期债券与票据，充足的外汇储备保证其外债偿付能力稳定。截至 2013 年 12 月，韩国外汇储备余额为 3464.6 亿美元，环比增加 14.5 亿美元，连续六个月创历史新高。同时，鉴于韩国较强的财富创造能力，财政收入将继续增长，偿债资金来源可靠，债务违约风险可控。

第四，韩国是出口导向型经济，对外贸易依存度逐年增大，但近年来一直保持着贸易顺差状态，对外贸易总额不断提升，而且与中国贸易往来日趋密切，两国经贸互补性较强。

出口导向是韩国经济发展最重要的特点，对国际市场的依赖性较强，对外贸易依存度逐年递增。尽管国际经济疲惫，但是韩国的贸易一直都在顺差的状态，而且顺差额不断在增长。据韩国海关统计，2013 年韩国货物进出口额为 10752.2 亿美元，同比增长了 0.7%。其中，出口达 5596.3 亿美元，同比增长了 2.1%；进口达 5155.9 亿美元，同比下降了 0.8%。贸易顺差为 440.5 亿美元，同比增长了 55.7%。其中，中韩两国由于地理相近、文化相通、物流便捷、双边贸易发展具有天然优势。中国是韩国第一大贸易伙伴、第一大出口目的地和最大的进口来源地。2013 年，韩国与中国双边贸易额为 2289.2 亿美元，同比增长了 6.4%。其中，韩国对中国出口 1458.7 亿美元，同比增长了 8.6%；自中国进口额达 830.5 亿美元，同比增长了 2.8%。机电产品、光学医疗设备和化工产品是韩国对中国出口的主要产品，合计占韩国对中国出口总额的 70.4%。韩国自中国进口排名前三位商品为机电产品、贱金属及制品和化工产品，分别占韩国自中国进口总额的 43.1%、15.0% 和 7.7%。我们认为，中、韩两国经济和产业技术处于不同发展阶段，中长期内将保持优势互补、互利共赢的发展格局。

（四）韩国经济改革政策有效，外资营商环境优越，基础设施健全，税收体制完善，与中国经贸联系密切

第一，韩国积极的经济政策为韩国的发展打下了扎实的基础，也为外资的进入提供了极大的便利，但外国投资限制领域仍然较多，资源优势不突出。不过，韩国营商环境优越，基础设施健全，税收体制完善，政府改善投资环境决心坚定。

面对当今急剧变化的国内外经济形势，韩国政府迅速采取了积极的财政政策、系统的金融扩张与改革政策、大刀阔斧的减税政策、惠及众多低收入者的社会保障政策、系统性的出口扶持政策、大胆的外资奖励政策和支持海外并购政策在内的全面刺激经济计划，取得显著成效。另外，韩国政府着力为企业提供切实有效的援助，提供更多的就业岗位，保障员工福祉，继续推动科技研发和产业融合，以促进创新和培育未来发展动力。但韩国对外国投资领域的限制较多，主要包括农业、畜牧业、渔业、出版发行、运输、输电和配电、广播通信等领域。不过，韩国政府对外商投资的

鼓励政策包括投资经济效益大的外商企业进行补偿，为较国内企业来说投资条件相对不利的外商投资企业减轻费用负担等。

韩国投资环境优越，网络通讯设施一流，研发创新能力强，产业发展水平高，文教体育卫生等配套设施较为齐全。同时，韩国拥有比较完善的税收制度，透明度较高，执法较严。据世界银行发布的《2013 年度全球经营环境报告》显示，韩国在 189 个国家中排名第 7 位，比去年上升 1 名，这是自 2003 年开始进行该项统计以来韩国取得的最好名次。韩企划财政部分析称，排名之所以能够上升，主要是因为创业条件、建筑许可费用等 8 项指标比去年改善。但从资源能力上看，韩国矿产资源较少，有经济价值的矿物仅有 50 多种且储量不大，国内主要工业原料均依赖进口。据世界经济论坛《2013 年全球竞争力报告》显示，受油价攀升和全球经济不景气的影响，韩国国家竞争力在全球 148 个国家中排名第 25 位，同比下降了 6 位，创下了 2004 年以来新低。不过，2013 年 10 月，朴槿惠总统在国务会议上表示，目前政府和政坛的当务之急是改善投资环境。

第二，中国“走出去”韩国的规模不断扩大，双边经贸联系密切，市场需求较大，未来相互合作前景将更加广阔。

近年来，中国与韩国的经贸联系日趋紧密。据我国商务部对外投资和经济合作司统计，中国在韩国投资企业经营领域主要包括：销售、家电、电子产品、化妆品等行业。我们预计，随着韩国步入后工业化时代，研发类投资需求加大，中国企业在生物技术、电子科技、机械制造、替代能源领域可以在韩开展投资合作。同时，韩国部分产业配套类投资、工程承包和低端劳务将出现巨大的市场需求，为中国企业开展对韩投资合作带来新的机遇。未来双方的产业合作将进一步向产业链的上下游拓展，并带动先进技术、关键零部件、设备等产品进口，并进而推动广东机电类产品对韩国以及其他国家和地区的出口。因此，从长远来看，双边贸易合作将深入发展，产业内贸易将成为新的增长点。

（五）不确定性分析和未来预测

2014 年，韩国经济政策重点将放在出口与内需的均衡发展上，提振消费与投资将成为政策核心。据 2014 年政府预算案显示，2014 年政府预算支出将同比增加5%，重点是用于扩大福利和增加就业，文化产业和研发方面的预算也将大幅增加，而产业、能源、环境领域的支出大幅削减。韩国产业通商资源部公布的资料显示，韩国若加入TPP，今后10年有望在原有增长基础上再获得2.5%—2.6%的GDP增长的效果，若不加入，实际GDP或下滑0.11%—0.19%。不过，随着世界经济复苏，美欧等发达国家经济形势不断好转，中国经济增长趋势依然持续。同时，韩国将进一步提高优势产品的市场竞争力，不断推动中小企业全球化发展，并通过与更多国家缔结FTA等，强化对外贸易能力，扩大对外出口。我们预计，2014年韩国贸易总额预计达1.16万亿美元，同比增长7.6%。贸易顺差可达335亿美元。进口方面，随着油价等各种原材料价格逐渐稳定，国内消费心理也恢复平稳，将呈现增长趋势。出口方面，尤其看好船舶、无线通信设备、汽车等优势产品，从国家和地区看，预计对中国、北美、亚洲地区形势较好，对欧盟、中东和中南美将有小幅增长，但对日本将持续不振。不过，世界性的贸易保护主义倾向严重、汇率变动幅度扩大以及日元贬值等因素将阻碍2014年韩国出口增长。

五、日本

日本与周边国家领土争端有激化倾向，地缘政治风险加大。日本经济、金融实力雄厚，三大产业发达，政经体制完善，国家治理能力较强，社会治安很好，国际储备和境外资产充足，经常账户保持顺差，科教水平很高，华人华侨营商和生活环境有所提高，但日本民众对华不满情绪有所上升。日本政府频繁更迭、人口老龄化严重、社会保障趋紧、核泄漏不断、财政赤字和负债规模较大，将制约日本经济进一步发展。

（一）日本与周边国家领土争端有激化倾向，但不会导致军事冲突

日本首相频繁更换和核泄漏问题不利于政权稳定性，但国家治理能力较强，政治风险总体可控。

第一，日本与美国、东盟、欧盟、印度及各国际组织都保持着很好的

关系，但日本与中国、韩国、俄罗斯的领土争端有所升级，使地缘政治风险加大。

从国际政治因素看，日本与俄罗斯、韩国、中国有领土争端，在核问题和安全问题上日本与朝鲜存在冲突。目前，在美国“重返亚太”的大背景下，日本打压、牵制中国的态势仍有增无减，钓鱼岛问题有可能继续升温。从安倍上台后的对华言行来看，试图构筑“对华包围圈”，并在钓鱼岛及东海海域频频制造事端。美方自2012年7月以来，也多次确认钓鱼岛属于《美日安保条约》。同时，日本与国际组织间保持着很好的关系，在国际货币基金组织和世界银行的话语权较大。2010年，日本在IMF投票权所占比例为6.01，在187个有投票权国家里排名第2位。2013年日本在世界银行投票权所占比例为8.46，在188个有投票权的国家里也排名第2位。目前，日本共参与包括亚洲开发银行、亚太经合组织、国际清算银行、国际商会、世贸组织在内的76个国际组织。2013年7月下旬，日本宣布正式加入跨太平洋战略经济伙伴协定（TPP）谈判，有利于促进日本经济复苏，但不利于日本农业的发展。

在与各国外交方面，日本推行保守主义外交路线，注重日美同盟关系和亚洲外交。2012年4月，野田首相访美，与奥巴马总统会晤，发表题为《面向未来的共同蓝图》。2012年8月，日本防卫大臣森本敏访问美国，强化对中国的防卫工作。2013年1—6月，美国是日本第一大出口国和第二大进口国，出口额为650.8亿美元，进口额为343.18亿美元。日本也重视发展与欧盟各国的关系。2011年5月，日本与欧盟举行第二十次日欧年度峰会。据日方统计，2011年日本与欧盟27国贸易额为1757亿美元。同时，日本积极拉拢俄罗斯，两国交往有所增加。2009年2月，麻生太郎首相在俄罗斯与俄总统梅德韦杰夫举行会谈。2009年5月，普京总理访问日本。2012年9月，野田首相赴俄罗斯出席亚太经济合作组织会议，并与普京总统会面。2013年11月，日俄两国在东京举行了首次“2+2”会谈，强化在安保领域的合作。据日方统计，2011年日本与俄罗斯贸易额为307.7亿。但是，“北方四岛”俄称“南千岛群岛”的领土纠纷仍是阻碍日俄关系发展的主要问题。日韩两国关系亦是如此。即便自1965年建交以来，日韩关系发展总体平稳。2011年，日本外务省发布2011年度《外交蓝皮书》，称韩国是“最重要的邻国”。2011 年 12 月，李明博总统访日。2013 年 1—6 月，韩国是日本第三大出口贸易伙伴，出口额为 289.6 亿美元。但是，独岛领土争端有所升级，现任韩国总统朴槿惠曾多次公开批评日本在历史和领土问题上发表倒退性的言论，日本政府对此也加强反击，外交进程一度受阻。此外，日本政府十分重视与东盟国家的关系以制衡中国。双方沟通往来机制较多，有东亚峰会、日本东盟领导人会议、外长会议、经济部长会议等。2012 年 11 月，日本东盟第 15 次峰会在金边举行。据日方统计，2012 年日本与东盟贸易额达 19.8 万亿日元，占对外贸易总额的比重达 14.8%，东盟成为日本第二大贸易伙伴，仅次于中国。日本对东盟投资较上年增加一倍，达到 1.5 万亿日元。同时，日本与印度自 1952 年建交后，两国关系保持友好。2011 年 8 月，《日印经济合作协定》正式生效。2011 年 12 月，野田首相访印，与印度总理辛格举行会晤，签署了加强“全球战略伙伴关系”的联合声明。2012 年 6 月，日印在日本举行首次海上联合军事演习。

近年来，中日两国交往密切，但钓鱼岛事件使两国关系一度恶化。1972 年 9 月 29 日，中日两国发表《中日联合声明》，实现邦交正常化。2012 年 3 月，习近平副主席会见来华的日本前首相鸠山由纪夫，胡锦涛主席在出席首尔核安全峰会期间与野田佳彦首相会谈。5 月，日本首相野田佳彦来华出席中日韩领导人会议，胡锦涛主席集体会见。6 月，第十三次中日战略对话在东京举行，外交部副部长张志军和日本外务省事务次官佐佐江贤一郎主持对话。2013 年 11 月 7 日，中日韩三国在韩国首尔举行第八次外交高官磋商，为扩大与深化三国间的合作竭尽全力。同时，两国经贸合作密切。中国为日本第一大贸易伙伴、第二大出口目的地和第一大进口来源地。据日本海关统计，日本是中国第四大贸易伙伴和第三大外资来源地。2011 年，日本对华投资项目数 1859 个，同比增长 5.5%。2012 年实现人民币与日元的直接交易，中日互购国债，签订中日韩三国投资协定。但受钓鱼岛问题的影响，2013 年，中日两国贸易总额为 3119 亿美元，同比下降了 6.5%，两国贸易额已连续两年出现下滑。

但是，自 2012 年日本右翼挑起“钓鱼岛购岛事件”以来，两国关系恶化到最低点，中国官方和民间交流活动或被推迟或被取消，这一状态也已直接影响到两国的经贸关系。同时，日本贸易保护主义抬头，以环保和安全为名的“绿色壁垒”、特保条款和技术壁垒日益成为中国对日本出口的主要障碍。不过，2013 年第 3 季度，双边贸易的负面影响进一步缓解，日本对华贸易无论是出口还是进口都明显好转。8 月，日本对中国出口 11188 亿日元，同比大幅增长 15.8%；自中国进口 14232.5 亿日元，同比增长 17.6%，说明中日贸易已经回暖。中日钓鱼岛争端已经长期化，双方的经贸合作方对此已有充分的预期。我们预计，如果没有新的冲击性事件发生，中日贸易未来有望维持缓慢恢复的势头。

第二，日本首相更换频繁使政策难以连续，不过安倍晋三上台后，经济建设力度加大，通过经济复苏来增强民众支持率。虽然国内强大的利益集团影响政党的发展，核电站问题仍未有效解决，但日本政府治理能力总体较强，政治风险仍在可控范围内。

近年来，日本首相频繁更换，除小泉纯一郎任期较长以外，其他几乎是一年一相，政治的不稳定性造成政策的不连续性，从而影响宏观经济的发展，对外国投资造成的间接影响亦不可低估。不过，自从 2012 年 12 月安倍晋三当选以来，他为了巩固政权，把主要精力放在了选民关心的振兴经济上。首先，扩大政府的基础设施投资。日本政府已经规划了全国高速公路网，把高速公路延伸到偏远的城乡，预计新建公路的总公里数达到几千公里。其次，推进结构改革。提倡妇女参加工作，增建幼儿园，为妇女解除后顾之忧。推进新能源的发展，规定各电力公司必须收购太阳能、风能发电厂的发电。建立各种特区，提供优惠政策，如医疗保健特区等。再次，扩大设备和大型基础设施建设的出口。日本政府在全世界推销核电站、铁路、公路的建设。安倍上台后致力于经济建设，使日本经济得以复苏，并依靠经济回暖提高民众支持率。

目前，日本主要的政党有：执政的自民党、公明党；在野的民主党、日本维新会等。各个利益集团都会选择自己所支持政党，使某一主要利益集团能对政党乃至政府的政策有着决定性的影响，造成其他利益集团利益无法得以实现，影响政党真正汇聚民意的功能。而利益集团的支持方式更多是一种密室交易、权钱交易，不利于政党公平竞争。不过，日本政府官员廉洁程度较高。国际组织“透明国际”最近公布的2013年清廉指数显示，日本在177个被评估的国家里排第18位。当前影响安倍政权稳定性的是福岛核电站问题。2013年8月，福岛核电站发生300吨污染水泄露事故，周边受灾地区的重建受到影响。在福岛核危机事件中，日本政府也暴露出其透明度不够以及对突发事件处理能力不强的缺点。9月，日本放送协会（NHK）做的最新民意调查显示，日本民众最关注的政府政策依次是核电和能源政策，经济政策，社会保障政策，只有4%的民众关注外交政策。

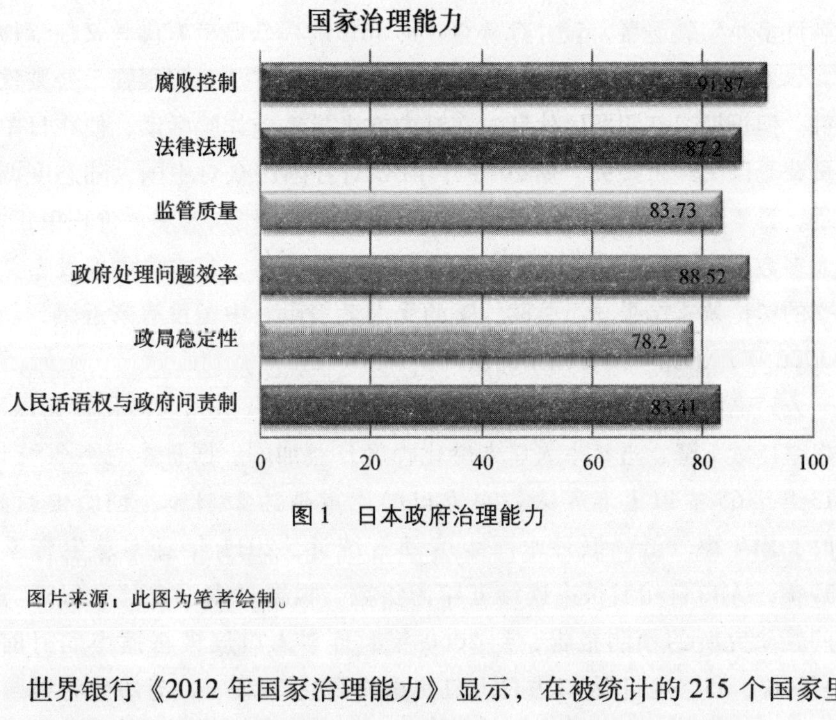

图1　日本政府治理能力

图片来源：此图为笔者绘制。

世界银行《2012年国家治理能力》显示，在被统计的215个国家里，日本政府的腐败控制、法律法规、监管质量、政府处理问题效率、人民话语权与政府问责制方面得分相对较高。但由于首相更换频繁，日本政局稳定性有待提高。总体而言，日本国家治理能力很强。

（二）日本人口密度大，老龄化问题严重，相关应对政策正陆续推进，总体社会稳定性较高

根据日本总务省统计，截至2012年，日本总人口为1亿2756.1万人，比上年同期减少了25.6万人，居世界第9位，是世界上人口密度最大的国家之一。但日本资源供应和生态环境并未受此影响。日本的民族构成比较单一，融合程度较高。日本主要的民族是大和族，北海道地区约有2.4万阿伊努族人，是唯一的少数民族，其民族特征已经所剩无几，被和人所逐渐同化。日本是个多宗教国家，主要有神道教、佛教、基督教三个大的宗教和许多小宗教。各宗教并存并立，约86%的民众既信奉佛教又信奉神道教。日本社会治安状况很好，犯罪率很低。公民守法意识很强，公共秩序良好。但近期，有犯罪团伙针对在日中方人员实施诈骗活动，使在日中方人员蒙受巨大经济损失。据2013年BBC对各国民众对中国大陆态度调查显示，日本民众对华态度最为消极，仅5%的日本民众对华评价积极正面，绝大多数民众对华持负面态度。2013年11月23日，日本内阁府发布关于外交的舆论调查结果显示，80.7%的受访者表示对中国没有亲近感，创下自1978年开始此项调查以来的新高。

人口老龄化程度严重。日本于20世纪70年代进入老龄化社会以来，出生率持续下降，近年来人口老龄化程度日益加剧。据日本总务省统计，2013年，65岁以上老年人占总人口的比重高达25.1%，创历史新高。同时，出生率较低。据日本厚生劳动省统计，2011年日本总生育率为1.39%，人口自然增长率连续五年为负数。根据日本国立社会保障与人口问题研究所的预测报告，到2060年，日本人口规模将缩小到目前的2/3左右，65岁以上人口占总人口比重将高达39.9%，老龄化将进一步加剧。由于老年人生病几率高，财政用于医疗和护理等社会保障的开支相应增大。同时，劳动力人口以及所得税的纳税人数减少，从而影响财政收入。不过，2012年8月，旨在充实和稳定社会保障制度与健全完善财政的社会保障与税制一体化改革相关法案分别在众议院和参议院通过，使日本的社会保障改革有了法律依据。根据该方案，日本计划优先进行的是支援育儿、雇佣对策、医疗护理改革、年金改革等，把育儿支援放

到了首位。

（三）日本经济复苏较快，服务业优势突出，但财政赤字和负债规模很大，贸易继续逆差

第一，安倍经济政策短期内有助于日本经济复苏，通胀和失业率开始出现下降的现象，灾后重建带动日本消费和投资增长，但世界经济不景气，使出口拉动乏力，资源进口依赖度较高。不过，三大产业持续健康发展，总体经济风险较小。

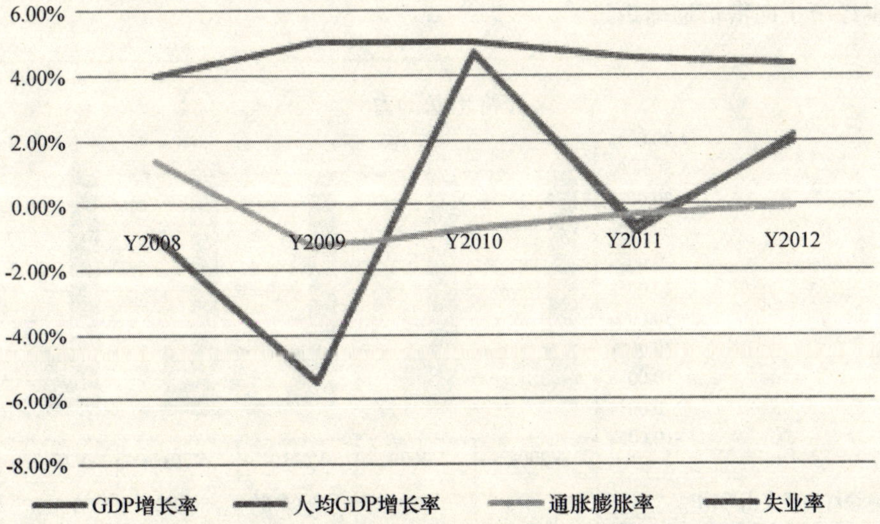

图 2　日本 GDP 增长、通货膨胀率与失业率

图片来源：此图由笔者绘制。

日本是世界第三经济大国，总体经济实力较强。据 2013 年英国智库莱加顿研究所的“全球繁荣指数”调查显示，日本在 142 个被调查国家里排第 21 位。最近经济仍在复苏的轨道上稳步前进。2012 年日本国内生产总值（GDP）和人均 GDP 均出现了正增长，GDP 增长率为 2%，人均 GDP 增长率为 2. 15%。安倍上台后推出的超宽松货币政策、大规模财政刺激的新经济政策，使日本经济复苏加快。2013 年第 3 季度，日本实际 GDP 增长率

为2.7%。受经济复苏形势好转影响，重新进入求职市场和转职人数有所增加，日本失业率也有所下降。2012年全国失业率为4.35%，同比下降了4.92%，2013年11月失业人数249万人，同比下降4.2%，连续42个月出现下降，失业率为4.0%，劳动力参与率为59.7%，同比上升0.6%，求才求职比升至六年高位，凸显就业市场形势改善。不过近四年来，日本通货持续紧缩，其根源在于日本产业结构调整进展缓慢，产能过剩处理不佳，财政赤字规模扩大。但是，在安倍量化宽松政策的影响下，日本经济正在实现通胀目标的过程之中，2012年通货膨胀率（CPI）已提升至-0.04%，截至2013年11月CPI同比增长1.5%，升幅创五年新高，表明日本经济正向借宿通缩迈进。

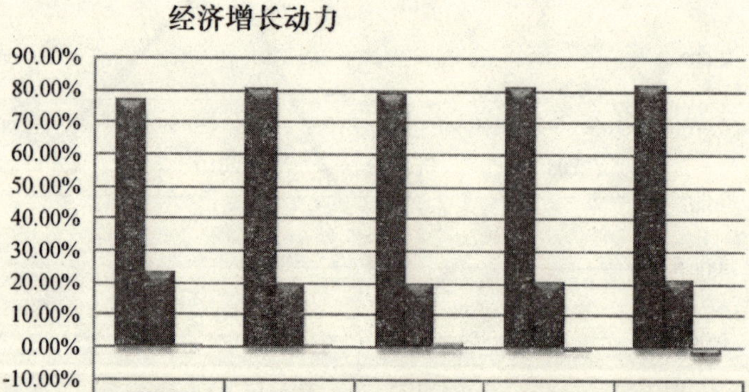

	Y2008	Y2009	Y2010	Y2011	Y2012
最终消费支出/GDP	76.83%	79.97%	78.98%	80.95%	81.37%
资本形成总额/GDP	22.98%	19.67%	19.82%	19.96%	20.61%
货物和服务净出口/GDP	0.19%	0.37%	1.19%	-0.91%	-1.98%

图3　日本经济增长动力

图片来源：此图由笔者绘制。

目前来看，消费和投资仍是日本经济增长的主要动力。自2012年起，东日本大地震灾后重建带来的投资和消费需求增长将对日本经济起到重要的支撑作用。我们预计今后五年，灾后重建将能平均拉动GDP增长0.8个百分点。2012年，消费对日本GDP增长的贡献率为81.37%，成为日本经济增长的最主要动力。2013 年 10 月，据日本内阁府公布的消费动向调查显示，消费者心理指数为 45.4%、环比上升 2.4%。在股价持续上涨的背景下，就业环境形势好转是带动日本消费者心理指数改善的主要原因。而投资对日本 GDP 增长的贡献率为 20.61%，同比增长了 3.27%。据联合国贸发会议发布的 2012 年《世界投资报告》数据，日本已经位居世界第二大外国投资目标国。但目前仍没有刺激实体经济发展和促进国内投资的有力措施，特别是在居民收入没有增长的前提下，经济景气难以持续。此外，由于世界经济环境恶化和钓鱼岛争端引起出口减少，日本出口前景不太明朗。2012 年日本净出口对国内经济增长贡献率为 -1.98%。如果欧美财政和债务问题进一步深化，并导致国际金融市场动荡，那将使日本企业和消费者信心下降。我们预计，2013 年日本经济增速将放缓至 1.58%。

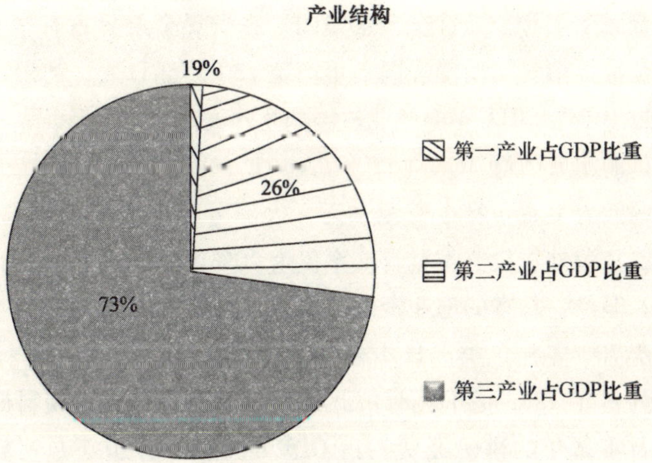

图 4　2011 年日本产业结构

图片来源：此图为作者绘制。

近年来，日本三大产业均很发达，服务业一直保持着重要支柱产业的地位。在农业方面，日本使用系统化耕作零碎地的农业生产方式，使得日本拥有高端的农业生产技术和机械设备。日本是世界第二大渔业国，至今依然有世界最大渔船船队和全球15%的渔获量占有率。2011年日本农业部门占国内生产总值（GDP）比重为1.17%，在三大产业中所占份额最小。

此外，日本制造业发展迅速，尤其是电子产业和汽车制造业，2011年日本第二产业占国内生产总值的26.18%。2013年第2季度，制造业企业利润增长明显，同比增长高达51.5%，连续三个季度环比正增长。日本在汽车业方面，受助于日元汇率走低和北美市场好转，其生产量超越美国和德国，是全球最大的汽车生产国，与汽车相关联的就业人数超过500万。2013年上半年，四大日本车企（丰田、铃木、富士重工和三菱）净利润创新高。日本汽车老大——丰田净利润更是比上年同期猛增82.5%，达到一万亿日元。日本的服务业，特别是银行业、金融业、航运业、保险业以及商业服务业比较发达，而且处于世界领先水平；东京是世界知名的金融、航运和服务中心。日本拥有世界资产最庞大的邮储银行，三菱UFJ金融集团、瑞穗金融集团和三井住友金融集团，在世界金融界占有举足轻重的地位。日本是世界第一大动漫强国，年产值230万亿日元，动漫产业占GDP的比重超过10%。2011年服务业占国内生产总值的72.65%，成为推动日本经济增长的主要力量。

从资源能力上看，日本资源贫乏，大部分工业生产所需的主要原料、燃料等都要从海外进口。木材自给率仅为20%左右，是世界上进口木材最多的国家。但是，日本的渔业资源丰富。北海道和日本海是世界著名的大渔场，盛产700多种鱼类。日本水力资源也很丰富，山地与河流较多，蕴藏量约为每年1353亿千瓦时。此外，日本是全球最重视科研开发的国家之一。日本每年的科研经费约占GDP的3.1%，所获专利数量位居世界第二位。2011年科研经费达17.3万亿日元，在发达国家中名列第一。日本的教育资源也很丰富，教育普及度很高，成人受高等教育的比率达43%。

第二，良好的资产质量使日本金融体系稳健趋好，货币化程度较高，有助于摆脱长期通缩困境。同时，日本银行对外融资实力的强健，金融市场表现活跃，汇率持续下降，有助于刺激经济发展。央行基准利率长期不变，外汇储备充足，将有力支撑日本经济的进一步发展。

日本银行的资产质量和资产配置情况转好，不良贷款率开始呈下降趋势，2011 年银行的不良贷款率为 2.4%。2012 年，日本主要商业银行资本充足率虽然下跌至 15.96%，但远高于《巴塞尔协议Ⅲ》的 8%。近五年来，日本广义货币供应量占国内生产总值（M2/GDP）的比例持续上升，2012 年升至 241.22% 的高位。2013 年 10 月，M2 货币供应量为 856.3 万亿，广义货币流动性同比上涨 5.4%，经济货币化程度很高，有助于摆脱通缩的困境。同时，日本银行对外融资实力的强健是日本海外企业金融稳健的重要保障。截至 2012 年末，日本银行对外债务总额相当于 GDP 的 23.5%，同比上升了 6%。日本央行与美联储签署了美元与日元的双边互换协议，外部融资渠道广泛。2013 年 12 月，日本各银行海外分行持有的资产总值 15 年来首超 100 亿日元。另外，在“安倍经济学”刺激下，日本大型银行和证券公司的业绩显著提升，三菱 UFJ 金融集团、三井住友金融集团、瑞穗金融集团这三家大型银行 2013 年 4 月至 9 月的总利润同比增长 70% 左右，野村控股同期的纯利润达 11 年来的最高水平，大和证券集团同期利润创下历史新高。2013 年年初，日经 225 指数只有 11000 多点，在 9 月冲上 14456 点，这是 2007 年 12 月以来的最高值，在亚太股市中表现最佳。

安倍经济学实施以来，日元贬值明显，以促进日本经济增长。2013 年 5 月，1 美元兑日元汇率破 100 日元，并维持在接近 100 的位置徘徊。近五年来，日元持续贬值，但贬值幅度逐步缩小。2012 年，日元兑美元汇率变化率从 2011 年的 -9.08% 下降至 -0.02%。未来日元汇率的走向，主要还是看日本当局是否继续加强购债政策来使政府债券利率维持在低水平上。2013 年 10 月 4 日，日本央行公布 10 月份利率决议，维持基准利率 0—0.1% 不变，继续承诺以每年 60 万亿至—70 万亿日元的规模扩大基础货币，维持经济评估不变，仍认为“日本经济开始温和复苏”。此外，日本是第二大外汇储备国，外汇储备常年保持在很高的水平。2013 年 12 月，日本外汇储备高达 12668.15 亿美元，能较好地预防国际收支失衡和维持汇率的稳定。

第三，日本财政赤字仍较严重且有扩大趋势，政府债务规模很高，不过近期消费税的提高将缓解赤字水平，境外资产雄厚有助于抵御外来冲击，但财政问题仍是日本经济发展的最大阻力。

长期来看，财政赤字居高不下，严重影响财政政策的自由度。日本财政赤字的飙升，主要是因为税收收入不足和财政支出扩大。2012 年，日本各级政府财政赤字率达到 10%，财政收入占国内生产总值为 31.1%，财政支出占国内生产总值持续上升至 41.28%。政府为刺激经济而采取的减税，还有物价下跌导致企业利润和个人收入的减少都是税收下降重要原因。同时，由于老龄化时代的到来，日本缴纳养老金的人越来越少，领取养老金的人却越来越多，社会福利支出越来越大。另外，日本政府当前的首要任务是灾后重建计划和核污染相关的环境保护问题，短期内势必会加大政府的财政支出。

受此影响，2012 年底各级政府债务负担率已高达 239.1%，短期内将以年均约 10 个百分点的速度增加。政府债务余额是其当年财政收入的 7.7 倍，使得日本政府的债务依存度在 2012 财年高达 51.8%。我们预计，2013 年日本政府债务负担率将达到 245.35%，债务率升至 762.9%。长期以来，日本政府的新增债务依靠国内储蓄消化，虽然尚没出现违约风险，但是赤字政策因无法启动私人投资已经使经济陷入低增长。现在因储蓄率持续下降，家庭部门对政府债务增长的支撑能力已接近极限。日本财政的恶化程度稳居发达国家首位，甚至还要高于希腊、意大利、西班牙等欧债危机重症国。因此，安倍政府决定提高消费税税率挽救财政危机。日本政府从明年 4 月 1 日起将消费税率从目前的 5% 提高至 8%，这是 1997 年以来该国首次提高消费税率。提高消费税短期内可以迅速补贴一定财政缺口，但是却对消费构成明显抑制，最终将对日本通胀水平达标和经济增长构成打击。不过，自 1991 年起，日本连续 22 年保持世界最大债权国地位，2012 年底对外资产 296.3 万亿日元，较 2011 年上涨 11.6%，境外资产雄厚，有助于抵御外部风险。

第四，2012 年国际市场疲弱，使日本贸易出现了较大逆差，但由于主要贸易伙伴逐渐复苏，日本贸易额逐渐上升，经常项目保持盈余，不过盈余幅度有所下降。

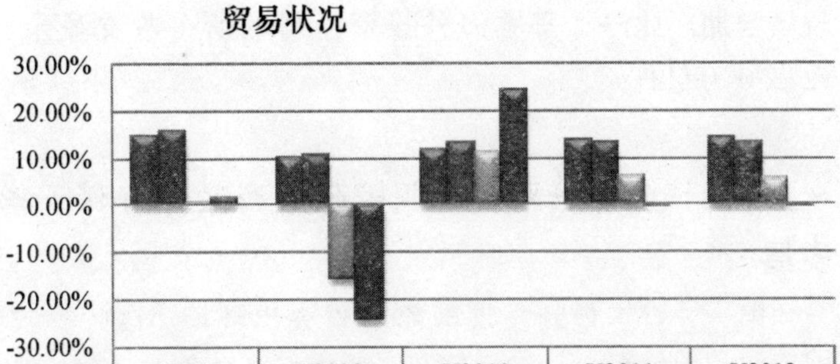

	Y2008	Y2009	Y2010	Y2011	Y2012
货物和服务进口额/GDP	14.63%	9.94%	11.60%	13.67%	14.14%
货物和服务出口额/GDP	15.43%	10.79%	13.25%	13.33%	12.92%
货物和服务进口变化率	0.35%	-15.71%	11.07%	5.91%	5.30%
货物和服务出口变化率	1.42%	-24.20%	24.36%	-0.36%	-0.32%

图5　日本贸易状况

图片来源：此图为笔者绘制。

2013 年日本贸易赤字创新高，高达 12.7 万亿日元，创下 1979 年以来的新高，这也是连续三年出现的巨额贸易逆差，这主要是因为核电站停运导致火电燃料进口规模增加。同时，世界经济增长减速，世界贸易市场萎缩，导致日本出口总体减少。日本挑起的钓鱼岛事件，引起中国人民的强烈愤慨，中国民众自发抵制日货，导致日本对华出口的大幅度减少。不过，2012 年日本对外贸易依存度仅为 27.06%，2013 年欧债危机有所收敛，美国经济正在缓慢复苏，中国经济仍然会继续保持 7.5% 以上的高速增长，进出口规模也将逐渐扩大。2013 年第 2 季度，日本对世界出口额环比增长 2.8%，延续了上一季度的正增长态势。日本对美国出口依旧保持强劲增长态势，6—8 月同比增长分别为 14.6%、18.4% 和 20.6%；同期对欧盟出口同比增长率分别为 8.6%、16.6% 和 18.1%，对中国出口同比增长率分别为 4.7%、9.5% 和 15.8%。经常项目方面，日本长期处于顺差国地位，2012 年经常账户余额占国内生产总值的 0.99%。据日本财务省公布的数据显示，2013 年日本经常项目盈余为 33061 亿日元，创下 1985 年有可比数据以来的历史新低，主要原因是出口增长乏力，能源资源的进口规模增加。此外，日本海外投资所得的所得收支盈余同比减少 10% 至 1.2530 万亿日元。

（四）日本宏观经济调控政策有效，有利于华资相关企业的发展

第一，日本最新发展战略着重突出环境、医疗、农林水产领域的发展，“安倍经济学”短期内能刺激日本经济发展，但长期下去会加剧主权债务等一系列潜在风险。

2012 年 7 月底，国家战略会议通过了“国家再生战略”，环境、医疗、农林水产这三个领域为重点：环境方面，通过研发新能源技术创造新产业，推广可再生能源，争取在 2020 年前达到 50 万亿日元以上的市场规模以及提供 140 万个就业岗位；医疗方面，促进医疗、看护、生活救助服务业的发展，争取在 2020 年前达到 50 万亿日元的市场规模，提供 284 万个就业岗位；农林水产业方面，大力发展六次产业化，提升农林渔业的市场活力，鼓励年轻人和女性从事农业领域工作，争取在 2020 年前达到 10 万亿日元的市场规模。此外，政府还将对与上述三个领域相关的中小企业予以大力扶持，使其成为地方经济的核心之一，力争在 2020 年前将中小企业的海外销售份额提升至 4.5%。

2012 年底，安倍晋三上台后，加速实施的一系列刺激经济政策，俗称“安倍经济学”，即将加大财政投入、金融量化宽松、增长战略作为三大政策支柱。这些措施短期内确实有助于打破通货紧缩预期，提振居民消费需求与企业的投资需求，刺激经济增长。在大规模的宽松举措下，日元名义和实际汇率大幅贬值，这在相当程度上提振了出口。但日本政府债务占国内生产总值的比重在发达国家中最高，激进的量化宽松政策将加剧主权债务不可持续的风险，对经济和金融市场构成冲击。同时，由于实体经济融资需求疲弱，难以带动整个经济体系内的货币扩张，因此货币依然在银行体系内部流动。安倍政府的刺激计划还包括 2020 年东京奥运会的基础设施工程开支、促进企业增加资本支出的税惠措施，以及提前结束用于支持 2011 年大地震和海啸重建的企业附加税，部分投入到对低收入者、购房者

和购车者提供的现金补助上。但如果缺乏足够的结构性改革使得这些开支不能重振私人部门经济活力，而是造成资源的扭曲，将导致日本经济丧失动力，以及政府债务负担进一步加重。不过，2013 年 12 月 5 日，日本政府公布了 5.5 万亿美元支出计划的细节，内容包括鼓励企业投资、促进居民就业和向低收入这发放补贴。我们认为，该大规模的经济刺激计划将在一定程度上抵消消费税的影响，提振日本经济发展。

第二，日本华侨华人众多，生活环境良好，便民政策有效，但其经济实力一直不强，华资企业发展缓慢，短期内难以取得较大发展。

据统计，日本有 60 多万华人华侨，主要集中在东京、神户、横滨、大阪、长崎等大城市，城市现代化程度很高。他们注重同乡联系，成立了福建同乡会、江苏同乡会、广东同乡会、浙江同乡会、北省同乡联合会、北京会馆、留日台湾省民会。随着日本社会老龄少子化问题日益严重，政府逐渐松动了入籍限制，加入日籍的华人逐年增多。2012 年 7 月起，对长期合法在留的外国人实施新的《外国人管理制度》。与原制度相比，新制度对外国人居留、再入国等相关规定更加便利、宽松。例如，在留的最长时间从三年延长到五年，在留期间离开日本一年内重返日本时，不需办理“再入国许可”等等。这些政策为在日华侨华人的工作、生活环境提供了便利条件，也增强了赴日留学的吸引力，对稳定在日华侨社会具有一定积极作用。但是，华人华侨的经济实力一般。日本的华人华侨由老华人华侨和新华人华侨两部分组成。老华人华侨是指二战后留在日本的具有中国血统的人，战后由于日本经济萧条，加上自身文化水平不高，大多只能从事饮食、理发、裁缝。老华人华侨的事业不但没有政府支持，反受政府政策影响而徘徊不前。新华人华侨是指中国改革开放后通过留学或其他方式而定居日本的具有中国血统的人。他们拥有高学历，掌握先进的科学技术知识，但大多数从事教育、科研，在日本只是一般的工薪阶层。华资企业业务主要集中在中国，由于受高科技产业泡沫的影响，大多数生存状况不太好，1000 多家企业只有几家上市。

第三，日本营商环境良好，市场需求较大，劳动生产率高等独特优势使中国企业在日本投资加大，经营风险较低，但运营成本较高，融资困难等问题仍值得注意。不过，中国与日本经贸联系密切，两地商品进出口状况将维持稳定。

日本市场规模较大，每年商品零售总额约为1.2万亿美元，许多中低档商品都依靠国外进口，特别是随着老龄人口的增加，医疗、健康、护理等领域产生了各种各样的需求。从2007年起，约690万人陆续进入退休年龄，这些人拥有1.1万亿美元金融资产，加上每年近1.4万亿美元的退休金，其潜在的市场消费能力不容忽视。2005年制定的新公司法，使设立公司更加容易，公司经营和并购更灵活。世界经济论坛《2013－2014年全球竞争力报告》显示，日本全球最具竞争力的148个国家和地区中，排第9位，主要依据是：日本在企业研究开发预算高、铁路网发达，但在法人税、社会保障负担较大以及政府巨额负债降低了其竞争力。中国本土公司及跨国公司的实际税率都在22%左右，较高的企业税成为外资进入日本的一道屏障。据世界银行发布的《2013年营商环境报告》显示，日本在185个经济体里排第27位，同比下降了4位，不过人均国民收入在4.7万美元的高收入水平，完善的制度与基础设施有助于企业进行长期投资、研发和创新从而提高劳动生产率。

近年来，中国企业正加快在日本投资的脚步，如联想收购NEC、海尔收购三洋、苏宁收购Laox。据中国商务部统计，2012年中、日新签工程承包合同额4.9亿美元；中国对日劳务合作派出各类劳务人员60027人；中国在日本的非金融类对外直接投资额为1.7亿美元；日本对中国投资项目1579个，实际使用金额73.5亿美元。中国在日本投资企业经营领域主要有：饰品、水产品、汽车和电子配件。由于这些产品原料来源地和资金来源地基本稳定，故中国企业在日本的资产风险较少。不过，中国企业到日本投资的最大问题是运营成本过高，劳动力供给不足且工资高，工业用地、办公场所和住宅保证金的等费用也较高。企业在日本融资也比较难，日本商业银行放贷原则为担保主义，即没有有形财产做担保很难从银行借到钱。

我们预计，未来中国与日本贸易发展状况仍主要取决于钓鱼岛局势演变对两国关系的影响，但中长期来看，两地经贸联系密切，市场的相互依赖程度较大，商品进出口状况将基本维持稳定。

（五）不确定性分析和未来预测

第一，安倍首相为了参院选举的短期政治利益，猛推的“安倍经济学”促进了当今日本经济的发展，但新经济政策的长期隐患不可轻视。

安倍新经济政策显然是把摆脱通缩和刺激经济摆在过于优先的位置，这必然会带来无节制的政府支出，最后财政债务将持续攀升。即使目前经济加快复苏，但所增加的税收也将十分有限，与巨额的政府债务负担相比远远不够。安倍政府虽然提出了2%的通胀目标，但如果提供的资金总停留在央行账户准备金的形态，得不到积极的使用，也难以摆脱通缩局面。即便能实现2%的通胀目标，但工资未必能随着物价的上涨而提高。据日本政府公布的数据显示，2013年日本民众人均现金工资收入约合1.88万元，依然处于近20年来的最低水平。在新兴国家崛起，国际竞争日益激烈的大背景下，企业都本能地削减人工费等经营成本。2013年三季度的初值数据显示，日本GDP年化季率仅为1.9%，远低于一季度的3.8%，而本次又遭大幅下修至1.1%，这显示出“安倍经济学”后劲不足。日本经济陷入低迷的最主要原因在于有效需求不足。收入长期低迷是个人消费难以扩大的根源，但安倍经济对策并没有提高收入的具体措施。因此，多数日本企业对增加人力和设备投资持谨慎的态度。

第二，2020年的东京奥运会将使日本经济在中期内出现新的腾飞，相关行业将快速发展并创造大量的就业机会，从而进一步拉动投资，消费及出口的增长。

2013年9月，东京获得2020年第32届夏季奥运会主办权后，日本首相安倍晋三表示，希望把申奥成功作为“起爆剂”，一扫持续了15年的通货紧缩和经济收缩，促进日本经济增长。主办奥运会还将给日本经济带来2.96万亿日元的溢出价值。今后七年间旅游观光产业可能实现倍增，将给首都圈地区的再开发利用、基础设施的完善和招揽游客带来动力，经济效应约为95万亿日元。如果安倍内阁的国土强化计划得以推进，还可产生55万亿日元的经济效应，总额加在一起可达150万亿日元。我们预测，东京主办2020年夏季奥运会可能将使日本当年的国内生产总值增加0.5%，其经济效益高达4.2万亿日元，可创造15万个就业机会，并将带来2.3万亿日元的新需求，包括建筑投资、家用电器的更新以及奥运特许商品的销售。餐馆和酒店将是受益最大的行业，之后还有交通、出版、广播等行业。

第三，未来中日关系将取决于日本政府和右翼分子有没做出触犯中国底线的行为。近期中国划设了东海防空识别区，若日方借此严重侵犯中国主权利益，两国冲突将进一步升级。不过，考虑到日本财界和民众广泛的和平意愿，日方对钓鱼岛行为仍将有所克制，民间交流已逐步复苏。

目前看来，中日关系日后的风险关键在于钓鱼岛问题，如果日本政府或者右翼极端分子进一步做出加剧摩擦的动作，比如在岛上新建设施并实现人员常驻，借助“购岛”之机改变相关法律和国际公约，继续迅速加强日本自卫队对相关岛屿的威胁力，那么中日关系和东北亚地区的安全稳定势必会面临更为严峻的挑战。鉴于目前日方仍在争端中持顽固的强硬立场，而中国维护国家领土主权的决心非常坚定，不能排除钓鱼岛危机有进一步升级甚至爆发军事冲突的可能性。2013 年 11 月 23 日，中国在东海争议岛屿上空建立防空识别区，以保护中国的领土主权。随后美国、日本、韩国均有战机及民航飞机未事先通知即闯入中国划设的东海防空识别区，中国空军也组织主战飞机在识别区进行常态化空中巡逻，加强对防空识别区内空中目标的监控。中日之间东海争端可能再度加剧。我们预计，2014 年，安倍政府的政策焦点很可能从经济转向安保议题，不会放弃利用东海紧张来推动修宪扩军，中日关系短期内出现明显回暖的可能性将有所降低。虽然两国都无意挑起冲突，但擦枪走火的风险依然存在。

不过，安倍着眼于政权的安定应该不会进行孤注一掷的冒险，也有利于两国政治家建立稳固的人脉关系。安倍更注意倾听日本财界的声音，会推进有利于日本经济发展的两国“战略互惠关系”。同时，日本民众大多反对安倍的改宪计划，预计未来的两年不会推进。日本民众还是普遍想缓和与中韩的关系，而且时刻关注中国的经济数据，中国数据的好坏马上反映在日本的股票价格上。2012 年的“购岛”风波，日本经济增长率跌到 -3.5%，为经济危机以来的第三次新低，日本民众已切身体会了中国的重要性。虽然日中政治关系持续紧张，但重视实际利益的民间交流呈现复苏迹象。2013 年 9 月，约有两万名中国人取得赴日个人旅游签证，是 2012 年同期的近两倍。

第四，日本地震和台风袭击频繁且对经济影响较大，将使日本未来发展减缓。但日本抗灾经验丰富，应对措施完善，使各方面损失最低化。

日本位于环太平洋火山地震带，地震、火山活动频繁，有“地震之国”之称。全球有1/10 的火山位于日本，1/5 的地震发生在日本。2011 年 3 月，日本发生里氏 9.0 级特大地震，并引发海啸和核电站泄漏事故，被称为“日本战后以来最严重的危机”。东海大地震给日本经济造成了战后最大规模的灾难，实际 GDP 下降 0.7%。据日本国家统计局统计，这次地震造成大约 16 万亿至 25 万亿日元的损失，相当于 GDP 的 3% –5%，完成灾后重建工作大约需要 10 年。此外，日本四面环海，属温带海洋性气候，太平洋上的热带气旋也就经常经过日本，导致日本经常发生台风灾害，带来的经济损失一度加剧。2013 年 6 月，日本遭遇了 10 年来最强台风“韦帕”袭击，登陆当天就造成 17 人死亡，所有航班停飞，部分高速道路封闭，818 所学校停课。不过，日本防灾经验丰富，应对措施完善。日本学校有防灾教育，公司有防灾预案，社会有救灾培训，平均一年内会举办两次地震演习，重视建筑安全，不断提高抗震防震标准。日本政府还开发了“地震受灾早期评价系统”，储存了大量四级以上地震的灾难资料，一旦发生大地震，该系统可以在 30 分钟内自动计算出受灾规模，指导当局有针对性地迅速展开救援措施。针对台风，东京地面和地下的泄洪蓄洪系统完善，台风预警系统精确。

六、马来西亚

马来西亚国际关系良好，政局保持稳定，社会维持安定，经济增长势头良好，金融体系整体稳健，国际储备充足，联邦政府赤字收敛，但债务依然处于较高水平，外部市场仍未彻底复苏，种群矛盾还没完全消除。不过，马来西亚民众和政府对华侨、华资企业态度友好，促进中马两国进一步合作。

（一）良好的国际政治环境和国际关系有利于马来西亚的长期发展

第一，有利的国际政治环境为马来西亚提供了良好的发展条件，中国仍是马来西亚最大的贸易伙伴。虽然马来西亚与中国在南海仍存在不稳定因素，但双方领导人都很重视中马关系，两国关系将更加密切。马来西亚也在不断加强其国际关系，与主要国际组织及大国的关系将进一步密切。

从国际政治上看，尽管美国“重返亚洲”部署有所深化，中国南海岛礁主权争议一度紧张，但马来西亚一直奉行独立自主的外交政策，受国外因素影响较少，既能和中美保持良好的外交关系，也能温和地处理南海争端问题。2013 年 10 月，马来西亚与中国建立全面战略伙伴关系，为本国营造一个良好的国际政治环境。作为第一个与中国建交的东盟国家，马来西亚自 1974 年与中国建立外交关系以来，两国经济合作发展良好，相互投资不断增加。特别是近年来在中国广西南宁东盟自贸区的零关税政策纵深推动下，2013 年 1 月至 7 月，两国双边贸易额达 597.2 亿美元，同比增长 14.9%。中马钦州产业园与马中关丹产业园的设立进一步提升了两国经贸的合作层次。同时，马来西亚与中国的政治交流进一步加强，两国关系进一步深化发展。2012 年 4 月，马来西亚总理纳吉布来华出席中马钦州产业园区开园仪式；8 月，中国外交部部长杨洁篪应邀访问马来西亚；11 月，国务院总理温家宝在金边会见马来西亚总理纳吉布。到了 2013 年 10 月，习近平主席抵达吉隆坡，对马来西亚进行国事访问，政治互信不断深化。

但是，马来西亚对中国采取两种态度，从经济上看，中国庞大的人口和投资市场是其最大的商机，但地缘政治又促使马来西亚，基于小国地位，利用大国间矛盾来平衡权力。中马两国在南海问题上仍存在着不和谐的因素。到目前为止，马来西亚已占领了我国南沙部分岛礁并盗采其资源。因此，南海的主权争端将会影响到中、马两国日后的关系和合作。但 2013 年由于美国和欧洲经济复苏缓慢，马来西亚在经济上将更多依赖亚洲和中国的发展，与中国的关系将会进一步密切，也将更加重视与亚洲地区的交流与合作。

马来西亚与国际组织保持着良好的关系，马来西亚不仅是联合国、亚洲太平洋经济合作组织、环印度洋区域合作联盟等组织的重要成员国，也是东南亚国协的创立国之一。同时，马来西亚一直视东盟为外交政策基石，优先发展与东盟国家关系，也重视发展大国关系，大力开展经济外交，积极推动南南合作，反对西方国家贸易保护主义。2012 年，马来西亚加强了与印度、欧盟、美国、日本等大国的合作，如与印度签署的自由贸易协议开始生效，与欧盟签署自由贸易协定和伙伴合作协定，加入美国主导的跨太平洋伙伴关系协议（TPP），也支持日本加入。

第二，马来西亚大选后，国内政局保持稳定，各项政治和经济改革持续推进，但带有种族主义的执政倾向和腐败问题仍然存在，国家治理能力还有待提高。

2013 年 5 月 5 日，对马来西亚统治长达半个世纪的执政联盟“国民阵线”赢得了大选，有助于改革政策的稳定推进。在纳吉布总理执政期间，不断推进政治和经济改革，国民经济始终保持强劲增长，并在任内拨款 26 亿美元对低收入家庭提供援助，带领马来西亚逐渐走出中等收入陷阱。虽然这保证了政局稳定，但由于马来人是马来人政党的社会基础，马来人政党维护马来人利益的主旨不会有太大变化。“国民阵线”在政府人员任免上带有明显的种族主义倾向，滋生了严重的腐败问题，偏袒马来西亚民众的经济、教育和住房政策也加剧了社会不平等。国际组织“透明国际”最近公布的 2013 年清廉指数显示，马来西亚的分数是 50 分（总分 100 分，分数越高越清廉），在 177 个被评估的国家里排第 53 位，马来西亚的廉政建设还没做得很到位。根据马来西亚独立机构 Merdeka Center 的民意调查，巫统已经为视为腐败、脱离民众的代名词。不过，有关投资和私人财产的法律法规比较健全，政策透明度也较高，目前没有出现过私人资产被无偿收归国有的先例。

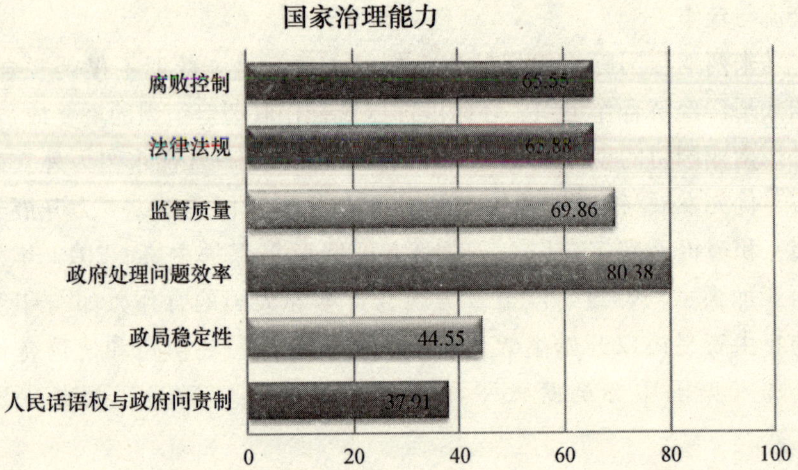

图1　马来西亚政府治理能力

图片来源：此图为笔者绘制。

世界银行《2012年国家治理能力》显示，在六个评价政府治理能力的指标里，马来西亚的政府处理问题效率得分最高，监管质量、法律法规和腐败控制方面略高于平均水平50分，但提升空间还有很大。不过，在被统计的215个国家里，马来西亚政局稳定性，以及人民话语权与政府问责制的得分相对较低，可见公民的自由表达权和媒体的活动受到政府的严格管制，居民参与政治的话语权较小，政府问责机制仍不够完善，使民众对政府支持度下降，不利于政局稳定。总体而言，马来西亚的国家治理能力不强。

（二）马来西亚社会稳定性基本能得到维持，当地民众对华态度普遍友好

第一，马来西亚中产阶级的力量有助于民主化进程的推进。马来西亚作为多族群国家，虽然对各民族的待遇不完全平等，但总体上能和睦相处，社会治安也能有较好的控制，不过由于国内特殊利益集团的长期存在，使国家发展减缓。

马来西亚通过财富分配呈现出阶层化社会，上层是马来西亚政治精英和华人企业家为主，中层是专业性行业者的华人和印度人，基层以马来人农业社会为主。由于中层阶级更关心公民的自由与平等，并要求政府的透明化制度，这使“马来民族主义”的传统政治精英及各政党调整了政治策略，以争取中产阶级的支持，从而维持了政权的合法性。

在种族结构方面，长期以来，以华人和印度人为主的外来移民，与马来人为主的当地居民总体上是和睦相处的。华人、印度人都保持着本民族的风俗习惯和文化特征，自己管理内部事务，与当地人友好地开展经济文化交往，共同为马来西亚的开发和建设做出贡献。但由于马来西亚是一个多族群的联邦制穆斯林国家，各民族在历史、宗教、种族、文化传统等方面的差异，在现实生活中所处的地位和受到的待遇不完全一样，因此，各民族之间也存在着事实上的不平等，也曾导致了马来西亚一连串的族群矛盾。不过，纳吉布总理对此的方案，一直是竭力团结不同种族，加强不同种族马来西亚人的国家认同感，而不是局限于他们的种族认同。因此，近几年来虽然不同族群内仍存在一定的恶意竞争和隔离，但国家还没遭受因宗教或种族差异引起的严重冲突事件。在社会治安方面，马来西亚近期废除紧急法令和限制居留法令的做法，已经让罪案问题一度加剧，但政府一直致力于推动除暴扫黑行动。因此，大马境内的治安仍受到控制，没引起太多忧虑。不过在国内利益集团方面，马来西亚政治上大体上是马来人主导，而华人则主导商界，这样就形成了两大利益集团。由于特殊利益集团的存在，导致制度僵化，投资和创新动力不足，技术能力难以提升，产业结构无法升级，最终使经济增长乏力。

第二，马来西亚一直与中国保持着友好的合作关系，当地民众对中国政府和华人都比较友好，但对中国的强大崛起具有一定的防范心理，不过很认同中国的企业。

马来西亚是东盟中最早与中国建交的国家，始终把中国当作好朋友、真朋友。马政府重视发展对华关系，总理设立了对华事务特使，专门负责与中国的沟通与合作。值得一提的是，马来西亚政府对华政策具有很好的民意基础。调查显示，在亚洲国家中，马来西亚民众对中国的好感度名列前茅。据察哈尔学会统计，有40%的民众认为中国是个“神秘而有魅力”

的国家，有超过半数的受访者表示认同“中国崛起不会影响世界和平”，但同时也有部分群众对中国的强势发展表现出较大的防范心理。而中国企业品牌在马来西亚市场上已经建立起一定的知名度，发展中国家消费者对中国品牌的接受度都较高，超过半数受访者表示愿意考虑购买中国品牌产品。

（三）马来西亚的经济产业结构合理，金融体系整体稳健，资源丰富，经济持续稳定增长态势仍得以维持

第一，国内消费是马来西亚经济实力增长的主要动力，失业率与通货膨胀率不断降低，短期内马来西亚经济持续增长态势仍可得以维持，但出口导向型的经济受全球经济衰退和海外市场疲弱的持续影响，中长期地看，经济增长速度还有待提高。

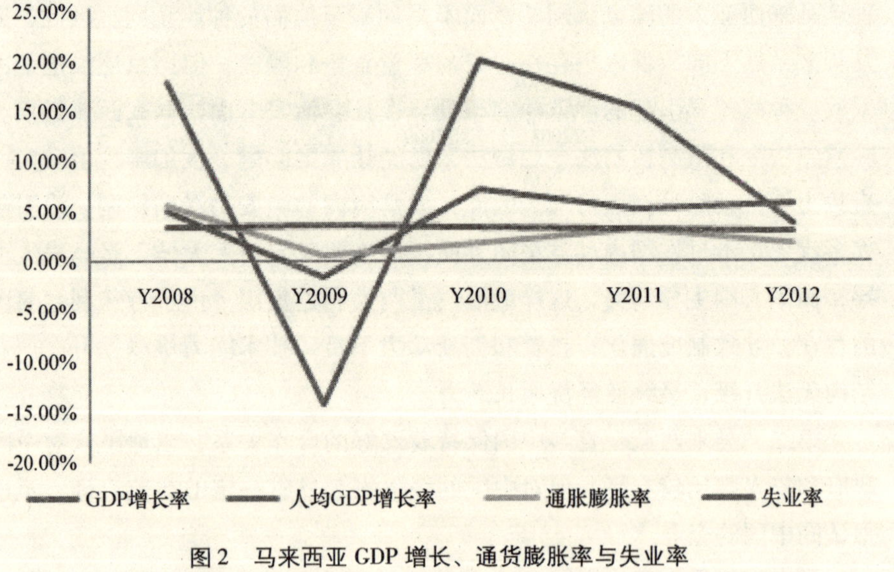

图2　马来西亚 GDP 增长、通货膨胀率与失业率

图片来源：此图为作者绘制。

近三年来，强劲内需带动马来西亚经济保持稳健增长，但长期经济竞争力有待提升。2012 年，马来西亚国内生产总值（GDP）同比增长了

5.61%，人均 GDP 增长了 3.65%，通货膨胀率（CPI）从 2011 年的 3.17%下降到 1.66%，失业率也从 2011 年的 3.09%下降到 3.02%。据马来西亚国家统计局发布数据显示，2013 年一季度马来西亚国内生产总值同比上涨 4.1%，保持稳定增长趋势且连续五个季度出现较大增幅，预计 2013 年、2014 年马来西亚经济增长率为 5.1%和 5.2%。虽然受食品价格上升拉动，2013 年 7 月通货膨胀水平上升至 2%，预计将继续缓慢上升，但国际油价的下跌和区域经济一体化加速带来的关税水平的下降，将使得马来西亚国内的通胀压力不会太大。

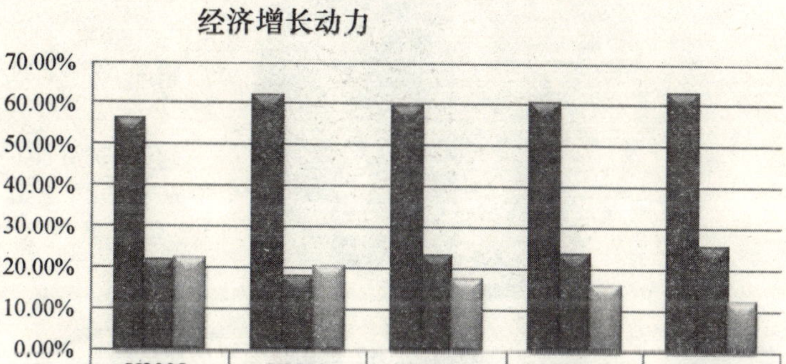

	Y2008	Y2009	Y2010	Y2011	Y2012
最终消费支出/GDP	56.21%	61.89%	59.69%	60.52%	62.61%
资本形成总额/GDP	21.46%	17.84%	23.15%	23.58%	25.46%
货物和服务净出口/GDP	22.33%	20.27%	17.16%	15.90%	11.93%

图3　马来西亚经济增长动力

图片来源：此图为笔者绘制。

国内消费是马来西亚经济增长的主要动力。消费对 GDP 增长的贡献率为62.61%，同比增长了3.45%，投资对马来西亚贡献率为25.46%，同比增长了 7.97%，净出口对 GDP 增长的贡献率为 11.93%，同比下降了 24.95%。尽管外需疲弱，但强劲的消费需求和投资将继续支撑经济稳定发展。2013 年选举前给不同社会团体的经济支持均带动了内需增长。同时由于政府薪酬支出的上升，政府消费也有所上升。2013 年前三季度，马来西亚共签署 205 亿林吉特投资协议，现在 69%的投资额已落实到位。但中长期内，经济转型及产业结构升级缓慢等因素仍对经济增长起到抑制作用。同时，国民总收入增长率（GNI）同比下降了27.28%，兼之2011年以来，国际经济形势并没有根本性好转，受此拖累，预计马来西亚经济增长势头将会受到干扰，经济增长减速难以避免。不过，国内改革进程的推进将在一定程度上释放增长潜力。

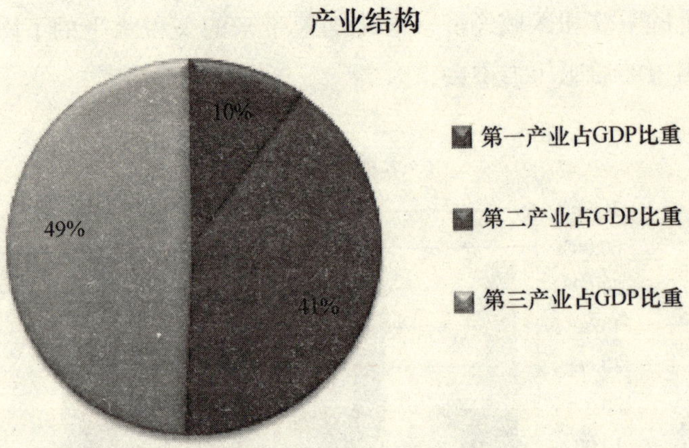

图4　2012年马来西亚产业结构

图片来源：此图为笔者绘制。

近年来，马来西亚工业和服务业保持着重要支柱产业的地位，服务业仍占据总体经济的最大份额，在2013年的经济发展中继续发挥“发动机”的作用。据世行统计，2012年马来西亚服务业占GDP的49.16%，同比上升了2.73%，制造业占GDP的40.73%，同比上升了1.12%，农业占GDP的10.11%，同比下降了14.81%。可见，服务业是马来西亚经济中最大的产业部门，吸收就业人口已超过50%。其中，旅游业是第二大外汇收入来源。但受欧债危机等国际因素影响，2012年马来西亚制造业及出口逐渐放缓，预计2013年将继续这种趋势，尤其是电子电器等一些传统的出口导向型制造业部门，继而导致私人投资以及工业产量的疲软。但经济转型计划推动下的内需增大，将使得建筑业相关产品和资源产品的产量继续扩大，弥补一些出口部门的萎缩。同时，制造业仍是各行业中吸引投资最多的产业，以内需为主的服务业也将弥补制造业的弱势。

从资源能力上看，马来西亚矿产资源种类多样，储量丰富，其中锡是最重要的矿产资源，锡矿储量位居全球第二。此外，马来西亚的石油和天然气也很丰富，是世界第二大液态天然气出口国。石油天然气、原产品、制造业、连锁业以及旅游业为其五大财政收入来源，汽油和天然气贡献最大，占总财政收入的1/3。丰富的矿产资源、生物资源、海洋资源为马来西亚经济发展提供了优越的条件。但经过100多年的开采，资源品位和产量开始逐年下降。

因此，综合各种因素来看，马拉西亚以国内消费为主的结构性因素导致的长期增长并没改变，经济转型计划能有效拉动内需的增长，丰富的自然资源仍将促进马来西亚的经济增长，但受国际经济疲弱的持续影响，中长期内，马来西亚经济增长速度将会放缓。

第二，良好的资产质量使马来西亚金融体系保持稳健，但对外资产负债总额将给银行体系带来潜在风险。房地产价格较快增长及银行杠杆率偏高可能使银行资产质量和流动性在未来承压，不过马来西亚有力的金融监管、充足的外汇储备、稳定的利率及汇率有利于风险防控。

马来西亚已建立起相对完善的以银行为主导的金融机构体系，银行体系整体保持稳健。2012年马来西亚银行一级资本充足率平均达到12.36%，远高于《巴塞尔协议Ⅲ》的8%，在东南亚国家中位于前列。与此同时，银行的不良贷款率为2.2%，同比下降了18.52%，说明金融机构收回贷款的风险小，银行流动性较强。银行业整体实力保持提升，信贷质量不断提高。近五年来，马来西亚广义货币供应量占国内生产总值（M2/GDP）的比例保持增长趋势，2012年达到141.72%，这经济货币化程度不但处于东盟国家的首位，在世界上也处于较高水平，可能会导致通货膨胀上升。2012年马来西亚银行对外资产负债总额占国内生产总值的比例为16.66%，在东南亚各国里仅次于新加坡，同比增长了4.26%，预计2013年会增长到18.34%，证明该国银行业的开放程度高，资产规模大，金融对经济的支持力度较强。但若本国或国际经济出现恶化，特别是现在全球经济仍处于或将进一步衰退的情况下，将会导致银行资本的大量外逃，或银行负债的违约损失增加。同时，由于目前房地产价格不断上涨，次贷价值链将不断延伸，整个银行体系的资产负债表不断扩张，银行杠杆率也不断提高到东南亚最高，使得整个社会信用扩张，若当市场发展逆转，将会面临收益大幅下降的风险，造成整个金融机构出现危机。

对此，马来西亚加强了金融体系健全性建设。存款保险公司（MDIC）不断对存款保险制度进行完善，2011 年随着存款保险法的制定，实施了人均保险上限 25 万林吉特的新制度。同时，央行修订了中央银行法，加强了金融监督权限，如可以要求没有成为央行的限制对象的金融机构进行改正等。2012 年，马来西亚隔夜政策利率维持在 3%，货币政策相对宽松，本币兑美元汇率变化不大，仅小幅攀升了 0.01%，对经济有扶持作用。截至 2013 年 11 月 15 日，马来西亚官方外汇储备达到了 4451 亿林吉特，足够维持马来西亚 9.7 个月的进口，能较好地预防国际收支失衡和维持汇率的稳定。

因此，我们认为马来西亚银行体系总体表现是稳健的，金融监管措施是有效的。国际经济衰退的深刻化给马来西亚银行带来很大影响的可能性应该不大，信贷泡沫风险可得到一定程度抑制，但在区域内及全球金融一体化进展的过程中，央行必须再加强银行监管及与海外金融当局的合作关系，巧妙地应对金融部门全球化所带来的风险的扩大。

第三，受益于经济的稳健增长和政府整治赤字的措施，马来西亚联邦政府赤字趋于收敛，但较大的运营支出削减难度将使政府财政长期维持赤字状态，债务水平一直较高，预计未来两年政府负债率呈现小幅上升趋势，债务违约风险较高。

过去三年，国际市场油价高涨，国家经济保持增长，财政赤字保持逐渐缩减的趋势，占国内生产总值（GDP）的比重从 6.6% 一直缩减至去年的 4.5%。2012 年，马来西亚政府财政收入占国内生产总值（GDP）从 23.35% 上升到去年的 25.38%，经常性收入占财政总收入为 73%，可见国家财力充足，财政收入有较稳定的保障。不过，财政支出占国内生产总值（GDP）从 27.88% 上升到去年的 29.66%，2012 年经常性支出占总支出比例也上升到 82.26%，即政府可用于基础设施建设的资金必将大幅减少。此外，2013 年第一季度的数据就已经让投资者有理由担忧，当季财政赤字规模约占 GDP 的 6.4%，比去年同期的 2.6% 大幅上涨，也远高于马来西亚政府定下的全年 4% 的目标。但是，2013 年 9 月政府采取了提高汽油及柴油价格等整治赤字措施，中期内趋于收敛。10 月 25 日，马来西亚将公布 2014 年财政预算案，预期会有更多整治赤字的措施。

马来西亚政府的债务水平已经从 2008 年底的 41.24% 增至 2013 年 9 月的 53.6%，接近政府自身设定 55% 的上限，债务形势严峻。未来政府负债率呈现小幅上升趋势，预计 2013 年底政府总债务占 GDP 比率为 54.8%。虽然 2012 年国家外债总额占货物与服务出口额的比例维持在 37.16%，国外还债能力较好，但内债总额占财政收入的比例高达 211.54%，国内还债压力较大，如果马来西亚的债务持续上升，再加上财政盈余的不断减少，不仅大大削弱了马来西亚财政政策的灵活性，最终还很可能导致外资撤出以及国内融资成本进一步高企。总体上，马来西亚政府的债务规模和偿债压力在东南亚国家中属于中等偏上，政府债务偿付风险较高。

第四，外部经济环境黯淡使马来西亚贸易状况持续低迷，国际资本外流使经常项目盈余急剧恶化，不过马来西亚自然资源丰富马来西亚经济长期以来以出口为导向，其经济发展倚重国际市场需求，2012 年对外贸易依存度高达 163.01%。受国际市场疲弱影响，外需逐步下降对马来西亚电子与原产品需求降低，出口减少。马来西亚货物和服务进口额从 2011 年 6.07% 的增长率下降到 2012 年的 0.31%，出口额更是从 2011 年 5.64% 的增长率下降到 -4.14%。2013 年 4 月，马来西亚出口总额为 558.1 亿令吉特（约合 190 亿美元），同比下降 3.3%，连续第三个月下行。其中，对最大贸易伙伴中国出口下降了 13.5%，紧接着是日本和欧盟，主要是原油、电气和电子产品、以及成品油出口量下滑所致。工业产品、矿产和农产品三大板块出口量同比均为负增长。与此同时，马来西亚 4 月进口总额上升 9.2%，反映出了强劲的国内需求。

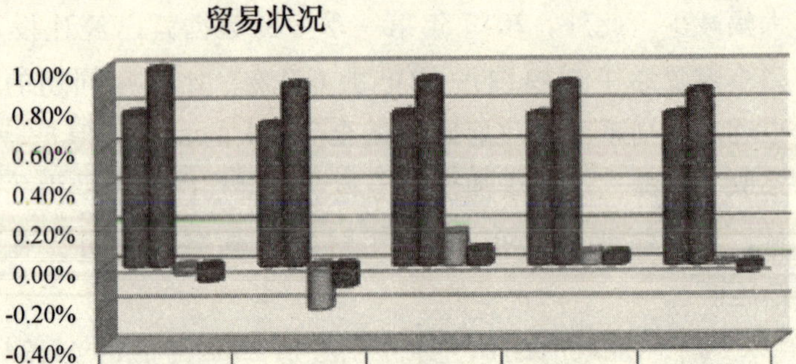

	Y2008	Y2009	Y2010	Y2011	Y2012
■ 货物和服务进口额/GDP	0.77%	0.71%	0.77%	0.76%	0.76%
■ 货物和服务出口额/GDP	0.99%	0.91%	0.94%	0.92%	0.87%
■ 货物和服务进口变化率	-0.04%	-0.22%	0.17%	0.06%	0.00%
■ 货物和服务出口变化率	-0.07%	-0.10%	0.08%	0.06%	-0.04%

图5　马来西亚贸易状况

图片来源：此图为笔者绘制。

出口下滑、进口增加，马来西亚4月份的贸易顺差降至9.43亿令吉特，环比降幅高达80.8%，这也是16年来的低位。出口疲软导致马来西亚经常项目急剧恶化，2013年第二季度，马来西亚的经常项目盈余规模缩减至26亿令吉，占GDP的比重萎缩至1.1%，是自亚洲金融危机以来的最低水平。随着大宗商品出口价格下挫，大量燃油补贴让石油贸易盈余恶化，马来西亚的经常项目盈余恐将会以更快的速度继续恶化下去，面临的国际资本外流压力较大。考虑到中国是马来西亚第二大贸易伙伴，这一经常账户顺差的缩窄与中国经济放缓密切相关。随着中美两大经济体的发展步伐放缓，美国削减货币刺激政策的预期和债务违约的潜在风险不但让西方资金大批撤出亚洲新兴市场和其他地区，而且还破坏了亚洲发展中国家在内的新兴经济体金融市场的稳定。但纳吉布曾表示，政府将巩固税务制度，确保各项补贴更趋合理化，预计2013年马来西亚经常性项目顺差将从2012年的6.4%减少到5.96%。不过，马来西亚石油、天然气、棕榈油、橡胶等资源类产品丰富，且市场需求仍然保持，该类产品生产、加工、制造仍处于正常状况。同时，本币对美元汇率逐年下降，有利于本国经济增长。

（四）马来西亚国内财经政策稳定有效，但仍存在部分过度保护本地产业的政策和高关税项目

第一，马来西亚的政策风险较低，财经和产业政策保持稳定，能促进主导产业和经济的持续健康发展，但部分过度保护本地产业的政策仍会减缓其发展的速度。

在国家发展中，马来西亚的经济政策变化频率稳定，主要有：1970—1990年新经济政策，1991—2000年国家发展政策，2001—2010年国家宏愿政策，2011年纳吉布发布的经济转型政策。前三项经济政策注重社会结构的重组，延续消除贫富差距和财富重新分配的目的，而现行的经济转型政策以转向国家转型的目的，促使国内家庭收入取得显著的增长。2012年5月，纳吉布总理公布最低薪金制政策，保证了国内民众的收入和就业，拉动国内消费。总体而言，国家财经政策变化频率平稳，能促进本国的发展。在产业政策方面，马来西亚能促使产业更健康的发展，如相继出台2012—2020年中小企业发展大蓝图、2012—2016年特许经营发展蓝图、生物经济蓝图等经济发展规划和实施计划，进一步促进国内产业转型，扩大内需，促进经济发展。

但是，由于国内利益集团的分利活动，马来西亚产业政策也有保守和僵化的一面，如在金属、机械、石化、造纸和建材等产业过度保护，因而无法建立产业竞争力；而在民族汽车产业领域也不尽人意，仅有宝腾汽车和北鹿大汽车这两个汽车厂商仰赖高关税的贸易保护政策才得以生存，在高关税下，产业未能发展起来，消费者却付出巨大代价。

第二，华人作为马来西亚的第二大族群，其集中地生活条件较好，但在教育等方面，仍未得到较高的重视，华人与马来人的待遇仍不平等。

2010年马来西亚人口及房屋普查报告显示，截至2009年，目前马来西亚的华裔人口有640万，占全马来西亚总人口24.6%，是马来西亚第二大族群，也一直是中国境外仅次于新加坡的华人占当地人口比例最高的国家。华人主要分布在西马，即马来半岛的西海岸，与东马相比这里城镇化

程度更高，生活条件更好，相关法制也比较健全。华人社团、华文教育和华文报刊被华人社群认为是传承中华文化和凝聚华人民间力量的重要工具。但在废除英语教数理政策的同时，政府宣布实施提升国语加强英语的政策，华文教育依然面临边缘化的危险。尽管政府对华人的诉求和华人的感受给予了较多的重视，但政府扶持马来人和土著经济、土著精英的目标基本没变，华人和马来人地位依然不平等。

第三，在贸易投资方面，马来西亚总体营商环境优越，但仍有部分高关税的项目。中国在马来西亚的跨国投资企业数量较多且经营项目风险较少，长期而言在马来西亚的外企资产能够得到较好的保障。同时，中国与马来西亚经贸联系仍较密切，两地商品进出口状况将维持稳定。

马来西亚投资环境的特殊竞争优势在于：地理位置优越，位于东南亚核心地带，交通便利，国土面积广阔，可成为进入东盟市场和前往中东澳新的桥梁；原材料产品资源丰富，人力资源素质较高；工资成本较低，除私营领域外，大部分行业目前尚未出台最低工资限制；民族关系比较融洽，三大种族和谐相处。近三年来，马来西亚共吸引195个海外投资项目，投资总额达到2193亿林吉特。据世界银行的《2013年营商环境报告》显示，马来西亚的营商环境在其统计的185个经济体中排名12，比2012年提升了两名。但是，在一些投资领域仍然存在高关税，关税超过15%的税目约占总税目的1/4，高关税项目主要集中在汽车、纺织品、衣服和皮革制品、食物和饮料等产品。另外，源于最低薪金制的压力，致使当地许多纺织企业开始陆续把工厂转移至临近的越南和缅甸，还有数十家家具厂也面临着关门或者转移他乡的局面。

我们预计，未来中国与马来西亚贸易发展状况仍主要取决于世界经济发展状况与中马两国关系的影响，但中长期来看，两地经贸联系密切，市场的相互依赖程度较大，商品进出口状况将基本维持稳定。

（五）官商业勾结垄断的行为普遍存在，阻碍了市场的进一步发展

马来西亚基础设施条件较好，税收优惠政策有一定的竞争力。但是，

在马来人和华人政商分治的权力格局下，政商合谋攫取私人利益的操作几乎比比皆是，官商勾结与权钱交易已成为常态。华商在官员的庇护下形成垄断势力，限制了市场的公平竞争，最终导致马来西亚人均收入水平长期徘徊不前，当地民众普遍对马来西亚的不良风气感到厌恶。

（六）不确定性分析和未来预测

第一，国际经济环境持续低迷，外部市场仍未确定何时能真正复苏，让出口导向型的马来西亚经济增长连续不及预期，但国内需求总体上保持复苏，各项经济指标均处于可控范围内，预计马来西亚经济将会有所改善。

2013 年一季度马来西亚经济增长仅 4.1%，不及预期，为三年多来最低。因国内需求和投资推动的 GDP 增长势头已经减弱。在经历新兴市场股市动荡、外资撤离的 5、6 月后，第二季度马来西亚经济增长也不如预期，马来西亚第二季度国内生产总值同比增长 4.3%，略高于第一季度的 4.1%，但低于市场预期。由于国际环境持续不景气，马来西亚央行已决定下调全年国内经济增长预期由 5%—6% 下调至 4.5%—5%。全球经济低迷不确定何时能够结束，这将对马来西亚出口造成不利影响，从而让经济增长速度连续两季度都低于预期，但强劲的国内需求能够支撑经济维持较高增速，联邦政府财政状况趋于稳定。马来西亚的两大经济支柱——服务业与制造业也将受国内需求强稳及国际贸易活动升温的带动，为该国经济做出更大贡献。尽管马来西亚面临欧洲债务危机风险、美国财政问题犹存、中国经济增长放缓等外部不确定性因素，但是由于马来西亚自 2010 年以来经济持续稳健成长，金融业拥有强劲资本、监管机制稳固，失业率及通货膨胀率皆处于控制水平，加上政府启动经济转型计划，尤其是在石油、天然气、基础设施领域等私人企业界及公共投资增加，将支撑经济继续取得成长。我们预计，全球经济复苏是大势所趋，预计可以带动外部需求的持续增长，同时国内需求也将继续保持稳步复苏，因此下半年马来西亚经济将有较大改善。

第二，如果马来西亚今后能提升高增值加工品的竞争力，减少财政赤字，升级产业价值链，国家风险将会大大降低。

马来西亚在经济和财政方面若能进行以下改革，国家风险将会大幅下降：一是要摆脱对于出口天然资源和低增值加工品的依赖；二是改善财政收支平衡，减少预算赤字。对于前者要大力发展教育和科研，提升在高增值领域的竞争力，对于后者要改革政策，包括食物和燃料津贴、缺失的消费税。同时，随着中国和印度等新兴经济体的崛起，马来西亚正在失去原有的低成本优势。因此，若国内产业能进行以下改革，国家风险也将进一步下降：在产品价值链中升级的速度、劳动力市场的开放程度、创新能力等因素将影响马来西亚未来在新兴经济体中对外投资的吸引力。

七、缅甸

缅甸联邦共和国在实行国内和解以及民主化之后，国际关系有所缓和，政局趋于稳定，社会治安状况良好，经济增长势头较强，金融体系稳健，国际收支虽然出现逆差，但并不妨碍政策执行，随着进一步开放，逆差现象将有所改观。由于缅甸是多民族国家，历史遗留下来的族群矛盾还难以完全消除，但这些族群矛盾并不会对缅甸总体的发展局势造成太大的影响。

（一）缅甸政局保持稳定，军政府不断推进民主化改革，有助于缓解与西方国家的紧张关系

缅甸民主化进程不断推进，与西方国家紧张关系日渐缓解。2008年2月，新宪法的起草工作完成，并于5月在全民公决中获得通过。尽管西方和国内反对派对新宪法的内容颇有微词，但军政府顶住了国内外的压力，平稳地举行了新宪法公投，明确了缅甸未来发展的政治架构和政策走向，国内政治矛盾有所缓和。但是，缅甸军政府的民主化进程并未获得西方世界的认可，欧盟和美国继续保持对缅甸的经济制裁。2010年10月，缅甸举行大选，巩发党继续保持执政的绝对优势，并释放了昂山素季，西方国家开始了与缅甸的频密接触。2011年

3月，军政府不断推出民主化举措，希拉里随后访问缅甸，促进了缅甸民主化进程。2012年4月，前反对党“全国民主同盟”在缅甸议会的补选中获得了绝大多数议席，实行亲近西方的各种措施，如停止对西方世界的宣传攻击，为西方来访者打开大门，按照美国的要求释放政治犯，中断与朝鲜的军事合作和与中国的部分合作项目（如密松水坝项目）。

缅甸现在大力推广民主化进程，使执政党能够依法执政，政策稳定性较高。缅甸民主化的举措有：释放昂山素季，允许其参加公开的社会选举；放松对国内的政治控制，改善人权；缅甸政府放松对新闻审查制度，同意民众举行和平示威和议论时局，给政治犯减刑等措施；停止武力攻击少数民族武装，力促族群和平。在此政策环境下，缅甸大部分地区政府与中央政府达成和平谅解协议，缓和了地方政府与中央政府的矛盾，当前执政党地位难以动摇，政治格局保持稳定。缅甸政治局势没有难以调和的大规模冲突，“民主化”进程是军人政府推动的，形成了不可逆转的趋势。

笔者认为，军人政府想通过这几年的政治改革来转变以前被围困封锁的局面，希望藉此大力改善人民的生活。

（二）缅甸民族较多，社会治安状况良好，当地民众对华态度保持友好

缅甸是一个多民族国家，总共有135个民族，其中缅族人占69%，少数民族占总人口的31%。由于缅甸少数民族较多，各少数民族的利益长期得不到合理兼顾。因此，出于本民族认同的地方政府纷纷组织起来与中央政府对抗。地方少数民族政府与中央政府矛盾看似严重，但实际上所造成的损害极其有限，这些低烈度的冲突都是可控的，对缅甸的总体发展不会形成较大的影响。我们认为，随着缅甸社会改革进程的不断推进，可以给各族人民带来切实的利益，有助于缓和族群矛盾，增强少数民族对中央政府的认同感。

华人华侨一直是缅甸社会发展进步的生力军。缅甸在实行资产国有化后，很多富裕的华侨资产都被国有化，对现在中国企业投资缅甸产

生一定的心理影响。但是，缅甸政府已保证不再实行国有化，保证外来资产安全。缅甸民众对中国态度保持友好。从新中国建国伊始，缅甸就是最早与中国建交的国家。缅甸人民与中国人民相知相敬，历史上很少有冲突发生。

（三）缅甸在计划经济向市场化改革发展中会释放多种红利，因此缅甸的经济中长期内会保持高速增长

缅甸经济发展方式类似于社会主义国家，非常重视计划经济和国有化。缅甸军人政府在见到中国经济高速发展之后有所启发，学习中国政府主导的市场经济体制改革。因此，在由计划经济朝向市场经济转化的时候，缅甸经济会在商品价格、市场机制以及管理机制变动中释放大量红利。我们预计，2015 年的股市开放、现在的吸引外资模式、轻工业产品的生产与销售、房地产业与交通能源业等都将有大量的转制红利释放，缅甸经济将会与中国改革开放后差不多，会有一个较长时期的高速经济增长。

目前，缅甸经济已经连续五年增长率超过 5%，我们预计短期内将会保持较高速的增长趋势。这是因为缅甸的国际环境合力会促使缅甸反对派保持和平态势。如果缅甸动荡，对于美国和西方国家劝说朝鲜和古巴放弃社会主义制度就会增加难度。因此，国际上的政治合力会促使缅甸经济的稳定发展。

在经济发展上，由于价格和制度变动上将有大量红利出现，缅甸经济发展动力将保持强劲。同时，缅甸的人口架构非常年轻，超过 60 岁的老年人占总人口比率不超过 10%，15 岁至 59 岁的合适劳动力占总人口约 60%，劳动力资源十分丰富。劳动力成本也较为低廉，再加上缅甸丰富的矿产等自然资源，我们预判缅甸的经济发展在西方世界解除全面经济制裁后，将会有大幅度的增长。

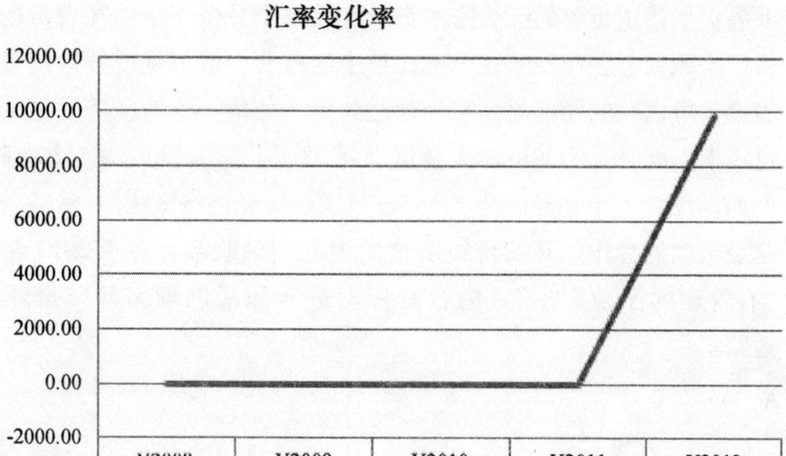

	Y2008	Y2009	Y2010	Y2011	Y2012
汇率变化率	-0.03	0.03	0.11	0.01	9884.02

图 1　缅甸汇率变化率

图片来源：此图为笔者绘制。

在金融方面，缅甸虽然汇率上存在极大的变化，但随着市场化的进一步深化，官方汇率变动幅度必将大大的缩小。2012 年 4 月，缅甸央行取消实施长达 35 年的固定汇率制度，容许汇率自由浮动，新参考汇率为每美元兑 818 缅币，自新会计年度（即 4 月 1 日）起开始生效。简单的说，就是取消了固定汇率制度。随着缅甸的改革开放，以及西方世界对缅甸经济封锁的解除，缅甸将有大量的外资进入，外贸发展也会极大地缓解缅甸政府的外汇收入窘况。我们预期，缅甸外汇官方汇率与黑市汇率将在今后的几年内大幅缩小差距。

不过，缅甸的金融体系还比较落后。据亚洲开发银行所做的调查显示，缅甸每 1000 平方公里国土上平均拥有的商业银行数量仅为 0.85 个，这一数据不仅低于越南的 7 个，也低于柬埔寨 2.2 个，金融体系的滞后将对缅甸经济发展形成巨大制约。缅甸 2012 年 4 月实施汇率改革后，外国人持护照可以在缅甸进行外币和缅币的兑换，然而如果想要把外币从国外向缅甸汇款，目前缅甸的多数银行仍然无法实现汇兑和结汇，仅有少数几家日本和新加坡的银行私下里在做类似的业务。另外，缅甸大多数银行日常业务仍然使用传统的纸质账本纪录，效率十分低下。但随着市场化的不断推广，缅甸金融业服务在未来几年中的改善，必将促使缅甸的资本周转率加速，可以在侧面上提高整个社会的生产效率。这对经济发展又是一大促进因素。同时，缅甸正加大金融改革力度，修改投资法，大力吸收外资。例如，设立“土瓦经济特区”，公布《缅甸经济特区法》，密切与国际货币基金组织的合作，开始推行缅甸国内的金融改革，并于2012年开始实施“有管理的浮动汇率”，为鼓励外资进入和帮助缅甸回归全球经济铺平道路。

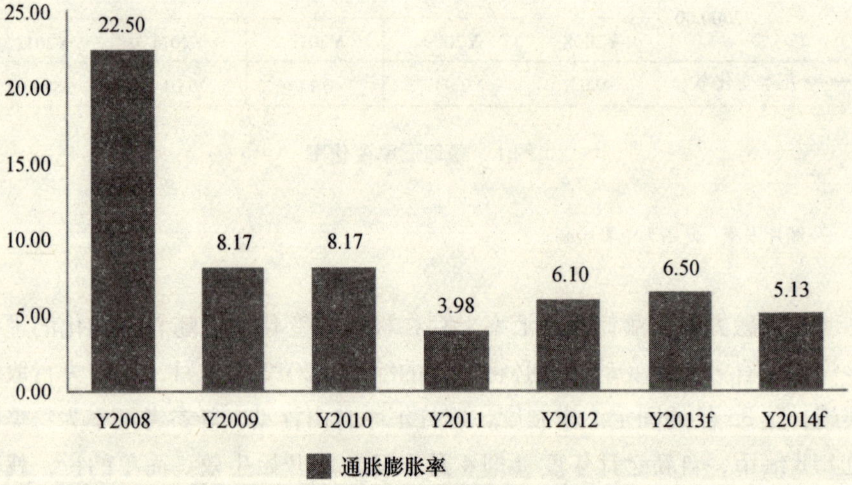

图2　缅甸通货膨胀率

图片来源：此图为笔者绘制。

在市场化的经济改革中，必定会带来货币发行的膨胀，但只要缅甸通胀率保持在年均10%以下，高速增长的经济将会抵消通胀的负面影响。从2009年起，缅甸的通胀率一直保持在10%以下，当地民众受通胀压力较小。通胀这一影响经济稳定性的因素，在接下来的经济发展中仍然可控的，不会破坏整个社会的经济发展秩序。缅甸很早就想学习中国进行改革开放，但是西方世界对缅甸实施严格的制裁和封锁，使缅甸早期的改革开放政策收效甚微，金融发展上还是大部分保持计划经济的模式。因此，缅甸的不良贷款率、资本充足率和银行杠杆率难以找到相关的资料。在西方国家解除经济封锁之前，缅甸的金融仍较封闭，虚拟资产难以发展，因此银行杠杠率的数据，在目前的评估中不是特别重要。在缅甸金融开放、与世界各国银行自由沟通和接轨后，不良贷款率、银行杠杠率、资本充足率数据才可以起到良好的衡量作用。随着与西方国家关系的改善，缅甸的市场化变革将会发挥更大的经济作用。

从资源能力上看，缅甸富裕的矿产等各类自然资源，在西方国家解除经济封锁后，必然会成为缅甸经济的增长动力，缅甸在之后的经济发展中很可能会发展成亚洲前列的富裕国家。缅甸丰富的油气资源、水电资源、矿产资源会吸引大量的外国投资者投资开发，缅甸肥沃的土地和廉价的劳动力也是吸引外国投资者投资农场和工厂的好条件，以后的缅甸将成为一个投资热点。先进农业生产技术的引进，再结合缅甸肥沃的土地，可预计以后的缅甸将会是一个很大的农林副业产品的出口国。

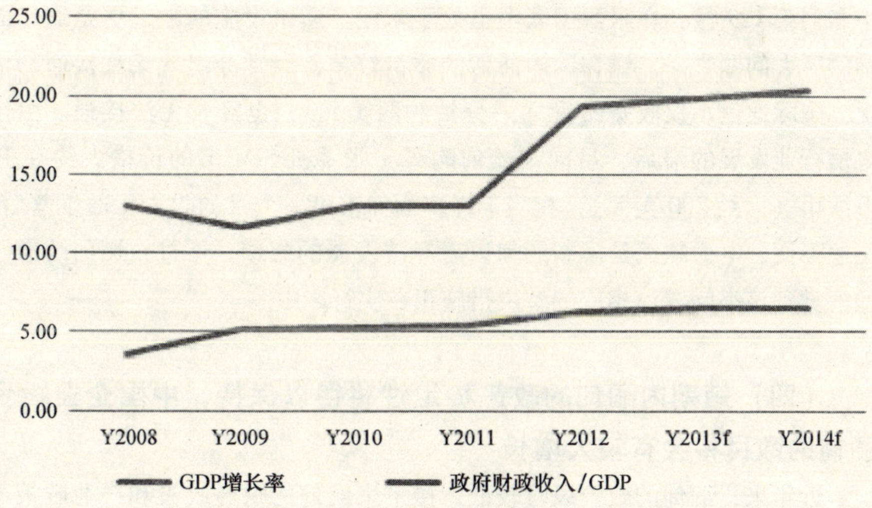

图 3　缅甸 GDP 增长率及政府财政收入占 GDP

图片来源：此图为笔者绘制。

2013 年，缅甸政府的财政收入占 GDP 的 19.78%，相比以往有大改观。尽管缅甸政府的财政支出占 GDP 比率为 24.96%，高出财政收入与 GDP 的占比约 5%。但 2013 年在扩张性经济改革和 GDP 高达 6.47% 的增长下，再加上货币的扩张性发行，缅甸政府不会出现财政困难危机。随着经济的进一步开放和发展，缅甸政府的财政收入必定会大幅增加。因此，缅甸近期财政支出小幅超过财政收入，在经济高速发展的情况下并不是大的问题，也不会阻碍经济的发展。在接下来的经济发展中，由于西方国家逐步放开对缅甸的封锁，缅甸在进出口贸易上将有大的增长，进出口风险在以后几年内仍在可控范围内。随着缅甸经济发展的正常化，缅甸进出口贸易将正常发展，缅甸的贸易将很快出现盈余。现在，由于西方对缅甸的封锁还没完全解禁，缅甸的经济对外依存度非常低，几乎可以忽略。

基础设施建设不足以及电力缺乏是制约缅甸经济发展的瓶颈。据亚行相关报告显示，缅甸和其他东南亚国家相比，基础设施无论在数量上还是在质量上都存在着较大差距，缅甸全国仅有 1/4 的人口能够用上电力。据亚行统计，缅甸在运输效率以及基础设施质量上的得分在全球 155 个国家中名列第 129 位，在东盟国家中也处于末尾。通讯设施的缺乏更是缅甸面临的巨大问题之一。缅甸国内通话的质量较差，经常会出现无法接通的情况，国际通信不仅收费昂贵（一分钟约两美元），也经常无法接通。由于电信行业发展的滞后，目前在缅甸购买一张手机 SIM 卡的价格大约在 15 万缅币（大约 200 美元），相当于许多缅甸市民一个月的收入。通讯落后、交通不便、电力缺乏是限制缅甸以后经济发展的瓶颈。不过，缅甸政府已经察觉到该类问题，相应的解决措施正在实行之中。

（四）短期内缅甸的政策稳定性将得以保持，中国企业投资缅甸的数目将会有较大增长

近年来，缅甸的政策风险较低，接下来缅甸的财经政策和产业政策不会有大的更改或变化。

缅甸丰富的自然资源和人力资源适合中国企业的投资，而且众多红利即将在计划经济转轨中释放，这将是很好的投资机会。目前在缅甸的中国企业有 165 家，其中广东企业有 5 家。我们预计，未来一两年内在缅甸的

中国企业数量将会呈几何式增长。

（五）密松水坝项目的暂停提示中方投资者在进行投资时要更多顾及当地人民的利益

密松水坝水电项目一旦建成，发电能力将达到600万千瓦，约为三峡电站发电量的1/3，90%的发电量将输往中国。但由于种种复杂因素此项目目前已经停工。密松水坝事件的发生影响了大量中国民间投资者的信心，中国有关部门要与缅甸方面进行更好的沟通。

缅甸仍是一个很好投资目的地。我们建议，我国政府应有效引导企业进入缅甸投资，与缅甸政府谈判相关的保护条款，保护中国境外投资者的利益。缅甸与西方关系的改善能有效促进其经济发展，但在这个过程中也会吸引更多的他国投资者，给中国企业带来竞争压力。比如，日本利用与缅甸的良好关系，更加积极、全方位地参与缅甸的经济建设，在缅甸证券改革方面就被日本抢先了。韩国的汽车、造船和电子工业上也有传统优势，在缅甸相关技术领域与中国企业竞争激烈。不过，在商贸、家具、服装鞋帽、玩具等方面上，中国企业还是具有较为突出的优势。

因此，中国投资者到缅甸投资不能只顾自己的利益，要学会照顾当地人民的利益，为当地人民做一些有用的贡献，如建医院、诊疗所、学校等。只有照顾了当地人的利益之后，我们中国的项目才可能顺利的开展和进行。

（六）中国“走出去”在缅甸机会

目前，中国在缅甸有171家企业，以大型央企为主。这是由于以前与缅甸军政府的经济合作主要是政府间合作，我国央企作用巨大。不过，缅甸正逐渐改制，央企大包大揽式的经济开发模式已经不适用。总体上，中国企业“走出去”在缅甸比较有优势。中国原来在缅甸有5家中国，如从事经济贸易活动联络的广东振戎能源有限公司等。中国对缅甸出口机电产品和高新技术产品增长较快，曾在2009年，中国对缅出口机电产品和高新技术产品分别为7972万美元和3455万美元，分别占中国对缅出口总额的

55.7%和24.1%，主要出口产品包括电视机及其零附件、空调、静止式变流器、扬声器、电扇、变压器、录放像机等。此外，钢材是中国对缅出口的第一大产品，2009年的出口额为2778万美元，增幅高达22倍，占对缅出口总额的19.4%。机电、高新技术产品、钢材三大类是中国对缅出口的主要产品。轻工类产品对缅出口，玻璃制品、家具，纺织服装、陶瓷、塑料、鞋类、通讯器材等增长缓慢，有很大的拓展空间。2009年，中国在缅甸签订对外工程承包和劳务合作项目3个，完成营业额1207万美元，规模居东盟国家第九位，仅高于文莱。2010年1－10月有，中国在缅甸设立代表处一个，完成工程承包和劳务合作营业额255万美元。

缅甸的经济发展情况与中国有很大的互补性。缅甸拥有5500万人口，生活消费市场巨大，所需物品大部分依赖国外进口，中国传统轻工类产品，如纺织服装、家具、鞋类等在缅甸仍具有较大的发展空间。此外，我省经济的持续快速发展对缅甸的矿产品、木材、橡胶、石油天然气等原材料的需求也将稳定增长。我们建议，中国政府要组织民营企业，抱团进入缅甸投资。由于组团结伴，可以直接与缅甸政府谈判投资安全保障问题，使广东轻工业生产优势进一步发挥，让中国企业获得赚取缅甸经济改制红利的先机，增强中国经济的活力。民营企业主要顾虑投资缅甸的资产安全问题，如果以省政府出面代表企业与缅甸政府谈判，可以快捷妥当地获取缅甸政府的投资资产安全保障承诺，解除民营企业的顾虑。同时，缅甸急需资金开发丰富的自然资源，若中国资金获得缅甸政府的投资安全保障，就可以打开路径进入缅甸，帮助中国可以获得开发矿产资源、森林资源、油气资源的巨大利润，有助于解决中国经济发展的资源问题。

（七）不确定性分析和未来预测

1. 未来缅甸与西方关系的调整将在一定程度上影响中国“走出去”缅甸的投资收益。

缅甸与西方改善关系后，宣传媒体解禁，民族主义高涨，不利于当前中国企业在当地投资的利益。2011年9月，缅甸政府以环保为由突然叫停中国投资30多亿美元建设的中缅合资密松水电站；2012年11月，缅甸发生针对中国公司在实皆省蒙育瓦投资的莱比塘铜矿的大规模抗议，抗议者以环境污染、补偿不公为由要求关闭该项目。

2. 缅甸推行民主化进程在政治上存在不确定性

军人集团一直在缅甸政治生活中扮演着重要的角色，如果军队在缅甸改革过程中的利益受到挤压，包括国防预算被削减、军队控制的“经控公司”受到挑战，就很容易激发军方势力的不满。民间力量频频向军方叫板等，也很容易引发军方保守派的强力不满和反弹。同时，全国民主同盟在选举中以压倒性胜利使得军方势力有些惶恐，这种种因素使得缅甸的政治发展存在一定的不确定性。

八、沙特阿拉伯

沙特阿拉伯政治比较稳定，社会福利高，人民生活比较富足安定。沙特石油资源丰富，在高油价的状况下，财政收入稳定，有大量的资金可以投入到社会基础设施建设和进行生产性投资。在伊斯兰文化的影响下，量入为出的观念成为沙特财政的主导观念，这使得沙特的债务负担很小。

（一）沙特与美国关系出现转变，与伊朗关系紧张

沙特与美国关系变化微妙。沙特一直是美国的紧密盟友，在20世纪90年代的海湾战争和21世纪初的伊拉克战争上，沙特与美国的合作亲密无间。现在，沙特和美国关系出现了一些微妙的变化，沙特在2013年10月19日拒绝接受刚刚当选的联合国安理会非常任理事国席位，沙特的理由是：“联合国安理会在处理诸如巴以问题、叙利亚流血冲突和中东大规模杀伤性武器等问题上持双重标准，未能真正行使其维护世界和平的责任”。同时，美国通过各种途径宣传其石油产量大增，并扬言说2015年之前石油产量会超过沙特，这样的信息明显对于国际油价起到压制作用，使布伦特油价接近110美元一桶，纽约油价下跌到95美元以下。国际油价的下跌对沙特的经济发展有一定的损害作用。其实，美国对于沙特有所依赖，以前

石油供应下降导致油价上升时，是沙特提高石油产量来满足世界石油的需求。而且欧佩克以美元作为石油交易的结算货币主要依靠沙特的支持。美国石油产量突然大增和媒体的宣传都是对沙特的一种隐性威胁。笔者分析，沙特与美国的关系还存在着众多的利益纠葛，不会急剧变坏，但沙特与美国的关系将会出现一定程度的变动。这样的变动将影响到整个中东地区的政治格局。

周边国家关系上，沙特由于宗教理念与伊朗的什叶派有分歧。伊朗什叶派影响在霍梅尼的伊斯兰革命之后不断扩大，随着伊朗在政治、宗教、经济以及军事各方面的强大，沙特的危机不断增强。而且沙特东部产油区的民众多信奉什叶派，在石油分配上又得不到公平的待遇，这是政治隐患。沙特现在不会将伊朗视为伊斯兰兄弟，而是将其看成是一个潜在的威胁。因此在很多国际事务上两者的间接冲突和直接冲突都很多，都在暗中较劲。叙利亚危机中两国的表现就很明显地显示出对抗性，这样的对抗性很难消解。

政治体制与经济发展存在冲突，不匹配。

沙特的政治构架是封建世袭，按伊斯兰法执行民主协商，王国的政治架构基本分为四级：

第一，国家元首：国王是沙特的国家元首，象征着国家的统一。国王兼大臣会议主席和武装力量的最高统帅、伊斯兰教长等职位，行使最高行政权和司法权；国王有权任命大臣会议的副首相和大臣会议成员、地区埃米尔、驻外使节和上校以上级别的军官，有权批准和否决大臣会议的决议及与外国签订的协议或条约，有权解散或改组大臣会议。

第二，沙特政府的内阁就是大臣会议，是国家最高的行政和立法机构。大臣会议有权比准贷款协议、有权审批国家预算、批准国际条约。为限制大臣以权谋私，法令禁止各部大臣在公开场合或私下表达任何个人立场，禁止大臣购买、出售或接管国家财产。《大臣会议法》于 1993 年颁布执行。大臣会议有各部门大臣 24 名和 7 名国务大臣，主要由王室成员、谢赫以及各类型专家组成。大臣会议内部，亲王与其他大臣或政府高官的地位相等，亲王无权利支配大臣，各大臣只向国王负责。

第三，协商会议。协商会议是沙特阿拉伯王国的咨议性机关，是沙特政治制度的重要组成部分。《古兰经》教义明确规定和强调协商精神，协商是反映民情，修正政治偏差的方法。初始阶段的政治协商会议由于担心朝着西方议会模式转化，被叫停。其各项职能由大臣议会兼任。1992 年 9 月 23 日，迫于形势的压力开始筹备组建新的协商会议，1993 年任命 60 名协商会议成员。2001 年宣布协商会议成员增加至 120 名，会议成员的 60%以上拥有博士学位。会议职能是审查经济与社会发展计划、审查法律、国际条约及协定、解释法律、讨论施政报告。所有政府行为如果不经协商会议同意必须退回国王重新审定。2011 年 9 月，迫于国内外的形势压力，沙特国王阿卜杜拉宣布沙特妇女有权成为协商会议议员、有权参选市政委员会委员，意味着一直没有选举权和被选举权的沙特女性首次获得了与男性同等的权利。这说明沙特很注重社会意见，还保留着听取社会民众意见而改进执政的优良传统。沙特社会福利好，宗教信仰单一强烈。沙特的社会福利好，居民生活安定，沙特居民在政治上没有过多的改革要求。整个沙特的政治架构依托于神圣的伊斯兰教法《古兰经》，使得政治架构和运作上获得众多沙特人的认可。国内政治稳定是沙特社会的一个特点。风靡阿拉伯世界的“阿拉伯之春”民主运动对沙特影响微弱，几乎看不到什么明显的影响。综合分析认为，沙特政治风险微小，与美国关系微妙，期间的变化需要仔细跟踪观察。

因此在政治风险评判上，我们认为沙特的政治风险小，社会稳定。

（二）沙特阿拉伯是政教合一国家，主要社会阶层以利益集团来区分

沙特阿拉伯的社会结构主要分为以下几个：

第一，沙特王室阶层，王室家族的成员控制着大臣会议的关键部门，地方政府首脑也都是由沙特家族成员担任，军队国民卫队等为武装也是王室成员控制，警察和情报首脑也是王室成员担任。沙特王室是绝对得国家权力控制阶层。还有王室长老会，它是一个非正式的决策团体，在协调王室内部矛盾、决定王室继承和立嗣人选方面发挥着决定性的作用。长老会由王室权威人士和利益攸关方权威人士组成，其成分构成基本以血缘为基准，一般 100 多人。历史上的国王沙特与费萨尔的替换就是王室长老会起

作用。当国王行为偏差，导致沙特王国的整体利益受损时，王室长老会将出面劝阻或出面协助权力更替。

第二，乌里玛阶层，在阿拉伯语中，乌里玛泛指所有公认的，有权威性的伊斯兰学者，或宗教领袖。按照历史的传统乌里玛大都担任立法、司法，以及其他与宗教事务有关的职务，此外教育、宣教、公证、学术研究等职位也是乌里玛的认知范围。乌里玛基本上是知识分子阶层的代表。乌里玛主要职能是制定伊斯兰教法和解释伊斯兰教法，宣扬瓦哈比思想。此一阶层占沙特人口的0.5%。乌里玛有内志与汉志不同地区的分别，内志地区乌里玛比较传统，不接受民间捐赠，只依靠政府的补贴。而汉志地区乌里玛中大部分人的收入主要依赖社会捐赠和宗教基金，那些获得政府补贴的乌里玛在社会上比较有威信。

第三，宗教组织，在沙特有很多半官方的宗教组织，如“惩恶扬善会”、“宗教研究、教法宣传和知道委员会”、“世界穆斯林大会”等。这些大会各有其组织和分支机构，影响力巨大。穆斯林青年大会主要面对沙特国外的宗教宣传和宗教援助。

第四，政治反对派。沙特阿拉伯国内严禁组织党派和党派活动。但利益会促使一些利益群体形成组合，利益受损严重的群体就会自发组成群体反对政府。沙特第一个反对派组织就是“沙特阿拉伯民族改革阵线”，其主要成员是青年军人、文官、石油公司低级职员。1956年被镇压。其中有“宗教反对派”、“现代改革派”和“恐怖组织”等。

沙特政教合一的社会形态，使得沙特社会结构比较单一，社会分层是以宗教利益和集团利益来区分的。虽然在局部或者有小部分人存在不满，但总体上，大部分沙特人都直接或者间接获得石油收入增加利润增加的好处，因此沙特社会矛盾不是非常尖锐，是可以协调改进的。1993年正式发挥作用的协商会议，权力巨大，很好地起到了反映民间诉求的作用和限制权力滥用的作用，对于缓解社会矛盾非常有效。

在社会风险分析上，我们认为沙特拥有丰厚的社会福利，宗教信仰强烈。在政教合一的状况下，沙特的社会风险非常小。一切的社会矛盾都掩盖在社会高福利之下，一旦石油收入大幅减少，社会高福利无法开支或兑现，那么沙特的社会风险就会剧烈增加。近期国际油价比较稳定，因此沙特的社会风险低。

（三）沙特阿拉伯宏观经济环境总体良好非石油化产业发展迅速，对外贸易也有很大发展

第一，经济发展稳健。2012 年，沙特得益于国际原油价格高企，全年财政收入、外贸出口均创历史新高。宏观经济逆势增长，微观经济整体活跃，国内生产总值同比增长 6.8%，石油产值增长 5.5%，非石油领域产值增长 7.2%。国内生产总值：2012 年沙特名义国内生产总值（GDP）7273 亿美元，人均 GDP 达 24000 美元。2012 年统计的 GDP 增长率为 5.5%，2013 年估计 GDP 增长率可以达到 3.7%，经济增长态势依然。根据统计数据，2012 年沙特人口为 2920 万，失业率为 12.2%，480 万劳动力中有 58.8 万人没有工作。男性为 390 万，占 80.6%。包含外国人在内的沙特总劳动力人口中，从业者约 1000 万，占 94.3%。估计 2013 年失业率估计略有下降，接近 12%。根据沙特统计部门公布的数据，2012 年通胀水平为 2.86%，较 2011 年的 4.7% 的水平有明显的回落。2013 年的通胀率略有回升预计为 3.74%。不低的经济增长为高失业率拖累，通胀水平属于经济发展中较为正常的比率。综合考虑，宏观经济增长还必须依赖国际石油价格的稳定、本分析师判断国际油价在两三年内还是会在 100 美元一桶附近徘徊，不会降低，或者是油价走高到 100 美元以上。国际油价的长期趋势有力于沙特经济增长。

第二，财政与金融。2012 年沙特的外汇储备 6429 亿美元，同比增长 20.9%，其中境外证券投资占 69.8；境外外币存款占 28.7%；国际货币基金组织特别提款权占 1.5%（占国际货币基金总额的 0.9%），财力雄厚。沙特金融业 2012 年表现突出，银行的利润率都有不同程度的增长，幅度最大的为沙特比拉德银行，利润 2.51 亿美元，同比增长 185%；沙特最大财团—拉吉赫银行获纯利 21.03 亿美元，同比增长 7%；沙特发展银行增长 70%；半岛银行增长 65%；增长最少的是沙美银行，同比增长 1%，但利润总额排名第二，为 11.55 亿美元。沙特雷亚尔汇率稳定，一致保持一美元兑换 3.75 这样的比率。沙特银行的坏账率很低 2012 年之前四年的坏账率年平均为 2.5%。沙特银行的资本充足率多年来都保持仔 16% 以上，远

高于巴塞尔协定所规定的8%水平。而且沙特银行的杠杆率都在八倍以下，属于低风险的。因此沙特阿拉伯的金融风险很低。2013年初沙特政府公布了2013年度财政预算，预计财政收入2210.67亿美元，财政支出2186.67亿美元，财政盈余24亿美元。其中用于新建、在建项目投资760亿美元；教育支出544亿美元；医疗卫生支出267亿美元；基础设施和交通支出173亿美元；工农业、水务支出152亿美元。由于沙特政府对于基础建设和生产设施的投入不断加码，沙特的财政会出现一定的不确定性，2012年预算开支1840亿美元，同比增长19%。2013年度财政预算收入2210.67亿美元，财政支出2186.67亿美元。根据以往十年以来的惯例，政府实际支出会比预算支出增加30%（2011年增加39%），2013年的的财政实际支出有可能达到2411亿美元。但是，国际货币基金组织预测，到2017年沙特财政将持续实现盈余，但数额将逐步减少，预计2013—2017年的财政盈余累计将达2118亿美元。有连续几年财政盈余的预计，即使出现小额的财政超支，沙特未来的财政也可以保证财政平衡或者盈余。沙特的财政收入占GDP的比率为48.57%，而财政支出才占GDP的35%。从连续多年的统计数据看，沙特只有在2009年出现财政开支大于财政收入的，那年的财政赤字是509亿美元。可是以前的积累还有连续这么多年的盈余，沙特足以应付任何突然发生的危机。因此，沙特政府在财政上是稳健的。还有，沙特政府的总债务只占沙特GDP的3.5%，是世界上债务最少的几个国家之一。综合判定沙特的财政和金融稳定，风险小。

第三，贸易与主要产业2012年沙特出口总额为3960亿美元，同比增长9%，非石油出口为488亿美元，同比增长4%；进口总额为1280亿美元，同比增长7%，贸易顺差2680亿美元，贸易经常项目盈余1785亿美元。沙特主要靠石油出口支撑国民经济，其对外贸易依存度达到92%以上。2013年，由于受石油收入减少的影响，贸易经常项目盈余将会有大幅下滑，专业经济机构预计沙特全年出口额为3329亿美元，同比下降15.9%，其中石油出口预计为2794亿美元，其他出口536亿美元，全年进口预计为1433亿美元，贸易顺差将保持在1800亿美元左右。沙特与中国1990年建交以来，关系发展迅速，沙特已又数百亿美元进入中国，其主要项目是天津、大连建设大型炼油厂、进入金融行业、投资房地产等。中国已经成为沙特的第四大出口目的地国和第二大进口来源国。根据中国海关统计数据，2012 年中国与沙特双边贸易总额达 734 亿美元，同比增长 14%，再创历史新高。中国继续保持为沙特全球第一大贸易伙伴。其中，中国从沙特进口 549.5 亿美元，同比增长 10.9；中国对沙特出口 184.5 亿美元，同比增长 24.4%。沙特政府极力发展其他产业试图摆脱对石油的依赖，但产业多样化成果主要展现在农业上。沙特财政对农业长期投入以及对于农业生产实行高额补贴，使得沙特的农业可以基本达到粮食自给，这是沙特社会保持稳定的物质基础。

第四，沙特产业：（1）石化行业 2012 年的业绩表现不佳，沙特基础工业公司 2012 年全年纯利润为 65.9 亿美元，同比减少 12 亿美元，降幅为 15%。分析认为，利润下滑主要原因是原材料价格上涨导致销售成本增加。世界性实体经济的低迷，也使得部分产品销售价格下降。（2）水泥业 2012 年表现良好、十大水泥公司利润增长率都有不同程度的提升，增长率最高的延布水泥公司，利润 1.92 亿美元，增长 36%；最低的为纳吉兰水泥公司，利润 5392 万美元，同比下降 14%。（3）电信业 2012 全年实现净利润达 19.6 亿美元，比 2011 年净利润的 20.6 亿美元减少了约 1 亿美元，降幅为 4.9%。沙特的产业多样化并不全面，还存在很多参与机会，这是我们中国企业拓展的好机会。沙特的第三产业在 GDP 中的占比很低，只有 37.76%，与发达国家的 70% 或 80% 比相差很大，具有很大的发展潜力。可是沙特的很多宗教和社会禁忌又是制约第三产业发展的瓶颈。第三产业发展有机会，但制约因素不少。

综合评判经济发展、财政、金融、贸易等方面，本中心认为沙特很需要发展与中国的经济关系来完善其国内的产业多样化以及摆脱单一依赖美国的格局，对中国方面来讲，沙特的国内产业多样化应该是我们进入沙特市场的好机会。本中心评价经济风险很小，机会良好，发展潜力巨大。

（四）沙特阿拉伯经济发展市场化与法律制度宗教化冲突

第一，制度与现实社会发展有冲突。沙特在制度和法律上规定以伊斯兰法治国，这是沿袭之前的封建制度。这与现代化的经济发展不相符合，例如沙特的封建特权思想要求很多行业只能是沙特公司经营，沙特员工的工资要比外籍员工高。这有悖市场经济的公平原则，影响沙特经济的正常发展和扩张，也影响外国资本和生产技术进入沙特的意愿。沙特社会日常生活受西式文化的影响，发生了很多变化。富裕的沙特家庭把子女送到国外深造，每年还会举家去欧洲等西方国家旅游或度假。沙特人开始追逐名牌商品、喷抹香水、享受西方音乐，在利雅得、吉达等城市里有麦当劳和高级咖啡馆。随着网络用户的普及，各种西方的社交和新闻网站进入了普通沙特人的生活，以 YouTube、脸谱、推特为代表的社交网站注册用户持续增长，成为了沙特非常流行的媒体平台。年轻人是社交网络用户的主体，他们对新生事物充满好奇，精通各种科技手段，喜欢通过网络在线聊天、观看美国肥皂剧、玩电子游戏。这些西方文化影响是潜移默化的，经过一段时间之后就会使青年人思想发生变化。一旦青年人思想有变化，沙特政府想在行为和思想方面限制青年人就极为困难，社会也会因此出现变革。

第二，朝觐是凝聚力保证，但也带来大量的外部信息，会对沙特社会形成一定的冲击。朝觐是根据《古兰经》的指示及穆罕默德圣人（求主赐福他）的行为而举行的，是纪念易卜拉欣圣人和他的妻子夏芝兰以及他们的儿子伊司玛易的伟大事迹。朝觐制度是沙特宗教领袖国家的表征，也是伊斯兰信众向心力的所在。这是沙特强大的软实力。但朝觐也会带来很多外部的信息和理念，长期演化发展会造成对沙特社会的冲击。

第三，宗教信仰的排他性限制了沙特第三产业的发展。沙特政治制度限制了第三产业的发展。在沙特文化娱乐等服务业很难发展，因为有很严格的宗教立法限制着，也有宗教警察巡查管制。因此在别的国家可以创造大量就业岗位吸纳大量劳动力的第三产业在沙特就很难发展壮大。沙特的第三产业只占 GDP 的 37.76%，与世界上很多高收入国家第三产业占 GDP70% 以上形成极大的反差。这样就使得沙特有大量的劳动力无法吸收消化，使得沙特的失业率多年来一直居高不小，从 2008 年以后就一直维持着 10% 以上的失业率，而且失业率还有逐年增高的趋势。众多的失业人口存在是社会的不稳定因素。

第四，对石油销售依赖严重。单一依赖石油出口使得沙特的外贸依存度达到92%。如果国际社会有什么大的变动，就会影响石油价格和石油出口，那么沙特的经济就会受到影响，财政收入也会减少，这是一个风险因素。我们评价沙特的个性风险短期微小，长期变动大。

（五）中国“走出去”在沙特的机会

根据沙特的个性和特点分析，我们认为沙特政策与经济发展存在冲突，也存在西方文化与本地宗教文化的冲突，社会发展存在一些不稳定因素。中国企业进入沙特还要考虑沙特的宗教警察和律例，千万不要触犯。沙特宗教法限制下服务业占比很低，具有很好的发展前景，特别是一些日常用品供应，阿联酋龙城项目的利好对中国企业应该是好的标榜，进入沙特市场可考察阿联酋市场的销售情况吸取经验。中国企业要把握好沙特的市场的特点，太过花俏的商品不适合沙特的市场，白色服装和纱巾销量很大。

沙特民间有丰富的资金，如果可以发展伊斯兰金融项目，中国很多的金融企业也应该可以再沙特找到不错的商机。沙特政府财政雄厚社会基建项目常年不断，因此在沙特发展建材、家具、轻工业产品都是不错的选择。沙特人口基数接近3000万，每年都有300多万的朝觐者到来，因此沙特的消费市场非常有潜力，值得中国的企业深入研究探讨，再打入，在沙特应该还有广阔的市场拓展空间适合中国企业发展。我们认为沙特的市场拓展空间巨大，非常有利于具有传统轻工业优势的中国商家进驻发展。

（六）不确定性分析和未来预测

第一，王位继承人老龄化，第二代、第三代王室子孙人数众多，恐怕引发权力争夺。

沙特遵循“兄终弟继”的王位世袭制。现任沙特国王兼首相阿卜杜勒·阿齐兹于1924年出生，2005年登基时年过80岁。目前，在世的阿卜杜勒·阿齐兹的儿子里最年轻的王子已接近70岁，这些王子在沙特政府的重要部门供职，且大部分身体状况堪忧。沙特政府在1996年颁布的《基本法》中规定，王位由阿卜杜勒·阿齐兹的子孙中最睿智者继承，在“兄终弟继”或父子相传这两种继承顺序上采取了模糊态度，年轻有为的第三代王子有可能脱颖而出、继任国王。因此，沙特王位的继承是沙特的一个不确定因素。历史上就发生过沙特与费萨尔相争的纷乱。沙特国王阿卜杜拉于2013年12月22日任命自己的第六子米沙勒王子为麦加省省长，由于麦加是伊斯兰教的第一大圣地，该省省长一职被视为沙特国内最为举足轻重的职位之一。有分析人士称，老国王此举是在为儿子能成为继承人“创造条件”。这一措施有可能使王位继承的不确定性损害降到最低。

第二，国际宗教派别争端可能反过来影响沙特国内形势。

沙特是政教合一的国家，而其信奉瓦哈比思想属于逊尼派。因此教派观念对国家信仰和法律具有重大作用，中东各地的逊尼派势力都获得沙特的财政支持。

固守逊尼派宗教观念是沙特的一个不确定因素，因为沙特为了维护这样的观念，就必须支持所有逊尼派力量，这需要大量的人力、物力、财力，而且沙特此举还有可能直接与周边国家伊朗形成对抗。所以国际形势对沙特国内经济和政治的影响巨大。教派观念的争辩和争斗，结果是很难预料的。因此沙特经济和政治发展受这个因素的制约。

九、泰国

泰国国际关系很好，政局基本稳定，灾后经济复苏较快，金融体系整体稳健，国际储备充足，各民族相处和睦，华人华侨营商和生活环境较好，但人口老龄化问题日趋严重；家庭债务依然处于较高水平，财政赤字有所扩大；主要贸易伙伴经济复苏缓慢，市场需求疲弱，出口持续萎缩；各党派之争及腐败等问题仍然存在。虽然部分中国游客在当地行为不太文明，但中期内泰国民众对华态度仍较友好。

（一）长期全方位友好的外交为国家提供了稳定的外部环境

第一，近年来泰国积极友善的外交政策，使其国际政治环境保持良好，中泰关系将继续友好发展。总体来看，泰国能保持与各主要国家和国际组织良好的关系，为国家持续健康发展提供了有利的外部环境。

在美国“重返亚太”战略和中国—东盟自贸区全面启动的地缘政治大背景下，泰国现任总理英拉既得到了国内外的认同和支持，又进一步发展与主要国家的经贸合作关系，营造出有利于本国发展的国际政治环境。泰中关系在2012—2013年继续友好健康发展，两国高层保持密切交往，政治交流稳步提升。2012年4月，全国政协主席贾庆林访泰，泰国公主诗琳通、总理英拉、国防部长素甘蓬分别访华，泰国副总理兼财政部长吉迪拉来华出席博鳌亚洲论坛2012年年会。2013年10月11日，李克强总理抵达曼谷对泰国进行正式访问，这不仅体现中国新一届领导层对周边外交的重视，更突显了东南亚在中国周边外交中的重要地位。

泰国与国际组织间保持着良好的关系。泰国积极参加亚太经济合作组织（APEC）、亚欧会议（ASEM）、世界贸易组织（WTO）、东盟地区论坛（ARF）和博鳌经济论坛（BFA）等国际组织活动，发起并推动亚洲合作对话（ACD）机制。此外，泰国一方面积极参与区域合作，重视周边外交，积极发展睦邻友好关系，推动泰马、泰缅、泰老经贸发展，与除菲律宾外的其他八个东盟成员国建立了内阁联席会议机制，为东盟经济一体化做足准备；另一方面，泰国继续与大国发展平衡外交政策，以东盟为依托，在保持与美国传统盟友关系的同时，与中国、日本和印度关系友好。泰国不仅是美国安全盟友，享有“非北约主要盟国”地位，而且泰美互为重要贸易伙伴；2012年泰国与印度谈判的自由贸易协定接近了尾声；日本不仅是泰国最大的进口市场和最大的外资来源地，而且是泰国的最大外来投资国；中国目前是泰国第二大贸易伙伴，仅次于日本，是泰国第一大出口市场和第二大进口来源地；泰国是中国第十五大贸易伙伴。据中国海关统计，2011年中泰双边贸易额达647.4亿美元，增长22.3%。泰国也是中国在东南亚的重要承包工程市场之一。据中国商务部统计，2011年中国企业在泰签约承包工程合同总额17.17亿美元，完成营业额6.68亿美元，同比增长44.8%。2012年4月，中泰建立全面战略合作伙伴关系。

第二，目前泰国政府政绩好于预期，但中期政局稳定风险并未减弱。英拉上任后，泰国政局相对稳定，民众支持率基本能维持高位，但各党派之争并未解决，腐败问题仍较突出，中期政治风险仍值得注意。

泰国是当今世界为数不多的君主立宪制国家之一，但其国王深受泰国民众爱戴和拥护。同时，军方虽与王室关系紧密且拥有较强政治影响力，然而国内民意和国际环境令其不敢继2006年后再次军变。但泰国的政党格局呈现小党林立的特点。据不完全统计，泰国注册政党约200—300余个。

2012年，泰国在政治上仍存在着各种党派之争、红黄之争、联合内阁之争、政府与南部分裂组织之争等等，表现出一种复杂而脆弱的新态势。各种推动和解的举动反而加剧了不同政治派别之间的冲突。同时，党政内部腐败现象仍较突出。民调显示，66.4%的受访者对社会上存在的政治矛盾、舞弊行为、民众生活负担沉重等问题感到不满；80.3%的受访者相信有政治势力在幕后支持或操纵民间集会。全球反贪机构“透明国际”最近公布的2013年清廉指数显示，泰国的分数是35分（总分100分，分数越高越清廉），在统计的177个国家里排第105位，与2012年相比后退了17位，可见泰国的廉政建设也还没做得到位。

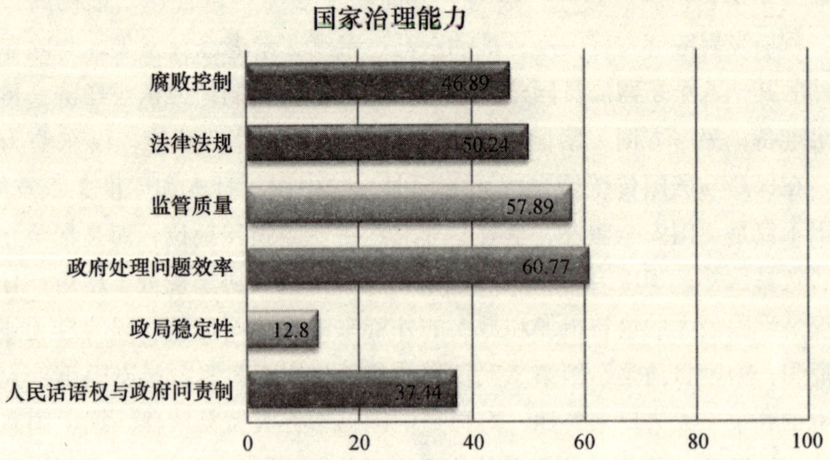

图1　泰国政府治理能力

图片来源：此图由作者绘制。

世界银行《2012年国家治理能力》显示，在六个评价政府治理能力的指标里，泰国政府仅处理问题效率、监管质量和法律法规三项得分略高于平均水平50分，其余各项得分均较低，特别是政局稳定性。近期国内政治局势持续动荡，导致政府投资放缓，消费者和投资者信心指数下降。总体而言，在被统计的215个国家里，泰国的国家治理能力较弱。

（二）泰国各民族基本能和睦相处，宗教信仰集中，民众对华态度友好

泰国是个多民族的国家，全国有30多个民族，但各民族基本上能够平安相处。华人占总人口14%左右，泰人占总人口75%，主要信仰佛教，佛教为泰国当地人塑造了宽厚友善、崇尚忍让以及爱好和平的道德风尚。同时，受中泰长期友好关系的推动，当地民众对中国及华人华侨态度一直很友善，双边往来很密切，华语在当地的普及程度也很高。但是，近年来老龄化问题日趋严重。据泰国有关机构的最新统计数据，泰国将成为继新加坡之后东盟人口老龄化排名第二的国家。目前泰国60岁以上老龄人口占总人口的比例达到10%，而生活费不足、日益贫困、医疗卫生保障困难等已成为老龄人口面临的现实问题。

从社会阶层上看，泰国社会最上层是军队和官僚精英，中产阶层是“黄衫军”的主要力量，是反对他信及其政党的主力军，而支持他信及其政党的“红杉军”由处于底层的，工人和农民阶层组成。泰国的中产阶层在各种政治表达方式上都比劳工阶层和农民阶层更为积极，他们更加热衷于政治抵制、游行示威等街头政治表达方式，所以中产阶层并没有发展成为社会的稳定器。泰国政局持续动荡的重要原因，在于各派政治利益集团在重新划定权力边界的政治转型过程中始终未能在政治制度层面达成显规则与潜规则的相互契合。“反他信”阵营的既得利益集团偏好“两党对峙”格局，而“挺他信”阵营的新兴利益集团倾向“一党优势”格局。因此，虽然泰国治安情况总体较好，但社会冲突事件仍较突出。2008年中以来由于政局问题，持续发生党派冲突，多集中在曼谷，尤其是总理府、老城区等政治敏感地区。2010年3月以来的连续反政府示威活动导致曼谷部分地区交通瘫痪。泰国南部北大年、陶公、也拉三府的反政府武装组织长期以

来在当地进行一些恐怖袭击活动。2013 年 3 月，泰国 ABAC 大学发布最新的国民幸福感指数显示，国民幸福感指数在持续降低，本次调查评估得到的指数为 6.58 分（满分 10 分），在这些指数偏低的地区中，普遍存在刑事犯罪发生率高、毒品问题泛滥、分裂意识强烈、民众脾气暴躁还有不团结等现象。不过，在 2012 年新出台的一项针对该地区的安全政策首次承认了冲突的政治本质，并把地方分权以及与激进分子对话等纳入解决冲突的方案。时下曼谷局势趋于平稳，泰南局势却有进一步激化的倾向。

（三）灾后经济实现快速复苏，金融体系保持稳健，但受市场需求疲弱和家庭债务加重的影响，财政赤字幅度扩大

第一，2011 年洪灾过后，随着服务业的恢复和重建工作的有效推进，泰国经济恢复较快，消费拉动作用明显，但受制于内需的下降和全球经济衰退的影响，中长期内经济增速仅能保持温和水平。不过，泰国丰富的天然资源使经济增长潜力突出。

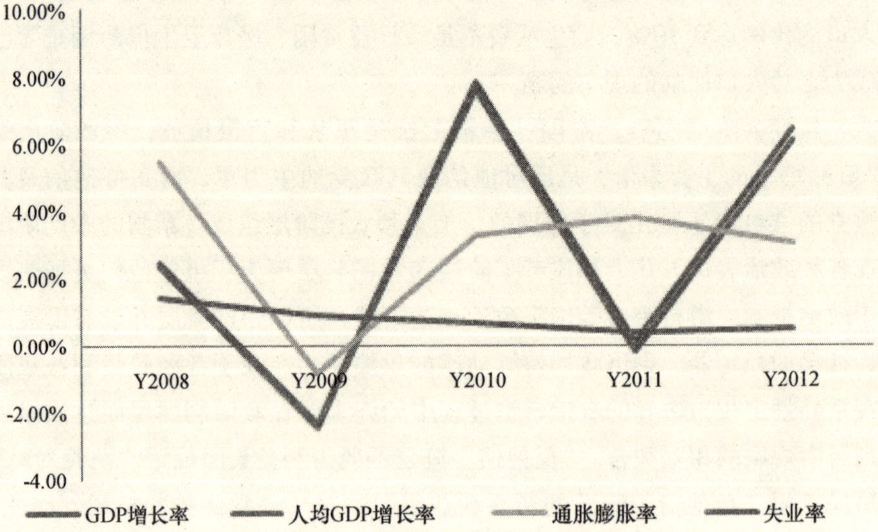

图 2　泰国 GDP 增长、通货膨胀率与失业率

图片来源：此图由笔者绘制。

泰国虽然在2011年遭受了特大洪灾的袭击，但灾后经济得到了迅速恢复，泰国政府为应对灾后重建采取了一系列积极措施，诸如启动大型基建计划、治水投资项目、大米典押计划及首车首房退税政策等，以促进国内消费和加大国内投资。在各项政策的刺激下，2012年泰国经济强劲复苏，国内生产总值增长6.44%，略高于预期，人均GDP增长了6.1%，通货膨胀率（CPI）从2011年的3.81%下降到3.02%，失业率仅为0.5%。不过，长期经济竞争力还有待提升。随着国内支出景气低迷和世界油价下降态势，通货膨胀率已连续第9个月呈现放缓，从2012年底3.6%下降至，2013年9月份的通货膨胀率仅为1.42%，为近47个月来的新低，反映出国内需求疲弱和全球商品价格的下降。预期部分商品价格仍呈现上升趋势，可能使2013年全年通货膨胀率增幅达2%。2013年第一季度，疲弱的内需和外需把泰国的经济增长压低至4.1%，不及预期。泰国经济增长的乏力仍应归东盟经济因于政府刺激政策效果的淡退和外需的持续乏力。但考虑到泰国经济多元化程度较好，中长期在东盟一体化进程推动下，预计2013年的国内生产总值（GDP）实际增长率将为4.9%，人均GDP增长率为4.34%。

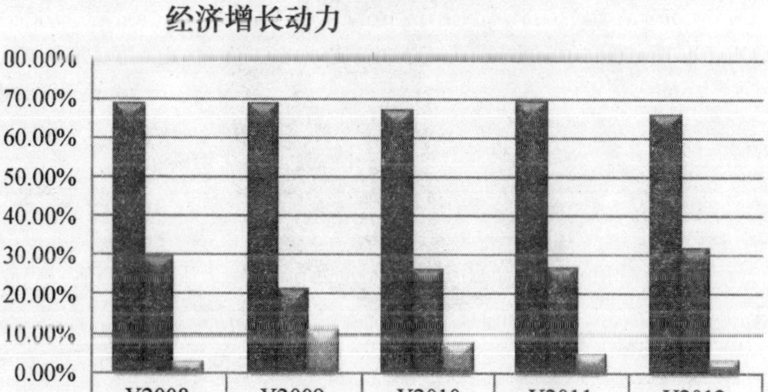

	Y2008	Y2009	Y2010	Y2011	Y2012
最终消费支出/GDP	68.31%	68.21%	66.63%	68.84%	65.90%
资本形成总额/GDP	29.12%	21.24%	25.94%	26.63%	31.36%
货物和服务净出口/GDP	2.56%	10.55%	7.43%	4.54%	2.74%

图3　泰国经济增长动力

图片来源：此图由笔者绘制。

尽管2012年最终消费支出占国内生产总值（GDP）同比下降了4.26%，但国内消费仍是泰国经济增长的主要动力，消费对GDP增长的贡献率为65.9%。不过2013年8月消费者经济信心指数持续下降了5个月，为2012年12月以来的9个月中最低点。消费者除了对国内政治局势、生活负担增加表示担心外，还担忧世界经济复苏形势的不稳定。估计2013年第4季度民间消费会持续下降，民众家庭债务增加。此外，由于泰国近五年因国际市场需求持续萎缩和油价上涨，导致净出口对国内经济增长的拉动作用显著下降，2012年净出口对GDP增长的贡献率为2.74%，同比下降了39.67%。但在另一方面，2012年投资对泰国经济贡献率为31.36%，同比增长了17.78%，政府实际投资在2013年第一季度同比增长18.8%。据泰国财政经济办事处预测，2013年政府实际投资年同比增幅为13.3%，优于2012年8.9%的增幅，支持因素为政府侧重投资基础设施项目。

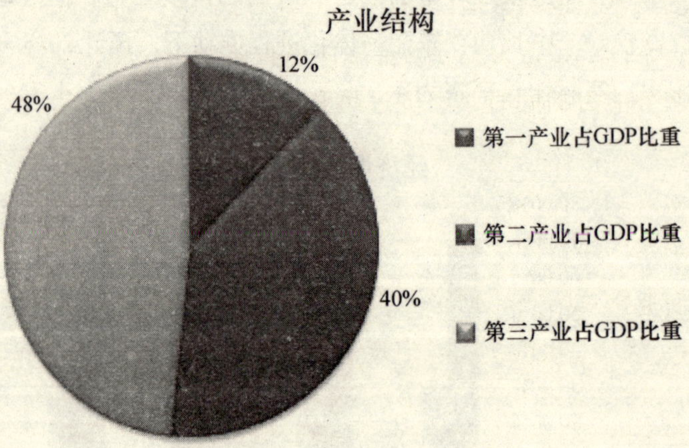

图4　2012年泰国产业结构

图片来源：此图由笔者绘制。

近年来，泰国工业和服务业保持着重要支柱产业的地位，服务业仍占据总体经济的最大份额，在2013年的经济发展中仍然是主要的推动力量。据世行统计，2012年泰国服务业占GDP的48.24%，同比上升了3.78%，制造业占GDP的39.53%，同比下降了3.96%，农业占GDP的12.23%，同比下降了1.05%。2013年第二季度泰国工业生产指数同比萎缩5.2%，8月份泰国的工业信心指数连续22个月出现下行趋势，这主要由于国内消费增速放缓、外贸出口持续下滑、生产成本上升及泰铢疲软等因素。同时，作为传统农业国，泰国曾是世界上稻谷和天然橡胶最大出口国，农业经济一直保持增长势头。但是，2013年首季泰国农业部门的国内生产总值（GDP）年比收窄0.4%，源自由2012年底开始延至2013年初的旱灾影响，水产养殖业也仍受急死症蔓延威胁。

在资源能力方面，泰国矿产资源丰富，其中钾盐储量4367万吨，居世界第一，锡储量约120万吨，占世界总储量的12%。同时，泰国海域辽阔，拥有2705公里的海岸线，是世界市场主要鱼类产品供应国之一，也是位于日本和中国之后的亚洲第三大海洋渔业国，其中泰国湾和安达曼湾是得天独厚的天然海洋渔场。丰富的矿产资源和海洋资源为泰国经济发展提供了优越的条件，但部分地区仍存在资源的过度浪费和开发的现象。

第二，泰国以银行为主导的金融体系整体保持稳健，但在金融业改革提高银行服务能力的同时，经济过热和家庭负债加重等隐患也有所上升。不过，中期内国家利率和汇率将趋于稳定，央行降息等维持金融稳定性措施使金融风险维持在可控范围内。

近年来泰国银行体系整体保持稳健，金融服务能力不断提高。2012年泰国主要商业银行的一级资本充足率平均达到12.59%，远高于《巴塞尔协议Ⅲ》的8%，在东盟各国中位于前列。同时，银行的不良贷款率为2.7%，同比下降了6.9%，说明银行信贷质量不断提高。另外，2012年泰国银行对外资产负债总额占国内生产总值的比例为9.13%，同比增长了57.03%，证明2012年本国银行业的快速开放，资产规模加速增大。到2012年底，泰国外汇储备将达到1900亿美元，相当于该国8个月的经常帐数额，能较好地预防国际收支失衡。从2008年以来，泰国广义货币供应量占国内生产总值（M2/GDP）的比例持续上升，2012年达到131.28%，经济货币化程度很高，不过国内通胀隐患也随之上升。

其他危及金融稳健性潜在因素也在不断积累。近三年来，随着美元疲软，泰铢兑美元的汇率呈现稳定升值态势，2012年同比上升了1.91%。2013年以来，泰铢兑美元升值幅度最高超过6%，尽管此后有所缓和，但一直升值的趋势仍值得警惕。不过，美国逐步缩减 QE 规模的措施对亚洲金融市场有利，使之前流入亚洲市场牟利的资金将逐渐撤离，促使汇率趋向稳定。由于 2013 年经济面临下行风险，一季度疲弱的国内生产总值可能影响国内经济动能，且目前全球经济复苏比预期缓慢，泰国央行在 2013 年 11 月 27 日宣布，将基准利率下调 25 个基点至 2.25%，此举符合市场预期，足以支撑经济增长，同时应对可能的风险。不过，降息措施有可能导致泰国国内经济出现过热现象。2010—2011 年宽松的贷款政策导致部分房贷流向了偿付能力不足的家庭，民众家庭债务加重情况也令人担心，已经达到国内生产总值 81.9% 的占比，中期金融系统资产质量存在一定程度的恶化风险。同时，国有政策性金融机构（SFI）面临重组问题，将消耗政府一定财力。对此，泰国金融监管部门继续推进第二个金融部门总体规划，有利于增强金融系统对实体经济的服务能力。我们预计，泰国央行在 2015 年之前不会再次提高利率，以便在疲软的外部环境中扶持本国经济。

因此，我们认为短期内泰国银行体系总体表现较为稳健，但经济过热和家庭债务加重等潜在隐患将会影响中期内金融系统的稳定，不过央行及时降息和推进金融部门改革等举措能有效避免金融危机的发生。

第三，受巨额灾后重建支出影响，财政平衡出现趋势性恶化，赤字幅度逐渐扩大，但在“首车计划”和各项惠民政策的拉动下，预计中期内政府赤字水平将下降。虽然政府债务规模有所扩大，但总体仍在管控范围之内，债务违约风险较低。

2011 年洪灾过后，泰国政府财政收入占国内生产总值持续下降至 2012 年的 22.38%，而财政支出占国内生产总值持续上升至 2012 年的 24.09%，财政赤字水平不断扩大，主要源于巨额的灾后重建支出。预计 2012 和 2013 财年泰国各级政府财政赤字率将从 2011 财年的 1.6% 上升至 3.0% 和 3.7%。不过在“首车计划”推动下，2013 财政年上半年（2012 年 10 月至 2013 年 3 月）国家财政净收入为 9，571 亿泰铢，同比增幅 17.9%，主要源于汽车国货税和增值税。2012 年经常性收入占总收入的比例为 86%，财政收入有较稳定的保障。同时，持续施行的各项惠民政策使中期内赤字率会有一定的回落。

截至 2013 年 3 月泰国政府债务总额约为 51，213 亿泰铢，占国民生产总值的44.25%。此政府债务创下自2003年1月来最高，与2012年底相比，增幅3.2%。其中，国内债务占政府债务总额的93.5%，比上年同期增长13.1%；国外债务仅占6.5%，同比增长3.9%。但据世界银行制定的标准，发展中国家政府债务若超过60%则属于较高水平，则可能造成无法偿还的风险，因此，泰国债务还处于可调控范围。不过，下阶段政府即将投资的各类大型基建项目，加上其他社会福利项目的不断扩大后，可能将该比例推升至更高的水平，若泰国经济年增幅低于6%，且政府无法有效控制日常支出，则政府债务可能超过GDP的60%，届时泰国政府债务极有可能膨胀至一个危险水平。但是，泰国财政部长表示政府债务仍然在管控能力内，2万亿铢的基建项目也可以提高泰国经济增幅，政府将维持2013年财政收支平衡的政策不变，控制政府债务在GDP的50%以内。

第四，泰国的对外贸易依存度高仍然较高，国际市场的持续疲弱，使出口不断萎缩，经常项目顺差有所降低，但中期内国家利率和汇率将保持稳定，第11个五年计划能减少国家对出口和外资的依赖程度。外汇储备充裕度也较高，外币偿债能力处于较好水平。

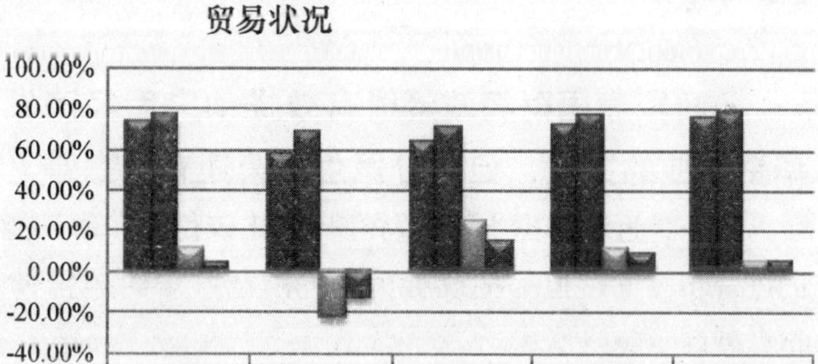

	Y2008	Y2009	Y2010	Y2011	Y2012
货物和服务进口额/GDP	73.88%	87.81%	63.86%	72.41%	75.30%
货物和服务出口额/GDP	76.44%	68.35%	71.29%	76.94%	78.04%
货物和服务进口变化率	12.11%	-22.96%	25.40%	12.10%	5.19%
货物和服务出口变化率	4.21%	-13.30%	14.74%	8.66%	5.70%

图5　泰国贸易状况

图片来源：此图由作者绘制。

泰国属于外向型经济，对外贸易在国民经济中具有重要地位，2012年对外贸易依存度高达153.33%，外部依赖性很强。现在泰国主要依赖中、美、日、欧等外部市场。由于全球经济低迷以及2011年洪灾的后续影响等不利因素，2013年上半年泰国出口增长仅1.2%，并预测泰国出口2013年仅为2.5%表现，来自购买首车退税计划结束而拉动力消失。世界市场需求的继续放缓导致泰国电器、石化制品以及橡胶的出口继续萎缩，同时虾病毒蔓延仍是拖累泰国渔业产品和农业加工产品出口的障碍。不过2012年开始的第11个五年计划，旨在加强国内各行业竞争能力、减少对出口和外国投资依赖的新计划。尽管自2006年以来，泰国经常项目一直保持盈余，但大多数时候都是小幅盈余，至今连续四年保持大幅下降趋势。目前在出口减少和前段时期泰铢升值因素作用下，2012年经常项目顺差占国内生产总值已降到0.75%，同比下降了56.22%，但泰国经常帐盈余趋势至少将持续到2015年。泰国外汇储备充裕也能弥补短期外债和进口额所带来的风险。因此，我们预计2013年经常项目盈余将小幅增长至相当于GDP的1.01%。

（四）泰国财经政策能有效推动灾后经济发展，有助于当地华资企业的重建，但部分民生政策还有待完善

第一，近期泰国主要的财经政策比较稳定，而且能有效促进灾后经济的进一步复苏，但一些改善民生的财政政策给国家带来了一定的财政负担，减缓了经济增速。

泰国从2012年起开始实施第11个社会经济发展五年规划。该规划继续贯彻泰国国王倡导的“适度经济”原则，力求经济、社会、环境的和谐及可持续发展，提高泰国民众及经济对内外部因素变化所造成风险的抵抗能力。英拉总理在去年宣布提高最低薪酬标准，同时公布了鼓励购车和对粮农提供优惠的措施，以通过刺激国内需求来对抗出口的下降，有利于当地华资企业的复苏。因此，2012年泰国国内经济在2011年洪灾的严重打击后能得以加速增长。

泰国政府近年来采取扩张性的财政政策，以支持不断增加的国内需求

和大型基础设施建设，这是恰当的。但是，一些惠及民生的财政政策也对该国的财政造成一定的威胁。比如，泰国政府用高于市场的价格从农民手中购买大米，据世界银行测算，截至2013年9月底，该政策给政府造成的损失将占GDP的1%－1.2%。不仅如此，泰国政府为首次购车与购房人提供的鼓励政策也加重了自身财政负担。

第二，受助于中泰两国长期友好关系，泰国华侨华人与当地融合程度较高，生活条件较好，但华人华侨集中地内两大政治集团动乱局面仍未解决，洪灾的大范围影响还没完全消除。

泰国华人占总人口14%左右，祖籍为中国的约占华人华侨总人口的79%，大多数华人都居住在首都等泰国中部富裕地带，生活环境相对较好。华人经济融合程度高，已成为泰国经济的重要组成部分。同时，华人政治参与程度高，华人有与泰人同样的选举权和被选举权，有才干的华人能担任政府职务，现任总理英拉在接受中文媒体采访时也承认自己的华人身份。此外，华文教育环境也较为宽松，早在1992年就宣布全面开放华文教育。在中泰两国友好关系的推动下，泰国对华人采取了温和的同化政策，并取得了巨大成功。但在“红衫军”和“黄衫军”两大政治集团的持续冲突下，华侨华人深受其害，特别是“红衫军”的抗议使当地商铺纷纷关门。同时，2011年的泰国特大洪灾，让很多华侨华人的生活和生产受到了直接且持久的影响。

第三，在经贸投资方面，泰国重视基础设施建设，有较好的外企营商环境，但短期内该国洗钱风险较高，存在不少非法贩运被盗财产的现象，不过中国在泰国投资的企业数量较多且经营领域风险较少，长期而言在泰国的外企资产能够得到较好的保障。同时，中国与泰国经贸联系密切，两地商品进出口状况将维持稳定。

泰国特殊的投资环境优势有：社会总体较稳定，对华友好；经济增长前景良好；市场潜力较大；地理位置优越，位处东南亚地理中心；工资成本低于发达国家；政策透明度较高，贸易自由化程度较高。世界经济论坛的《2013—2014年全球竞争力报告》显示，泰国在全球最具竞争力的148个国家和地区中，排第37位。世界银行《2013年营商环境报告》显示，泰国在全球185个经济体中，排第18位。但泰国洗钱风险较高，占GDP总额12%：据国际金融基金会于2011—2012年共同参与的泰国洗钱危及评估结果指出，泰国仍是洗钱危及较高国家，与2011年GDP数值相比，占了其中12.16%，约为1200亿铢，过半来自赌钱行业。

不过，泰国政府也加大了投入，加强基础设施建设，完善立法，创造良好环境吸引外资。目前与泰国成为主要贸易伙伴的中国省市仍是广东省、上海市以及山东省。我们预计，未来中国与泰国贸易发展状况仍主要取决于世界经济发展状况及泰国政局动荡对市场的影响，但中长期来看，两地经贸联系仍较密切，市场的相互依赖程度较大，商品进出口状况将基本维持稳定。根据中国与东盟的投资协议，中国在泰国的投资企业可享有国民待遇和最惠国待遇，加强投资合作前景广阔。

（五）中国游客在泰国游览时的各种不文明行为，普遍给当地群众留下了不好的印象

泰国民众对中国游客第一印象是：大声喧哗，不守秩序。2013年8月，泰国旅游局发布题为“影响泰国旅游快速发展”的调查报告，“大声喧哗”、“乱丢垃圾”、“不守秩序”是泰国民众对中国游客的主要印象。由于文化和风俗习惯的不同，不仅是中国游客，外国人都容易将本国习惯带进来。据调查显示，对泰旅游业发展造成较大影响的另一个主要因素是俄罗斯人非法在泰从商以及不遵循服务场所规则、大声吵架。中国和俄罗斯是泰国七大主要旅游景点的重要客源，但不文明的旅游现象引起了当地群众的不满，甚至开始有一定的抵触。如果中国游客一直不加注意，恐将影响日后在泰国的海外利益。

（六）不确定性分析和未来预测

第一，大选过后，泰国政局暂时保持稳定，但两大阵营根本分歧仍未化解，同时社会阶层矛盾不断加剧，若今后不能采取更有效的和解措施，泰国政治和社会动荡仍将进一步持续。

2011年泰国大选中，他信派系以绝对优势胜出，并对“反他信”阵营释放出政治和解信号，但拒绝在政治主导权方面让步。虽然泰国政坛暂时

恢复了平静，但双方的政治分歧与矛盾并未在根本上得到化解。“反他信”与“挺他信”之争的根源在国家发展道路的保革对立，事关各方中长期根本利益，因此难以达成妥协。泰国未来很可能面临“反他信”与“挺他信”的新一轮政治较量。

泰国政局动荡，根源在于社会矛盾日渐加剧，两者互为因果。泰国政局一次次动荡的根源是其社会阶层之间的矛盾，也就是泰国最低层的民众、农民等这些弱势群体与中产阶级等一些强势群体之间的矛盾。从具体领域说，这些矛盾又体现在对教育、医疗、交通、农业等等的不同诉求上。这些矛盾是泰国经济社会发展长期积累的问题，并非一天就能彻底解决，而如果不能建立社会各阶层对话的平台，并以此逐步建立化解矛盾的渠道，而只是简单依靠街头示威施压，泰国政治与社会恐将在循环往复的动荡之中越陷越深。

第二，若美联储缩减量化宽松政策，境外资金将会流入给金融市场带来一系列不确定性影响，不过泰国经济状况稳健，预计能较好地应对。

对于泰国境外资金流入形势，预期如果美联储宣布缩减货币量化宽松措施（QE），将导致资金流入亚洲市场，对公债、债券和股市的投资带来影响，导致信心下降，但出现的好处是泰铢走软。对于泰国这样较为依赖出口的国家来说，热钱流入带来的不确定性要比发达经济体高得多。针对近期外资流动造成泰国资本市场和汇市波动的问题，泰国政府应注意外资频繁流动、专业金融机构扩张以及家庭债务增长等问题，这些问题为泰国经济增添了不确定因素，导致经济脆弱性增加。同时，民间部门谨慎开支态势将使得泰国国内消费景气继续低迷。不过，我们对泰国经济稳健状况和金融机构的稳固情况仍有信心，可以应对境外资金流动局势。

第三，短期内，受疲弱的私人投资和偏高的家庭债务影响，泰国经济增长将会持续放缓，长期的经济状况将取决于刺激公共投资项目能否及时执行，如果可以执行，将极大地提高经济增长速度。

自2013年初以来，短期内经济前景已经恶化，国内需求低于预期，与许多贸易合作伙伴的贸易额下降，预计2014年经济发展将会遇到更高的风险。长期的经济状况将很大程度取决于能否有效提高公众的投资，虽然政府已打算拨款117亿美元到水利建设以缓和洪水带来的损失，但中央行政法院在6月听证会上却推迟了此划，这将会阻碍经济的增长直至计划实行为止。不过，另一个大型公共投资项目是要升级交通基础设施，包括公路、铁路、海港和机场。政府计划向国内银行和发行长期政府债券融资670亿美元到这项目到2020年。如果能及时执行这一基建项目将会有助于明年经济的显著增长，并将扭转长期以来公共投资拖累经济的局面。但2013年第一季度消费者信心指数的下降表明，私人投资方面预计仍将疲弱，家庭债务高是制约消费的主要因素之一。家庭债务总额占国内生产总值从2009年的55%上升至2013年第一季度的77.5%。同时，泰国央行警告，劳动力短缺和劳动生产率增长放缓也可能越来越明显地限制经济增长。

第四，近期关于前总理他信的特赦法案虽然被拒，但其引起的泰国社会对立再次引发反政府民众和支持政府的“红衫军”游行对峙，已对泰国的经济带来明显的负面影响。若此冲突继续扩大下去，恐将导致政局动荡，使中国在当地的风险加剧。

2013年8月，泰国执政党提出了特赦法案。该特赦法案有可能使英拉的哥哥——前总理他信在不需要因腐败而服刑的情况下返回泰国，引起了反对党和民众的持续抗议。不过，该法案11月处并未能在国会通过。但由“特赦法案”引发的泰国反政府示威集会已经持续近一个月。在前民主党议员、集会领导人素贴号召下，11月24日当晚数十万人聚集在曼谷的民主纪念碑附近发起彻夜集会，抗议者要求该国女总理英拉下台并提出对其弹劾，泰国多家媒体称是三年来最大规模的示威游行。不过，2013年11月28日，泰国国会下议院投票否决了反对党提出的针对总理英拉及内政部部长乍鲁莲的不信任案，反对党的弹劾动议以失败告终。但与此同时，泰国反政府抗议仍在继续。数千名抗议者已经迫使多个政府机构关门。

泰国未来局势还要看为泰党和反对党的博弈。泰国王室和军方目前则对局势持观望态度，只要局势在法律范围内发展，谁也不会越过红线，但如果开始发生流血事件，国王可能会向军队下令直至流血冲突。不过，工商界人士担忧对政治动荡影响经济，削弱客户和投资者的需求，也导致了泰国2014财政年度手机的旅游业创收萎缩10%。因受政局不稳影响，部分外资开始撤离泰国，致使泰铢汇率连续6个交易日走跌，26日早上开盘不久再跌0.2%，美元对泰铢汇率报1∶32.055。2013年第3季度泰国GDP增长率仅为2.7%，住房消费下降1.2%，车辆消费下降24.8%，国家投资下降16.2%，私人投资下降3.3%。由于示威持续，据泰国外交部消息，目前共有23个国家发出赴泰国旅游的风险警告。

十、新加坡

新加坡国际关系很好，政局高度稳定，经济实力极强，金融市场发达，财政状况强健，社会和谐稳定，华人华侨营商和生活环境良好，当地民众对华态度友好，但自然资源有限、对外依存度较高、劳动力市场趋紧，人口老龄化和贫富差距的扩大将长期制约新加坡的进一步发展。

（一）新加坡国际关系良好，国内政局保持稳定，总体政治风险将长期处于较低水平

第一，近年来新加坡全方位友好的外交动态，使其国际政治环境保持良好。中长期来看，新加坡不断提升的国际关系和经贸合作水平将为本国经济持续发展提供良好的外部环境。

从国际政治环境上看，新加坡是美国在亚太区域“再平衡战略”的重要据点，不仅有2000家美国公司在新加坡运营，新加坡也是东盟国家中美国产品的最大市场。新加坡也全力支持在2015年将东盟—美国关系提升至战略伙伴的水平。中国和欧盟也都是新加坡极其重要的贸易伙伴，双边往来更加密切，政治互信不断加深。新加坡还积极发展与周边地区的合作，地缘政治风险极低。同时，新加坡共参与包括亚洲开发银行、亚太经合组织、国际清算银行、国际商会、世贸组织在内的43个国际组织，并倡议成立了亚欧会议、东亚—拉美论坛等跨洲合

作机制。

在与各国外交方面，新加坡已与175个国家建立了外交关系。长期以来，新加坡将发展与其他东盟国家的关系作为其对外关系的基石，保持与东盟其他成员国在政治、经济、军事和文化等方面的密切合作。2012年1月，新加坡总理李显龙与马来西亚首相纳吉布在马来西亚布城会晤，并达成多项双边合作共识。2013年年初，两国已同意兴建吉隆坡至新加坡高速铁路计划。新加坡自2009年以来也成为印尼最大的实际外来投资国。印尼已在2011年成为新加坡第四大贸易伙伴，双边贸易总额达780亿元。2012年8月，新加坡副总理张志贤访问越南；9月，越共中央总书记阮富仲对新加坡进行正式访问。2012年1月，缅甸总统吴登盛访问新加坡，会见新加坡总理李显龙、新加坡总统陈庆炎。

新加坡一直奉行“大国平衡政策”，积极发展与美国、欧盟、印度、中国等国家和地区的关系。美国是新加坡第五大货物贸易伙伴；在东盟国家当中，新加坡则是美国最大的贸易伙伴。新加坡与美国签署自由贸易协定八年来，两国贸易额增长了59%。美国也为新加坡提供最多的外来投资。同时，欧盟是新加坡最大的贸易伙伴，也是新加坡外国直接投资的最大来源地。新加坡也是欧盟在东盟最大的贸易伙伴。2013年9月，欧盟与新加坡签订的自由贸易协定正式生效。2012年7月，新加坡总理李显龙访问印度。12月，新加坡总理李显龙访问印度并出席在新德里举行的“东盟—印度纪念峰会”。自1990年建交以来，新加坡与中国关系保持着良好发展势头，各领域外交成果丰硕。就2013年而言，8月，国家主席习近平和国务院总理李克强分别在人民大会堂与新加坡总理李显龙举行会谈，外交部长王毅在北京会见来华出席中国—东盟特别外长会的新加坡外长尚穆根。10月，国务院副总理张高丽在新加坡分别会见了李显龙总理和陈庆炎总统。此外，中新金融合作进展良好。2012年7月，中国与新加坡签署了中新自由贸易协定框架下的金融合作协议，两家在新中资银行将获得特准全面银行业务执照，其中一家还将被授权成为新加坡人民币清算行。两国企业也加快相互投资，新加坡企业的海外营业额占总营业额比重从2010年的65%大幅增长至2012年的74%。在经贸方面，2009年中新自由贸易协定正式生效，新加坡是中国在东盟中第三大贸易伙伴。据中国海关统计，2011 年双边贸易额为 634.8 亿美元，增长 11.2%。

第二，人民行动党的长期执政，使政策稳定性得以维持，政治精英与大众民主相结合的治理模式将继续得到有效发挥，但年轻一代对政府认同度较低。总体来看，新加坡政府治理能力仍能保持较高水平。

2011 年，新加坡顺利完成新一届国会选举和总统选举，李显龙连任总理，前副总理陈庆炎当选新加坡第七任总统，任期至 2016 年，中期内政策连续性和稳定性得以保持。新加坡实行精英政治与大众民主相结合的治理模式，“政治精英”以大众民主的方式获得广大民众的委托和授权，又接受广大民众的监督、罢免、弹劾。“精英政治”提高了社会治理的有效性，“大众民主”则赋予了社会治理的合法性。人民行动党自 1959 年至今长期执政以来，无论是政府首脑和高级阁员，还是执政党领导团队，绝大多数毕业于西方名校，都是社会各领域富有成就的知名人士。为确保始终不脱离人民群众，人民行动党规定其议员每周必须有一个夜晚会见本选区居民，每两年必须遍访本选区选民住户。2012 年，新加坡政府设立部长委员会，广泛征询民众意见，全面检讨各项现行政策，致力于增加执政透明度和政府公信力。首先，大幅削减官员年薪，设立薪金评估委员会。其次，检讨和改进政府部门采购机制相关程序，逐渐建立起一套严格的、透明度较高的政府采购制度，并实现节约财政资金、促进反腐倡廉、提高使用效率等目标。全球反贪机构“透明国际”最近公布的 2013 年清廉指数显示，新加坡在 177 个被评估的国家里以 87 分蝉联第五，成为亚洲唯一进入前十名的经济体。但是，青年一代普遍对政府治理模式认同感较低。越来越多年轻人将人民行动党的长期执政视作“威权统治”，将政府对经济命脉的控制视同“垄断经济”和“扼杀活力”，将政府对居民的全面社会保障和持续关怀，视作“政府应尽责任和义务”等等。

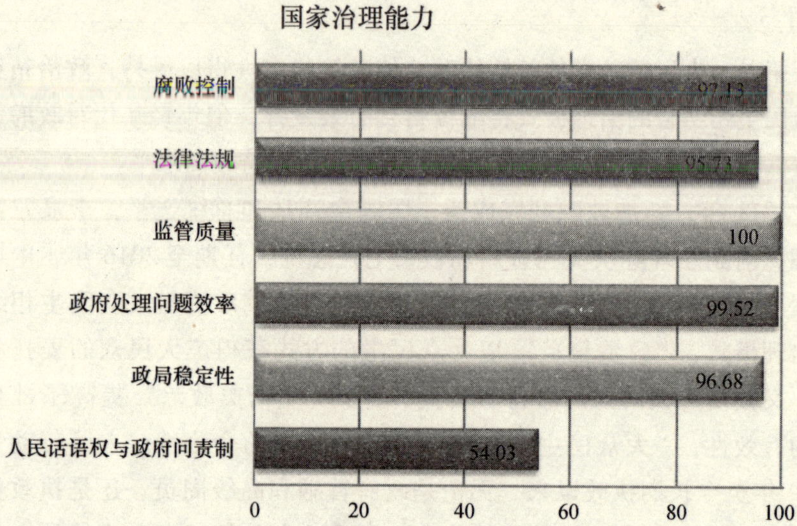

图 1　新加坡政府治理能力

图片来源：此图由笔者绘制。

世界银行《2012 年国家治理能力》显示，在六个评价政府治理能力的指标里，新加坡的人民话语权与政府问责制的得分相对较低，可见公民的自由表达权和媒体的活动受到政府的严格管制，居民参与政治的话语权较小，政府问责机制仍不够完善。但在被统计的 215 个国家里，新加坡的政局稳定性、监管质量、法律法规、政府处理问题效率和腐败控制方面均接近最好水平。总体而言，新加坡的国家治理能力较强。

（二）新加坡人口以华人为主，人口密度大，各宗教和种群长期保持和谐稳定

新加坡人口增长迅速。据 2012 年新加坡人口白皮书显示，新加坡现有人口 531 万，预计 2020 年达到 580 万至 600 万。其中，华人占总人口的 75% 左右，其余为马来人、印度人和其他种族。但新加坡每平方公里已达 7000 多人，是世界上人口密度最大的国家之一。不过，各教派关系和睦。新加坡不设国教，实行宗教信仰自由政策，从法律上保障宗教和谐稳定。

现阶段，主要宗教信仰情况为佛教（42.5%）、伊斯兰教（14.9%）、道教（8.5%）等。佛教为新加坡塑造了宽厚友善的道德风尚。同时，各族群和谐度高。据新加坡政策研究院和“和谐资源中心”联合进行的种族和谐度调查显示，90%以上的新加坡人能与土生土长的异族或不同宗教信仰者和睦相处，80%的其他种族受访者表示在职场上没遭到过歧视。但超过一半的新加坡人没有异族朋友，而“跨种族交友”是衡量一个国家或地区种族和谐度的重要参数。为加强各族群间相互了解，新加坡政府将每年的7月21日定为“种族和谐日”，接下来的一周则是“种族和谐周”。政府还设立各种专门博物馆保护各族群文化遗迹。各个族群传统节日，如华人的春节、印度人的屠妖节和马来人的开斋节等都被列为法定假日。此外，新加坡的社会治安状况良好，是世界上犯罪率最低的国家之一。据世界经济论坛的调查显示，新加坡是全球最安全的经商地，刑事犯罪几乎为零。据新加坡警方公布的数据，2010年新加坡共发生罪案33186起，比2009年降低0.6%。

不过，新加坡是东盟人口老龄化排名第一的国家。人口出生率长期处于低位，2011年度更是达到历史最低数值1.15，远低于人口自然更新的1.8%人口出生。据联合国的预测，到2020年，新加坡60岁及以上老年人口在总人口中的比例将上升到26.5%，届时将有超过1/4的人为老年人口。到2050年，新加坡成为世界上人口老龄化程度最高的国家之一。不过新加坡迅速调整人口国策，从限制生育转向鼓励生育，并吸引外国专业人才和商业人才移民。

（三）新加坡经济增速逐渐回升，消费拉动作用明显，服务业表现突出

第一，尽管2012年新加坡经济增长放缓，通胀水平有所提高，外需疲软导致净出口拉动乏力，但失业率保持着较低水平，高附加值制造业和服务业持续推动，而且国内消费与国外投资的大力刺激，使新加坡中期平均经济增速回升。

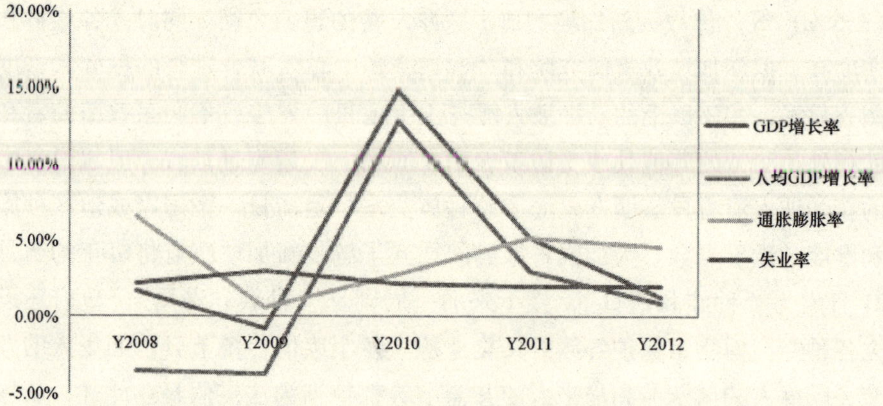

图2　新加坡 GDP 增长、通货膨胀率与失业率

图片来源：此图由作者绘制。

2012 年，新加坡经济增长率为 1.32%，低于此前官方预期的增长 1.5%，相较于 2011 年 5.16% 的增长大幅下降，而且人均 GDP 增长率为 0.93%，同比下降 68%。但新加坡有高度发达的自由市场经济，人均 GDP 超过 2 万美元，在亚洲仅次于日本。2013 年四季度新加坡建筑业和服务业的强劲增长，拉动实际 GDP 增长同比上升 4.4%。同时，新加坡的失业率一直处于较低水平且较为稳定，近五年年均失业率为 2.3%。2013 年新加坡失业率从第一季度的 1.9% 小幅上升至第二季的 2.1%，但劳动力供给一直处于较为紧张的状态，服务业将继续产生新的就业机会。9 月，新加坡人力部出台新规，要求新加坡企业在聘用专业人士和管理人士时，优先考虑新加坡人，以保障新加坡人的就业机会。据新加坡政府人力部报告显示，2013 年新加坡新增就业机会多达 13.49 万个，是 2009 年以来增加就业机会最多的一年。不过近年来，由于国际市场大宗商品价格的持续上涨，大量外来人口流入新加坡，造成交通拥挤，食物、住房和交通费用等上涨，推动消费品物价指数（CPI）的上升。2012 年，新加坡通胀率为 4.6%。2013 年前 8 个月，新加坡总体通胀率为 2.6%，核心通胀率为 1.6%。随着下半年外围宏观经济环境的逐步改善，预计 2013 年新加坡的

国内生产总值（GDP）实际增长率将为4.1%，人均GDP增长率为3.5%。

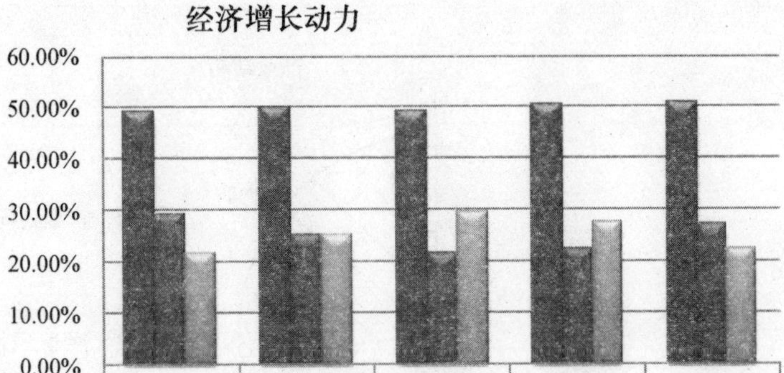

	Y2008	Y2009	Y2010	Y2011	Y2012
最终消费支出/GDP	49.02%	49.84%	49.10%	50.19%	50.83%
资本形成总额/GDP	29.33%	24.96%	21.41%	22.19%	27.00%
货物和服务净出口/GDP	21.64%	25.20%	29.49%	27.62%	22.17%

图3　新加坡经济增长动力

图片来源：此图由作者绘制。

消费仍是新加坡经济增长的主要动力。2012年，消费对新加坡GDP增长的贡献率为50.83%，同比增长了1.27%。新加坡服务业的飞速发展和工资的上涨是刺激消费的主要因素。2012年新加坡居民家庭人均月工资收入3142新元，同比增长7.4%。但住房和运输成本持续飙升，影响了消费者信心，导致消费拉动经济增速缓慢。不过，投资对经济贡献率为27%，同比大幅增长了21.67%。2012年，新加坡吸引的以固定资产投资衡量的合同外资达到131亿美元，同比增加17%，增长超过预期。新加坡完善的宏观环境、稳定的政治局势和较低的税率吸引了大量的外国投资。新加坡吸引的外资增加主要是由于电子、能源和化工等行业投资增加，这些领域的合同投资额达到129亿新元。据联合国贸发会议发布的2012年《世界投资报告》数据，新加坡已经位居世界第八大的外国投资目标国。但受国际需求疲软影响，2012年净出口对新加坡经济的拉动率为22.17%，同比下降了19.72%。由于美国、欧洲和日本的需求依然疲软，新加坡出口，尤其是电子产品的出口复苏进程可能会被推迟。不过，2013 年亚洲主要贸易伙伴经济的回暖将带动新加坡经济增速回升。

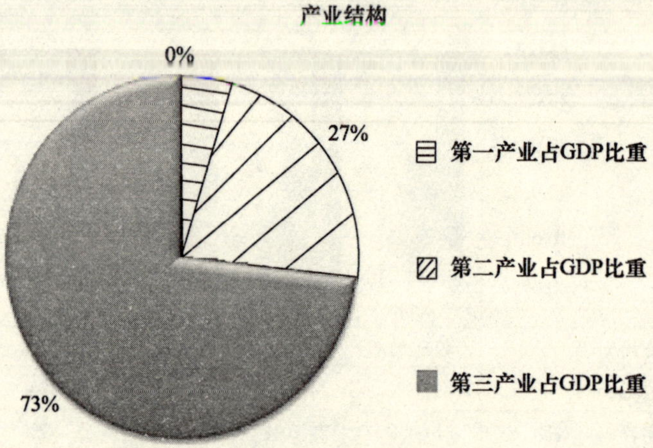

图 4　2012 年新加坡产业结构

图片来源：此图为笔者绘制。

从产业结构上看，新加坡的服务业一直保持着重要支柱产业的地位，服务业对 GDP 的贡献率近五年年均达到 68.7%，2012 年服务业占国内生产总值（GDP）的 73%，成为推动新加坡经济增长的主要力量。其中，旅游业是外汇收入的主要来源之一。2010 年接待外国游客 1317.1 万人次，酒店住房率 86.5%。新加坡作为亚洲主要金融中心之一，其金融服务业也是重头行业之一。同时，新加坡政府坚持制造业和服务业并重的政策，2012 年制造业占国内生产总值的 27%，2013 年 11 月制造业产值同比增长了 4%。新加坡是世界第三大炼油基地和石化产品供应中心。新加坡的制造业基本属于高附加值的先进科技产业，拥有不少具有强劲国际竞争力的尖端科技产品，被称作高新产业制造中心和技术服务中心。新加坡贸工部预估，2013 年服务业受金融保险和批发零售业的支撑同比增长 5.7%；制造业主要受交通工程和电子业支持同比增长 4.5%。而在第一产业方面，由于用于农业生产的土地占国土总面积 1% 左右，产值占国民经济不到

0.1%。绝大部分农产品从中国、马来西亚、澳大利亚等境外国家进口。

从资源能力上看，新加坡自然资源比较匮乏，主要工业原料、生活必需品需要进口。但新加坡教育资源优良，在2013年第二年度21世纪世界顶尖研究型大学排行中，新加坡成为首次跻身世界高等教育大国前十的亚洲国家。同时，新加坡的公共研发开支在过去几年里稳步增长。新加坡2011年在科研与发展上所投入的经费再创新高，高达370亿元人民币，约占国内生产总值的2.3%。在研发总开支里，政府的公共开支为28亿新元，是历来最高的投入。

第二，良好的资产质量使金融体系保持稳健，金融发展水平较高，基本能够抵御近期经济增速下滑的不良影响。但资产通胀与信贷增长强劲，有可能导致信贷质量恶化，不过银行监管措施严格，汇率变化较少以及外汇储备充足能有效防范金融危机。

新加坡的银行体系较为稳健。新加坡银行的资产质量和资产配置情况较好，不良贷款率一直保持在较低水平且呈下降趋势，近五年均在1.38%的低位，资本充足率一直保持在较高水平且呈上升趋势。截至2012年第三季度末，新加坡银行的资本充足率为17.4%，远高于《巴塞尔协议Ⅲ》的8%，一级资本充足率为14.3%，远高于新加坡央行6%的监管要求。2012年新加坡银行对外资产负债总额占国内生产总值的比例为318.83%，在东南亚各国里处于首位，说明该国银行业的开放程度高，资产规模大，金融对经济的支持力度较强。2012年，新加坡银行业每季度净利润均超过20亿美元，并且较多的国际存款和投资流入新加坡的银行业，使其相较于其他国家的银行有更强的融资能力和更低的融资成本。2011年9月世界银行行长佐利克表示，已考虑与新加坡的商业银行建立合作关系，以扩大全球投资者投资新兴市场债券和股票的渠道。

国内及周边地区的低利率与高经济增长，造成房地产和金融市场的信贷强劲增长与资产通胀。从2008年以来，新加坡广义货币供应量占国内生产总值（M2/GDP）的比例持续上升，2012年达到137.57%，经济货币化程度很高，但可能会导致通货膨胀上升。同时，新加坡的家庭债务比例在2007年底仅占国内生产总值的64.4%，而这一比例在2013年3月份已经上涨到77.2%。在5年多时间里，新加坡的私宅价格增长了1.2倍，而政府组屋价格则上扬了1.7倍。新加坡银行将面临着信贷质量恶化的可能性。不过，新加坡政府一直有采取相应防范措施，包括收紧房贷与估值比率、征收额外印花税，以及缩短房贷期限等，并持续监督银行的放贷程序。2012年金管局将基准利率（Sibor）下调至0.31%，以推动国内信用连续两年较快增长，并将汇率变化率控制在-0.64%，以抑制通胀压力，应对可能的风险。同时，官方外汇储备不断扩大，截至2012年末达到2593.1亿美元，足够在6个月用于支付外债和全国进口所需外汇，能较好地预防国际收支失衡和维持汇率的稳定。

第三，新加坡谨慎的财政政策使政府财政持续盈余，财政储备进一步增加。虽然政府债务规模较大，但财政储蓄远高于债务总量，债务违约风险较低。

新加坡政府的财政实力较强，一直采取较为谨慎的财政政策，使得新加坡政府除2009年外，近20年均保持较高的财政盈余。2012年，新加坡财政盈余相当于GDP的比例达到13.1%，远高于其他发达国家，庞大的财政盈余为新加坡抵御潜在的经济动荡提供了高度的财政灵活性。严格的立法约束和合理的预算原则使新加坡继续保持财政盈余状态。2012年新加坡财政收入占GDP的23.25%，主要来源为税收，2012年税收收入占总财政收入的59.3%。但由于新加坡经济较易受到其他国家的影响，财政收入具有较高的波动性。2012年新加坡的财政支出占GDP的17.6%，主要用于教育、公共住房、医疗以及国家安全。过去30年中，基础设施建设的投入达到财政支出的1/3。谨慎的财政支出使得新加坡的财政政策较为成功，能较好地实现财政目标，促进了新加坡经济的持续发展。

新加坡政府债务总额占国内生产总值（GDP）比重较大且呈逐年上升趋势，近五年来该比例一直在95%以上，2012年达到111.02%，同比上升了5.55%，在东南亚各国里最高。其中，近四年来，外债总额均超过GDP的四倍。截至2012年末，新加坡的外债总额达到11739.3亿美元，相当于GDP的415.6%。虽然政府财政收入相当于政府债务总额的比例较低，但新加坡政府长期的财政盈余为新加坡政府债务的偿还提供了可靠的保障。同时，新加坡政府累积了巨大的公共储蓄，加上谨慎的财政以及正常、全面的公共退休金政策，使得新加坡政府财力雄厚。财政储备的不断积累使政府资产规模远高于债务总量，政府偿债能力极强。

第四，新加坡属外贸驱动型经济，经济增长容易受贸易的影响。尽管世界经济大环境的不景气使新加坡对外贸易发展速度减缓，但有效的汇率制度和经常账户盈余，为新加坡的外部债务偿还提供了有效的保障。

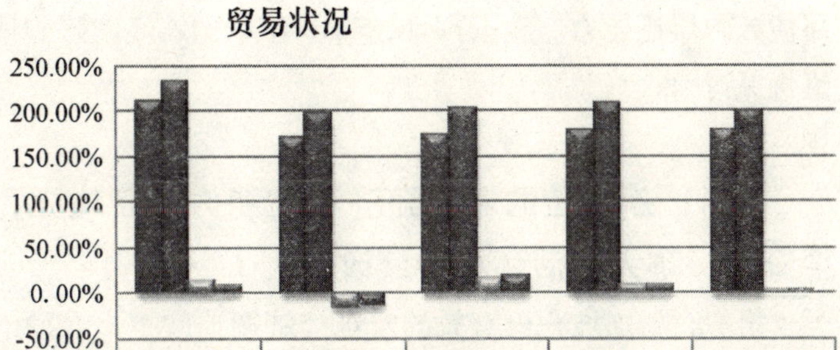

	Y2008	Y2009	Y2010	Y2011	Y2012
货物和服务进口额/GDP	211.23%	170.82%	174.10%	179.57%	178.49%
货物和服务出口额/GDP	232.87%	196.03%	203.58%	207.19%	200.66%
货物和服务进口变化率	14.11%	-17.63%	17.23%	9.08%	2.81%
货物和服务出口变化率	7.87%	-14.26%	19.46%	7.62%	0.17%

图5 新加坡贸易状况

图片来源：此图为笔者绘制。

对外贸易为新加坡经济的重要支柱。新加坡是东南亚地区最大的运输中心和贸易中心，具有强大的转口贸易能力，并且直接辐射东盟十国约5亿人口的市场。新加坡近十年净出口平均每年贡献GDP的27.0%，外贸总额是GDP的四倍。虽然对外贸易的发展对新加坡经济的快速发展起到了主导性作用，但也使得新加坡经济的外部依赖性较强。2012年对外贸易依存度高达379.14%。但2013年美国、欧盟和日本三大经济体同时延续增长势头，预示着全球对商品和服务的需求会继续扩大，这对包括新加坡在内的贸易依赖型的亚洲国家非常有利。同时，新加坡央行实行了有管理的浮动汇率制度，使本国货币与主要贸易国货币的加权汇率保持稳定，为新加坡经济的稳定增长提供了有效的保障。新加坡统计局发布数据显示，

2013年9月新加坡对外贸易额为862亿美元，同比上升9.0%。同时，自1988年以来新加坡一直保持着经常账户的盈余。2012年新加坡经常账户收入达到7718.7亿美元、经常账户收入相当于外债总额的65.8%、经常账户盈余达到642.8亿美元、经常账户盈余相当于GDP的18.6%。充裕的经常账户收入使得新加坡有较强的经济实力抵御外部冲击，并且保证了其外部债务的偿还能力。我们预计，2013年新加坡经常账户顺差占国内生产总值将保持18.5%。

（四）新加坡的宏观经济调控能力不断增强，有利于华资企业升级，华人生活环境持续改善

第一，新加坡积极有效的宏观经济调控政策，有助于企业的升级，促进产业结构的调整和人民生活水平的提高，并为国民经济进一步发展提供正确指引。

近年来，新加坡积极调整经济发展战略，促进经济转型和产业升级，以应对全球经济动荡带来的冲击。2010年，新加坡政府推出未来十年新加坡的七大经济战略。2012年，新加坡政府预算案提出重组经济，以保证持续增长，建立公平和包容社会的目标。2013年，新加坡政府财政预算政策一贯注重促进经济结构调整，减少依赖外籍劳工，激励企业提高生产力，提高工资和改善生活质量。由于2013年第一季度所有住宅物业价格指数上涨了3.4%，同比上升了22%。2013年新加坡政府的政策重点是控制房地产的价格。2013年1月，政府将采取新一轮的宏观调控措施，提高印花税及某些类型的采购及买家的最低首付要求，以打击楼价涨价。

新加坡政府下属的经济发展局、国际企业发展局和标新局等于2003年携手推出的“成长企业科技提升计划”至今已经整整实施10年，共有502家中小企业在该计划下受益，在专业科研人员的协助下，强化了自身的业务技术和研发能力。75%获借调科研人员的企业扩大了内部技术团队的规模，79%的企业因此成功推出了各种新产品。同时，新加坡政府推出了多项中小企业贷款支持计划。在政府的支持下，每年约有5000－6000家中小企业获得贷款。新加坡还不断地开拓很多新兴行业，如环境科技、洁净能源等等。新加坡政府已计划投入7亿新币用于发展洁净能源，在洁净能源

产业、供水科技产业上设立不同的研发基金，以助力洁净能源开发和能源利用效率。预计到2015年，洁净科技产业将为新加坡提供34亿新元的增值和1.8万个就业机会。此外，中国工商银行新加坡分行2013年5月被中国人民银行委任为新加坡当地的人民币清算行，此举不仅提升了新加坡作为所在区域人民币清算中心的地位，也使得新加坡本地的企业从中受益。新加坡的企业一直面临着高劳动成本的压力，使用人民币从事跨境业务可以享有许多好处和便利，特别是5%的折扣也能为本地企业节省一大笔费用。

第二，华人群体人数增长迅速，在新加坡各族群里占最高比例。华人的经济社会地位也在不断提高，其主要集中地环境总体良好，侨民风险长期保持在较低水平。

根据《新加坡统计年鉴》提供的数据，新加坡目前华侨华人总数约在353.5万。中国新移民在1990年中新建交以后开始大规模流入新加坡，并呈增速加快之势。截至2010年，新加坡华人占新加坡居民人口的74.1%，是新加坡人口当中最大的族群。除了中国，新加坡共和国是世界上唯一以华族人口占绝大多数的国家。大多数的新加坡华人源自于中国南方，尤其是福建、广东省和海南省。福建和广东人涵盖了新加坡华人人口的4/3。华人在新加坡经济社会地位很高，其经商表现突出，成立有"中华总商会"等规模大的、影响广的商会组织。华人资本按照新加坡政府经济战略的调整，由传统行业迅速转向技术密集型和知识密集型的新兴科技工业。同时，华人生活环境良好。新加坡是一个美丽清洁的岛国，680平方公里的国土上几乎哪都有绿化，享有"花园城市"的美称。通过健全的法律、周密的计划、严格的执法和到位的管理，确保各项建设和社会活动不会引起不可控制的健康问题、安全问题和污染问题。当地居民住房拥有率达88.6%，每万人拥有18名医生，每千人拥有私车110辆。

第三，在经贸投资方面，新加坡具有独特的竞争优势和很好的营商环境。但劳动力供给紧缺的现象仍较突出，投资部分行业的审批程序极其严格。不过，中国在新加坡投资合作逐年递增，合作领域众多且风险较少。

新加坡是世界第四大航运中心，最大的海运转口集散地，也是世界第四大金融服务中心，第二大博彩中心。近年来，新加坡还成为亚洲地区医疗和教育的主要服务中心。每年接受近 9 万名留学生，主要来自中国、印度和东盟诸国。据 2013 年英国智库莱加顿研究所的“全球繁荣指数”调查显示，新加坡在 142 个被调查国家里排第 18 位。世界经济论坛《2013 - 2014 年全球竞争力报告》显示，新加坡在全球最具竞争力的 148 个国家中第三年排名第 2 位，仅次于瑞士。其中新加坡在商品市场效率和劳动力市场效率两项指标排名中领先全球，在金融市场发展领域排名第二。实际上，新加坡的其他优势还包括拥有世界级的海陆空交通设施以及良好的宏观经济环境和财政管理。但随着近几年来新加坡经济快速发展，对劳动力需求增大，劳动力市场出现供不应求的状况。受国内劳动力供应不足及结构性供求失衡影响，新加坡对外籍劳务需求很大。另外，企业创新能力仍有待进一步提高。不过，据世界银行发布的《2013 年营商环境报告》显示，新加坡在 185 个经济体里保持第一名，人均国民收入高达 4.2 万美元，对外资企业具有广阔的投资市场。

现在，更多中国公司正以新加坡为跳板进军东南亚市场，至今为止已有 4500 家中国公司在新加坡设立了区域总部、研发部和生产部。不过，外国投资者向交通、通信、电力及新闻等少数公共事业部门投资，行政审批上控制极严，投资金融和保险业实行许可证制度。

（五）不确定性分析和未来预测

第一，未来新加坡经济将会在短期内保持放缓，服务业受此影响最大，但过半数企业今后经济走势仍持乐观展望。

2014 年，新加坡经济增长速度将介于 2.5%—3.5% 的区间，未来将面对经济增长减速以及人口迅速老龄化的双重挑战。新加坡金管局表示新加坡经济接下来几年将继续面对短期性的周期回落。其中受影响最大的是贸易相关活动、资讯科技领域以及同本区域相关的服务行业。该局在《宏观经济检讨报告》中，指出新加坡 2013 年的经济增长可能低于 3% - 5% 的潜力水平。由新加坡工商联合总会和 DP 资讯集团联合进行的“2012/2013 年全国商业调查”显示，新加坡当地企业对新加坡 2013 年经济展望的乐观程度虽然低于 2010 年刚刚走出全球金融危机的水平，但是比去年已经有明显的改观，半数以上的受访企业对 2013 年的经济展望持乐观态度，高于

2012年的45%。但随着劳动队伍老化、外籍员工人数受到限制，这些企业都将面临前所未有的人力资源挑战。

第二，外部经济体的不确定性仍会对以外向型经济为主的新加坡带来影响。不断趋紧的外劳市场，将导致通胀水平的短期上涨。贫富差距的扩大仍值得注意。

现在世界经济仍面临着诸多不确定性因素。2012年欧美和日本等三大发达经济体的表现都不错，但亚洲新兴经济体的增长有所放缓。不过近期美国提高了债务上限，日本采取的扩张型宏观经济政策，以及欧元区商业情绪日渐好转，都将支持全球经济增长。未来一段时间，中国经济在推动经济改革过程中的表现将是重要的外部因素，美国收回量化宽松政策的时机和具体执行是可能的风险因素。同时，在劳动力市场继续趋紧的情况下通胀压力将会继续增加。剔除房屋租金和私家车交通成本因素的核心通胀率2013年将处于1.5%—2%的区间，明年则上升至2%—3%的区间。对于新加坡而言，正在推进的经济转型意味着外劳政策仍将保持较紧的局面，餐饮等一些服务业面临工资成本上涨的压力，这也将传导到消费物价，如占新加坡家庭平均支出14%的熟食价格可能会上涨。我们分析，2013年新加坡本地食品通胀约为2%，明年则可能上升至3%，但这仍然低于最近5年3.4%的平均水平。此外，新加坡基尼系数近年来呈上升趋势，表示贫富差距不断加剧，需要引起警惕。新加坡的基尼系数多年来一直都维持在国际公认的0.4的警戒线之上。据新加坡统计局最新发布的数据，2012年新加坡基尼系数为0.478，比上一年度微幅攀升0.005。目前新加坡的贫富差距水平不仅显著高于经济合作与发展组织成员国，甚至超过了中国（0.474）。政府过去为吸引高收入者而取消遗产税和高税务制度，接下来则应正视是否要提高高收入者的税赋或以更大力度重新分配收入。

十一、印度

优越的地缘政治条件和剧烈的国际竞争情势使印度少有地处于有利的

国际环境中，民主政体保持了国内政局的基本稳定。但是国内腐败严重、大选负面效应提前出现，对政府的治理能力、政策的连续性与稳定性产生负面影响；种姓制度的历史遗留让印度社会阶层至今仍显流动性不足，多元文化存在使得社会缺少统一认同；尽管近年来印度社会稳定性总体趋于平稳，但是“纳萨尔运动”、分离主义运动与恐怖主义活动的风险仍然较高；在全球经济不确定性和国内经济结构问题突出的双重影响下，印度经济增速持续下滑，财政赤字居高不下，通货膨胀不断攀升，经常项目逆差扩大，企业税负不断增加，投资环境相对恶化。但是受投资需求增加刺激，经济触底反弹，经济缓慢回升。中长期地看，大选后，鉴于市场化改革推进、投资水平提升，将会促使经济回到快速增长的轨道。

（一）优越的地缘政治条件和剧烈的国际竞争情势使印度处于有利的国际环境中，民主政体保持了国内政局的基本稳定

南亚一家独大的政治格局与远离国际权力中心的南亚次大陆优越地缘政治条件让印度在全球大国中少有地处于有利的国际环境中，“不结盟”对外政策使印度始终在列强争夺世界霸权的斗争中左右逢源，英国殖民的遗产——议会民主制度还让印度赢得了“世界最大民主国家”的好名声。

在南亚，印度无论在人口、领土幅员或者经济实力，还是在军事和科学技术上均占压倒性优势地位，这客观上为在南亚——印度洋地区建立“印度中心”提供了有利条件。因此，独立后印度的国家意愿是：全面继承英国殖民的遗产，延续英属印度的边界和安全体系，扮演过去英国政府在南亚地区扮演过的角色，主宰南亚大陆，充当印度洋霸主，实现“有声有色的大国”地位。

国际关系上，印度基本保持了与全球主要大国的良好关系。印度战略地位急剧上升成为美国拉拢的战略伙伴，同时还是美国在亚洲反恐战争中的重要合作伙伴。2013 年 12 月 15 日在东京召开的第五次日美印磋商会议，将会继续推进美印战略关系的发展。但是，发生于 2013 年 12 月的印度女外交官在纽约被脱光衣服搜查事件，将会对印美关系产生负面影响。不过，鉴于印美关系上的战略依赖，我们预测此次外交风波不会根本影响到印美关系。与此同时，印俄关系、印中关系、印欧关系均稳步发展而卓

有成效。现在，印度人已经把争当联合国安理会常任理事国作为实现大国梦想的必备条件、实现大国战略的国际组织保障。但是由于印巴军事对峙、两国政治互信水平较低，印度在与周边南亚小国关系上持高压态势，使得印度周边安全环境相当微妙而不稳定。

在国内，印度政府的腐败问题，已经成为政府形象与政府治理能力提升的最大障碍。在“透明国际”2013 年 12 月 3 日公布“2013 年全球清廉指数”，印度是腐败重灾区，在 175 个国家中，印度以得分 36 排名 93，位居哥伦比亚与吉布提之后，属于全球中下水平。受访者表示“在印度如果不向政府行贿生活将异常艰难。”另外，随着 2014 年 5 月印度议会选举临近，由于竞争激烈，各政党之间（主要在以国大党为首的执政联盟与主要在野党人民党之间）斗争激烈，互相攻击、挖短揭丑事件提前频频发生，与此同时，一些恐怖组织尤其是“虔诚军”等组织试图趁机进行渗透活动，加上社交媒体煽动社会紧张情绪，最近骚乱事件和暴力事件明显增加，印度政治局面和社会治安均面临巨大挑战。另外，执政联盟内部由于政见不同而威胁退出联合执政，常常影响到政策的连续性与稳定性，对政府的治理能力产生较大挑战。2013 年 3 月 19 日，印度南部泰米尔纳德邦（Tamil Nadu）的政治势力 Dravida Munnetra Kazhagam（DMK）退出印度执政联盟，以抗议政府支持联合国关于斯里兰卡内战期间战争罪行决议的立场，要求政府采取更多行动保护斯里兰卡的少数族群泰米尔人。

总体上，尽管中国“走出去”在印度的政治风险比较小，但是近段以来和未来一段时间内风险有所增加。

（二）种姓制度的历史遗留让印度社会阶层至今仍显流动性不足，多元文化存在使得社会缺少统一认同

源于印度古老宗教和文化的、把人分为不同等级并固化下来的种姓制度，尽管印度独立以来已遭废除，但要彻底消除几千年遗留下来的种姓歧视还非一日之功，尤其是在广大乡村，种姓制度影响还相当严重。总体上，印度社会结构呈现出“葫芦型”特征，即印度整个社会分为上、中、下三层，每个层别之间完全割裂，互不交叉，不存在中间过渡层。一旦有

人从底层社会进入上层社会，但他会立刻切断与原有阶层的联系。在这个“葫芦型”社会结构中，处在最顶端的是人数只有少数社会精英，他们大多受过良好的高等教育，有着体面的工作和稳定的收入，生活非常奢华；第二层是中产阶级，人数大约2亿多，在大中城市拥有一份工作及住房是其最明显的标志；处于最低端的是8亿贫民阶层，他们生活在农村和城市的贫民窟里，每日为生计发愁。而且，一个很明显的特征是，尽管经过政府和社会各界的努力，印度社会阶层至今仍显流动性不足，造成印度社会活力明显不足。

与此同时，印度是世界上社会多元化程度最高的国家之一。宗教、几十个民族、上千种语言、数不清的种姓把印度社会划分为无数个错综复杂的小集团。这种多元的社会结构使得印度自独立以来就一直面临着多元文化与民族国家建构的压力。在宗教上，印度教和伊斯兰教之间的冲突造成了深刻的社会分裂。这两大社会团体之间的相互敌视从来就没有真正消除过，宪法保障的少数教派的生命财产安全和信仰自由并不能消除相互不信任所带来的精神压力。而那些极端宗教狂热分子也从来没有放弃过对穆斯林的攻击的蛊惑。有关印度教民族主义与印度民族主义的争论充分证明了独立后的印度并没有建立起统一的政治认同。语言的多样化和种姓制度对社会的人为分割都使得印度不像一个现代意义上的国家。

另外，印度社会一直受到“纳萨尔运动”、分离主义运动与恐怖主义活动的困扰和威胁。

首先，“纳萨尔运动”问题也称为印度左翼极端组织运动，曾被印度总理辛格称为印度国内的最大威胁。该组织是1967年从印度共产党中分离出来的一支，原来主要以西孟加拉作为活动中心。20世纪70年代“纳萨尔运动”处于低潮，但是在比哈尔邦和安得拉邦仍然比较活跃组织有：毛共中心（MCC）、印度共产党（马列解放派）和安得拉邦的人民战争集团（PWG）。近年来，其活动遍及印度近40%的国土，主要集中在欠发达的印度中部和东部农村，尤以所谓的“红色走廊”著名，控制面积达92000平方公里。组织的人员共有5万名，其中2万名为武装人员。该组织受到印度主流政治团体的普遍反对。

其次，在印度东北部地区，居住着民族构成相当复杂，散居着大量的部落民。他们传统各异，语言不同，生活方式和宗教信仰差异很大，历史上有一些地方甚至建立独立自主的王公国（如那加兰和曼尼普尔），英殖民时期被英国占领，印度独立之后，一些地方争取自治或独立的运动一直没有停止。半个世纪以来，印度东北部地区的民族分离主义运动无论给印度政府、还是给当地人民，都带来了深重的灾难和痛苦。长期以来，该地区民族和宗教矛盾尤为尖锐，是各种反政府武装组织猖獗的“重灾区”。这一地区的动荡不安，不仅是印度政府的心腹之患，而且还严重影响着该地区周边国家的安全环境，同时又在一定程度上制约着印度与邻国之间的关系走向和印度对周边国家的外交方针政策。

再次，印度同样面临严重的恐怖主义威胁，包括跨境恐怖主义和宗教极端恐怖主义等。1994—2012 年，印度因恐怖袭击致死人数高达 62126 人，其中安全人员 9180 人，平民 23772 人，恐怖分子 29174 人，在美国国务院 2012 年 7 月发布的“反恐报告”中，印度被列为遭受恐怖危害最严重的国家之一，也是最易遭到跨境恐怖集团攻击的国家之一。印度已成为各种恐怖主义的试验田新形式的恐怖活动在被复制到西方之前基本上都首次在印度实施。在所谓的自由和民主国家中，印度发生的恐怖事件占到了 75%。2013 年 10 月，东北部比哈尔邦首府巴特发生恐怖袭击，连环爆炸，造成 5 人死亡、数十人受伤。最近，2013 年 12 月 26 日，距离西孟加拉邦首府加尔各答将近 700 公里的杰尔拜古里，生自行车炸弹爆炸事件，导致至少 5 人死亡、10 人受伤。

总体上，尽管近段来印度社会总体趋于安定，但是上述问题加上新近频发盗窃、强奸事件，印度社会仍然处于矛盾高发期，特别是恐怖主义风险仍然较高。

（三）印度受投资需求增加刺激，经济触底反弹，经济缓慢回升

2012 财年，受世界经济不景的拖累，印度消费、投资双双不振，印度经济仅有 5% 增长率，为 10 年新低。进入 2013 年一季度印度经济增长率为仅为 4.85% 显示印度经济进入低潮时期。2013 财年，由于财政税收大幅下滑、出售国有公共部门企业计划未能实施，财政赤字居高不下，上半年

财政赤字总额达4.1万亿卢比，占印度政府确定的全年赤字目标5.4万亿卢比的76%，赤字规模比去年同期扩大22%。与此同时，通货膨胀率不断攀升，预计由2012年的9.31%上升到2013年的10.8%。印度国家统计局2013年12月13日发布数据显示，11月份消费者物价指数（CPI）同比增长11.24%，增速较上个月提高1.07个百分点，为9个月以来的最高水平。失业率则由3.8%增加到4.3%。经常项目逆差扩大，外汇储备减少。世界银行和世界知名会计事务所近期发布的报告显示，印度企业所面对的税种超过30个，税率高达62.8%。印度将在2014年全球税负国家清单中处于高税负国家之列，投资环境相对恶化。

不过值得关注的是，由于出口状况的改善和投资需求激增，在2013年第四季度，印度经济出现触底反弹现象。根据印度商工部2013年12月11日发布的统计数据，2013年11月份，印度进出口贸易额584.46亿美元，同比下降8.25%。其中，印方出口246.13亿美元，上涨5.86%；进口338.33亿美元，下降16.37%；印方贸易逆差92.20亿美元，同比下降46.41%。同时，随着印度放松对外国直接投资（FDI）的限制，美国、法国和日本等国对印度投资在增加，生产在不断复苏。由于近期印度工厂接到的订单数量持续增加，2013年11月，制造业重现增长态势。据汇丰银行相关数据显示，2013年11月份印度制造业采购经理人指数由10月份的49.6升至51.3。这一数据为2013年年3月以来的最高值，也是该指数在四个月内首次升至临界值50以上。

总体上，得益于全球经济回暖和印度卢比的贬值，印度出口状况改善，以及预计大选后投资需求激增，势必推动下一个财年经济增长。我们预计，印度2013财年国内生产总值（GDP）增长率将会达到5.2%。中长期地看，大选后，鉴于市场化改革推进、投资水平提升，将会促使经济回到快速增长的轨道。

（四）不确定分析与未来预测

第一，中印政治互信不足与国家发展战略存在差异，对广东与印度的合作存在一定的障碍。

中印政治互信不足既来源于两国地缘政治的竞争态势，也来源于双方的历史瓜葛。中国一直被印度视为其实现国家发展战略——独霸南亚的最大政治障碍，尤其是中巴之间建立起来的全面战略合作伙伴关系，在印度看来是针对自己的。与此同时，20 世纪 50 年代末 60 年代初的中印边界冲突，一直在印度人心中留下不可磨灭的阴影。

因此，“中国威胁论”在印度很有市场。2012 年 8 月 30 日至 10 月 15 日洛伊国际政策研究所和澳大利亚印度研究所共同发表的一份最新调查报告显示，大多数印度人担心中国的崛起，认为这是一项安全威胁。83% 的受访者认为中国对印度构成安全威胁，他们列举的原因包括，中国拥有核武器、中国与印度对能源的争夺、中国同印度洋地区其他国家建立关系的努力、中印边界纠纷等等。

中国在印度洋地区的一举一动，都会被印度人解读成对印度的战略围堵。比如中国企业在巴基斯坦瓜达尔港的建设、投标伊朗的恰巴哈尔港、在斯里兰卡汉班托港的投资等，被认为是围堵印度的“珍珠链”战略。另外，印度反对势力大肆操作中印“边界对峙”，给中印高层来往施压，进而希望影响中印之间的全面关系。2013 年 4 月，印度反对党连日来仍在不断炒作中印“边界对峙”，意图令事态升级。印度反对党、人民党主席拉杰纳特·辛格甚至公开要求外长萨尔曼·胡尔希德取消 5 月 9 日的访华计划，以显示强硬态度。印度反对党人士指责饱受丑闻困扰的辛格政府在中国面前畏畏缩缩，错误百出，试图阻碍中印之间的全面关系发展。

受政治气候的影响，加上各种利益集团的左右，印度对华经贸政策常常充满严苛性，中印正常经济来往常常因为各种因素受到冲击。以国家安全原因而实施的贸易保护主义现象处处存在。在印度投资最大的中国企业——华为和中兴，经常遭印度情报机构严密审查而磕磕碰碰。印度单方面实施的报复性关税政策和非关税政策经常推出。如印度对中国等国太阳能产品征收反倾销税、对中国无缝钢管和型材征收临时进口关税、对华红磷反倾销听证，甚至禁止对华出口铁矿石等，导致了中印正常经济关系受到一定程度的冲击，同时也是印度对华贸易逆差的主要原因。

第二，中国与印度经济整体上存在同质竞争关系，合作领域受限。

建国初期，中印双方经济结构类同，发展水接近，同质性较强，互补性很少。双方均以落后的农业生产为基础，艰难地发展现代工业，均以轻纺工业为起点，聚焦发展重工业。经过几十年的努力，基本建立起门类比较齐全的工业体系。但是中印双方科技水平接近、工业装备水平相当，产业互补性依然很少，竞争性仍然是主要方面。

20世纪70年代末中国实施改革开放政策，印度也于80年代末实行的类似的经济政策，两国经济快速发展，而且各自按照自己的国情发展经济，相继走向了工业化的道路。虽然印度与中国的发展方向各有侧重，印度关注信息化与医药产品，中国注重日用消费品和机电产品，但是在利用国外市场、国外能源与原材料，利用国内廉价土地和劳动力这条道路上双方又出奇地一致，因此，中国与印度经济的同质性仍然是主要方面，双方经济整体上存在同质竞争关系，合作领域比较有限。

不过，21世纪以来，印度与中国的贸易结构有了一些明显的变化——印度对中国出口的商品多为资源密集型或劳动密集型产品，其中矿产品和农产品占据相当比重；而中国对印度出口的产品主要为附加值较高的工业制成品，劳动密集型产品所占比重较小，主要是机电设备、化工产品等。

第三，印度国内自身问题成为制约因素。

印度政府政策效率相对较低，经常项目赤字维持高位，通货膨胀居高不下，经济的结构性问题日益突出，基础设施瓶颈约束日益严重，经济前景不明朗，成为中国与印度经济合作的最大不确定性和制约因素。

执政的国大党领导团结进步联盟（UPA）联合政府，因为贪腐不断，对改革计划内容意见分歧过大等原因，分离倾向过大，极大地影响了政府效率和执政能力。这些分离力量包括内部的草根国大党、德拉维达进步联盟，还有外部支持的亲执政联盟的印度社会党，导致了经济政策混乱和改革措施步履艰难。政策混乱使印度全球竞争力跌至40位不及菲律宾。作为“金砖五国”成员的印度，竞争力排名在2009年曾位于第35位。但2013年《世界竞争力年度报告》显示，印度排名从2012年的第35名突然跌至今年的第40位，属“竞争力最弱”的三成国家之一。瑞士洛桑国际管理发展学院指出，印度在“改善营商环境”方面表现尤其之差，政府效率排名由前年的29位跌至46位，经济表现也从2009年的12位跌至27位。

2012—2013财年（2012年4月—2013年3月），印度经常项目赤字达878亿美元，占GDP的比重为4.8%。连锁地，卢比汇率跌至6月26日创纪录的低点60.73卢比/美元，引发了市场对卢比汇率更趋恶化的担忧。同时，由于贸易融资和对外商业借款增长较快，印度对外债务达3900亿美元，同比增长13%。过去十余年间，印度的通胀平均水平在5%以上，2009年上升到了15%的水平，成为一个非常严重的问题。由于国内和海外订单减少，2013年8月印度制造业产值严重缩水，汇丰Markit制造业采购经理人指数（PMI）下降至48.5，这是印度制造业产值四年来首次下降，显示印度经济增长动力依然不足。

尽管2013年底印度经济曾经出现过“翘尾”效应，但是随着2014年大选临近，内部党派斗争加剧将影响到政府政策的制定和贯彻执行，进而威胁到营商环境的稳定，加上国际经济的不确定性依然存在，印度经济的前景难以乐观。

第四，中国与印度社会文化、生活习惯差异较大。

受历史、宗教与文化的影响，印度人生活习惯与消费倾向与中国人的差异很大。有人认为，中国文化与印度文化的差异在于“知性文化”与“神性文化”的差异。

中国历史传统是儒家文化，儒家文化对宗教认为“不知生，焉知死”、“敬鬼神而远之”，思维认知上讲“吾尝终日不食，终日不寝，以思，无益，不如学也”，人生追求上“达则兼济天下，穷则独善其身”，生活上要求“天行健，君子以自强不息”，政治上“民为贵，社稷次之，君为轻”，体现出无神论的知性文化。

而印度“神性文化”核心是追求“梵我同一”和相信“业报轮回”。印度人的崇尚“梵”与“自我”，使人们把注意力从现实世界移到现实世界的背后，走上了内省、逃避现实的道路，阻止了合理的生活方式和积极向上的价值观形成；寻求“解脱”，超越“业报轮回”，使人们安于现状，不思进取，阻止了真正的经济改革与社会进步，使得人们办事漫不经心、不重视时间观念，在国际合作中，常常让人难以忍受。其次，来源于印度教的种姓制度的严格等级观念，使得印度高种姓的人们不愿意干低种姓人们的事情，同一种姓人们会固守祖辈的工作而不图改善与跨越，这无疑对印度经济发展有负面影响。另外，根深蒂固的亲族观念使得基于传统的根基与命脉的家族式经营企业比比皆是。印度企业界最负盛名的四大家族（G·D·Birla、Walchand Hirachand、Kasturbhai Lalbhai 和 J·R·D Tata）和其他数百个大大小小的家族一样，历史久远而脉络复杂，它们的血缘大都可以追溯到古印度种姓制度中的吠舍阶层。他们主要从事棉纺织业和金属制造业，印度的两大传统支柱产业。至今，在印度强大的私人经济部门中，家族企业仍占据着统治地位。

这些差异的存在，使得中国和印度在互相经济交往存在障碍，难以短时间磨合。

十二、印度尼西亚

印度尼西亚国际关系良好，政局基本稳定，经济增长较快，金融体系整体稳健，财政赤字收敛，国际储备充足，债务水平较低，华人华侨营商和生活环境不断提高，但腐败问题、民族和教派冲突仍威胁着社会的稳定性。贫富差距大、资本外逃、基础设施落后、粮食供应不足、通胀和失业率高等问题仍然存在。虽然中国企业和华侨华人在当地有不太友好行为，但中期内当地大部分民众对华评价仍然积极。

（一）良好的国际政治环境与国际关系，有利于印度尼西亚长远的发展

第一，近年来，印度尼西亚国际政治环境较好，中印间摩擦相对较小，经贸合作不断加深。总体而言，印尼能与各主要国家及世界组织保持着良好的合作关系。

自美国政府提出的重返亚太政策以来，美国通过与印度尼西亚建立全面伙伴关系，在政治、经济和安全等方面把印尼当成其重返亚太的一个战略支点之一。2012 年美国政府无偿提供印尼政府 6 亿美元用于绿化和解决

贫困问题。在强大援助下，印尼也曾与美国配合损害中方的利益。2012年联合国大会举行时，印尼代表团向与会的东盟代表散发“南海行为准则草案”。不过，自2005年中国—印度尼西亚建立战略伙伴关系以来，中印两国完成了2005—2009年战略伙伴行动计划。2010—2015年是中国—印度尼西亚战略伙伴第二份行动计划实施期，也是中印关系迈向深度合作的时期。印尼总统苏西洛于2005年、2006年、2008年、2010年、2012年曾五次访问中国。2010年11月，中国人大委员长吴邦国访问印度尼西亚，密切了两国议会交往。2011年，国务院总理温家宝分别于4月和11月两次访问印度尼西亚。2012年4月，中国中央政治局常委李长春访问印度尼西亚。2013年10月，国家主席习近平访问印尼，两国元首就加强互信、深化经贸投资合作等多个方面进行密切沟通。中国仍将是印度尼西亚第二大贸易伙伴。2012年，印尼对中国出口216.59亿美元，从中国进口293.87亿美元。在建立中国—东盟自贸区后，中国在印尼的年均投资达5740万美元，制造了3000多个就业机会。经国务院批准，2013年10月，中国人民银行与印度尼西亚银行续签了双边本币互换协议，更有利于两国经贸往来。

印尼与国际组织保持着良好的关系。印尼大力推动东盟安全论坛、“10+3”、东亚峰会等地区机制发展。但印尼仍然不是国际社会的主要力量，也无法在重要国际议程中发挥具体的作用。印尼多元的宗教和民族问题造成的印尼内部冲突和内部安全成为抵消印尼外交成效的因素。不过在与各国外交方面，印尼一方面继续坚持独立自主、不结盟的积极外交政策的同时，重视发展与亚洲国家的友好合作关系，特别是与东盟国家的关系，如2008年和2010年印尼总统苏西洛出访马来西亚；二是积极支持东盟推行大国平衡外交，与中国、美国、日本、俄罗斯等大国发展一种相对均等的关系，如2006年印尼就与日本建立战略伙伴关系，2010年美国总统奥巴马对印尼进行国事访问。但印尼一直反对美国等西方国家把经济与人权、环境等挂钩。印尼与马来西亚因为石油资源存在着领土争端。

第二，苏西洛执政期间，印尼政局保持相对稳定，但随着2014年大选的临近，各政党加剧了党派之间的斗争，根深蒂固的腐败现象和地方自治问题难以在短时间内消除。政治不安定风险有所增大。

2009年7月，印尼总统苏西洛所在的民主党以较大优势赢得连任，政权得到巩固，政策连续性得以保持，其任期至2014年。在任期间，苏西洛政府把维护国家安全、发展经济以及反腐倡廉确立为施政重点，致力于解决地方分离主义问题，加强国际反恐合作，有效地为国家构建了相对稳定的政治环境。但随着2014年议会和总统选举临近，各政党已经开始了选举角逐，党派斗争加剧，特别是三个主要政党（民主党、专业集团党和民主斗争党）。2012年初，六党执政联盟就提高电价和修改国家预算未能达成一致意见，导致政府的电力提价方案在国会未被通过，表明党派斗争加剧以及苏西洛执政能力的削弱。2012年4月，在国会通过新选举法之前，各政党就围绕议会门槛进行斗争。

国内腐败问题仍较突出，涉及民主党的贪腐丑闻削弱了民众对苏西洛总统在最后一年推进改革的信心。其中比较突出的是，2011年执政党（民主党）发生的政坛腐败案，即前民主党财长纳扎鲁汀受贿案，涉及了总统所在的执政党民主党多位高官。纳扎鲁汀贪污案引发了民主党内部的争斗，使执政党民主党的清廉形象受损，将影响该党在2014年的国会和总统选举。据2012年印尼民意调查显示，民主党的支持率已从一年前的22%降为13.7%，而专业集团党的支持率从14%上升为15.5%。从清廉国际（Transparency International）公布的数据来看，印尼的腐败情况正在好转，全球排名提升了40%多。但从地区比较来看，2012年印尼全球排名第118位，清廉指数低于新加坡（全球第5）、马来西亚（全球第54）和泰国（全球第88）。虽然印尼的清廉指数排名在个别年份（2012年）有相对下降的趋势，但整体上处于上升的趋势。这些说明印尼政府推行的反腐败措施取得了一定成效，但腐败与印尼权贵集团的交叉使印尼的腐败问题仍将长期存在。在地方治理上，民主与法制仍存在许多不协调的地方。比如印尼许多地方现在沦为少数政治精英巧取豪夺的肥肉，这与地方自治的初衷背道而驰。印度尼西亚在分权制度下成立的地方机构，正在违背国家最高法院的判决却不受到惩罚、破坏司法权威和纵容地方冲突恶化。

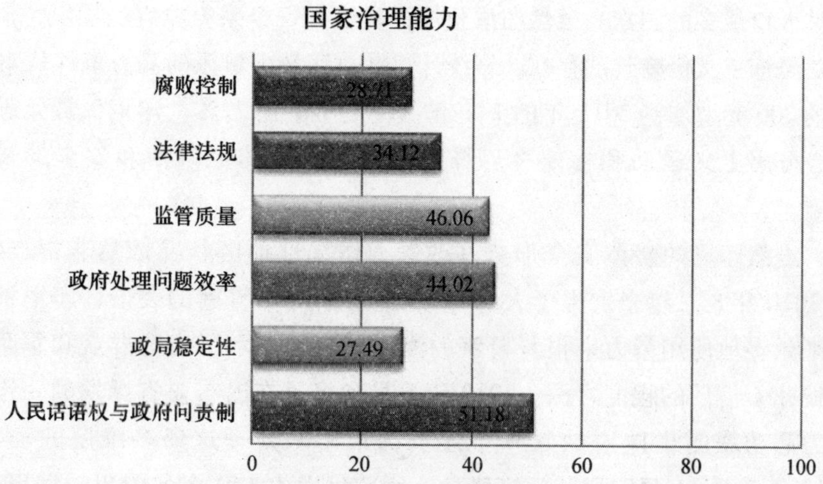

图1 印度尼西亚政府治理能力

图片来源：此图为笔者绘制。

世界银行《2012年国家治理能力》显示，在六个评价政府治理能力的指标里，印度尼西亚政府仅人民话语权与政府问责制这一项得分略高于平均水平50分，其余各项得分均较低，特别是政局稳定性和腐败控制能力很弱。总体而言，在被统计的215个国家里，印度尼西亚的国家治理能力较弱。

（二）印尼人口众多，贫困和失业率居高不下仍将长期影响印尼社会的稳定性

据2010年印尼人口普查，全国人口总数达2.376亿，是东南亚人口最多的国家，世界第四人口大国，国内廉价劳动力充足。国家人口的年龄结构偏低，全国约44%人口是25岁以下的年轻人口。这一方面意味着充足的人力资源储备，但另一方面也意味着一旦这些年轻人大量失业，造成社会的动荡。此外，印尼是一个民族多元的国家，主体民族爪哇人占总人口的40.6%，第二和第三大民族分别为巽他人和马都拉人。虽然后苏哈托时期印尼历届政府都采取了消除种族歧视政策，但种族主义因历史和政治原

因在印尼根深蒂固。在宗教方面，全国86%的人口是穆斯林，是世界上穆斯林人口最多的国家。虽然印尼整体而言还是一个宗教宽容的国家，但伊斯兰恐怖主义仍将长期存在。据统计，针对宗教少数派的暴力事件从2010年的200起增加到2011年的244起，较上年增加22%。印尼民族宗教冲突、分离主义运动和穆斯林恐怖主义将是影响印尼政治和安全的长期因素。

虽然印尼的整体安全形势在改善，但局部地区状况依然非常严峻。自2010年8月以来发生了大约40起对警察局和警察的袭击，印尼社区越来越多地使用暴力来报复警察的滥用职权，显示了当地群众和军队之间彼此不信任的程度之深。2012年5月和6月在巴布亚省爆发的一连串暴力活动暴露出政府缺乏一个连贯的策略来处理这场多维度的动乱。2013年7月11日印尼苏门答腊岛一所监狱发生150多名囚犯越狱事件，目前仍有囚犯在逃。存在于印尼境内的伊斯兰极端势力如基地组织亚齐分支、伊斯兰祈祷团、伊斯兰组织也是威胁印尼安全和稳定的力量。同时，随着外国投资者不断涌向印度尼西亚，印尼国内出现了一股经济民族主义，比如不断涌现要求增加工资的罢工潮和禁止原矿出口的政策出台等。贫困和失业也激化了种族矛盾。印尼是一个相对落后的国家，而且财富的分配非常不均。印尼的基尼系数从1999年的0.31上升到了2011年的0.41，表明印尼的贫富差距在逐步拉大。2012年印尼官方公布的失业率为9.1%，虽然失业率较往年有所降低，但就业人口中的70%是非全职工作人员。不过近年来，印尼政府采取坚决措施打击恐怖主义，先后击毙和逮捕了一批恐怖分子，安全形势有所好转。但从长期看来，暴力冲突事件将有损印尼的发展，预计消除冲突的根源将是一个长期的过程。

（三）印尼经济发展迅速，内需拉动较强，金融体系整体稳健，财政赤字收敛，负债率较小，长期增长潜力较大

第一，近期印尼经济增长放缓，通胀和失业率仍然较高，产业结构升级缓慢，基础设施落后对其经济增长构成一定制约。中长期来看，消费和投资仍是经济增长的主要动力，庞大的经济规模以及丰富的自然资源使印

尼增长潜力突出。

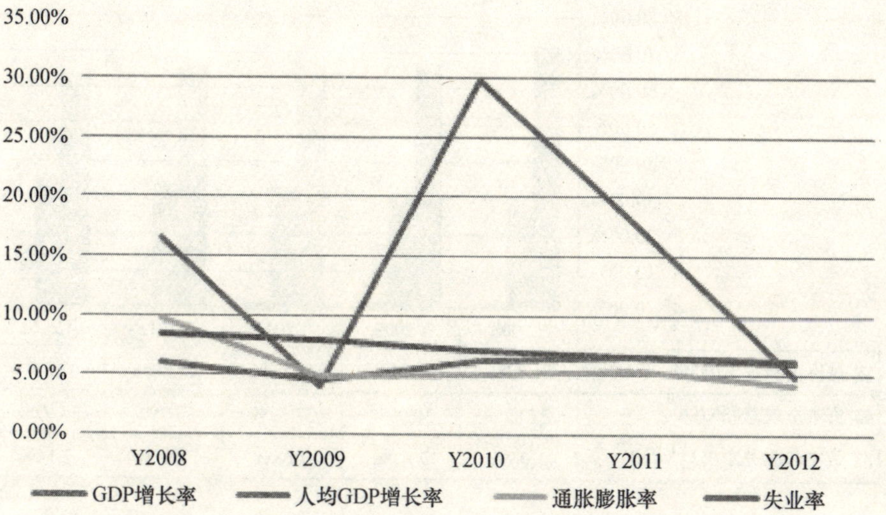

图2 印度尼西亚 GDP 增长、通货膨胀率与失业率

图片来源：此图为笔者绘制。

自 2003 年以来，印尼经济已连续 10 年保持了 4.5% 以上的增长速度，2012 年印尼国内生产总值（GDP）为约合 8995 亿美元，同比增长 6.23%，增速较 2011 年 6.5% 的速度略有下降，主要源于外部经济环境即发达国家经济复苏乏力以及中国、印度等亚洲国家增速下降。但印尼经济增速仍略高于 2012 年亚洲的 6.1%，其人均 GDP 也由 2011 年的 3498 美元增长到了 2012 年的 3562 美元，增长 4.91%。食品价格和大宗商品价格的下降使印尼的通货膨胀压力降低。2012 年印尼全年的通货膨胀率为 4.3%，保持在可控的水平。但值得注意的是 2013 年由于削减燃油价格的补贴，第 3 季度的通胀水平迅速上升到 8.6%。尽管经济的发展使印尼的失业率有所降低，失业率已由 2008 年的 8.4% 降低到 2012 年的 6.1%，但依然处在较高的水平。而且，由于印尼庞大的人口基数，绝对失业人数仍然是一个巨大的数字。印尼严格的劳动法，特别是解雇成本较高是导致企业用工谨慎的原因之一。

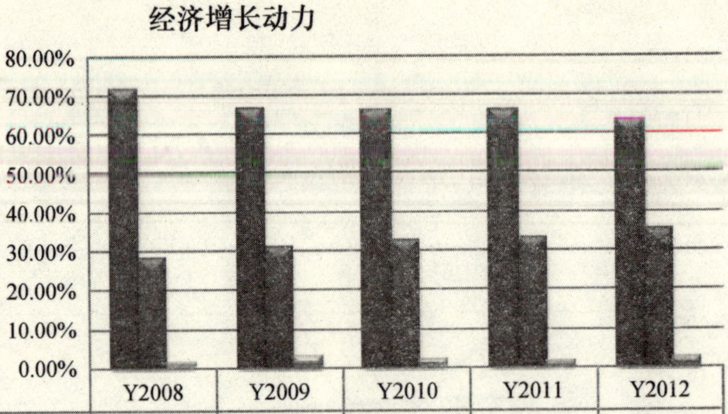

	Y2008	Y2009	Y2010	Y2011	Y2012
最终消费支出/GDP	71.13%	66.21%	65.80%	65.80%	62.89%
资本形成总额/GDP	27.82%	30.99%	32.52%	33.79%	34.97%
货物和服务净出口/GDP	1.06%	2.81%	1.68%	1.41%	2.14%

图3　印度尼西亚经济增长动力

图片来源：此图为笔者绘制。

消费和投资仍是印尼经济增长的双引擎。2012 年印尼的国内消费保持了较快的增长，国内消费对印尼 GDP 的贡献率达到了 63%，这得益于国内消费者信心指数上升、各省最低工资的提高以及私人信贷扩张。随着印尼经济增长而出现的中产阶级人数约为 1.2 亿，其强大消费是主要增长动力。其次，固定资产投资和外商直接投资大增，投资对印尼 GDP 的贡献率达到34.97%。2012 年，印尼固定资产投资同比增长 15.2%，是自 2008 年以来增长速度最快的一年，主要因为印尼逐步改善的宏观环境、丰富的自然资源、政府基建支出的增加、中国和印度对能源和原材料的巨大需求。印尼经济和政治的稳定环境和较低的税率也吸引了大量的外商直接投资。2012 年印尼外商直接投资较上年增长 21.1%。据联合国贸发会议发布的 2012 年《世界投资报告》数据，印尼已经位居世界第四大的外国投资目标国。但进口增长快，出口增长缓慢，出口对印尼 GDP 的贡献率仅为 2.14%。2012 年印尼贸易逆差约合 138.9 亿美元，这是自 1984 年以来，印尼贸易首次出现逆差。造成 2012 年印尼出口增长较慢的主要原因是印尼政府在2012年对能源和矿产资源部联合财政部出台规定，决定自当年5月6日起限制原矿出口，并对包括镍矿、铝土矿、铁矿在内的14种金属原矿的出口征收20%的出口税。同期，政府还出台法律禁止出口未经加工的部分原材料。

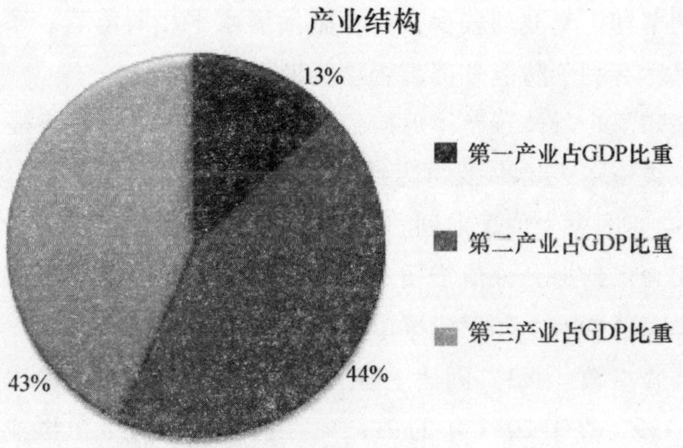

图4　2012年印度尼西亚产业结构

图片来源：此图为笔者绘制。

从产业结构上看，2012年印度尼西亚的工业和服务业保持着重要支柱产业的地位，总共占国内生产总值的87%。连续五年来，工业一直占据着总体经济的最大份额，但服务业发展迅速，工业和服务业仍是印尼经济的主要推动力量。2012年对印尼经济贡献最大的是工业部门，在6.23%的GDP增长率中贡献了1.47%，其次是商业旅馆及餐饮1.44%，再次是交通通信部门0.98%。从各行业的增长率看，2007—2012年间，增长最快的是交通通信部门，其次是商业旅馆及餐饮、建筑、金融不动产、服务业。但印尼农业发展一直缓慢，主要靠经济作物拉动，本国粮食问题仍然严峻，2012年印尼农业部门的国内生产总值（GDP）年比收窄1.91%，农业基础设施严重不足。

在资源能力方面，矿业在印尼经济中占有重要地位，产值占GDP的10%左右。印尼是世界镍矿大国，储量约占世界总量的4.8%，锡、煤、镍、金、银等矿产产量居世界前列，是我国最主要的红土镍矿进口国。印尼能源与矿务部部长曾表示，2012年印尼经济增速达到6.23%，得益于包括能源与矿务部在内的所有部门支持，其中油气、煤炭和其他矿物对经济增长贡献约30%。

第二，良好的资产质量使印尼金融体系保持稳定，股票市场表现强劲，基准利率和汇率波动较少，但金融发展水平相对落后。不过，印尼外汇储备充足，有利于防范外部市场动荡带来的风险。

近年来印尼金融体系整体保持稳健，但发展水平仍有待提高。2012年印尼银行一级资本充足率平均达到15.25%，远高于《巴塞尔协议Ⅲ》的8%，在东南亚国家中位于前列。银行的不良贷款率为2.1%，说明印尼银行业整体实力保持提升，信贷质量不断提高。受印尼宏观经济稳定和公司盈利能力提高的影响，印尼股票市场表现强劲。2012年最后一个交易日雅加达股票综合指数（JCI）同比上升了12.94%。与此同时，2012年全年信贷增长23.1%，高于2011年的22.3%。但印尼广义货币供应量占国内生产总值（M2/GDP）的比例维持在39%左右，经济货币化程度较低。2012年印尼银行对外资产负债总额占国内生产总值的比例仅为2.61%，说明本国银行业开放程度不高，资产规模较少。

近期印尼银行的基准利率和汇率调整较少。为消除外部需求不足对印尼经济的影响，印尼银行在2012年1月将基准利率6.0%下调至5.75%，但2012年只对基准利率进行1次调整，全年基准利率为-4.17%。2013年为抵消美国退出货币宽松政策以及国内燃油价格调整带来的负面影响，印尼央行上调基准利率至6.5%，有利于抑制通胀、恢复市场信心、推动外资回流。在汇率方面，通过对国内外汇市场的干预保证汇率的相对稳定。2012年1月起，印尼银行规定所有出口的外汇收入必须存入相应的国内外汇银行，汇率变化率保持在7.03%左右。但2013年由于国际经济复苏乏力，印尼上调补贴燃油价格导致消费和投资增速放缓等综合因素，2013年第3季度印尼盾对美元汇率跌幅达16.9%，但相对于亚洲其他货币而言保持相对稳定。2013年大量外资撤出印尼金融市场，国内调整燃油价格政策，使印尼金融系统和货币稳定性受到一定威胁。不过，2012年外汇储备突破千万美元，足够在6个月用于支付外债和全国进口所需外汇，能较好地预防国际收支失衡和维持汇率的稳定。但2013年在美国货币宽松政策退出信号及其他不利因素的影响下，上半年印尼外汇储备骤降147亿美元。

第三，印尼财政继续保持小幅赤字，但新税收政策及相关完善措施有助于财政收入上升。印尼债务规模较少，政府负债率将继续下降，中期内偿债风险有限，但非居民持有债务较高和基建支出不足将继续制约政府财政实力的进一步提升。

2012年，印尼政府财政收入占国内生产总值（GDP）从17.83%下降到17.77%，而财政支出占国内生产总值（GDP）从18.45%上升到19.11%，财政赤字占GDP的比重比2011年有所上升，财政赤字率为1.8%但仍低于财政预算的水平，财政赤字的增加很大部分来自于能源补贴的增加。2013年面临大选压力，政府降低燃料补贴的可能性不大，预计赤字率难以大幅压缩，将保持为1.6%左右。为了增加财政收入，印尼政府颁布了新的税收政策。新的税收政策主要涉及扩大税基、强化税收、加强征管三个方面，还通过提高原油价格和国有企业上缴利润来增加财政收入。在基础设施和法律等领域继续完善投资环境，大力招商引资。2012年印尼政府经常性收入占财政总收入为73.38%，可见财政收入有较稳定的保障。但由于近期包括取消电价涨价和减少燃油补贴等一系列措施导致政府财政支出预期增加，2012年经常性支出占总支出比例也上升到94.62%，政府可用于基础设施建设的资金必将大幅减少。印尼政府的债务水平已经从2008年底的33.24%降到2012年底的24%。未来政府负债率仍呈现小幅下降趋势，预计2013年政府总债务占GDP比率为23.65%，外债总额占GDP比率为28.61%，且期限和债权人结构较为有利，债务规模在东南亚国家中属于中等偏下，再加上财政盈余不断上升，中期内印尼政府偿债能力较强。但考虑到国内资本市场深度不够、非居民持有的政府债务比例较高，政府的财政仍较容易受冲击。

第四，国外主要贸易伙伴经济复苏减缓，外贸物流成本过高，2012年印尼出口出现负增长，较强的内需推动进口增速超过出口，使经常项目转为逆差，但印尼对外贸易依存度较低，外贸风险有限。

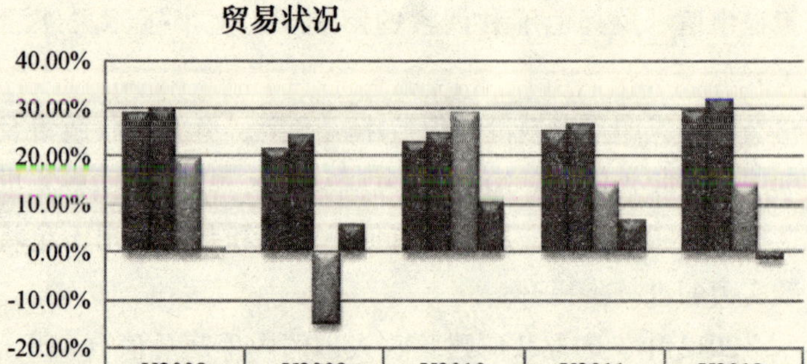

	Y2008	Y2009	Y2010	Y2011	Y2012
货物和服务进口额/GDP	28.75%	21.35%	22.90%	24.93%	29.45%
货物和服务出口额/GDP	29.81%	24.16%	24.58%	26.34%	31.59%
货物和服务进口变化率	19.49%	-14.91%	28.58%	14.00%	14.00%
货物和服务出口变化率	0.08%	5.38%	10.04%	6.17%	-1.65%

图5　印度尼西亚贸易状况

图片来源：此图为笔者绘制。

印尼经济长期以来以出口为导向，受全球经济下滑和大宗商品价格下降导致印尼出口下降，2012 年印尼出口额为 1746 亿美元，同比增长率为 -1.65%，大大低于 2011 年 6.17% 的出口增长率。不过由于国内投资活动和国内消费需求增强，进口增长迅速。进口增长率为 6.65%，出口额为 1761 亿美元，经常账户赤字 15 亿美元，这是印尼自 1998 年以来出现的第一次经常账户赤字。考虑到中国是印尼第二大贸易伙伴，这一经常账户顺差的缩窄与中国经济放缓密切相关。此外，世界银行报告称，印尼物流成本过高，已严重影响该国外贸发展。印尼物流成本占 GDP 的 20%，高于周边国家。印尼最大货运港—丹戎不碌港口的货物滞留时间从 2010 年的 4.8 天提高到 2013 年的 8 天。因此，我们预计 2013 年印尼经常性项目逆差将扩大到 -3.4%。不过 2012 年印尼对外贸易依存度保持在 61% 上下的低位，在东盟各国中属于偏低，受外国经济影响程度有限。

（四）印尼政府宏观经济管理能力不断增强，使印尼保持较大的投资优势，反种族歧视政策不断推进，将吸引更多外资进入

第一，近年来，印尼政府全面展开各项宏观经济调控政策，不断调整国内产业结构，使国民经济有了进一步的发展。但农业发展缓慢，粮食供给问题仍是制约经济发展的基本因素之一。

为促进印尼经济的长期发展，2011 年 5 月，国会通过印尼政府提出的《2011—2025 年印尼经济发展总体规划》。该总体规划旨在通过加速经济发展，使印尼在 2025 年跨入世界十大经济强国的行列，届时国民生产总值达到 40 万亿—45 万亿美元，人均收入达到 14250—15500 美元。为此，印尼政府确定了未来 14 年重点发展的 8 个领域，即农业、矿业、能源、工业、海洋、旅游、通信及战略行业。印尼还继续利用税收优惠吸引外资和促进实际部门的发展。2011 年 8 月，财政部出台新的税收优惠条例，对基础金属、石油提炼、石化、机械、通讯设备等行业中投资额达 1.17 亿美元以上的公司给予 5—10 年的免税；同时给予那些雇佣一定数额员工且投资额在 5500 万—6000 万美元以上的公司税收补贴。2012 年初，印尼政府扩大税收优惠的产业适用范围，从 38 个扩大到 129 个产业，包括农林渔牧业、矿业、电子业、制药业、食品业等。此外，为了缩小贫富差距、提高劳动者收入以及扩大内需，政府一直在提高最低工资水平以及提高免征税收入。2003 年人力资源法第一次提出实施最低工资标准制，从 2006—2012 年印尼的最低工资年均增长 7.6%，而 2013 年最低工资水平大幅提高。尽管近年来印尼经济结构调整已经取得了一些进展，但成长缓慢的农业和无法自给自足的粮食，拖了国民经济发展的后腿。印尼人口世界排名第 4 位，国土面积世界排名第 15 位，是名副其实的世界人口大国。同时，80% 的耕地属于家庭式经营，道路、水电、通讯以及水利等农业基础设施严重不足，粮食迄今仍无法自给自足。

第二，印尼华人与当地经济、政治和教育等方面融合程度较高，生活环境有了进一步的改善，但部分地区种族主义和宗教冲突盛行，排华情绪难以在短期内消除。不过印尼政府不断推出反歧视政策确保华人的平等，大范围排华现象不会再发生。

尽管印尼历史上出现了几次大规模的排华现象，但自 1998 年印尼进入

后苏哈托时代的民主改革时期以来，印尼历届政府都致力于取消对华侨华人的歧视政策，承认华族是印尼民族大家庭的一员，华人的地位有了进一步的改善。华人约占印尼总人口的5%，但绝对人口数量超1000万人，是东南亚甚至世界各国中华人人数最多的。他们祖籍多是福建省，其次是广东省。华人主要聚居在大中城市如首都雅加达以及万隆、泗水、三宝垄和棉兰等，区域分布比例大致从西北至东南逐步递减。其中在高度聚集的地区，民族隔阂较多，而在分布比例较少的地区，华人能较深入地融入当地社会。

华人大多从商，华商资本达1638亿美元，相当于印尼2009年名义GDP的28%左右，无疑是印尼国内一股强大的经济力量。但印尼全国自然灾害频繁，给当地华侨华人生命财政带来了损失。如2009年印尼地震中约有4.5万华侨华人受灾，地震区域华人房屋80%受损。在参政的路上，印尼已经有了“华人市长”、“华人副省长”，如华裔余世甘、冯慧兰在印尼现政府中担任国企部长和旅游与经济创意部部长。2012年9月作为华裔和基督徒的钟万学当选为雅加达省长，这都意味着华裔参政的扩大并逐步摆脱边缘身份，进入主流社会。同时，华文教学已纳入印尼国民教育，印尼教育部长强调，政府将使华文与英文、日文享有同等的地位。短期内印尼全国大范围的排华现象不会再次发生，但这不能消除局部地区的某些极端分子一直以来的排华情绪。部分地方种族主义盛行，地方分离主义和宗教冲突时有发生，主要表现为巴布亚、亚齐等地民族分离运动和马鲁古群岛的基督教与伊斯兰教冲突。一些传媒和当地人仍然对华人持有偏见，还在歧视华人。2012年5月印尼著名的《时代报》刊登读者文章《解散华人社团》，反映了一些主流媒体的观点。不过2006年印尼国会通过《新国籍法》和《反歧视法》，从法律上确定华人的平等地位。2008年推出消除种族和民族歧视法，印尼华族与其他种族享有同样的权力与义务。印尼华人普遍认为目前华人的生存环境是几十年来最好的。

第三，在经贸投资方面，印尼具有独特的竞争优势和良好的营商环境，吸引了大量的中国投资。中国在印尼投资的企业数量很多但风险较少，但当地法制和基础设施建设还有待完善，限制外商进入的领域仍较多。不过，中国与印尼经贸联系仍较密切，两地商品进出口状况将维持稳定。

印度尼西亚约由 17508 个岛屿组成，是全世界最大的群岛国家，疆域横跨亚洲及大洋洲，控制着关键的国际海洋交通线。印尼特殊的竞争优势还有：政治社会总体稳定；有丰富、廉价的劳动力；市场潜力巨大，宏观经济稳定，自然资源丰富。世界经济论坛《2013 – 2014 年全球竞争力报告》显示，印尼在全球最具竞争力的 148 个国家中排名第 38 位，同比上升了 12 位。据印尼投资统筹机构最新报告显示，2013 上半年，印尼的国内外投资继续保持快速增长态势，其中外国投资额达到 190 亿美元，同比增长 30%，主要来源于中国、日本和美国等。2013 年 12 月，印尼政府宣布，将允许外资加大对该国电厂、广告业和制造业的投资。

中国企业在印尼主要投资和承包的主要项目有：泗马大桥、加迪格蒂大坝以及巨港电站、风港电站等一大批电站建设项目。据中国商务部统计，2012 年，中国公司在印尼完成承包工程营业额 186. 5 亿美元；中国公司累计派出各类劳务人员 4662 人；中国对印尼非金融类直接投资额为 6 亿美元。总体上，中国企业在印尼的资产风险较少。但是，印尼基础设施有待完善、政策法律连续性和执行力有待提高、社会信用体系也有待健全。印尼每年用于基础设施建设的资金只占其国民生产总值的 4%，目前很多法律规定模糊，不同的部门法之间存在冲突，实际中的执行力更差。劳动力技能普遍不高，工作效率低下。此外，出于国内产业保护或文化禁忌原因，印尼在特种化学品、特种交通工具、博彩、制糖、藤编、采矿等行业限制外商进入。

我们预计，未来中国与印尼贸易发展状况仍主要取决于世界经济发展状况，但中长期来看，两地经贸联系密切，商品进出口状况将基本维持稳定。

（五）中国企业在印尼长远投资合作的现状

根据 2012 年上半年的统计，中国进口印度尼西亚前四位的产品为：动植物油，矿砂、矿渣及矿灰，矿物燃料，橡胶及其制品。这些产品基本上为印度尼西亚初级产品或原矿产品。许多中国中小企业为了追逐短期利益，采掘当地的矿产品时，不顾保护当地环境，这将破坏中国企业在当地的形象，不利于中国在当地的长远投资。此外，当地一些华人热衷于小圈子的活动，存在优越感和自豪感，与友族有一定的隔阂。还有些华人在生活上奢侈浪费、相互攀比，引起了友族的反感。但据 2013 年 BBC 对各国民众对中国大陆态度调查显示，过半印尼民众对华评价积极正面，还有 18% 的民众保持中立态度。

（六）不确定性分析和未来预测

第一，2014 年印尼大选临近将增加国内政局的不确定性，各候选人情况表明政府权力结构有可能进一步僵化，民族主义色彩将更浓，但整体保持稳定的可能性较高。

印尼将于 2014 年 4 月迎来议会大选，2014 年 7 月迎来总统选举，现任总统苏西洛是第二任期，已不能再次连任，对政策稳定性会有很大的不确定影响。尽管现在离大选还有半年多时间，但印尼国内的竞选活动已经开始。目前已经有三位知名人士宣布参加 2014 年大选，分别是印尼前总统苏哈托的女婿、前陆军战略司令部司令普拉伯沃，印尼前总统梅加瓦蒂和印尼最知名商人、印尼专业集团党主席阿布力扎。梅加瓦蒂 2001—2004 年任印尼总统，是印尼独立之父苏加诺的女儿。普拉伯沃作为前陆军司令，一直被认为在 1998 年暴乱中试图发动军事政变夺取政权，并在 1998 年动乱中绑架和暗杀了多名民主人士。阿布力扎在 1998 年金融危机中也表现抢眼，其所在集团曾得到政府 12 亿美元的救助。目前很难预测 2014 年大选结果，但这些老面孔的再次出现一定程度上表明印尼权力结构的僵化。印尼大选的结果将很大程度上取决于最后的政党组合，但现在看来竞选主张中带有民族主义色彩政策如保护性贸易政策的候选人在民调中表现良好。

2012 年最新的民调显示，普拉伯沃领先于其他候选人。民调中居于第二位的梅加瓦蒂也是一个民族主义者。2014 年的总统选举或将为印尼带来一个更具民族主义的总统，其民族利益与国家利益能否保持一致将决定未来政局稳定性。

第二，短期内，印度尼西亚经济政策的亲民化倾向可能因大选临近而加深，但也随之带来了一些负面的影响，不利于政策连续性和有效性。

随着 2014 年大选的临近，印尼短期内的政治经济政策不断顺应民意。

2012 年，印尼政府先后实施了禁止部分未经加工的农产品出口、限制原材料出口、对部分出口矿产品征收 20% 的出口关税政策，以提高政府税收和促进产业转型升级；同时应部分组织和学者的要求，印尼宪法法院判决撤销印尼油气上游管理局。近期削减燃油补贴的举措将对 2015—2018 年印尼经济起到助推作用，因为政府支出将向更具生产力的领域倾斜。2012 年 11 月，印尼首都雅加达政府应工会要求将当地的最低工资标准提高了 44%。不过，提高最低工资表面上保护了工人的利益，但高达 44% 的涨幅将进一步恶化当地的用工环境。2013 年的印尼政府预算案不但没有削减能源补贴，反而将能源补贴提高到了 200 亿美元，占政府预算的 20%，而用于社会救助和扶贫的财政预算仅占政府预算的 3%。2013 年的印尼经济可能会因政府为赢得选举采取的短期行为而受到负面影响。

第三，如果印度尼西亚今后能提升本国科技竞争力，解决政府腐败问题，提升政策执行效率和劳动生产率，印尼经济将会得到更好更快的发展。

虽然印尼在国际金融危机后复苏较快，但从长远来看，经济领域的缺陷仍然明显，若不能尽快改善，其国民经济建设的速度和质量将受到严重影响，从中等收入国家迈向发达国家的过程也将难以实现。首先，科技实力很落后，难以支撑经济的进一步发展。世行资料显示，印尼在科研领域的投资仅占国内生产总值的 0.08%，远低于周边国家。印尼科技落后的现状必须尽快加以改进，否则没有科技支撑的经济体无法参与激烈的国际竞争。其次，官僚作风、政务拖沓和贪污腐败仍是主要顽疾。毋庸讳言，官僚作风盛行，政务工作拖沓以及贪污腐败，是影响印尼国民经济建设的主要问题之一，也是印尼经济结构调整阶段除弊革新所必须面对的严峻挑战。此外，劳动生产率低下，严重影响了经济发展的速度。据国际有关机构对 23 个亚洲国家和地区的调查，印尼的劳动生产效率排名第 15 位，其生产建设中的低效率严重影响了经济的发展步伐。若印尼不重视提高劳动生产率，未来 15 年难以实现年均 7%—8% 的经济增速。

第三章

中国在美洲地区的利益风险分析

一、巴西

巴西与世界各国关系保持了良好的外交关系，面临着较为宽松的国际政治环境，同时，罗塞夫执政之初的促进经济稳定增长、减少贫困政策赢得了多数民众支持，但是由于经济持续低迷，通货膨胀率居高不下，犯罪活动日益猖獗，民众对政府愈发不满，甚至诱发了抗议风潮，给执政党带来了挑战。“纺锤型”社会结构显示巴西社会进入了稳定性社会，但是伴随着基本生活条件的改善和受教育水平的提高，巴西中产阶级政治、经济诉求日益增多，一旦要求得不到满足，便成为反对政府的主要力量。巴西工业体系比较完善，矿产资源丰富，多年来形成了消费拉动经济增长的主要模式。但是，受国际经济不确定性因素负面影响，巴西近期经济形势急剧恶化，显示国家经济的脆弱性依然比较大。不过，得益于中巴双方经济互补性增强、政治关系以及签署货币互换协议，中巴经济相互依存度明显上升，合作风险性很小。

（一）巴西国家政治环境与经济的风险分析

近年来，巴西继续实施以南美洲为重点的全方位外交政策。罗塞夫认为“南美国家已成为巴西重要的政治和经济伙伴，南美洲每个国家的命运都和我们密不可分”。把发展与美国的关系放在优先位置，保持同美国和欧洲“建设性和均衡性的密切关系”，与中国、印度、韩国和日本开辟“新型合作关系”，并继续同非洲大陆和中东地区开辟政治对话和经济合作的新渠道。与此同时，利用里约集团创始国，以及南方共同市场、77 国集团、15 国集团和金砖国家成员国和不结盟运动观察员地位，全面展现大国形象，并“强调新兴大国对建立更加民主、更有代表性的 21 世纪国际秩序所持的愿望”。总体来看，巴西与世界各国关系保持了良好的外交关系，面临着较为宽松的国际政治环境。

罗塞夫执政后继续将国内政策重点放在促进经济稳定增长、减少贫困、增加信贷、减少外债等方面，赢得了多数民众的支持，但是由于近年来经济持续低迷，通货膨胀率居高不下，犯罪活动日益猖獗，民众对政府愈发不满。加上金融危机引发的全球经济不景，引发了包括欧美发达国家在内的许多国家出现了社会骚乱和政治动荡的局面，各国抗议活动更是此起披伏。这种状况也传到了巴西国内，诱发了抗议风潮。2013 年 6 月，里约热内卢和圣保罗市等城市爆发了 80 万民众走上街头，游行抗议公交票价上涨和政府花巨资筹备 2014 年世界杯足球赛。随着抗议活动逐渐升级，抗议的矛头也转向了政府腐败、糟糕的基础设施等更为广泛的议题。巴西总统罗塞夫不得不于紧急取消了即将展开的访日行程。由于 2014 年又是巴西大选年，此次抗议活动给罗塞夫政府带来了前所未有的挑战，并可能会影响巴西未来的政治格局。

（二）随着基本生活条件的改善和受教育水平的提高，巴西中产阶级已成为巴西社会稳定的主要力量

近年来，巴西人收入整体大幅提高，中产阶级规模不断壮大，其社会结构已由“金字塔形”转变为“橄榄型”，实现了更为平衡和合理的社会经济结构模式。2005 年，巴西高收入阶层、中等收入阶层和低收入阶层占总人口比例依次为：15%、34% 和 51%；2010 年，这一比例则依次为：21%、53% 和 25%，显示了巴西社会进入了稳定型社会。

但是，伴随着基本生活条件的改善和受教育水平的提高，人口已经达到接近 1 亿的巴西中产阶级政治、经济诉求日益增多：他们渴望获得更好的教育、医疗等公共服务，反对社会阶层固化，希望获得更宽的上升通道、更平等的资源分配和更多的政治话语权。尽管罗塞夫总统上台时提出要建立“一个中产阶级社会的巴西”，但其政策重点主要集中于减贫方面，对中产阶级的社会资源分配要求和政治诉求都未给予足够重视。因此，本

应该成为社会稳定器的中产阶级，反而成为对政府不满的主要力量。2013年6月爆发80万民众游行示威队伍中，其主要构成便是中产阶级。

（三）巴西工业体系比较完善，矿产资源丰富，但受国际经济不确定性因素的影响，国家经济的脆弱性依然较大

巴西在20世纪70年代就建成了比较完善的工业体系，包括化工、造船、石油、汽车、冶金等等非常健全的工业部门，是巴西的经济稳定性的重要支撑。同时，巴西还拥有非常多，储量非常大，质地非常好的矿种，特别是铁矿量非常丰富，并且铁矿石质地非常优良，产量和出口量都非常巨大，居世界前列。由于“有钱就消费”的消费观念已经深入人心、中产阶级占据人口比例50%以上、消费主要集中在住房、汽车、家具以及大型家电等方面，因此多年来形成了以国内消费为主要动力的经济增长模式。

但是，受美国量化宽松货币政策退出预期影响，巴西出现资本外流，导致货币大幅贬值。同时受国内投资乏力及出口下滑影响，经济形势急剧恶化。具体表现在：（1）经济增长速度大幅下滑。国际金融危机爆发以来，巴西经济增速一路下滑。2011年巴西经济增速由2010年的7.5%骤降至2.7%，2012年进一步下滑至0.9%，远低于之前10年3.8%的平均水平，也低于新兴国家平均水平。2013年第二季度经济同比增速为3.3%，虽然比2012年有所回升，但仍然处于历史较低水平。（2）通货膨胀压力较大。2011年和2012年通胀率持续为6.5%，达到通胀目标管理的最高限。2013年9月通胀率为5.9%，虽然比之前有所下降，但仍然处于较高水平。通货膨胀导致巴西物价普遍上涨，并已影响到国内的稳定。不久前爆发的大规模抗议浪潮，其导火索就是城市公交车票涨价。为了控制通胀，巴西政府已经连续五次加息，将基准利率上调至9.5%的较高水平，但此举进一步加剧了经济下滑趋势。（3）财政和经常账户“双赤字”状况进一步恶化。2011年巴西政府的财政赤字率由2010年的1.2%上升至2.1%，2012年保持在2.0%的水平。进入2013年后，巴西财政赤字与GDP之比大幅上升至3.8%，在金砖五国中名列第二。2014年至2016年间，巴西为筹备世界杯和奥运会将需要增加投入，预计赤字水平仍将保持高位。与此同时，经常账户赤字状况持续恶化，2012年经常账户赤字与

GDP之比由2009年的1.5%升至2.4%，其中商品账户在2013年2月出现了12年来的首次赤字。1—7月，巴西对外贸易合计为49.8亿美元逆差，为1993年以来同期最差表现。商品账户赤字的出现使巴西成为继印度之后，金砖五国中第二个同时出现财政赤字和商品账户赤字的经济体。（4）货币贬值和资本流出严重。受巴西经济增速大幅下滑及美国退出量化宽松政策预期影响，国际资本流向迅速逆转。伴随资本的大量流出，巴西货币雷亚尔由以往的过度升值步入贬值轨道，虽然美国暂缓退出量化宽松政策缓解了资本大量流出的压力，但资本流出趋势没有改变。2013年三季度与2012年同期相比，外汇储备减少了100.7亿美元。截至2013年10月，雷亚尔全年已累计贬值7.8%，对美元汇率跌至2.187比1。在雷亚尔贬值和国际资本流出双重压力下，巴西资本市场出现下挫，圣保罗指数从2013年初的59761点下跌至2013年10月的54256点，虽然比之前有所上升，但仍然下跌了9.2%。（5）金融杠杆不断放大。2011年为了刺激经济，巴西央行将基准利率由12.5%降至7.5%，但银根放松后，投资率仍维持在16%的低水平，民众家庭负债率却水涨船高，已达到36%的危险水平。按照摩根士丹利6月研报公布的数据，巴西企业的杠杆率也由危机之前的200%上涨至2013年第一季度末的310%，其中采矿业和工业部门的杠杆率增加最多。在经济形势恶化时，较高的杠杆率加剧了系统性风险。（6）外债规模迅速膨胀。经常项目的恶化使得巴西总外债规模迅速上升，截至2013年第三季度末，巴西外债已从2010年底的2568.0亿美元上升到3098.6亿美元。处于对巴西经济增速缓慢及财政状况恶化和政府债务负担增加的担忧，2013年6月，标准普尔将巴西的评级展望由稳定调整为负面。

（四）中巴经济互补性增强，相互依存度明显上升，合作风险性较小

中国继四年前超越美国成为巴西第一大出口目的国之后，近日又超过欧盟成为巴西最大出口市场。这说明中巴两国经贸关系日益密切，经济相互依存度明显上升。

近年来，巴西对华出口持续数年稳步增长，对欧盟出口则呈现不断下

降趋势。据统计，2012 年中国与巴西贸易额达 857 亿美元，较上年增长 1.8%，其中巴西顺差达 189 亿美元。2013 年 1—6 月，中国与巴西双边贸易额达 402.4 亿美元，其中中国出口 163.9 亿美元，进口 238.5 亿美元，巴西顺差为 74.6 亿美元，巴西仍是中国在拉美最大的贸易伙伴。从市场占有率来看，近 3 年来巴西商品占中国市场份额不断攀升，市场占有率从 2011 年的 15.46% 升至 2013 年的 17.39%，比 2012 年上涨了 1.47 个百分点。从 2009 年起，中国超过美国成为巴西全球最大的贸易伙伴国、最大的出口目的地国和第二大进口来源国。现在，中国不仅成为超过欧盟的巴西最大出口市场，而且也是巴西最大贸易顺差来源地和主要投资国。

近年来中巴经贸发展快速、相互依存度升高的主要原因，一是双方经济的互补性日益增强。由于巴西丰富的自然资源、庞大的国内消费市场和强劲的基础设施需求，中国巨大的进口需求、较具优势的技术水平和越来越强大的投资能力，使得中巴两国贸易前景十分可观。二是双方良好的政治关系为经济合作提供了重要保障。巴西和中国均为新兴大国，又同属金砖国家成员。近年来，中巴两国建立了全面战略伙伴关系，密切了高层往来，加强了政治互信与国际事务中的协作，尤其不断拓展了经贸合作领域，使得双方经贸关系不断迈上新台阶。三是得益于 2014 年 4 月双方签署的一项资金规模达 300 亿美元、3 年有效期的货币互换协议，这一协议在当前全球贸易增长乏力、外汇市场波动加剧、贸易融资萎缩的大背景下，成为促进两国贸易往来、增进相互投资和加强经济贸易合作的重要工具。随着中国经济的持续稳健增长，中巴经贸合作将继续呈现新的气象。据巴西央行统计，中巴贸易在不到 10 年的时间里，增长超过 10 倍。据预测，未来数年两国双边贸易年增长率将达 20% 至 25%，中巴经贸合作前景广阔。

（五）不确定性分析和未来预测

第一，巴西经济增长的不确定性增加。

在国内外经济形势的影响下，巴西经济面临的不确定性增加。从国内来看，巴西经济出现复苏迹象，但基础并不稳固，从国外来看，美国量化宽松政策的退出成为影响巴西经济最大的外部不确定性。在此情况下，政策刺激与政府干预成为维持巴西经济平稳运行的重要支撑，一旦这种刺激和干预失去动力，巴西经济仍可能出现波动。巴西第二季度良好的经济表现主要来自政府对投资的刺激。随着2014年总统大选日期的日益临近，巴西总统罗塞夫通过实行薪酬税削减、贷款补贴等措施，希望能够在明年大选之前帮助巴西实现经济复苏。但是，如果缺乏更大范围的改革配套，现有措施很难将巴西经济带入长期上升通道。同时，现有刺激措施还带来了一些负面效应，如加剧了通货膨胀压力，导致公众收入缩水。从2013年初开始，巴西已经爆发了多起由通胀引发的罢工活动。

金融市场压力暂时稍缓，但隐忧依然存在。首先是雷亚尔贬值压力暂时消退，在巴西央行干预及美联储宣布推迟量化宽松政策退出的影响下，2013年8月下旬开始，雷亚尔币值出现回调，至9月底对美元已经升值8.9%。其次是巴西股票市场自7月初开始回升，尽管多有波动，但至9月底已经上涨19.2%。股市上涨一方面反映了第二季度国内经济情况的好转，一方面也反映了国际资本外流也许并没有想象中的那么严重。但第四季度情况可能会较为严峻：一方面，国内经济可能有所减速；另一方面，美国量化宽松政策可能会启动退出。届时，巴西将重新面临资本外流、货币贬值、资产价格下跌等多重挑战。

第二，大宗商品价格波动风险。

中国是多种大宗商品的最大消费国。国际大宗商品价格波动不仅通过贸易条件造成国民收入的潜在损益，对国内的宏观物价也会造成一定风险。因此，国际大宗商品价格关乎中国的经济安全。而评估和应对巴西大宗商品价格风险是开放环境下中国实现平稳增长的一项当务之急。

二、加拿大

加拿大国际关系很好，政策健全且稳定性较高，社会秩序保持良好，经济复苏加快，金融体系稳健，自然资源丰富，投资环境不断改善，与广东经济互补性较强，但加拿大对美国依赖程度较高，财政赤字幅度有所扩大，贸易一直维持逆差状态，税收相对较高对经济活力有一定的遏制。

（一）加拿大与世界主要国家及国际组织关系保持良好，政策稳定性较高，国内政局维持稳定

第一，加拿大坚持奉行平等友好外交政策，与世界主要国家及国际组织关系良好，但仍未完全消除在北极海底领土上可能出现冲突的风险。中国与加拿大经贸联系日益密切，政治互信不断加深，但加拿大对华政策依然存在两面性。

在对外政策上，加拿大始终把维护世界和平与国家安全、促进经济发展、在全球范围内推动民主和尊重人权、宣传加文化价值观置于其对外政策的首位。加拿大历届政府都把对美关系摆在对外政策的优先地位。美国是加拿大的主要盟国，两国在政治、经济和军事上的关系越来越密切。但在处理国际事务中，加拿大一向以爱好和平与平等著称于世。因此，加拿大不但没有过多干涉别国内政，而且与世界上很多国家关系良好。同时，由于加拿大属于北约、英联邦、经济合作与发展组织及 G7 的成员国，加拿大与欧洲、北美、北约及英联邦的其他成员国有着非常友好的关系，并积极致力于发展同亚太地区的关系。虽然加拿大、美国、俄罗斯、丹麦和挪威等均对北极海底提出了领土主权要求，未来围绕北极地区主权的国际争夺不可避免，但该问题尚不至于发展到军事冲突，近期内威胁加拿大国家安全的风险较低。

加拿大与亚洲的中国、日本和韩国等国家关系保持良好，而且有着很强的经贸关系，特别是中加两国已从单一的商品贸易发展到全方位、跨领域、多元化的贸易和经济技术合作，商品、服务、人员和资本的流动日益频繁。中国现在已成为加拿大最大的移民国和留学生来源国。中加两国自 1970 年建交以来，双边关系发展顺利，政治互信不断增强。2005 年，两国关系就已提升为战略伙伴关系。2012 年，哈珀总理对中国进行国事访问，进一步加强多领域的交流与合作。同年 9 月，双方在 APEC 期间签署了《中加投资保护协定》。近年来，加拿大保守党政府重视发展对华关系，在加强经贸合作上更趋积极务实，友好合作保持良好发展势头。但其在人权、西藏等问题上与中国仍存争议，对华政策两面性始终存在。

第二，哈珀总理三次连任并组建多数党政府，确保了国内政策的连续

和稳定，有助于国家总体实力的提高。加拿大健全的法制和政党体制，对国内政局的稳定起着积极的作用。

加拿大主权独立，在行政制度上实行议会负责制，拥有较为完善而有效的政治体系和法律体系。2011 年大选后，哈珀政府由少数派政府转为多数派政府，哈珀成功三次连任总理，执政基础更加巩固，国内政策连续性强。连任政府继续实施可持续发展战略，以提高经济竞争力、巩固财政、稳定金融体系为主要目标的一系列改革，有助于经济和财政的可持续发展。虽然魁北克集团的独立运动是加拿大政治的主要不安定因素，但其分裂的企图已被限制在法制和体制的框架内，且近年来呈现日益衰落的趋势，不足以影响国家稳定。

加拿大政党体制健全，对促进政策的连续性起着积极作用。加拿大不仅在法律和联邦制度为向多党制发展创造条件，还为政党向多党制发展设置了一定的制约因素。这种选举制度比较有利于大党的轮换，小党尽管会赢得一定的选票，但总是占不到足够比例的席位。投票给小党对于政府的形成和代表的产生意义并不大，久而久之便会撤回支持，因此这种选举制度总体上有利于两大党的轮流执政。在加拿大历史上，自由党连续执掌联邦政府最长达 21 年 8 个月，而保守党最长则达 17 年 9 个月。长期的执政可以为政策延续提供足够时间，也是加拿大优于其他民主选举国家的所在。

（二）加拿大地广人稀，民族和宗教信仰较多，政府鼓励多元文化的并存和发展，社会治安总体保持良好

就陆地面积来讲，加拿大是世界第二大国，但就人口而言，它居世界第 31 位，人口密度相对较低。截至 2013 年 3 月，加拿大总人口为 3505.6 万，人口密度每公里仅有 3 人，而且由于地理和气候的缘故，加拿大人口分布很不均匀，主要集中在安大略、阿尔伯塔和不列颠哥伦比亚省等等。加拿大居民以英裔和法裔居民为主，其中英裔居民约占 28%，法裔居民约占 23%。英法两国文化交相融合影响着整个加拿大社会，法国人人平等的观念深刻影响着加拿大社会，梅蒂人就是一大范例。此外，加拿大是除亚洲和美国之外拥有华裔最多的地方。加拿大现有华人约 120 万人，约占加

拿大的总人口的3%，有90%是集中在大城市。华人在加拿大的多伦多地区大约有60万，温哥华地区约有近40万，其余主要分布在阿尔伯塔省和魁北克省。加拿大是中国移民市场上较受欢迎的国家，中国（广东）主要是通过投资移民去加拿大为主。据当地研究机构预测，2031年加拿大华裔将达270万人。在基本工作年龄的华人中，20%的人群集中在销售及服务业，20%的人群集中于商业、金融及行政行业，16%的人分布于自然和应用科学领域，13%的人分布于管理行业，11%的人分布于数据处理、制造业和公用事业。

加拿大政府鼓励多元文化的并存和发展。加拿大是一个多民族国家，据2006年的人口普查，加拿大约有200个民族，可以说是一个由移民构成的国家。不同的民族团体保留了各自的文化传统习俗，同时尊重其他民族的习俗和传统，民族具有包容性是加拿大人的一大特点。在宗教信仰方面，据加拿大统计局统计，信仰罗马天主教的人占43.6%；基督教新教占29.2%；基督教东正教占1.6%；其他基督教占2.6%；犹太教0.1%，伊斯兰教1.9%，其他宗教1.4%，非宗教人士占16.5%。各教派间发生冲突的可能性较小，社会治安状况良好，犯罪率很低。“公司资源集团”曾对全世界188个城市进行评比，并排出八个最适宜居住的城市，结果加拿大有四个城市入选世界最宜居住城市前四名。但正如世界各地一样，零星偶发性的抢劫凶杀案也常发生，但总体社会治安情况是良好的。

（三）加拿大经济加快复苏，三大产业优势突出，与中国贸易联系也日益密切

第一，加拿大经济增长速度逐渐加快，但通胀和失业率均有所上升。加拿大工农业齐全且生产技术先进，第三产业保持在主导地位。同时，加拿大自然资源品种丰富，而且储量位居世界前列，资源加工业仍是经济的一大增长点。

加拿大这个全球第11大的经济体，在经过2013年上半年的缓慢经济复苏后，下半年复苏速度加快。在第三季度GDP增长2.7%，第四季度后经调整后预计全年增长2.5%。加拿大统计局公布的最新经济数据显示，11月年率化GDP总值达1.61万亿加元，同比增长达2.6%，连续第5个

月上升，主要受惠于石油及天然气生产的反弹。加拿大统计局数据还显示，2013年12月通胀的年增率微升至1.2%。我们认为，这样的通胀不会缓解加拿大央行对低通胀的忧虑，但可能减轻加元跌跌不休的压力。不过，2013年12月加拿大失业率从6.9%升至7.2%，自2008年以来首次超过美国，减少了4.59万个工作机会。

从产业结构上看，2012年加拿大三大产业分别占GDP的比重为：第一产业占2.3%，农业人口30.6万，占全国就业人口的1.64%，农业生产具有很高的科技水平，生产率仅次于美国。加拿大渔业发达，75%的渔产品出口，是世界上最大的渔产品出口国；第二产业占20.08%，说明工业制造业依然强劲，加拿大是西方八大工业国之一，工业布局高度集中在安大略省和魁北克省；第三产业占71.62%。第三次产业是加拿大的经济支柱，加拿大的经济增长和稳定主要靠国内消费支撑，经济发展态势总体较好。

从资源能力上看，加拿大地域辽阔，森林和矿产资源丰富，林业、矿业和能源加工业在国民经济中占有很大的比率。矿产有60余种，石棉、镍、锌、铂的产量居世界之首；铜、石膏、钾碱、硫磺的产量居世界第二位，原油储量仅次于沙特居世界第二，其中97%以油砂形式存在。森林面积4亿多公顷，居世界第三，产材林面积286万平方公里，木材总蓄积量约为190亿立方米。加拿大领土面积中有89万平方公里为淡水覆盖，可持续性淡水资源占世界的7%。

第二，加拿大金融体系稳健，监管严格，信贷状况有所好转，利率保持不变，但由于美国贸易逆差大幅缩小及量化宽松政策的逐步退出等国际因素，仍会对加拿大金融体系产生一定负面冲击，不过中长期内金融风险总体可控。

加拿大金融体系稳健性较高，信贷状况趋于好转，这源于完善的公共和货币政策、强有力的监管环境、对国际金融市场的风险敞口较小。在宽松货币政策和较低融资成本的影响下，金融体系对企业的信贷支持有所增强。同时，由于实行严格的系统监管，再加上操作的谨慎，使得加拿大银行杠杆率一直是G7国家中最低的。加拿大的银行资本充足率也一直高于巴塞尔协议规定的4%，2008－2012年的年平均数为11.86%，而且还保持着逐年上升的趋势。加拿大银行的不良贷款率极低，从2008年到2012年算，不良贷款率年平均为0.9%。2013年5月，加拿大央行宣布基准利率维持在1%不变，并重申略偏紧缩的政策立场。但由于美国2013年11月的外贸逆差缩小至四年来的最低水平，耶伦上任后可能会采取措施逐渐让量化宽松（QE）退场，投资人看好美元将在耶伦任内升值。在此背景下，加元汇率猛跌1.05美分，收1加元兑92.83美分，这是自2009年11月以来最低汇率水平。不过，加元汇率下跌可以增强加拿大商品在国际市场的竞争力。

第三，受洪灾和大幅抛售通用汽车股份的影响，2013年加拿大财政赤字水平有所增大，但中长期来看，财政平衡状况将不断改善，债务负担率趋于下降。

加拿大政府财政赤字幅度有所扩大，债务规模也随之而上升。截至2013年10月，加拿大联邦政府的收入约为1449亿加元，开支则约为1582亿加元，财政赤字约为132亿加元，高于2012年同期的119亿加元。这主要是因为有两大事件对联邦政府的预算产生了影响，一方面是2013年夏季阿尔伯塔省发生的严重洪灾；另一方面是政府于9月份抛售了价值合7亿加元的通用汽车公司股份。受此影响，2013年加拿大政府总债务占GDP达87.03%，同比上升了1.62%，但加拿大政府称仍有望在2015年实现财政平衡。2013年3月，联邦政府发布了“2013加拿大计划在2015年前实现财政预算平衡，并推出就业补助金计划”伴随加拿大经济复苏和财政巩固措施的实施，2013年联邦政府财政收入占GDP的37.97%，呈逐渐增长趋势，财政支出占GDP的40.81%，呈逐渐下降趋势。我们预计，中期内联邦政府债务负担率将下降至51%左右。此外，据加拿大统计局数据显示，2013年第三季度末净外债减少411亿加元至662亿加元，已连续第三季降低，主要是因为强劲的外国股票市场推升加拿大国际资产价值的幅度大于国际负债。

第四，加拿大外贸对美国市场依赖程度较大，贸易状况容易受美国的影响。受外部市场萎缩影响，加拿大贸易一直处于逆差状态，但中国与加拿大双边贸易联系日益密切，加拿大也积极与世界主要国家签订自由贸易协定。

加拿大以贸易立国，对外依赖程度较大，尤其与美国的贸易往来关系密切，美国为加拿大的邻国和最重要的盟国。近年来，加拿大全国3/4的出口是销往美国，尽管加拿大试图使这一集中的贸易模式分散化，但目前美国依然是加拿大最主要出口市场。其余的出口市场是：英国（占1.5%）、日本（占4.5%），欧洲的其余国家（占4.8%）。美国也是加拿大的主要进口国，有70%的进口商品是来自美国的。因此，加拿大对美国市场的依赖性很大，一旦美国市场发生问题，那么加拿大的经济就会遭受大的影响。

近五年来，受国际市场低迷影响，加拿大进出口贸易状况一直处于逆差状态。加拿大统计局最新数据显示，2013年11月贸易逆差9.40亿加元，大于预期。11月进口小幅增加至407亿加元，而出口持平在398亿加元。2013年以来，石油、天然气等原材料市场价格逐步复苏及矿产品等商品出口贸易的增长奠定了经济向好的基础。中国作为加拿大全球市场合作计划的优先合作伙伴之一，近年两国间双边贸易日趋重要。2012年，加拿大与中国双边贸易额达到7.8%的增长，总额达700.1亿加元。同时，加拿大对中国的出口贸易在2006—2012年间达到16%的年均增长额。此外，自2006年起，加拿大已与九个国家订立自由贸易协议，包括欧洲自由贸易联盟等。加拿大也正试图与25个国家订立自由贸易协议，包括印度、日本和有参与跨太平洋战略经济伙伴关系协议的国家等。

（四）加拿大政府重视吸引外商投资，投资环境不断改善，中国“走出去”加拿大的规模逐渐增大

加拿大重视外商投资，投资环境总体不错。加拿大对外国投资的吸引力主要包括：法律制度健全，政策公开透明，社会政治稳定，劳动力受教育程度高，经济持续稳定增长，市场化程度高，制造业及服务业发达，自然资源丰富，基础设施完善，东西两岸分别濒临大西洋和太平洋，向南可辐射至美国和墨西哥。据世界经济论坛《2012—2013年全球竞争力报告》显示，加拿大在全球最具竞争力的144个国家和地区中，排第14位。在最新的彭博全球经商环境排行榜中，加拿大排名第二。据中国商务部统计，2012年当年中国对加拿大直接投资流量7.95亿美元。中国企业在加拿大

新签承包工程合同11份，新签合同额达1.88亿美元，当年派出各类劳务人员450人。自1998年以来，中国大陆已连续10余年居加拿大移民来源地首位，成为华人移居加拿大的生力军。加拿大集中的华侨有利于我国对加拿大的投资和贸易，而加拿大逐渐改良的财政环境和稳定的政策也有利于我国的投资和贸易。长期以来，加拿大不断通过调整相关法律法规，努力在鼓励利用外资和防止外资冲击之间寻找到平衡，不断扩大对外资的开放程度。另外，全球能源价格上涨也使加拿大相关领域对外资的吸引力大为增强。因此，我们认为，短期内加拿大利用外资的规模有望持续增长。

但是，加拿大国内市场仍相对狭小，税率较高且税收体系复杂，这是影响加拿大吸引外国投资的主要不利因素。加拿大的公司和个人税负相对较高，但最近有所下降。根据“2009年加拿大经济行动计划”，加拿大政府提出在五年内实施大规模减税措施，以增强企业和市场的活力。其中，商品和服务税（销售税）从7%降至5%；公司所得税率分阶段下调，逐步从20.5%降至2012年的15%；小企业所得税由13.2%（包括附加税）降至11%；个人所得税由15.5%降至15%，免税额由9600加元调整至10100加元。

近年来，加拿大也出台了一系列鼓励投资的措施，主要体现在减税、稳定金融市场以及鼓励对某些领域进行投资等方面。“2009年加拿大经济行动计划”取消了多个领域的投资限制，涉及基础设施、职业培训、社会经济住房和住房修缮补贴、能源技术更新、农业与林业、旅游业、铁路客运设施、港口等多个领域。2010年6月，加拿大联邦工业部表示将允许更多国外资金进入电信业，以进一步推动电子通讯业的改革和创新。加拿大也将对电子通讯业的相关规定进行修改，放宽有关限制。2013年11月，加拿大不列颠哥伦比亚省财政厅宣布，该省已成功发行25亿元离岸人民币债券，这是迄今为止外国政府发行的最大规模离岸人民币债券。本次发行的债券近60%由亚洲投资者认购，40%由美国投资者认购，其中62%由各国央行和官方机构认购，其余部分由私营基金认购。该省的离岸人民币债券的发行紧密了中加两国的关系，也吸引了中国投资者对当地的注意。

（五）中国“走出去”在加拿大的机会

中国企业到加拿大投资要注意：加拿大政府对外资企业有审核净利益

要求，在决定是否具有净利益时将考虑投资对就业、出口、生产、技术开发和竞争等方面的影响。如果投资被认为对加拿大没有净利益的，则不允许投资。还有加拿大对于电信、保险、广播电视以及文化产业的外国投资有很多苛刻的限制和条件，中国企业“走出去”加拿大投资要尽量避开这类产业，以免因法律和政策的不熟悉而遭受投资损失。加拿大的原木材料丰富，而且很适合中国的家具生产行业进行投资，这是因为在加拿大生产的家具，出口欧盟和美国就不会受到贸易壁垒的限制。虽然加拿大的劳动力成本较高，劳动效率也不如中国工人，但考虑到原材料丰富，以及贸易出口便利等好处，中国的家具企业到加拿大投资应该是一种不错的选择。

但现在加拿大涉及原木进出口的中国企业只有珠海投资的“加拿大泛亚国际贸易有限公司”，加拿大对原木出口也有很多政策限制，这使得该类企业难以有大幅度的业务增长。

（六）不确定性分析和未来预测

未来加拿大潜在的风险是对美国经济的高度依赖。加拿大不仅在进出口方面高度依赖于美国市场，而且美国是加拿大最大的投资国，但美国经济中不稳定性因素难以在短期内消除，2015 年加拿大也将举行大选。因此，加拿大短期内不确定性风险相对较大，但美国经济逐渐复苏及加元大幅贬值等利好因素，将有助于提升外资营商环境。

加拿大的经济增长虽得益于区域经济的一体化，但对美国的依赖程度一直较高。加入北美自由贸易区后，加拿大与美国和墨西哥的经济联系进一步密切。加拿大与墨西哥成为美国的主要供应链，两国对美出口逐年递增。同时，加拿大是资源大国，其经济的主要特点是高度依赖外部需求，尤其是美国的进口需求。加拿大的煤、石油、天然气、金、铜、镍、铅与铀和农产品大部分出口到美国，也向美国出口小汽车与住宅配套设施。加拿大对美出口不仅占其对外出口总额的 86%，而且美国还是加拿大的最大投资国，外国对加拿大的直接投资有 80% 来自美国。由此可见，美国的需求与投资在加拿大经济中扮演着关键角色。美国与加拿大经济高度融合还体现在金融市场的高度一体化。加拿大的对外投资主要集中在美国，除直接投资外，加拿大投资者持有的美国股票占其 GDP 总值的 50% 以上，在 7G 国家中排名第一。美国的投资者也大量持有加拿大的股票和债券，但美国的债务危机和财政问题等经济不稳定因素仍未完全消除。我们预计，2014 年加拿大消费开支将减缓，经济表现将略逊于美国，上半年经济增长将放缓，但美国经济更强劲复苏应有益于加拿大，尤其是加拿大的出口业者。出口业亦将受益于加元汇率较低，目前加元处于四年低位附近，预计加元汇率短期内仍保持较低水平。还有值得一提的是，加拿大定于 2015 年举行大选。

三、美利坚合众国

目前美国虽然仍然保持整体性全球战略优势，但是美国全球霸权衰落不可避免。美国为了维持全球霸权而实施的全球大战略将会导致世界形势出现新的不稳定，世界政治风险大大增加。与此同时，美国不断调适的民主政体不但造就了一个不断强大的国家，还维持了国内政局稳定性和国内政策连续性，但是由于利益集团之间的争夺常常左右国家政策。虽然白人为主体的美国社会结构仍然得到维持，但是由于外来移民的增加，美国社会结构出现了微妙的变化，这将对美国社会产生难以预料的影响。同时，美国社会贫富分化加剧，中产阶层萎缩，社会不稳定因素在增加，加上极右组织和恐怖主义的威胁，因此，在一段时间之内，美国本土安全形势仍然严峻。鉴于美国政府经济政策的正面作用，宏观经济持续向好的形势将会得到延续，但是由于国内经济增长动力依然不足、国际经济形势依然不明朗，美国宏观经济仍面临较多不确定性。中美两国之间的依存度正不断加深，两国领导人都意识到中美关系对维护两国利益，维持全球经济体系的稳定、安全和繁荣至关重要。但是，由于中美之间存在结构性战略差异，以及美国霸权逐步衰落和新型国家不断崛起的状况，使得美国越来越将中国视为战略对手而进行战略遏制，导致中美之间摩擦不断，中国海外发展事业不断受到影响，海外利益也受到了侵害。

（一）美国与世界政治风险分析

第一，作为唯一超级大国的美国，至今仍然保持着在军事和安全、经济整体实力以及“软权力”等方面无人能左右的整体性全球战略优势，美国霸权确保西方国际政治的稳定性。然而，美国全球霸权陷入不可避免的衰落中，为了维持衰落中的全球霸权，美国实施的全球大战略，将会导致世界形势出现新的不稳定，世界政治风险大大增加。

借助二战辉煌胜利成果以及战后建立有利国际体系，美国确立了它在西方世界领袖地位，并成为两极世界中的一极。随着冷战结束，美国成了唯一超级大国。至今，美国仍然保持着无人能左右的整体性全球战略优势。这些优势在于：（1）军事和安全上具有超越的战略优势。陆海空三军力量在历史上无可比拟，军事能力独一无二；强大的核武器储备以及由此带来的核威慑效果，核优势尤其明显；海外军事部署要点众多、内容广泛、军队庞大，军事力量全球投放能力非同一般①；超过其他主要大国军费总和的庞大开支②，军事行动保障有力。（2）经济整体实力仍然无可匹敌。2012 年，美国名义 GDP 为 15.6 万亿美元，实际 GDP 为 13.4 万亿美元，同比增长了 2.5%，经济总量占全球 23%，商品进出口贸易为 3.82 万亿美元，在全球的货物贸易额排名中位列第一。具体表现为：入选全球 500 强跨国公司的数量居全球之首，控制着众多行业部门的制高点，占据着国际产业链的高端；跨国公司领衔的技术研发活动、产学研相结合的模式以及关键技术领域均处于国际领先地位③；制造业附加值明显高于其他国家，居世界领先地位；以其他国家或地区产品的“最终消费者”地位推动全球贸易的发展；美元作为官方储备货币、锚定货币、境外流通货币、

---

① 2012 年，美国海外驻军遍布 150 多个国家、人数达 172966 人。

② 根据斯德哥尔摩国际和平研究所（SIPRI）公布的统计数据，2012 年美国的军事开支总额为 6，820 亿美元，占全世界军事开支的 38.8%；位列美国之后的 10 个军事开支大国（中国、俄罗斯、英国、日本、法国、沙特、印度、德国、意大利、巴西）的总和为 6520 亿美元，占比为 37.1%。

③ 据估计，2013 年美国用于研发的经费仍高居世界第一位，总额将达到 4237 亿美元，较 2012 年增长 1.2%，这一数额不仅高于欧洲 34 国（3495 亿美元）的总量，也相当于中（2202 亿美元）日（1618 亿美元）印（度）（452 亿美元）三国总和。

主要的国际经济和金融交易货币成为唯一的全球性货币①；富有世界广度和深度的金融市场，为外来投资者提供流动性更强和风险相对较小的金融产品和服务。（3）知识、观念、制度结构等“软权力”占据优势地位。这些“软权力”包括：占据知识的制高点既承担着科学研究与开发的任务，又扮演着前沿性和主流性理论知识的生产者和传播者的角色大学教育；具有先天开放包容精神特质的美国文化；崇尚自由竞争的价值理念；培育了国民企业家精神，激励了国内创新活动的价值观；崇尚自我救赎与救赎他者的资本主义道德伦理；以“开明的自私自利”为特征的自由主义国际规则和资本主义制度。上述战略上的优势，使得美国在国际格局中占有非常有利的地位，确保西方国际政治的稳定性。

然而，在经济全球化以及新兴国家崛起的趋势日益明显，国际金融危机引发新全球性问题的挑战的背景下，美国全球霸权在逐步走向衰落。美国国内生产总值（GDP）全球第一的地位在2003年已被欧盟超过，到2011年美国GDP占世界份额，按照现价美元计算，已经从2000年的30.8%下降到了21.6%；根据购买力平价计算，则从23.5%下降至19.1%。全球金融危机揭示了美国过去15年的经济奇迹并非基于生产而是基于举债，克林顿政府如此喜爱的大型新兴市场已经成为新兴大国，新德里、巴西里亚和莫斯科日益追求与其经济力量相称的政治声音。最重要的是，中国经济实现了快速增长，北京而非华盛顿应当成为新的国际秩序共识的来源，而西方本身已经陷入分裂。在安全和外交领域，美国采取的一些失败和不负责任的行为（如“单边主义”行为和“窃听门”事件）也对国际秩序及其自身领导地位造成伤害。“越反越恐”局面的出现使世界对美国领导的反恐战争失去信心。伊拉克战争、阿富汗战争、叙利亚内乱以及伊朗核问题，揭示了美国军事能力的局限。

“美国现在是一个衰落中的大国。这一新现实对于美国的未来大战略

① 截至2013年第2季度，美元在已分配的外汇储备中所占比重为61.9%，与前几年相比走势平稳。相比之下，排名第二的欧元则落后将近40个百分点，且自2009年的最高值（27.7%）一路走弱，目前已降至23.8%的水平。处在第三位的日元更是相形见绌，仅占比3.8%。美元作为境外流通货币，大约65%是在美国境外流通。除欧元区外，美元在其他国家和地区的国际贸易中充当着主要的计价货币。

有着重大意义。”为了维持衰落中的全球霸权，美国实施的全球大战略特别是“重返亚太”战略和“再平衡”战略，将会导致世界形势出现新的不稳定因素，世界政治风险大大增加。根据美国盖洛普（Gallup）公司2000—2012年的系列调查，越来越多的美国人认为美国权势正在衰落，取代美国的将是中国。在2000年时，认为中国取代了美国成为世界头号经济大国的人仅有10%，但到2008年升至40%，2012年继续上升到53%。对于未来20年里谁将是世界头号经济强国，在2000年时仅有13%的美国人认为是中国，有55%的认为是美国；而在全球经济危机爆发的2008年有44%的认为是中国，31%的认为是美国；到2012年，有46%的认为是中国，38%的认为是美国。因此，在美国看来，美国维持霸权的最大问题就是中国作为潜在挑战国的极大可能性。

2009年奥巴马政府高调推出“重返亚太”的口号，目标是在外交、经济、战略和其他方面“锁定亚太地区”，打造“美国的太平洋世纪”。2011年11月，美国总统奥巴马在亚太经济合作组织（APEC）非正式首脑会议上正式提出了亚太“再平衡”战略。战略要点包括：在亚太地区日益成为世界财富与权力中心的背景下，将美国军事、政治和外交资源的分配向该地区倾斜，强化与亚太盟国、伙伴国的关系，将南亚次大陆纳入亚太战略范围，并开始接触缅甸、柬埔寨等非伙伴国；通过参与主导跨太平洋伙伴关系协议（Trans-Pacific Partnership Agreement，TPP），介入亚太经济的一体化进程；增强美军在亚太的超级优势，并制定以威慑和击败中国的“反介入”实力为主要目标的新军事战略；其最终目标是强化美国的亚太“领导”地位，实现亚太地区内部的“再平衡”。很明显地，该战略实施的主要目的是限制中国不断增长的影响力。由于亚太地区不但是世界上经济增长最快、经济活动最活跃的地区，而且更是历史问题纠结、领土领海纷争、资源争夺剧烈的地区，因此，美国亚太“再平衡”战略势必会引起新的动荡，带来新的不稳定因素。2013年以来，在西太平洋地区国家间发生的新一轮军事竞赛和领土领海纷争，跟美国的战略实施不无关系重大。

中长期地看，考虑到中国作为潜在挑战者的极大可能性和美国霸权衰落的不确定性和长期性，美国更可能通过确立一个战略目标区间来有效应对霸权衰落。战略目标区间的设置，很大程度上基于美国目前仍拥有的重大战略优势。但如果忽视其所面临的潜在制约，也可能使得这一战略方法的优势丧失殆尽，导致美国霸权衰落应对的最终失败，最终出现新一轮的国际政治动荡风险。

第二，美国不断调适的政治体制造就了一个不断强大的国家，“三权分立”的民主制度维持了国内政局稳定性和国内政策连续性；但是由于利益集团对国家权力使用的影响较大，国家政策容易受到左右。

美国在1787年费城联邦会议确定的分权与制衡的基本政治制度，及其不断自我调适和自我改良，在此后的两百多年时间里，造就了而一个不断强大的国家。美国建国初分权的政治体制是适应自由资本主义发展的需要，而到了19世纪末20世纪初美国垄断资本主义发展后，为了适应国家发展，美国政治体制朝着集权的方向发展，宪政体系的重心也从联邦制逐渐转向总统制，分权制衡制从政府体制内的“三权分立”与制衡为主逐渐转变为政府体制外的两党制的权力分立与制衡为主。在“三权分立”的民主制度下，在国内国际环境相对稳定的条件下，无论美国政府如何更迭、两党如何轮替，但是这并没有改变美国的基本战略和政策方向——即对外保持美国的全球战略绝对优势，维持美国霸权，对内推行民主和自由的生活方式，张扬个性。美国按照资本主义核心价值要求，创造并保持了政治制度在世界上独一无二的优势，推动了美国走向并维持其繁荣和强大。美国这种独特的政治体制维持了国内政局稳定性和国内政策连续性。

然而，由于美国同时又是高度“物质化”的国家，各种利益集团为了自身利益互相博弈，在民主体制之下，对国家权力的使用、政府治理产生很大的影响。在美国，利益集团是一种基本的社会现象，利益集团组织化的方式参与和影响政府决策，成为美国民主政治的一个基本特征。与西方其他国家相比，美国是世界上利益集团数量最多的国家。在美国，重大的政治事件和政治活动基本上都有利益集团的背影。利益集团主要通过操控总统选举影响行政、议会游说影响立法、操控媒体制造舆论、培育智库影响决策等方式干预国家政治生活，达到集团利益最大化目的。如此一来，总统选举就变成了“烧钱”和“广告秀”，议会讨论就变成了“角斗场”，媒体文章就变成了“欺骗”和“谎言”，智库报告变成了“旋转门”的敲门砖。现在美国，能够影响选举和选民，进而影响到国家权力使用的利益集团包括军火商、商业财团、石油商、犹太人、协会、NGO 等。大的军火商包括，洛克希德马丁、波音、雷神、通用动力、Northrop、Gmnnan、联合科技企业、TWR 等；商业财团主要包括摩根、杜邦、梅隆、摩根士丹利、德克萨斯财团、加利福尼亚财团等；比较大的石油企业有 CHEVRON、EXXON—MOBIL、康菲等；犹太人是比较特殊的利益团体，犹太人虽然在美国的总人口中只占 2.3%，但由于犹太人拥有很多金融、媒体等资源，又有独特的历史遭遇和传统，参加选举投票的比例高达 90%，所以也被很多分析人士认为列为影响美国的重要力量之一；影响政策的协会包括各大工会、制造商协会、美国商会、枪支协会、律师协会等；NGO 组织和智库，如环保组织、妇女关心美国组织、传统基金会、卡内基基金会、卡特基金会等对美国政治的影响显而易见。

每当重大政策出台、国会选举或者总统选举之际，便是各大利益集团博弈斗争最剧烈的时候。这种情况的存在，在某些程度上造成了国家政策的摇摆，造成新的政治风险。尽管 2013 年已经渡过了上一年总统选举的动荡，但是在美国财政预算赤字连续三年达到 1 万亿美元，公共债务总额超过 16 万亿美元的情况下，两党斗争仍然让政府面临“财政悬崖”，避免不了政府关门。针对这种情况，世界各大信用评级机构纷纷调低了美国的信用评级，以示美国政治经济的风险逐步增大。另外，比较令人关注的是，随着社交媒体等新媒体日新月异的发展，促进了一般民众组织成为利益集团的新形势，将深刻影响美国乃至世界政治的变化。

（二）美国社会贫富分化加剧，中产阶层萎缩，社会不稳定因素在增加，美国本土安全形势仍然严峻

第一，白人为主体的美国社会结构仍然得到维持，并有利于资本主义意识形态的主流地位，但是西班牙裔移民逐步增加，美国社会结构出现了微妙的变化，在未来对美国社会的影响难以预料。

进入 21 世纪，美国总人口大约 3.13 亿，种族构成大约是：白人 80%、黑人 13%、亚裔 5%、印地安人及阿拉斯加土著民 1.5%、夏威夷土著民及太平洋岛民 0.3%、其它种族 4%。白人为主体的美国社会结构仍然得到维持，这非常有利于有资本主义意识形态的族群占据社会主流，并

保持社会的稳定。不过，值得关注的是，近年来白人中的西班牙裔和有色人种中的亚裔移民逐步大幅度增加，影响美国社会未来的因素在增加，美国社会结构将会出现了微妙的变化。现在美国西班牙裔约有5000万人，占美国总人口的16%，并且还在快速增加，过去十年美国37个州的西班牙裔人口都增长了至少50%以上。另据美国统计局2013年5月的数字显示，白种非西班牙裔人口占美国总人口的63%，但预期到2041年，白种非西班牙裔人的数字将低于50%。届时，美国白人将最终沦为少数民族。预料未来50年内，美国也会因为人口组成剧变而出现重大的社会变迁，意味美国未来会出现大批低收入者和受教育水平较低的人士，加剧社会不公，以及其它目前难以预料的结果（例如可能最终令美国失去竞争力）。面对这个趋势，过半数白人对西裔有种族偏见，排斥程度甚至超过非裔。

第二，美国社会贫富分化状况进一步加剧，中产阶层进一步萎缩，导致社会不稳定因素在增加，加上极右组织和恐怖主义的威胁，在一段时间之内，美国本土安全形势仍然严峻。

在历史上很长的一段时间内，美国社会贫富分化并不是问题。从基尼系数来看，1947—1980年，在长达30多年的时间里，美国家庭的收入差距不大而且也没有多少变化。美国家庭收入的基尼系数1947年为0.374，1960年为0.364，1970年为0.353，1980年为0.365；但1980年以后，收入差距呈逐步扩大的趋势，基尼系数1990年增加到0.396，1995年美国家庭收入的基尼系数增加到0.421，2010年达到0.469，此后多年一直维持在0.4的国际警戒线之上。美国国情普查局于2011年9月13日公布的年度报告显示，2010年美国贫困人口达4620万人，每7个美国人中有1个生活在贫困线以下，这一数字较2009年的4360万人略有上升。与此相对应的是，收入最高的20%的人口所占比例从43.3%上升到了2006年的最高峰50.5%，在2010年达到50.2%；收入顶层的5%人口所占比例从16.6%上升到了2006年的最高峰22.3%，2010年达到了21.3%。

与此同时，在科技创新战略导向下的技术转型导致中产阶级人数规模和中间层的缩小，各大企业对中间管理层和中层收入的人员裁员较多，白领阶层中45岁者成为失业打击的对象，中间家庭收入水平甚至出现了下降的趋势。在此背景之下，国内社会运动不断增加，“占领华尔街”运动就是明显的例子。美国民众在“占领华尔街运动”中指责华尔街经济精英掌握99%的财富与权力，导致社会经济不公，暴露了美国社会贫富两极分化的社会状况。抗议者提出，“美国99%的民众被那1%的人所控制。”99%的广大民众承受失业、丧失房产的巨大压力，而1%的富人则享受巨额分红、税收减免。日益严重的贫富不均让越来越多的美国民众开始正视美国所面临的贫富两极分化的社会问题。

另外，美国仍然面临着复苏的极右势力和国际恐怖主义的威胁。当代美国右翼恐怖主义也主要是由白人至上的理念所激发的，其活动在20世纪80年代达到了高潮。20世纪90年代，右翼恐怖主义曾是美国国内安全面临的主要威胁：1995年的俄克拉荷马爆炸案，1996年7月亚特兰大奥运会期间“百年纪念公园”爆炸案，1999年夏天在芝加哥和洛杉矶发生的单身枪手针对少数民族的枪击案等，都是在美国轰动一时的恐怖案件。根据FBI的报告，除了“三K党”以外，美国的右翼武装组织目前主要还有“国民联盟”“世界创世教堂”和“雅利安国”等。另外，“光头党”“基督教爱国运动”“上帝军”“犹太保卫协会”“阿尔法66”和“菲尼亚斯教士”等右翼组织也在美国有过积极活动。

根据美国国土安全部2011年的评估报告，“9·11”事件以后，美国虽然没有面临紧迫的右翼极端主义威胁，但国内针对穆斯林民众的排斥情绪却在上升。虽然美国民众对穆斯林群体的安全顾虑很少以恐怖暴力的形式表现出来，但如今经济萧条、社会福利资金紧缩、族群矛盾严重等诸多问题，都是极右组织势力生存发展的良好土壤。特别是在黑人总统执政的前提下，一些右翼极端主义组织如“白人至上主义组织”等，将更可能招募到成员。还有像“茶党”这样的右翼政治团体，在美国政治生活中一度兴起并带来深远影响，也大大提高了右翼极端主义兴起的可能性。FBI的资料显示，自从奥巴马总统宣誓就职以来，这些极右组织已经暗杀了6名美国司法人员，很多“光头党”和极右分子因为涉及暗杀奥巴马总统的阴谋而被逮捕。从2000—2011年，美国极端组织数量增加了69%，达到1032个；更值得关注的是反政府武装团体或所谓“爱国主义”组织的复兴。这些“爱国”运动及其准军事组织在20世纪90年代中期开始进入FBI的视野，并在1995年4月19日制造了俄克拉荷马联邦大楼爆炸案。这些组织认为：联邦政府是阴谋的一部分，这个阴谋企图将一个“全能政府”强加给爱好自由的美国人民。目前，类似的信息和思想正在渗透美国的上流社会。

近年来，在反恐阵线防守甚为严密的美国本土虽然没有再次受到类似“9·11”事件的大规模恐怖袭击，但个人恐怖的威胁警报却频频拉响。胡德堡枪击案、纽约时代广场汽车炸弹未遂案等系列案件，都表明美国本土正面临着一种新的恐怖威胁变种——“独狼”式恐怖袭击。美国总统奥巴马也曾暗示，今后美国最有可能面临的恐怖威胁将不再是类似“9·11”事件那种大规模、高度协调的袭击，而是本土“独狼行动”，即个人就可以实施大规模杀伤性的武器行凶。

当前，美国极端分子向恐怖分子转变的速度正在加快，美国公民的免签待遇，为一些美国极端分子接触恐怖分子及其思想、接受恐怖主义训练提供了便利。而在目前反恐法律体系之下，美国反恐部门很难对美国籍恐怖嫌疑犯采取预防性措施。其结果是，一些恐怖嫌疑人虽然早就在美国反恐部门的监控名单之中，但最终仍然成功实施了恐怖活动。

值得注意的是，美国国内还出现了极端分子与国际恐怖组织合流的现象。由于实力受到削弱，“基地”组织也更倾向于通过互联网等媒介在西方国家招募“独狼式效忠者”，怂恿这些人发动小规模袭击，这种来自西方国家内部的袭击者成为“基地”威胁的“新面孔”。这些人不仅包括恐怖分子，甚至也可能是出现严重个人问题的普通人。当前，美国极端分子向恐怖分子转变的速度正在加快，美国公民的免签待遇，为一些美国极端分子接触恐怖分子及其思想、接受恐怖主义训练提供了便利。而且，多年以来，美国社会一直就枪支管制问题争论不休，但这一问题不但危害着美国社会，更为严重的是，为极端分子和恐怖组织提供了作案的便利。2013年4月的波士顿爆炸案说明美国的安全形势更加复杂，现在美国已很难分清国际恐怖组织与国内极端组织的区别了。

（三）美国经济增长动力依然不足、国际经济形势不明，宏观经济面临较多不确定性

1. 美国政府经济政策的正面效应，推动了美国经济的“复苏”

2013年美国经济政策是用货币供应拉动资产价格（房地产和股票）回升，以产生财富效应刺激消费，从而推动经济增长，然后寻找新技术以扩展生产前沿，同时用各种新一轮高规格贸易协定（例如TPP、TTIP）限制别国的发展空间。而美元独特的世界货币地位，使公共部门上升的杠杆率得到了有效的支撑，特别是相对于欧元和日元，或其他货币地位更弱的发达经济体。现在这种策略还算成功推动了美国经济的“复苏”。奥巴马2013年的贸易政策议程愿景，有两个主要方向：往太平洋地区，他们希望在十月亚太经合会（APEC）高峰会前，达成TPP，也就是泛太平洋合作协议；往另外一头，奥巴马在国情咨文也提到了，要向欧盟全面协商跨大西洋贸易与投资伙伴协议，而且时间比较明确——2013年6月开始，两年内达成。通过这些贸易政策，来继续刺激从2009年开始实施的五年出口倍增计划。这个计划实行三年以来，美国出口持续地上升，包含服务业、农业、制造业已上涨了接近40%。2013年第三季度，美国GDP增长率为2.8%，是2012年二季度以来最快的，较二季度的2.5%高出0.3个百分点，市场反应出谨慎的乐观态度，预计第四季度仍然会有较快的增长。

2. 个人消费支出是美国经济增长的最大动力，由于国内经济增长动力依然不足，国内结构性问题堆积，国际经济形势不明朗，美国宏观经济依然面临较多不确定性

2013年美国GDP增长的主要原因在于库存累积和个人消费开支对经济增长的贡献增大，而政府开支降幅缩小。个人消费更录得2010年底以来最大增幅，贡献整体增幅2.2个百分点。而净出口和政府开支表现最差，成为增长“逆风”，亦反映自动削支的威力。白宫经济顾问委员会主席克鲁格表示，联邦国防开支收缩，拖累整体增长减少0.6个百分点。截至2013年第三季度，美国经济已实现连续17个季度增长。其中，个人服务消费支出是拉动美国经济增长的主要因素。2008年至2013年，美国最终消费支出占GDP一直保持在90.9%上下，其中个人消费支出平均占了70.7%，服务消费的支出平均占了47.02%；资本形成总额平均占了

12.78%；货物和服务净出口平均占了-3.52%。据美国经济分析局的数据，2012年美国GDP中农业占1.1%，工业占19.2%，服务业占79.7%。重点产业包括汽车、飞机制造、电信、化工、电子和计算机。服务业占GDP的绝大部分，其中最重要的是分销贸易、房地产、交通、金融、保险、医疗和商业服务等。

但是由于国内经济增长动力依然不足，国际经济形势不明朗，美国宏观经济依然面临较多不确定性。宏观地看，美国经济增长的支撑因素在：供给方面，传统产业（汽车）的平稳增长，新技术创新带来相关行业产能（电子、计算机及软件）持续扩张；能源革命（页岩气等）催发了新的增长动力，并极大地降低了运行成本，还重新确立美国的生产国以及新兴能源国的地位；需求方面，“地产复苏—消费改善”正反馈互动机制逐渐显现，改善了整体就业，也增加了居民收入和下降了家庭债务规模；家庭信贷坏账率、拖欠率的下降，让银行资产负债表得以修复，信贷投放意愿得到提高，这些都为地产复苏和稳定消费提供了条件。2012年以来，房地产市场的逐渐复苏，改善了金融部门和家庭资产负债表，夯实了消费增长的基础。

但是由于美国经济存在的长期问题包括基础设施投资不足、医疗和养老支出快速增长、巨额的贸易和财政赤字、低收入群体家庭收入停滞等，这些因素制约美国经济的进一步复苏。这些因素主要体现在：（1）就业形势严峻。失业与经济增长之间存在相互制约的关系。一方面，经济复苏缓慢会导致失业率下降减缓；另一方面，失业率下降迟缓导致居民消费难以迅速增长、居民收入难以明显提高，从而制约经济复苏。虽然3月份的失业率略微下降了，但未统计大量丧失寻找工作信心的失业者，同时新增工作岗位的数量令人失望，表明美国就业市场改善势头仍不稳固。严峻的就业形势，导致美国居民消费难以快速提高，在很大程度上也会影响居民对未来的预期，导致消费者信心不稳定。到了2013年初，政府开支的削减直接导致了全美减少200多万个岗位。（2）贸易赤字拖累经济增长。美国4月份贸易赤字扩大至402.9亿美元。美国商务部6月5日公布数据显示，美国4月份贸易赤字环比增长8.5%，至402.9亿美元；进口增长54亿美元，出口增长22亿美元；石油贸易赤字连续3个月环比下降。分析认为，数据表明贸易领域将继续对第二季度经济构成负面影响。2013 年第一季度，贸易账户拖累美国 GDP 近 0.2 个百分点。（3）欧债危机的重大影响。美国经济与欧盟经济之间存在十分紧密的联系。由于欧债危机的影响，欧元区经济活动明显减缓，并从各种渠道冲击着美国经济。一方面，信贷标准提高。欧洲银行约占美国工商贷款总额的 1/5。欧债危机加大了美国企业融资难度，流动性将进一步缺乏，从而加重了美国经济复苏的风险。另一方面，外需减少，美元升值。美国对欧盟的出口占其出口总额的近 1/4。欧盟经济减缓，全球经济回落，美元升值，都将抑制美国出口和经济增长步伐。（4）个人收入下降威胁消费支出。2013 年 1 月份个人收入下降 3.6%，为数十年来的最大降幅。尽管由于工资税减免措施到期，个人收入下降在预期之中，但降幅较预期高出一个多百分点。数据显示，4 月份美国民众个人消费开支环比下降 0.2%，为去年 5 月以来的首次下降，而前一个月为增长 0.1%；个人收入环比下降 56 亿美元，降幅不足 0.1%，而前一个月为增长 0.3%。美国商务部（DOC）4 月 29 日公布的数据显示，美国 3 月消费支出温和走高，好于预期；但收入增长不及预期，显示消费可持续性动能有待考验。同时，美国经济仍面临许多风险，包括定于 3 月份到来的全面支出削减，以及债务上限带来的政府违约风险。违约可能引发新一轮衰退。（5）财政赤字高企的负面影响。2014 年前美国的财政赤字仍将保持在较高的位置。根据 CBO 测算，2012 年美国财政赤字占 GDP 的比例约为 6.2%，债务占 GDP 比重超过 100%。2013 年 6 月 12 日，美国财政部发布报告显示，5 月份美国联邦政府财政赤字为 1387.32 亿美元，高于去年同期的 1246.36 亿美元，同比增长 11.3%。其中，美国联邦政府财政收入为 1971.82 亿美元，同比增长 9.1%；财政支出为 3359.14 亿美元，同比增长 10.0%。（来源：美国财政部）2014—2021 年美国财政赤字预计将保持在 GDP 的 1.1%—1.5% 左右。因此，预计 2013 年经济年增长为 2.4%。

（四）中美关系对维护两国利益，维持全球经济体系的稳定、安全和繁荣至关重要

中美两国之间的依存度正不断加深，在贸易、气候变化和产品安全等

很多问题上，美中两国的利益是有交叉的，中美之间有巨大的共同利益。2013 年中美贸易额已近 5000 亿美元，美国成为中国最大的出口市场，中美相互投资超过 800 亿美元。美国财政部公布统计数据显示，截至 2013 年 8 月，中国持有美国债总额为 12681 亿美元，比 7 月减少 112 亿美元，但仍为美国最大债权国，高出排名第二的日本 1190 亿美元。另据预测，到 2022 年，中美两国将成为彼此最大的贸易伙伴。美国对中国出口额将达 4500 多亿美元，为美国创造超过 250 万个就业机会，赴美中国游客将从 2012 年的 150 万人增长到 1000 万人。目前，中美两国领导人都意识到中美关系对维护两国利益，维持全球经济体系的稳定、安全和繁荣重要性，并已经就共同建设中美新型大国关系达成重要共识。

但是，由于中美之间的结构性战略差异，以及美国霸权的逐步衰落和新型国家的不断崛起，美国越来越将中国视为战略对手而进行战略遏制，导致中美之间摩擦不断、问题不断，中国和平发展的事业不断受到影响，海外利益不断受到侵害。主要表现在：

第一，日益加剧中美之间的贸易摩擦，威胁我国经济安全，使我国企业面临经营风险，增大国家财政的不稳定性和脆弱性，增大我国的就业风险。

中美贸易摩擦一直不断，21 世纪以来，由美国单方面挑起的一系列贸易摩擦不断给中美贸易关系蒙上了浓重的阴影，贸易大战常常一触即发，中美贸易摩擦作为中美经贸关系的一部分随中美政治关系的发展和国际局势的变幻而发生变化。庞大的美国市场和迅速崛起的中国市场，以及日益密切的经贸往来，使得这两个国家相互之间存在巨大的经济利益，但是如此激烈的贸易摩擦，不禁让人担心中美经贸关系的前景。美国贸易不是单纯的经济决策，而是经济利益和政治现实的平衡。

第二，以各种理由设置种种境外投资障碍和限制，使得我国企业“走出去”，实施跨国经营，困难重重。

中国公司的日益强大引起了美国人对中国发展的担忧，伴随着全球经济衰退带来的不安情绪，美国国内不断以“危害国家安全”或“严肃会计制度”为由，将中国公司堵在门外。比较典型的例子是，美国国会发布调查报告称，中国电信设备制造商华为与中兴未能充分解释在美商业利益、与中国政府的关系，因此在美国的关键基础设施中使用华为提供的产品，可能会危害到美国的核心国家安全利益，而否决了这两家公司在美国的正常商业行动。另外，还有不少拟在美国上市的公司，因为无法提供美方会计跨境监管机构要求的文件，而被堵死赴美上市的路子。连个别企业（万向集团）计划收购美国电池厂也因为触动大选神经也被冠以“危害国家安全”之名被否决。

第三，海外华人华侨在政治、经济及安全领域受到不公平待遇，严重损害中国海外侨民利益。

在亚裔美国人中，华人是最大的一个族群。美亚裔权益团体联盟 2011 年 10 月发布的一份最新报告显示，全报血统为“华人”的有 379.5 万人，再加上自报为“台湾人”的有 23 万，两者合计亚裔总人口的约 23.2%。综合地看，美国华侨华人经济、政治与社会方面均与上一辈不同，在美国社会的经济和政治地位都在稳步提升：受教育水平、职业地位、收入均有提高；经济实力和竞争力也有很大的增长；在政坛的影响力越来越大。但是，由于近年美国经济不景气，社会矛盾激化，受到的不公平待遇也越来越多，具体表现在：

首先，为转移社会矛盾，美政府收紧移民政策，打压华裔移民的生存空间，伤害华人家庭。近年受金融危机影响，美国社会矛盾和失业率上升的背景下，美国把矛头指向外来移民。为了选票美国政府收紧移民政策，严苛移民条件，并不时进行野蛮的社区搜查，借此打压华裔移民的生存空间。比较典型的是，2010 年 4 月，亚利桑那州通过一项有史以来最为严苛的移民法：禁止非法移民进入该州；只要警察有合理的理由怀疑某人是非法移民，便可当街拦下查问其身份，该法案于当年 7 月底正式生效。这项法案以肤色、衣着和语言等外表作为标准，并且对象基本是少数族裔。该法案对华人社区造成了巨大冲击，多个在美华人社团都担忧其他各州会效仿亚利桑那州出台类似的反移民法案，使华裔移民的生存空间更加狭窄。另外，近年来美国不断对亲属移民做出严格的配额限制，造成大量家庭团聚移民申请积压，使家庭观念重的华人受害最深。

其次，被誉为“模范少数族裔”华人群体，遭到白人种族主义者和其他少数族裔群体的嫉恨，易于成为被侮辱或被攻击的对象。美国对外来移民的包容程度虽然在不断提高，法律也保障了各种族和族裔群体的平等，可是有一些排外主义者依然不时散发仇华言论，甚至施以暴力侵害。这其中一个很重要的原因是华人人口和经济实力的增长，遭到一些白人种族主义者的嫉恨。美国每年都会发生不少侮辱和攻击华人的种族仇恨事件。在每年农历新年期间，在美一些亚裔社团机构常常收到针对亚裔，特别是华人的攻击性邮件，邮件中书写“杀死华人”、“亚裔滚回去”的种族歧视语句。2010 年华裔士兵陈宇晖在阿富汗美军基地饮弹身亡，后经调查发现曾遭上级体罚虐待与种族羞辱。

另外，华人也常成为非洲裔、拉丁美洲裔等少数族裔犯罪分子的攻击对象，人身安全问题令人担忧。2010 年上半年在美国发生的两起有关华人被害案件可以说震惊华界。一起是 3 月份一位名叫俞恬声华裔青年在美国加州屋仑市惨遭两名非裔青年攻击重伤死亡；一起则为 5 月 16 日晚 9 点半美国纽约法拉盛地区姚宇案，这个正值青春的牡丹江女孩被一墨西哥籍男子强暴虐杀后，在送至医院不久即宣布脑死亡。以上两起极具代表性的案件，令在美华社更加忧心周围治安的恶化。金融危机造成经济不景气，失业率攀升，社会上犯罪活动也就日益猖獗，被誉为“模范少数族裔”的华人首当其冲成为一些生活不如意的不法分子的“眼中钉”。

最后，美裔华人与中国关系的密切，致使主流社会针对华人的“间谍”怀疑有上升趋势，令美国华人遭受损失。类似“李文和案”的“间谍”事件也时有发生，华人似乎是“永久的外国人”。几乎每年都传出有中国人因为“间谍问题”被美国起诉的消息。2009 年“中国间谍”成了美国媒体的流行语，矛头直指中资公司。据不完全统计，自 2009 年 3 月份起，美国媒体公开报道的所谓“中国间谍”事件至少有 14 起。

美国华人在政治、经济及安全领域遭遇，加上美国经济不景气与失业率的增加，使得在美华人高端人才回中国大陆发展的意愿更加强烈。有数据表明，从 1978 年中国开放留学至 2007 年，海归总人数近 32 万，但是仅 2009 年一年，海归人数就超过前 30 年的 1/6，现在这个比例越来越高。

（五）不确定性分析与未来预测

美国为了维持全球霸权，避免过早衰落而实施的全球大战略成为未来安全走势最大的不确定性。另外，在很大程度上，建立在信心和信用基础之上的美国经济发展未来肯定是一个曲折、缓慢的回升过程，尽管宽松财政货币政策短时间仍然会继续维持，但是未来地看，美国经济形势仍有比较大的不确定性。

1. 美国介入亚洲冲突的可能性

近年来，随着亚洲国家矛盾纷争升温、矛盾增多、紧张局面加剧，不能排除产生冲突。因此，美国是否会介入亚洲冲突，成为区域局势最大的不确定性。鉴于美国与日本和菲律宾都有同盟关系，因此，一旦这两个发生与周边国家的军事冲突，美国介入的可能性将成为世界关注的问题。

一般认为，鉴于美国对南海争端已经从“无立场”改变为“有立场”，从“战略模糊”改变为“战略清晰”，尽管其表面上是“不站在争端的任何一方”，同时也呼吁有关各方通过外交努力和平解决争端，但是，一旦发生冲突，美国的介入将很难避免。不过，鉴于菲律宾的国力限制和美国在西太平洋整体战略的考虑，美国的介入必定是限定在一定范围以内。比较多的可能是：提供情报和军事援助；协防岛礁；策动其他盟国出兵；出动航母武力隔离等几项。

不过，在钓鱼岛问题上，美国介入的深度和广度则会较大。除了《美日安保条约》的义务外，美国战略重点是在东北亚地区遏制任何可能挑战美国霸权的行为，这不单单针对中国和朝鲜，还包括俄罗斯和日本。但是，只要钓鱼岛问题没有上升到中日军事冲突，美国的政策还是以阻吓为主。

2. 美联储放缓量化宽松政策（QE）的可能性

2013 年下半年以来，美联储是否会放缓 QE 成为业界关注的焦点。虽然目前的货币政策实际力度的确较 2012 年更加宽松，实际有效利率低于考虑通胀和产出缺口因素在内的隐含利率水平，房地产和就业市场也出现明显改善，但美联储需要至少三个月的时间才能了解美国经济是否足以克服财政赤字削减的负面影响。一般认为，需要关注美联储货币政策会议及其效果。另外，欧洲央行货币政策变化也将成为影响美元指数走势的关键因素。日本央行短期内再度加码量化宽松的可能性不大。若欧洲央行货币放松和美联储政策收紧的双重预期逐渐强化，将推动美元指数继续向上。远期来看，美国的 QE 会持续进行，不会缩进。美国经济虽然呈现稳步扩张趋势；劳动力市场进一步改善，但失业率仍居高位；家庭支出和商业固定资产投资继续扩张，房地产市场进一步改善；目前通胀率已经低于联储长期目标，但长期通胀预期仍保持稳定。

3. 美国消费者信心不足问题

消费者信心对于建立在信心和信用基础之上的美国经济发展至关重要。据一项调查显示，2013 年 11 月美国整体消费者信心指数下跌到 72.0，低于 10 月的 73.2 和经济学家预测的 74.5，为 2011 年 12 月以来最低点。受 2013 年 10 月美政府部分关闭导致严重的负面影响，低收入家庭对未来的财务状况、就业前景非常担忧。如果这个指数一直低迷，对美国经济则是一个较大的打击。

四、委内瑞拉

马杜罗的顺利掌权使得委内瑞拉政治局面相对稳定，政策连续性和有效性得到维持。在马杜罗任期内，长期累积的社会矛盾和与美国关系紧张态势仍然存在，社会局势仍较紧张，地缘政治风险也没完全消除。由于过分依赖石油的单一经济结构和居高不下的通货膨胀率仍将继续，受国家的油价下跌拖累，政府债务攀升，外汇储备减少，其经济体系的脆弱性和不平衡问题仍然存在。不过，中委关系发展顺利，关系比较密切，在能源、电力、农业、工业、科技、通信和旅游等多方面有密切合作。在委华侨发展事业兴旺，但是中国在委新移民面临身份问题与生存环境不适应等问题。

（一）委内瑞拉与国际政策风险分析

马杜罗 2013 年 4 月 14 日赢得总统选举，使得查韦斯“第五共和国运动”以及社会公平化政策得以继续，借助中下层民众和国际左翼力量的广泛支持，马杜罗顺利接过政权，使得委内瑞拉政治局面相对稳定，政策连续性和有效性得到维持。马杜罗基本延续了查韦斯的政策，继续推进激进偏左的“21世纪的社会主义”计划，压制富裕阶层和权势集团。尽管马杜罗上台之后，原来以民主行动党和基督教社会党为首的右翼“民主团结联盟”与政府形成尖锐对立的国内政治格局仍然没有根本改观。另外值得注意的是，马杜罗面对的经济景况则更坏——国内经济形势因物资短缺和通货膨胀而急剧恶化。而在政治上，原本团结在查韦斯领导之下的政党联盟如今却显示出分裂的迹象。尽管曾任国家议会主席的马杜罗也有治国理政的经验，但紧张的国内形势还向他提出了艰难挑战。国内严重的通货膨胀、社会犯罪率上升等问题，导致马杜罗团队的领导能力遭到多方质疑。

与此同时，尽管马杜罗继承了南美团结一致、抵制美国影响力的外交路线。但是他在国际舞台上少了其前任查韦斯的锐气，在外交政策上倾向于守势，上任后主张同美国实现国家关系正常化。委外交部长埃利亚斯·豪亚说，委任命驻美大使馆临时代办，表明委方恢复两国完全外交关系的意愿。他暗示，这一举动应该成为恢复互派大使的前奏，“因为美国仍然是我们最大的贸易伙伴”。马杜罗也表示，只要是互相尊重的关系，他希望改善同华盛顿的关系。但是，由于两国根本分歧过大，关系紧张局面无法很快解决。非但如此，在2013年10月还出现了委内瑞拉驱逐美国外交官事件（美国三名外交官被指向委内瑞拉公司行贿，以削减电力生产）。

长期地看，作为马杜罗政权最大外部威胁的美国，也会由于委内瑞拉与美国关系的复杂性而不轻易使两国关系走向恶化境地。理由是：政治上，美国要推倒马杜罗政权，首要选择仍是通过选举方式扶植亲美政权上台，但是在马杜罗依然拥有高支持率的状况下，这个目的显然不易达到。经济上，石油在委内瑞拉和美国的关系中占有重要地位。委内瑞拉是世界第五大石油出口国，也是仅次于加拿大、墨西哥和沙特阿拉伯的美国第四大石油进口来源国。由于美国与委内瑞拉地理上相距较近，而委内瑞拉的石油储量不断有新的突破，再加上其丰富的重油资源，美国不可能无视这一事实。而委内瑞拉对美国也有一定的依赖性，其每年向美国出口的非石油产品也数额巨大，而且由于其国内技术水平不高，对美国的高科技产品也有一定的依赖性。因此，即便马杜罗一如前任领导人查韦斯那样高举反美旗号，美国也未必会对委内瑞拉进行经济等方面的制裁。只要马杜罗继续得到国内民众的支持，未来若干年内委内瑞拉政治格局不会有太大的变化。

（二）受国家油价下跌拖累，政府债务攀升，外汇储备减少，其经济体系的脆弱性和不平衡问题仍然存在

委内瑞拉过分依赖石油的单一经济结构受国际环境影响很大，每当国际原油价格走低（2013 年 11 月跌至每桶 92.72 美元），委内瑞拉国内经济受到拖累就非常明显。截止 2013 年 11 月 15 日委外汇储备总额仅为 206.9 亿美元，较去年同期大幅下降了 17.7%，创下 2004 年 9 月以来的历史最低值。兼之公共开支一直居高不下，政府债务节节攀升。根据委内瑞拉财政部提供的数字，截至 2013 年 9 月委公共内债余额为 4205.02 亿玻利瓦尔，较 2012 年底猛增了 1651.39 亿玻利瓦尔，增幅高达 64.67%。与此同时，委内瑞拉的通胀率同比涨幅已经从 2012 年 12 月的 20.1% 上涨至目前的 35.2%。而环比涨幅在 2013 年 5 月份达到了 6.1% 的历史新高，将通胀率同比涨幅从 2012 年 12 月的 20.1% 拉高至 35.2%。其中食品月度环比上涨 10%，2013 年 4 月为 6.4%，同比涨幅达 48.1%。食品价格的大幅上涨对底层人士影响最为严重，因为食品开支在其日常开支当中占有相当大的比例。在 13 个 CPI 指标中的 11 个如今同比涨幅超过 20%，这显示出委内瑞拉如今困于滞胀之中，正滑向危险的恶性通胀。由于执政党在民调中表现差强人意，所以马杜罗会进一步出台经济刺激政策，增加财政支出，央行也将配合其行动。

考虑到未来一段时间委内瑞拉国内的政治不确定性依然很高，通胀在未来还将维持在高位，同时其货币还将继续走弱。非官方市场和私人投资支出还都将维持在低位。总的来说，通胀维持在高位可以说确定无疑，并在 2013 年保持更快的增速。可能会从 2012 年的 20.1% 上涨至 40%。高通胀环境和越来越大的财政支出将会促使委内瑞拉货币的进一步贬值。我们认为，委内瑞拉经济增长的质量问题不容忽视，在很长一段时间内其经济体系的脆弱性和不平衡问题仍然存在。

（三）中委关系发展顺利，关系比较密切，在能源、电力、农业、工业、科技、通信和旅游等多方面有密切合作

1971年6月28日，委内瑞拉同中国建交。2001年，中委两国建立共同发展的战略伙伴关系。2004年12月，查韦斯总统对中国进行国事访问。2006年8月，查韦斯总统对中国进行国事访问。2008年9月，查韦斯对中国进行国事访问。2009年2月，国家副主席习近平对委内瑞拉进行正式访问。2009年4月，查韦斯对中国进行工作访问。2010年4月，胡锦涛主席将对委内瑞拉进行国事访问。近年来，随着高层互访不断，两国经贸合作发展顺利。委内瑞拉是中国在拉美的第五大贸易伙伴。2008年1—10月份，中委双边贸易额超过88亿美元，同比增长81.2%。

2013年9月22日马杜罗访华。中国国家主席习近平在人民大会堂同马杜罗举行会谈。两国元首就加强中委共同发展的战略伙伴关系及有关国际和地区问题深入交换意见，达成广泛共识。同一天，中国—委内瑞拉高级混合委员会第十二次会议在北京举行，两国有关单位签署了石油、电力、农业、工业、科技、通信和旅游等多项合作文件。两国就中国石油化工集团（简称“中石化”）对奥里诺科重油带胡宁油田1区块投资14亿美元、委内瑞拉购买2000辆中国产公交车、中国向委提供5亿美元的贷款，用做该国房屋、村庄、交通、工业、道路、电力、矿山、医疗、科学和技术的发展等方面达成重要合作意向和协议。

另外，中国在委新移民面临身份问题与生存环境不适问题。

近年来，通过不同途径进入委内瑞拉的中国新移民人数虽有增无减，但由于各种各样的原因，很多人还没有取得委内瑞拉国籍。也可以肯定，大部分人不可能在短期内取得委内瑞拉国籍，不少人甚至没有取得委内瑞拉国籍的信心或意愿。近几年来，这一部分移民的增长速度超过了已经取得委内瑞拉国籍的华侨华人人数的增长速度。人们一般都相信，还没有取得委内瑞拉国籍的华侨华人人数远超过已经取得该国国籍的华侨人数。而在前者中，通过非正常途径来委的人数又远超过通过正常途径来委的人数。不少“非正常移民”为求生存，也为了避免军警的检查和敲诈勒索，还有极少数急于想做生意的人，愿意花大本钱取得合法居留身份。各式各样办居留的“中介”便应运而生，趁机敛财。不少新移民通过这些“中

介”取得了合法居留已是不争的事实，但在办理的过程中却是陷阱重重。委内瑞拉政局长期不稳，执法不力，华侨华人难以安居乐业，长期生活在担惊受怕的状态中。于是，在极少数人的煽动下，当地人把矛头对准一向勤劳守法的华侨华人。其中最严重的事件，便是“哄抢”。近年来多次发生过“哄抢”事件。

截至2011年，广东省恩平市共有海外华侨50多万，其中最多的为旅居南美洲的委内瑞拉，达20多万人。恩平人大规模移民委内瑞拉是20世纪80年代才开始的。当时，国家实行改革开放，移民海外政策放宽，又因委内瑞拉是世界上第五大产油国，经济发展迅猛，需要大量的人力，因此形成了长达数十年的委国“移民潮”。

委内瑞拉是中国在拉美地区的重要经贸合作伙伴。中委两国自建交以来，一直保持有良好的经贸关系，双边贸易保持较高的发展水平。2004年两国政府首脑实现互访，中委建立“共同发展的战略伙伴关系”，成立中委高级混合委员会，下设双边关系、能源和矿产、经贸、农业、科技工业和航天、文化、社会事务等分委会，作为双方合作的重要机制，发挥了积极的沟通和协调作用，有效推动两国各领域合作取得重要进展。截至目前，中委两国已成功举办了10次经贸混委会会议，双方就共同关心的经济议题广泛磋商，增进了相互了解和认知，政治互信有所增强。

截至2011年底，中委双方已签署协议近430个，中国在委内瑞拉实际投资已超过20亿美元。双方正在合作的项目有近200个，合作范围包括能源、矿产、航天、工业、房建、基础设施建筑和金融等诸多领域。委内瑞拉的在华经济合作项目也取得突破性进展。2012年4月，中国石油天然气集团公司与委内瑞拉国家石油公司共同出资586.1亿元建设的广东石化重质原油加工项目正式启动。目前委内瑞拉的在华投资项目有近百个，实际投资约3000万美元。

近年来，中委两国在能源开发领域的合作不断深入发展，委内瑞拉石油部公布的数字显示，2007年以来中国已累积向委内瑞拉提供了320亿美元贷款，委内瑞拉每年以部分石油产量偿还。2012年2月27日，委内瑞拉副总统亲自参加了中委双方14个合作协议的签字仪式，协议主要涉及基础设施建设等领域。委内瑞拉还将与中国中信集团公司合作开发Las Cristinas金矿。由中国制造的商业卫星“米兰达”号定于2012年10月发射升空。

（四）不确定性分析和未来预测

1. 国际油价不确定性的负面影响

委内瑞拉坐拥世界第二大石油储量，其石油储量仅次于沙特阿拉伯。在拉丁美洲，受国际油价下跌影响最大的是委内瑞拉。委内瑞拉是世界第五大石油出口国。根据官方数字，委内瑞拉日产原油约300万桶，其中一半用于出口。目前，委内瑞拉每天向中国出口30万桶原油。石油收入占委内瑞拉国民收入的50%，占外汇收入的90%。如果国际石油价格暴跌，不仅使其经济遭受沉重打击，也会对这一国家的社会、政治产生了重大影响。石油工业是委内瑞拉国民经济的支柱产业，石油出口收入占出口总额和国家财政的70%；国际油价每下跌1美元，委内瑞拉收入减少8亿美元。如果财政危机导致入不敷出，公共部门的投资和中央政府对州、市政府的拨款减少，政府原定社会发展、就业培训和家庭补助计划的实施受到影响。失业率将随之增高，民众与政府对立情绪加剧。

国际油价的波动与世界经济形势的发展趋势密切相关，而委内瑞拉的经济形势与国际油价密切相关。如果世界经济持续衰退，油价将继续下跌，将会继续对委内瑞拉经济造成负面影响。如果国际社会共同努力，在较短的时间内使全球经济逐渐复苏，则油价将仍会保持比较高的水平，这将使委内瑞拉经济继续保持较高的增长率。我们预计，油价下跌的趋势不会持续很久，从中长期来看，油价仍会保持较高的水平，因此委内瑞拉经济发展的前景还是乐观的。

2. 与美国关系不稳定的负面影响

前总统查韦斯反美立场坚定，经常高举反帝旗帜，谴责美国干涉拉美事务，美国则批评委政府侵犯人权，指责其支持哥伦比亚反政府游击队并与哥贩毒集团有联系。为此，美国对委内瑞拉的国家石油公司采取制裁措施。查韦斯总统批驳美方有关指责，反对美以人权、反毒为借口干涉委内政，明确反对美政治、经济和贸易制度。2010年，委内瑞拉拒绝接受美国新任驻委内瑞拉大使提名。至今，委内瑞拉与美国一直保持着无大使的外交关系。

2013年7月，由于美国驻联合国发表批评委内瑞拉人权的言论，致使由委内瑞拉外长豪亚与美国国务卿克里领衔开始的恢复正常关系进程中断。同时，美委两国关系因委内瑞拉决定向美国“棱镜”监控项目揭秘者斯诺登提供庇护而受到影响。

2013年11月，马杜罗认为委内瑞拉经济问题的直接原因就是美国和国内反对派，这些反对派的最终目的是摧毁国内经济正常运行、破坏社会和国家稳定。目前，委政府已采取措施降低国家每年54%的通货膨胀率，解决国内卫生纸、牛奶、食用油等基本生活物资短缺问题。

美国的对委政策是影响委政局变化的最重要外部因素，美方一旦暂停从委方进口石油，委方经济无疑将陷入困境。尽管美方希望查韦斯的权力体制发生解体，但也不希望委局势失控，毕竟美委两国之间在石油贸易、经贸利益上存在相互依赖关系，且美国在拉美还有着更大的政治和战略利益。迫于国内政治、经济压力和对石油出口安全的考虑，委政府对美政策也将会留有余地。近期，美委两国政治关系出现了改善的迹象，但进展程度还取决于两国的外交博弈和国内政治要求。

3. 内部社会不稳定的负面影响。

高通货膨胀率、部分消费品供应短缺以及腐败问题已造成社会不满，且反对派不断发动抗议示威活动。此外，委暴力事件较多，犯罪率上升，社会治安状况也不甚乐观。据委内瑞拉内政部公布的数据，2012年委内瑞拉共有16000人死于谋杀，人数同比大幅上升近12%，谋杀率高达十万分之五十五，比上一年提高了5.2%，其中92%的谋杀为持枪作案。当地居民可以合法持有枪支，但非法枪支较多。尽管委政府不断加强经济、社会管制力度，但社会不稳定性因素依然在增加。

五、智利

智利国际关系良好，政权过渡平稳，社会秩序稳定，医保体系健全，经济开放程度较高，金融体系稳健，政府债务负担较轻，对外依赖程度较低，与中国经贸往来日益密切，具有较强的吸引外资和应对国内外金融风险能力，但贫富差距较大，经济增长放缓，物价水平有所提高，外汇储备不够充足，财政状况有恶化趋势等仍有待进一步改善。

（一）智利与世界国际政治环境风险分析

第一，智利积极拓展外交关系，国际政治环境总体稳定，与中国关系保持良好，政治互信不断加深。美国和欧盟都是智利主要的贸易伙伴和外资来源地，相互合作领域不断拓展，经贸联系日趋紧密。虽然智利与阿根廷和玻利维亚间的领土纠纷仍是主要的地缘政治风险，但随着智利友好外交的积极推进，短期内不会发生较大规模的边界冲突。

在外交方面，智利大力推行全方位的外交战略，主张尊重国际法，和平解决争端，近年来对外交往十分活跃，已与世界上 172 个国家建立了外交关系。智利优先巩固和发展同拉美领国和南方共同市场成员国的关系，积极推动拉美一体化，重视与美欧国家的传统关系，积极拓展同亚太国家的关系，努力实现出口市场多元化。1970 年，智利成为南美洲第一个同中国建交的国家，也是最早同中国完成入世谈判的拉美国家。建交以来，两国关系稳步发展，经贸合作日益扩大，在国际多边领域保持良好合作，双方高层接触频繁，政治互信不断加深。中智两国已举行多次外交部间政治磋商、经贸混委会和科技混委会。2012 年 9 月，两国签署了《中华人民共和国政府和智利共和国政府自由贸易协定关于投资的补充协定》。

美国自 1823 年与智利建交以来，一直是智利最主要的经贸伙伴和投资国之一。美国目前仍然是智利在全球的最大贸易伙伴、主要债权国和投资国。2011 年 3 月，智美双方签署了包括核能合作在内的多项合作协议。美国在智利的直接投资一直排在第一位。2013 年 9 月，智利外资委员会发布数据显示，1974—2013 年上半年，美国累计投资智利金额高达 245. 18 亿美元。同时，欧洲也是智利最重要的贸易伙伴和传统市场之一，智欧高层互访频繁，关系保持良好。2013 年 10 月，智利—欧盟双边贸易协定已生效 10 年，智利向欧盟递交了关于进一步细化双边贸易协定的建议，建议涵盖政治、贸易和双边合作等内容。当前双方正在新的领域诸如高新技术、太阳能等方面展开合作，在有关商贸领域，双方应就能源、卫生和植物检疫、投资保护、扩大服务业市场开放及双方企业参与对方公共项目招标等方面进一步深化和细化合作。但是由于历史原因，智利与阿根廷两国仍然存在边界问题，与玻利维亚在出海口问题也出现了分歧。不过，短期内不会发生大规模的冲突，智利友善的外交政策也有助于外交纷争的解决。

第二，智利政权平稳过渡，国内政局总体保持稳定，新政府改革有助于推动国家经济和社会的进一步发展。智利政府官员清廉度较高，能有效推动政策的稳定执行。

智利政权过渡平稳，教育、财税及政治领域的改革有望稳定国家发展。2013 年，巴切莱特当选智利总统，其领导的中左翼联盟获得参、众议院的多数席位，这为新政府改革奠定良好的政治基础。新政府将把施政重点放在教育和财税改革，致力于经济增速和社会福利的同步提升，同时渐进式地推进政治改革以提高民主选举效率，这些改革成效连同原已形成的较为稳定的制度框架将保障国内政治环境长期稳定。同时，智利政府部门管理较为公开、透明，在世界上廉政建设水平处于领先地位。全球反贪机构“透明国际”最近公布的 2013 年清廉指数显示，智利在 177 个国家中排 22 名，在满分为标准，其得到 71 分（分数越高表示越清廉）。

（二）智利人口较少但增长较快，当地医疗保险体系完善，社会治安状况保持良好

智利人口数量较少，但增长速度较快，较单一的宗教信仰使发生宗教间纠纷的可能性极低，各民族也能友好相处。2002—2012 年，智利人口增长率为 10.1%，截至 2012 年，智利总人口达 1663.46 万。智利 15 岁以上人口中信仰天主教的占 67%，信仰新教的占 16%。智利是一个多民族国家，印欧混血人占 75%，白人 20%，印第安人 4.6%，各民族间相处友善。其中，华人华侨人数一直较少，在当地影响也较小。目前，在智利华侨人数仅约 2 万人，其中 70% 旅居在生活环境较好的圣地亚哥。老华侨一般经营中餐馆，新华侨从事进出口贸易、零售业为主，还有少部分华侨在

当地企业工作。尽管在智利的华侨人数不多，但智利政府和民众对他们的态度友好。同时，在智利生活的人民幸福感高，2013 年 10 月，据智利企业社会责任行动组织（Acción RSE）和智利大学发布的《可持续发展指数报告》，智利在 179 个国家（地区）中排名第 46 位，在拉美国家中位居第三名。

但是，智利是世界贫富差距最大的国家之一。智利各地平均收入差距逐年扩大，2013 年 2 月智利养老金监管委员会统计，智利各大区平均工资收入差距较大，男性和女性由于从事工作不同，收入差距也较大。近年来，智利矿业领域工会与企业主谈判集体工资合同期间发生多次规模不等的罢工。2013 年初，智利港口工人罢工对农产品出口造成较大影响。不过，智利的医疗保险体系相对完善，已形成了公私结合和以公立为主的医疗及医疗保险体系。同时，智利的社会治安状况保持良好，是目前拉美国家中最稳定的国家之一。境内无恐怖组织，武警整体治安能力及防范实力较强。根据英国《经济学人》杂志对全球 150 个国家社会出现不稳定可能性的评估排行榜，智利成为拉美地区社会动荡风险最低的国家之一。

（三）智利金融体系稳健发展，政府债务负担较轻，对外依赖程度也较低，与中国贸易往来日趋紧密

第一，智利近期铜矿业的低迷将使经济增速持续放缓，通货膨胀率有所提高，但失业率保持低位运行，国内消费仍是经济增长的主要动力，第三产业优势突出，矿产资源丰富，但开产量正逐年减少。

智利是拉美地区经济开放度最高的国家，也是拉美经济发展水平较高的国家。但短期内新兴市场对铜矿需求不足以及国际铜价下行压力将继续拖累智利经济增长，我们预计 2014 年经济增速放缓至 3.3%，2015 年随着欧美经济企稳，智利经济增速将小幅回升至 3.5%。中期内，高度依赖铜矿出口的经济结构特征使智利外部脆弱性显著，而国内农业和制造业虽存在一定发展机遇但不足以抵消铜价下行对经济增长的负面影响，预计中长期经济平均增速将为 3.6%。同时，根据经合组织（OECD）的报告显示，2013 年智利失业率 5.9%，居第九位，成为该组织成员国中

失业率最低的十个国家之一。但因高汇率、持续干旱和霜冻，2013年智利成经合组织成员国中食品和能源通胀最高的国家之一。智利食品和能源通胀率分别是4.9%和5.5%。总体而言，2013年智利通货膨胀率为3%。

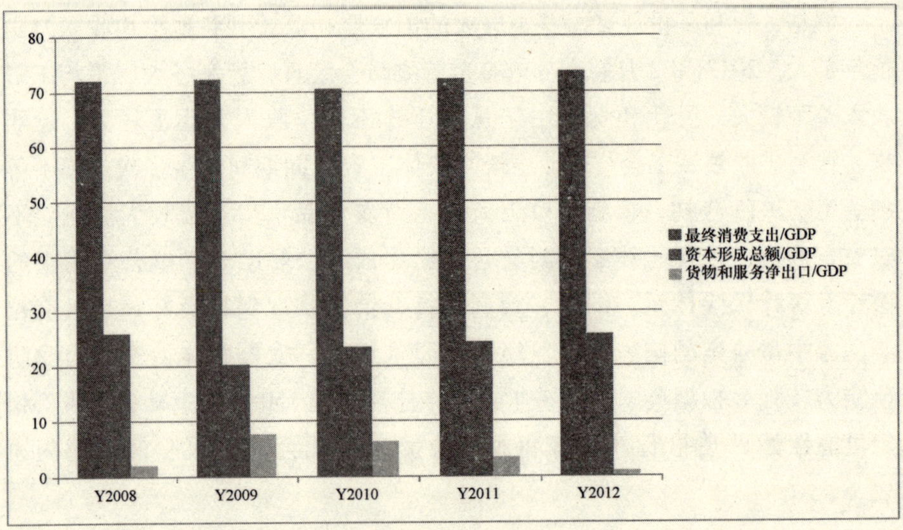

图1　智利经济增长动力

图片来源：此图为笔者绘制。

国内消费是智利经济增长的主要动力。不过，根据世界银行的数据显示，2012年最终消费占国内生产总值的比值同比上升了1.72%，资本形成总额占比则上升了5.16%，货物和服务净出口则降低了75.8%。可见，投资对智利经济的拉动作用日益明显，但受到国际经济发展缓慢的影响，智利经济受到贸易状况的拖累。

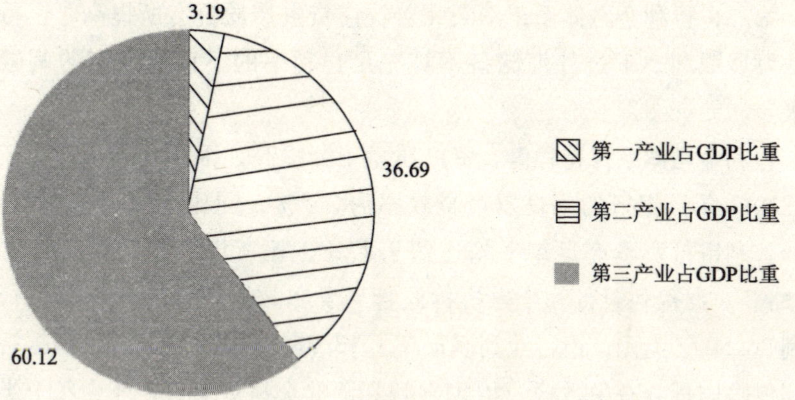

图 2　2012 年智利产业结构

图片来源：此图为作者绘制。

近年来，智利工业和服务业保持着重要支柱产业的地位，服务业仍占据总体经济的最大份额，在智利经济发展中继续发挥“发动机”的作用。工业是智利国民经济的命脉，矿业是工业的支柱，而铜业又是矿业的重中之重。但是近年来，智利工业产值占国内生产总值（GDP）的比重略有下降，而服务业产值占 GDP 的比重增长幅度较快。2012 年，智利服务业对国内生产总值的贡献率是 60. 12%，同比上升了 4. 62%，工业对国内生产总值的贡献率是 36. 69%，同比下降了 6. 25%，农业对国民生产总值的贡献率是 3. 19%，同比下降了 6. 25%。服务业还可以吸收大量的劳动力，特别是旅游业。智利的旅游业比较发达，主要是因为智利拥有巨大的旅游资源和得天独厚的条件，每一年都吸引了来自不同国家的游客。2013 年 9 月，根据南美饭店及旅游业投资大会统计，2012 年赴智利游客人数达到 355 万。

从资源能力上看，智利是矿业大国，以盛产铜和硝石闻名于世，矿产在智利经济占有重要的地位，对智利的经济有重要的拉动作用，未来发展前景稳定的。但是，国有企业的产量逐渐下降，矿产资源随着不断开采而减少。2013 年 10 月，智利地质矿业服务局预计，2014 年智利矿权需要将减少15%，从申请矿权到实现开采可能需要15年时间。

第二，智利金融体系正不断完善，信贷资产质量有所提高，银行和证券业发展顺利，不过外汇储备不算充足，利率的下调对经济的刺激作用有限。

智利金融体系保持稳健，资产质量不断提高，银行利润出现了较大升幅。2011年，银行的不良资产贷款率为2.5%，同比下降了7.4%。2012年，智利银行资本充足率平均达到9.77%，比《巴塞尔协议Ⅲ》要求的8%略高。据智利银行和金融机构监管局发布数据，2013年智利银行业共盈利36.58亿美元，银行业利润提高了13.9%。2013年9月，根据智利证券和保险监管会有关数据，40家在智利证券交易所上市企业今年上半年盈利45.93亿美元，同比增长7.1%，总收入800.15亿美元，同比增长9.5%。不过，截至2012年12月，智利官方外汇储备对进口的覆盖月数仅为5.6，预防国际收支失衡和维持汇率稳定的能力仍有待提高。此外，2013年11月，智利中央银行再次宣布将基准利率下调25个基点至4.50%，降息意在进一步刺激内需，但也应看到，央行此举或将增大通胀预期，影响未来经济增速。

第三，随着经济发展的放缓，智利政府近期财政状况有所恶化。不过，政府债务负担较轻，充足的主权财富基金使政府债务违约风险总体可控。

政府财政与债务均呈恶化趋势，但债务规模有限使偿债能力仍维持较高水平。2011—2012年，智利的财政收入一直都处于盈余状态，但财政收入占国内生产总值的比重从2012年的24.67%下降到2011年的23.88%，经常性支出占总支出的比重从64%下降到62%。财政支出占国内生产总值也从2011年的23.23%上升到23.27%，政府用于基础建设的资金有所增加。2013年铜矿收入大幅下降使中央政府财政由上年盈余转为1.0%的赤字率。2012年，智利政府债务总额占国内生产总值由2011年的11.13%小幅上升到2012年的11.22%。短期内经济增长放缓和教育领域改革将使政府支出扩大，我们预计2014年和2015年中央政府赤字率将分别升至2.0%和1.8%，中央政府负债率亦随之升至12.5%和13.9%。不过，较低的债务负担和一定规模的主权财富基金将较好保障政府偿债能力，使之维持在较高水平。

第四，智利经济对外贸易依存度总体不高，外贸发展状况良好。自中智双边自由贸易协定生效以来，中国与智利贸易往来日趋紧密，两地产品结构互补性较强。

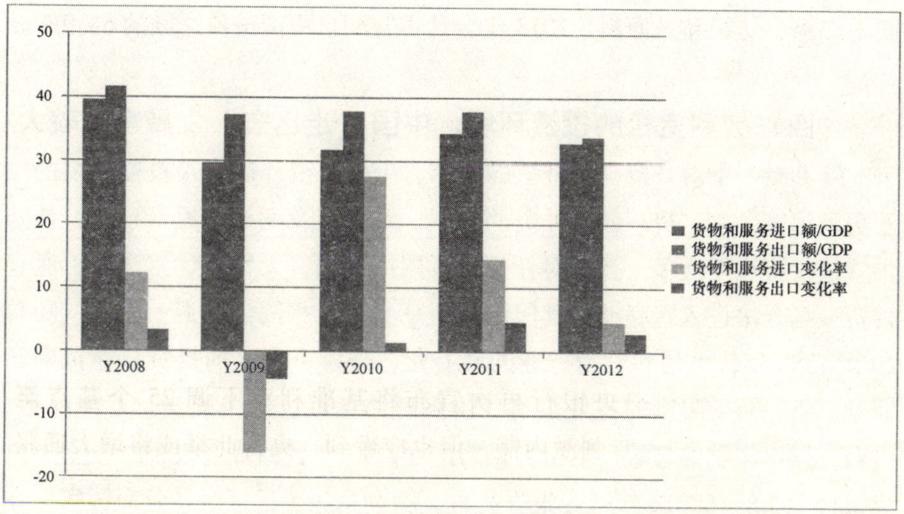

图3　智利的贸易状况

图片来源：此图为笔者绘制。

长期以来，对外贸易在智利经济发展中占有重要的地位，但其对外依赖程度总体不高，2012 年对外贸易依存度为 66.58%。据智利海关统计，2013 年智利货物进出口额为 1478.7 亿美元，同比增长 0.3%。其中，出口 762.9 亿美元，同比下降 0.7%；进口 715.8 亿美元，同比增长 1.4%。贸易顺差 47.1 亿美元，下降 24.3%。

中国是智利第一大贸易伙伴，同时是智利第一大出口市场和第二大进口来源地。近十年智利与中国贸易增幅大大高于平均水平。2003—2012 年智利对中国出口年均增长 28.5%，同期，智利对全球出口平均增长率为 15.3%。2003—2012 年十年间智利从中国进口年均增长 27.3%，同期智利从全球进口年均平均增长幅度为 17.1%。智利外交部经济总司的研究报告显示，自2006年中智双边自由贸易协定生效以来，双边贸易增长迅速，年均增长率为24.2%。2013年，智利与中国双边贸易额为329.3亿美元，同比增长8.7%，其中，智利对中国出口191.1亿美元，同比增长7.2%；自中国进口138.2亿美元，同比增长10.9%。贵金属及制品、纸张、矿产品和纤维素浆是智利对中国出口的主要产品。智利自中国进口的主要商品为机电产品、纺织品及原料，2013年合计占智利自中国进口总额的64.9%。

（四）智利宽松的投资环境，中国“走出去”发展前景较大

智利是一个对外资高度开放的国家，也是吸引外国直接投资最多的拉丁美洲国家之一。智利鼓励外资的法规、政策以及宽松的投资环境，使外国直接投资连年增多。智利对外资实行国民待遇，无特别优惠政策，所有外资一旦合法进入智利便与其国内企业享受完全相同的待遇。因此，随着20世纪80年代电信和电力行业的私有化，外资可进入的投资行业范围已非常广泛。目前限制的行业仅有，国际陆路运输、渔业捕捞、近海航运、电台、媒体印刷等领域。据世界银行的《2013年营商环境报告》显示，世界银行发布的《2013年营商报告》称，智利是拉美地区最易营商国家，在全球185个国家和地区中排名第37位，从2010—2013年排名共上升了12个位次，该报告称赞智利在投资者保护、纳税、开办公司等便利化程度上均处于世界前列。

虽然智利营商环境优越，但在国际环境不景气的情况下，市场需求大幅下降，智利企业经营状况并不佳。根据智利破产监管局统计，2013年智利企业申请破产共143起，较2012年128起增长12%。其中，贸易企业破产39家，建筑企业35家，房地产业17家，农林渔牧业16家，工业12家。因企业破产失业人数由2012年的3141人增长至4375人，同比增长39%，其中90%来自首都大区。

近年来，中国企业在智利投资规模不断扩大，领域不断拓宽，从事矿产资源勘探开发的企业数量增长较快，投资额不断增加，在葡萄酒生产和水果种植等农业领域开展较大规模的投资。据中国商务部统计，2012年当年中国对智利直接投资存量为1.26亿美元。2012年，中国企业在智利新签承包工程合同额为1.77亿美元，完成营业额1.15亿美元。我们预计，

未来中国与智利贸易发展状况仍主要取决于世界经济发展状况与中智两国关系的影响，但中长期来看，两地经贸联系密切，市场的相互依赖程度较大，商品进出口状况将基本维持稳定。

第四章

中国在欧洲地区的利益风险分析

一、比利时

比利时国际关系良好，政局长期保持稳定，社会维持安定，金融体系整体稳健，产业结构合理，但经济增长低迷，失业率较高，债务率过高。

（一）比利时与世界政治环境风险分析

第一，比利时主张多极化的世界新秩序，反对单边主义，并主张欧盟成员国实行统一的财政政策。在对外关系上，比利时推行积极的欧洲政策，并与美国保持良好的外交关系。此外，比利时与中国的外交关系日益加强，经贸合作也越来越多。

比利时对世界政治体制的看法，主张建立多极化的世界新秩序，反对单边主义。比利时政府认为世界上各主要力量，特别是欧洲应发挥重要作用，承担更多的责任与义务；为应对恐怖主义，需建立更公正、团结和宽容的世界；联合国是维护世界稳定、保护人权、促进经济发展的最主要机构，支持联合国在冲突地区采取行动，并愿为国际维和行动提供人力和财力支持，联合国应进行机构改革，更好地反映当今世界，公平、公正地代表各不同地区的利益，认为促进可持续发展也是联合国的一大任务。主张加速欧洲一体化进程，强调欧洲宪章的重要性，支持欧盟东扩。积极推动欧洲防务建设，认为欧洲防务是北约必要补充，主张欧洲建立与其经济实力相适应的防务军事力量。与德、法、卢共同提出建立欧洲“集体能力核心”，在不使用北约资源的情况下实施由欧盟领导的行动计划，成立以法德卢为基础的欧洲快速反应力量，成立战略航空运输欧洲指挥部及多国行动司令部等。主张全面禁止生产和使用大规模杀伤性武器，赞成逐步裁减并最终销毁核武器，并建立可靠的裁军核查机制。认为全球化是双刃剑，应赋予全球化一个道德的基础。全球贸易应进一步自由化，为了解决欠发达国家所面临的问题，仍需增加发展合作援助。认为欧债危机对欧盟经济产生了严重冲击并还将继续持续，主张欧盟成员国施行统一的财政政策，认为欧盟不能只着眼于执行严格的预算纪律，也要注重经济增长和创造就业机会。支持欧洲央行参与应对欧债危机，主张合并欧洲金融稳定基金和欧洲稳定机制。

在对外关系上，推行积极的欧洲政策，将欧盟作为其外交重要战略依托，主张加快深化欧洲一体化建设，支持欧盟和北约双东扩，积极推动欧洲防务建设。支持参与联合国维和行动和人道主义援助；重视与美国的关系；主张加强与独联体和东欧国家的交往；通过发展援助等手段，努力恢复对非洲大湖地区的传统影响；重视发展与发展中大国和新兴经济体之间的关系，在积极推动发展中国家民主化进程，注重的同时，注意与其保持平稳关系；通过发展援助等手段，努力恢复对非洲传统影响。注重公共外交等"软实力"建设，提高比利时在国际舞台上的能见度和影响力。突出经济外交的重要性，提出“立足欧元区、放眼亚洲、南美及中东欧”的总体方向。现与约160个国家有外交关系，在90多个国家设有使领馆。

在同美国的外交上，比利时重视保持和发展同美国在政治、经济和军事方面的合作，美国是比利时在欧盟外的最大贸易伙伴。比利时也关注俄罗斯局势，支持俄罗斯国内改革，主张西方国家在政治、经济上帮助俄罗斯，以保持俄罗斯的稳定；认为俄罗斯依旧是军事大国，不可轻视，同时对俄罗斯外交政策趋硬戒心增加。主张发展同中东欧国家和独联体国家的关系，在经济上通过提供援助，发展双边经贸关系。在邻国关系方面，比利时是欧共体创始国之一，与邻国关系密切，同荷兰、卢森堡两国关系尤为特殊。此外，比利时与中国在1971年10月25日建立了外交关系。中比建交后，双方关系发展顺利。2000年以来，双方高层往来增多，互访日益频繁。2005年，比利时国王阿尔贝二世访华；2009年，中国国家副主席习近平访比；2010年，中国国务院总理温家宝访比并出席第8届亚欧首脑会议和第13届中欧领导人会晤；同年，比首相莱特姆和菲利普王储也先后访华并出席上海世博会；2011年11月，在中比建交40周年之际，比菲利普王储率大型经贸代表团访华。

第二，比利时国内政局长期保持稳定，但是在2010年出现了动荡，各党派之间发生争论；比利时政府的廉洁性较好，司法体制也较为完善。

比利时是君主立宪的议会制国家，政府中的大臣行使主要的政治权力。2010年4月26日，上一届联邦政府集体辞职，于6月13日提前举行大选。北部荷语区右翼政党新弗拉芒联盟和南部法语区法语社会党成为各自地区第一大党。由于任何政党均无力单独组阁，需联合多党组成执政联盟，但各党在国家体制改革和布鲁塞尔及其周边选区划分等问题上存在分歧，谈判进展缓慢。2011年11月30日，各主要政党就组阁达成协议。12月5日，法语社会党主席埃利奥·迪吕波（Elio Di Rupo）被国王任命为首相，并于次日率新政府向国王宣誓就职。

比利时的联邦议会由150名众议员和71名参议员组成，任期4年。众议员由全国11个选区直选产生，71名参议员由地区直接选举40名，语区议会指派21名，地方再遴选10名。年满18岁的国王子女是法定参议员，但不参加投票，目前菲利普王储、阿斯特里德公主和洛朗王子均是参议员。2011年10月，参与组阁谈判的主要政党完成第六次国家体制改革谈判，决定从2014年起联邦选举为每5年一次。本届比利时联邦议会于2010年6月13日选举产生，参议院议长丹尼·皮特斯（Danny Pieters，新弗拉芒联盟党），众议院议长安德烈·弗拉奥（André Flahaut，法语社会党）。2011年10月，参与组阁谈判的8个政党因参议长皮特斯所属的新弗拉芒联盟未参与谈判，推选德·贝图娜（Sabine de Bethune，女，荷语基民党）担任参议长，皮特斯改任参院第一副议长。

比利时的主要政党有：新弗拉芒联盟党（NVA），2001年成立，前身为成立于1954年的人民联盟党（Volksunie），现任主席巴尔特·德韦弗（Bart De Wever），2010年联邦大选中成为荷语区第一大党，赢得众议院最多席位；荷语基督教民主党（CD&V），前身是1968年从比基督教社会党分裂独立的荷语基督教人民党，现任党主席伍特·贝克（Wouter Beke）；荷语开放自民党（OPEN VLD），成立于1992年11月，前身为成立于1972

年的荷语自由进步党（Partij voor Vrijheid en Vooruitgang，PVV），现任党主席亚历山大·德克罗（Alexander De Croo）；荷语社会党（SP. A），1978年，比利时社会党因民族矛盾分裂为荷语社会党（SP）和法语社会党（PS），2001年SP更名为SP. A。现任党主席布鲁诺·托巴克（Bruno Tobback）；弗拉芒利益党（Vlaams Belang），1978年12月，弗拉芒国家党（VNP）和弗拉芒人民党（VVP）合并为弗拉芒集团（Vlaams Blok），后更名为弗拉芒利益党，现任党主席布鲁诺·瓦克尼耶（Bruno Valkeniers）；法语社会党（PS），南部法语区第一大党，前身是1885年创立的比利时工人党（POB）和1945年成立的比利时社会党（PSB），1978年，社会党按语言分裂为法语社会党（PS）和荷语社会党（SP），现任党主席保罗·马涅特（Paul Magnette）；法语革新运动党（MR），前身是建于1846年的自由党（PL），是比利时历史最久的政党，后分裂，2002年3月24日，法语革新自由党（PRL）、法语民主阵线（FDF）、国民革新运动（MCC）合并组成法语革新运动党（MR），2011年9月法语民主阵线党脱离法语革新运动党，现任党主席查理·米歇尔（Charles Michel）；法语人道主义民主中心党（CDH），1968年由基督教社会党分裂而成法语基督教社会党（PSC），2002年改为现名，党主席为贝诺瓦·鲁特根（Benoît Lutgen），荷语绿党（Groen），前身为1982年成立的荷语生态党（Agalev），2003年改为现名，党主席伍特·范贝森（Wouter Van Besien）；法语生态党（Ecolo），成立于1980年，该党实行集体领导；法语生态党（Ecolo），成立于1980年，该党实行集体领导；法语民主阵线（FDF），2002年3月24日，法语革新自由党（PRL）、国民革新运动（MCC）合并组成法语革新运动党（MR），2011年9月，脱离法语革新运动党（MR）联盟，为比法语第4大党，现任党主席曼甘（Olivier Maingain）。

比利时的君主立宪议会制和国内的多党派共同协作保证了比利时政治的长期稳定，但是，在2010年4月22日，由于荷兰语政党与法语政党在有关问题上谈判破裂，荷语开放自由党宣布退出执政联盟，首相莱特姆向国王阿尔贝二世递交辞呈，解散政府。2010年6月13日，比利时举行全国立法选举。由于党派林立，得票分散，没有一个政党获得过半数的单独组阁权，只能筹组联合政府。但得票最多的七个政党则又分割成法语区和荷语区两大阵营，在诸多问题上立场尖锐对立，争吵不休，新一届联邦政府始终无法成立，已辞职的上任首相莱特姆主持看守内阁，比利时持续了长时间的“无政府”状态。不过比利时政府的廉洁性较好，根据透明国际组织2012年发布的全球腐败指数报告，比利时获得75分，排在第16位。此外，比利时具有成熟的司法体系，在处理政府内的问题具有非常高的效率。

（二）比利时社会劳动力市场分配的结构性问题以及社会福利保障制度

第一，比利时的劳动力市场存在着失业标准较高，最低工资标准较高和结构性问题。此外，比利时的人口老龄化问题严重。

截至2011年1月，比利时的人口为1098.8万，其中讲荷兰语的弗拉芒大区637.3万637万，讲法语的瓦隆大区351.6万（包括讲德语的约7.5万）356.1万，使用荷法两种语言的布鲁塞尔首都大区109.9万114.5万。官方语言为荷兰语、法语和德语。80%的居民信奉天主教。在劳动力市场上，比利时劳动力市场存在诸多问题，亟待改革。首先，失业保险标准较高。尤其是对于长期失业者来说，降低了他们重新找工作的积极性。其次，最低工资标准较高。雇主为降低成本尽量压缩普通工作岗位，减少了无专业技能人员的就业。再次，劳动力市场存在结构性问题。一方面，因人口老龄化，部分专业技能要求高的岗位招工困难；另一方面，存在大量低素质劳动者，不能胜任上述工作岗位。经合组织建议比利时政府改革社保政策，控制工资上涨幅度，加强职业技能培训，使劳动力市场更加灵活，避免失业率攀升。

第二，比利时拥有非常好的社会福利，不论在保险、税收、社会保障上，比利时人民都享有较高的福利保障。

比利时拥有非常好的社会福利。在比利时购买的医疗保险属于全球性的医疗保险，也就是说申请人在全球任何一个国家发生的医疗费用都可以拿回比时报销，而且是100%报销。比利时医疗体制是建立在高税收、高福利的社会体制之上的。比利时政府规定，凡是本国公民，人人都享有看病的权利和便利，医疗机构不是商业机构，不能以商业的形式和办法来运作。医疗机构应该是公益性很强的机构，政府要从纳税人所交纳的税款中拿出相当大的一部分用于解决本国公民的看病问题。比利时儿童社会医疗保险采取互助会的形式，几乎所有在比利时的孩子都可以加入，只要父母是比利时人或在比利时工作，就可以参加医疗互助会。即便是来比利时短期工作的外国人，只要具备当地雇佣关系，向政府纳税，都可以让子女加入这种针对孩子的医比利时全国有好几家互助会，申请手续很简单，每年只需交70多欧元。孩子生病后，凭医生开出的处方和购药付款凭证，到当地的互助会机构即可获得补偿。在比利时医疗报销情况视所看医生和用药不同而有所区别，大致报销比例在70%左右。一般来说，政府鼓励民众选择普通药和看普通医生。在遇到大病情况下，由于所需医疗费金额较高，由家庭先行垫付恐难承受，这时可以凭相关证件，在结算医疗费用时直接支付个人本应承担的部分，免除医疗费用高昂的担忧。比利时人看病大都先找私人医生。比利时所有的私人医生都是与医院及药房联网的，看病时先由私人医生做一个诊断，如果当时可以确诊的话，就会开出药方，病人拿着药方可去当地任何一家药房买药。药房拿到私人医生所开的药方后，首先要在电脑上核对一下这个医生的开业资格，确认无误，才能卖药。如果私人医生当场无法做出确诊或需要更高级的设备进行诊断，便会开出需要进行某种诊断的单据，将病人转到专门的检查中心进行检查。在比利时，几乎绝大部分的门诊都由私人医生来承担，医院的主要职责是接受急诊和住院治疗，因此，在比利时的医院里看门诊反而需要预约，这种预约有时要等上一两个星期，所以不如看私人医生来得方便。比利时规定，除了住院病人的药品由医院负责提供外，医疗和医药截然分开，无论是私人医生所开设的诊所，还是正规医院都必须照此执行。医生开药方，到药店去买药，这在比利时人看来是顺理成章的事，两者互不矛盾。

税收方面，比利时政府会记下每一位纳税人所缴纳过的所得税，因为纳税人可以享有许多的福利，到了年底，这笔税收的大部分还可以返还给纳税者，这是一个非常良好的记录，对于日后申请永久居留和公民权也非常有利，贷款买房和买车可享受银行退税。

比利时社会保障政策坚持以人为本的原则和自由平等的理念，覆盖所有城乡社会人群，由于公众均能得到良好的社会保障，整个社会和谐、稳定，刑事案件发案率极低，人民生活舒适悠闲，不存在巨大的贫富差距。为帮助社会弱势群体，保证他们的生活水平，政府设立社会援助系统，对象是丧失劳动能力和社会底层的穷人，这部分人约占社会人口的6%左右，他们受到法律保护，可以到所在地区政府申请援助，享受每月700—800欧元的收入。

（三）比利时的金融体系整体上保持稳健，银行的资本充足、安全、稳定

第一，由于经济危机和欧债危机的冲击，比利时经济在2012年出现了衰退，不过预测在2013年将会有所好转；比利时的通货膨胀维持在较稳定的水平，失业率维持在较高水平；在经济增长动力上主要依靠消费拉动，产业结构稳定；在科研教育的高投入为长期发展提供智力储备；此外，旅游业等第三产业的快速发展也对经济回暖做出贡献。

受到2008年经济危机和欧债危机的冲击，比利时经济在2012年出现了衰退。根据世界货币基金组织公布的数据显示，比利时在2008年的GDP增长率为0.99%，在2009年则降为-2.78%，虽然在2010年和2011年有所回升，但在2012年又降到了-0.2%。比利时人均GDP的波动也是非常大，在2008年，比利时的人均GDP增长率为9.9%，2009年则降为-7.46%，到了2012年比利时的人均GDP为-6.61%。2012年人均GPD的衰退表明了比利时人民生活水平有所下降，而人均GDP的大幅波动也会动摇消费者信心。在通货膨胀率上，比利时一直维持在较为稳定的水平，并在近几年有下降趋势，根据IMF的数据，比利时在2010年的通货膨胀率为2.33%，2011年则上升到了了3.36%，但是在2012年下降到了2.62%，并且预期在2012年继续下降到1.73%。比利时的失业率在2008年为7.02%，到了2012年上升到7.34%。值得注意的是，拉动比利时经济增长的三驾马车较为稳定，比利时经济主要依靠消费拉动，根据世界银行公布的数据，2012年，比利时的最终消费支出占GDP的比重为77.81%，资本形成总额占GDP的比重为21%，货物和服务净出口占GDP的比重为1.19%。此外比利时的产业发展较为稳定，以第三产业为主导，占到了GDP的77%。比利时的公共教育支出占到了政府支出总额的

12.47%，研发支出则占到了GDP的1.99%，如此巨大的教育和科研支出为比利时今后的发展提供了充足的人才储备和知识积累。

在能源和产业方面，据估测，比利时煤蕴藏量为37亿吨，其中有开采价值的18亿吨，瓦隆地区的煤层已开采殆尽。此外尚有少量铁、锌、铅、铜等。核电站7座，占总发电量的57.7%。森林及绿地面积6059平方公里。工业上，比利时2011年工业附加值688.2亿欧元，约占国内生产总值15.2%。主要工业部门有钢铁、机械、有色金属、化工、纺织、玻璃、煤炭等行业。工业主要有钢铁、机械制造、有色金属冶炼、化工、纺织、玻璃、钻石加工等。农业方面，2011农牧渔业附加值为22.05亿欧元，约占国内生产总值0.60.5%。农业就业人口8.1万，约占总劳力1.8%。农业用地面积约为136万公顷。第三产业发展迅速，2011年附加值为2515亿欧元，约占国内生产总值68.3%。服务业就业人数约347万人，占总劳动人口的78.2%。旅游业收入约占国内生产总值的2%。比利时每年接待约670万游客，大多来自法、德、荷、英等欧洲邻国。2009年比酒店业经营惨淡，2010年以来酒店业投资快速回升，仅布鲁塞尔两年内增加2000多张床位。2011年，比酒店入住率为71.5%，旅游人数增长13%。截至2010年，拥有旅馆及其他各种旅游设施3680处，37.2万张床位。2010年接待外国游客718.6万人次。旅游业收入约占国内生产总值的2%。主要旅游点是阿登山区、北海海滨和布鲁塞尔市等。

第二，比利时的金融体系整体上保持稳健，银行的资本充足率常年维持在10%以上，比利时银行的不良贷款比率也维持在较低水平，保证了银行的安全性和稳定性；值得注意的是，比利时不断下调基准利率可能导致通货膨胀率的上升；此外比利时的M2占GDP比重上升，金融深化加强。

外汇市场方面，根据世界银行公布的数据，比利时的汇率波动非常大，2008年上升了7.32%，2009年又下降了5.17%，2011年上升了5%，之后的2012年又下降7.7%，汇率如此巨大的波动，给比利时的外贸和对外投资产生了巨大的风险。在国内市场上，比利时的基准利率一直在往下调整，和欧洲央行的货币政策相一致。根据世界银行公布的数据，比利时在2008年基准利率下调了37.5%，在2009年下调了60%，在2012年继续下调25%，并预测2013年还将下调。基准利率的不断下调，一方面说明了比利时政府通过宽松货币政策来刺激经济的决心，但同时也应警惕通货膨胀的上升。比利时银行的资本充足率一直维持在巴塞尔协议所规定的8%以上，在2008年比利时银行的资本充足率达到了11.4%，并在2012年上升到了18.75%，值得注意的是，比利时银行的不良贷款率维持在较低水平，在2011年比利时银行的不良贷款率仅为2.8%，这些均说明了比利时银行的安全性和稳定性较好。而且比利时银行的资产负债总额占GDP的比重从2008年的44.23%下降到了2012年的29.17%。此外比利时的M2占GDP的比重从2008年的128.51%上升到了2012年的136.41%，表明了比利时在金融深化方面做了很大的努力。

第三，近年来，比利时的财政收入和财政支出占GDP的比重都有小幅上升；值得注意的是政府债务占财政收入的比例逐年上升。不过，比利时的财政紧缩政策开始显示作用，今年上半年比利时的债务增长速度放缓。

根据世界货币基金组织公布的数据，比利时财政收入占GDP的比重有小幅上升，在2008年，比利时财政收入占了GDP的48.74%，到了2012年，这一比例上升到50.77%。与此同时，比利时的财政支出占GDP的比重也从2008年的49.80%上升到2012年的54.80%。值得注意的是，比利时的政府总债务占财政收入的比例逐年上升，从2008年的89.20上升到2009年的95.67%，2012年更是上升到了99.60%。其中国家外债总额占GDP的比重在2012年达到了294.34%。据比利时国债局统计，截至7月底，比利时公共债务升至3754.8亿欧元，较上年同期增加31.4亿欧元。由于7月份比利时财政出现盈余，债务规模环比6月份略有下降。总体来看，由于此前采取的财政紧缩措施效力显现，上半年债务增长的速度放缓。目前，在比利时全部公共债务中，中长期债务占比90.9%，较去年同期提高2.9个百分点，债务结构继续改善，风险更加可控。上半年，比利时发行国债较顺利，中标利率持续处于低位，有效减轻了利息负担。

第四，比利时的对外贸易依存度不断加强，并且货物和服务进口和出口总额占GDP的比重均有上升；同时，比利时的国际收支逆差逐渐减少，在对外资本的吸收上，比利时政府采取鼓励政策。

在国际贸易方面，比利时的对外贸易依存度不断加强。在2009年，比利时的进出口总额占 GDP 的比重为 142.86%，到了 2012 年，这一比例为 168.40%。此外，比利时在货物和服务进口额占 GDP 的比重有所上升，从 2009 年的 70.07 上升到了 2012 年的 83.60%，在货物和服务出口额占 GDP 的比重方面同样从 2009 年的 72.79% 上升到了 84.80%。据欧盟统计局数据显示，2013 年 1—6 月，比利时货物进出口额为 4602.0 亿美元，比上年同期（下同）增长 0.9%。其中，出口 2350.3 亿美元，增长 1.9%；进口 2251.7 亿美元，下降 0.1%。贸易顺差 98.7 亿美元，增长 83.9%。6 月当月，比利时货物进出口 751.2 亿美元，增长 0.2%。其中，出口 388.9 亿美元，增长 3.6%；进口 362.3 亿美元，增长 0.4%。贸易顺差 26.7 亿美元，增长 80.5%。1—6 月，比利时与中国双边货物进出口额为 127.7 亿美元，下降 8.3%。其中，比利时对中国出口 43.5 亿美元，下降 14.4%，占比利时出口总额的 1.9%，下降 0.4 个百分点；比利时自中国进口 84.2 亿美元，下降 4.8%，占比利时进口总额的 3.7%，下降 0.2 个百分点。1—6 月，比利时与中国的贸易逆差 40.7 亿美元，增长 8.1%。截止到 6 月，中国是比利时第九大出口目的地和第七大进口来源国。

而在国际收支方面，从 2008 年之后，比利时的国际收支逆差有所减少。根据 IMF 公布的数据，比利时在 2008 年的国际收支逆差为 1.41%，到了 2012 年这一比例下降为 0.49，并且预测 2013 年将继续下降。比利时 2011 对外投资总额 409 亿欧元。重点投资国家：英国、法国、德国、荷兰、美国、西班牙、奥地利和日本。重点投资国家：瑞典、西班牙、法国、荷兰、卢森堡、英国、巴西、美国、德国。截至 2012 年底，比在华投资项目 881 个，实际投入 12.9 亿美元。比利时政府对外国资本采取鼓励政策。2010 年吸收外资总额为 430498 亿欧元。其特点以多国或跨国公司形式居多，对解决就业和扩大出口起到促进作用。同时 2010 年公共发展援助占 GDP 的比例为 0.64%。主要受援国：刚果（金）、卢旺达和布隆迪等。比政府向阿富汗承诺自 2015 年起三年内每年援助 1200 万欧元用于阿富汗民用设施重建。

（四）比利时产业政策稳定，与中国的双边贸易较为密切

第一，比利时的财政策风险较低，主要以第三产业为主导；此外比利

时与中国签订了大量协议，有利于中国企业在比利时投资。

比利时的财政政策较少出现大的变动，而在产业政策方面也非常稳定，近几年，比利时的三大产业占 GDP 的比重一直都没有出现大波动，第三产业始终处于主导地位，占 GDP 的比重约为 77%。值得注意的是，比利时在 1984 年就与中国签订了《投资保护协议》，并与 2005 年进行了修订。此外中国还与比利时签订了《比利时—中国直接股权投资基金的谅解备忘录》、《政府贷款协定》等。这些协议的签订对中国企业在比利时的投资产生了促进作用。

第二，在比利时的华人人数众多，并且处于上升趋势，华人华侨在比利时主要从事餐饮业、贸易等工作。此外，比利时华人华侨在当地创办了华文学校。

人口仅 1000 万的比利时，目前居住着 3 万余华人，他们中的大部分在 20 世纪 70 年代后移民而来。据记载，清朝末年，已有浙江籍和湖北籍行商，粤籍海员以及中国留学生抵达比利时。第一次世界大战结束后，协约国招募的华工大部分被遣回国，有一小部分华工北上比利时，定居谋生。第二次世界大战前比利时华侨华人人数不多，只有数百人。20 世纪 70 年代中期以后，比利时收容印支难民 1.2 万人（其中 60% 为华裔），以及中国改革开放以后大批中国新移民涌入，比利时华侨华人才猛增，1975—1985 年间增加 20 多倍。20 世纪 70 年代后的比利时，已经形成稳定的社会结构，这也意味着华人需要花更多的精力，去融入这个保守的欧洲社会。初来的华人，依然坚守着传统的餐饮业。有统计数据显示，1998 年 90% 以上华侨华人经营中餐馆、快餐馆和外卖店，中餐馆数目大概有 1000 多家，多为中、小的家庭式企业，占比利时餐饮业的 10%。随着时间推移，华人逐步将生意扩展至其他领域，开始经营贸易公司、杂货店、金融保险机构、超级市场、旅行社、医疗诊所、卡拉 OK 与录音带出租业、食品制造业、成衣厂、建筑公司等。二代、三代华人诞生之后，比利时华侨华人创办了华文学校，例如布鲁塞尔中山侨校、安特普华侨小学。

第三，比利时与中国的双边贸易一直较为密切，但在 2013 年上半年有所下降。

比利时与中国的双边贸易一直较为密切，不过在 2013 年上半年，进出口有所下降。据欧盟统计局数据，2013 年 1—6 月，比利时与中国双边货物进出口额为 127.7 亿美元，下降 8.3%。其中，比利时对中国出口 43.5 亿美元，下降 14.4%；比利时自中国进口 84.2 亿美元，下降 4.8%；比方贸易逆差 40.7 亿美元，增长 8.1%。中国是比利时第九大出口目的地和第七大进口来源国。化工产品是比利时对中国出口的主力产品，2013 年 1—6 月出口额为 9.0 亿美元，占比对中国出口总额的 20.7%。运输设备是比对中国出口的第二大类商品，出口额 6.7 亿美元，占对中国出口总额的 15.5%。2013 年 1—6 月，比利时对中国出口的某些大类产品呈现了较高增速，其中活动物、陶瓷玻璃和皮革箱包分别增长 29.6%、24.4% 和 22.1%，同时对中国出口的矿产品、纤维素浆纸张、贱金属及制品、贵金属及制品以及运输设备分别下降 57.0%、29.9%、25.4%、24.4% 和 23.9%。比利时自中国进口的主要商品为机电产品、贱金属及制品和纺织品及原料，2013 年 1—6 月合计进口 41.2 亿美元，占自中国进口总额的 48.9%。中国在劳动密集型产品的出口上继续保持优势，纺织品及原料、家具玩具、鞋靴伞等轻工产品分别列比利时自中国进口大类商品（HS 类）的第三位、第四位、第六位，在这些产品上，荷兰、德国、法国、意大利、土耳其、印度和越南等国是中国的主要竞争对手。

比利时作为欧盟成员国，其对外贸易法规基本参照欧盟的共同对外贸易法规。作为 WTO 的成员，欧盟与比利时在国际贸易方面，也受世贸组织的制约。比利时实行资本主义市场经济，但政府对市场的干预和控制较多。比利时市场分为垄断市场和自由市场。有的部门只准国家经营，如铁路、邮电、彩票等；有的行业如餐饮业需经国家批准方可经营。自由竞争市场也有一系列的法律法规，以保证竞争的公平性。

（五）不确定性分析和未来预测

第一，比利时债务率持续上升，政府虽然采取各种措施来减轻债务，但效果甚微。

据比利时财政部统计，截至 2013 年 10 月底，比利时的联邦政府债务已升至 3764 亿欧元。到 2013 年底，比利时债务率估计升至 101.1%，近年来首次突破 100%。为了增加收入，减轻债务负担，比利时决定向法国巴黎银行（BNP Parisbas）出售其持有的BNP Parisbas Fortis银行25%的股权，出售价格为32.5亿欧元。预计此次资产出售将使比利时的债务率下降近1个百分点。比利时政府希望这项股权交易尽快交割，以便回笼资金，争取将债务率控制在100%以下，减轻债务率攀升的压力。

第二，比利时的失业率在2013年6月份达到了10年来最高水平，预计2014年会有所好转，但不会下降太多。如此高的失业率给比利时社会的稳定和经济增长带来了不确定性。

2013年6月份，比利时失业率达8.7%，这是近10年来的最高水平。7月份，比利时就业形势更加严峻，失业人数超过61万人，过去8年中失业人数从未突破60万人。比利时失业率上升有长期和短期两方面原因：一方面，比利时经济仍未彻底摆脱衰退，企业效益下降，特别是外资企业，由于业务收缩，裁员较多；同时，每年7、8月都是比利时失业率较高的时期，新的毕业生开始找工作，企业在暑期业务淡季到来时也倾向于将临时性和季节性雇员辞退。与6月份欧元区12.1%的失业率相比，比利时就业形势尚可，但前景不容乐观，预计2014年，尽管比利时经济将有所好转，失业人数却难以出现下降。

二、德国

德国国际关系良好，政局保持稳定，政策连续性较高，社会维持安定，经济形势向好，金融体系整体稳健，财政状况有所好转，债务负担较轻，经常项目持续盈余，总体营商环境较好，中资企业赴德合作意向不断增强，但欧债危机对德国的影响仍未完全消除，经济对外依存度较高，能源转型政策在短期内会对经济带来一定压力。

（一）德国与世界主要国家的政治经济环境风险分析

德国与世界上主要国家都保持着良好的国际关系。由于德国一直以来尊重历史，对以往历史错误有深刻的认识，世界各国对德国人务实精神非常认可，基本都不会再去翻历史的旧账。在伊朗核问题与欧债危机当中，世界人民再次感受到德国的巨大作用。不过，德国的对外行为基本与美国保持同步。例如之前美国对伊拉克和阿富汗的战争理由并不充分，但德国依然紧跟美国、亦步亦趋。虽然德国有时迫于美国压力不得不发声指责中国，但无损中德两国的大局关系，两国经贸关系日益紧密，有助于两国关系的进一步稳固。中德两国自1972年建立外交关系以来，两国关系保持快速发展态势，双方各领域合作不断深化。两国高层交往频繁，政治互信不断加深。2013年5月，李克强总理访德，德国是李克强总理履新首访唯一欧盟国家。近年来，中德在经贸、文化、科技、教育等多个领域取得了丰硕成果。在欧盟内部关系中，默克尔与法国奥朗德政府将继续发展两国关系，但不像萨尔科齐时期的亲密无间。不过，作为欧盟的两个核心国家，德法两国都明白合作共赢的重要性，两国全面合作的政治格局中期内将不会改变。因此，德法两国不会有较大的纠纷，也不会影响到欧盟的整体运作。

德国国内政局稳定，默克尔成功联合社民党组建大联合政府并连任总理，较好稳定了德国及欧洲市场的信心。2013年9月，在德国联邦大选中，默克尔总理成功高票连任，任期直至2017年，政策将继续保持稳定。虽然默克尔领导的基民盟与社民党政见存在一定差异，但目前双方在经济改革与财政巩固方面已达成共识。2013年11月，德国联盟党与社民党谈判达成联合组阁协议。此协议反映了各党的诉求，有利于保证欧洲的稳定，但缺乏刺激增长和推进改革的具体措施。在今后联合执政过程中，理念不甚相同的两党也必然会有诸多磨合之处。我们预计，若德国联盟党与社民党如愿牵手，将是两党自二战后第三次组成大联合政府。另一方面，德国是工会势力比较强大的国家之一，工会组织在德国已拥有140年的悠久历史。工会在德国的政治、经济和外交中均发挥着重要作用。工会不仅是德国政府与民众之间联系的重要纽带，也是调节德国政党关系和提高民众对政治参与度发挥显著作用。同时，德国法律体系健全，公民遵纪守法，政治风险相对较低。

（二）德国社会秩序保持良好，各民族和教派间冲突较小

第一，德国人口密度较大，但各民族及教派间关系保持良好，社会治

安状况较好。但随着外来移民的增多，种族主义问题是影响社会稳定性的主要潜在因素之一。

德国人口稠密，但社会秩序良好。截至2012年底，德国人口总数为8052万，是欧洲仅次于俄罗斯的第二人口大国。其中，在德国华侨华人约为15万人，华侨华人人数各占一半，主要分布在柏林、汉堡等大城市。超过70%的华侨华人从事与中餐馆相关的行业。德国人口密度高达230人/平方公里，是世界人口最密集国家之一。德国以德意志民族为主体，民众主要信奉天主教，在民族和宗教方面影响社会稳定性的因素较小。德国大部分地区社会治安状况良好，是世界上安全系数较高的国家之一。曾经比较突出的汽车盗窃案件数量大幅下降，重大恶性刑事案件破案率也不断提高。2012年，据联邦统计局公布的数据显示，德国刑事犯罪案件共80.8万起，同比减少1%。虽然2012年12月德国波恩市中心火车站，曾发现疑似恐怖组织的炸弹袭击，但德国社会保障非常健全，民众对国家的认同感非常高，使社会秩序总体保持良好。

但是，在德国8000多万人口中，持有德国国籍的外来人口达到10%，其中土耳其移民大概有600万。德国正面临着如何处理外来移民及民族融合的问题。近年来，随着来自土耳其及其他国家的外来移民增多，德国新纳粹分子活动频繁，他们对外来移民采取极端仇视态度，制造了一系列血腥事件，引起了土耳其裔团体及反种族主义者的不满，也给德国的警察机构带来了极大的挑战，并有可能成为导致德国社会冲突的一个风险因素。

第二，德国社会结构保持稳定，有利于技术的传承和改进。社会各阶层间界线清晰，教育体制对社会分层作用显著。德国的生育率一直保持在低位，中长期内人口老龄化问题仍较突出。

德国的社会结构属于典型的两头小中间大的“橄榄形”，并在中期内一直保持稳定。德国中间收入人群约占人口的60%，按照税后考虑的基尼系数，维持在0.25—0.30之间。据相关调查显示，原西德地区58%的受访者认为自己是属于中间阶层的，31%的受访者认为自己是属于劳动阶层的；而在原东德地区的受访者认为自己是中间阶层和劳动者阶层的各占46%。这些数据在2006年之后的几次缩小抽样的调查中变化不大，说明德国的社会结构稳定，阶层之间的流动变化少，特别是工人和农民这两个工种流动变化的很少。这样就有利于工人和农民积累生产技术以及将生产技术精细化，对于技术的传承和改进非常有利。德国社会的阶层划分十分明显，人们被划分为不同的社会阶层和群体：社会雇主、自由职业、公务员、管理层、工人、服务从业者、农民、简单劳动从事者等。不同群体间有着清晰的界线，他们收入状况与其受教育水平有着密切的关联。德国清晰的社会阶层划分与其教育体制中较早的学科分流有密切关系。进入文法中学的学生接受学术和科学导向的训练，从而为大学学习做准备。实科中学和主体中学的学生则要进入不同的职业教育与培训。这样有挑选的学习和培训却使得德国人专业化程度很高，效率提高。

德国主要的社会风险是老龄化。德国的生育率长年徘徊在最低水平，2012 年，32% 年龄在 45 岁至 49 岁之间的德国女性人没有生育子女。为了鼓励生育，德国政府投入了大量资金，但是收效甚微。由于出生率下降和寿命延长，2012 年德国有 20.62% 的人是 65 岁以上的老人。据德国联邦与各州统计局的《德国人口结构变革》报告显示，以人口发展趋势看德国的人口将呈现减少的趋势。到 2030 年德国的青少年将减少 17%，2030 年德国将只有 1290 万 20 岁以下的人，相反 65 岁及以上的人将增长 1/3。

（三）德国金融体系保持稳健，经济对外依存度较高

第一，欧元区各成员国间经济依存度较高，欧盟既统一又松散的管理模式使欧债危机成为德国经济的主要负担。不过，随着欧盟管理机制的完善，以及欧洲稳定机制的推出，德国经济将稳定发展。

2008 年以来，欧元区部分成员国主权债务危机持续发酵，成立了 10 余年的欧盟面临巨大的挑战，成员国主权债务一旦出现违约，就会严重打击德国在内的整个欧盟经济体。欧债危机凸显了欧元区各经济体间的高度依存度，如希腊的债务危机就直接影响整个欧盟的经济前景。但是，欧盟在经济上实行的是一种松散的管理。欧洲央行统一的只是货币，而在货币的发行和管理上各成员国具有绝对的独立性。欧盟减少成员国财政赤字的措施也不够灵活，只是单一的减少开支。正因为在这既松散又统一的管理

机制下，个别欧盟成员国出现了主权债务危机，然后需要核心成员国来救助。不过，欧洲央行对于欧元的币值稳定非常重视，将之视为货币政策的头号目标，并一直严格限定通胀水平来保证欧元币值的稳定。欧盟也对成员国的财政指标执行上限管理，如政府债务占 GDP 的比重不能超过 60%，财政赤字占 GDP 的比重不能超过 3%。欧洲这种经济管理机制大部分源于德国的领导和表率作用。在欧盟建立前，德国的马克就是世界的硬通货，信誉良好。在欧盟建立后，德国成为核心成员国，欧盟的货币政策主要依照德国来规范。德国强大的经济能力是欧盟经济持续健康发展的有效保障。

但是，如果过度救助债务危机国就会影响德国自身的经济，如果不救助出现问题的欧盟成员国则会发生连锁反应，从而反过来影响德国的经济发展。因此，欧债危机虽然原本是别国的事，却成了德国必须解决的主要经济问题。不过，2013 年欧盟峰会推出总额 7500 亿欧元的欧洲稳定机制（ESM），将可直接向银行注资，通过购买重债国国债来压低其融资成本，并推出 1200 亿欧元（约合 1520 亿美元）的一揽子经济刺激计划，舒缓了问题成员国的压力。这无疑是促使欧盟稳定的良好措施，也是国德国斡旋的结果，有助于促进地区经济的稳定发展。总体来看，欧洲一体化给德国经济发展的机会，如劳动力和市场，但也给德国经济发展带来一定的风险，如成员国的救助和担保。

第二，德国政府的财政状况仍较良好，财政赤字减少计划持续推进，政府债务风险整体可控。但欧债危机、以及老龄化带来的社保负担对德国财政的负面影响仍未消除。

德国财政状况保持良好。据德国联邦统计局最新公布的数据，2013 年上半年德国财政收入为 6045 亿欧元，同比增加了 2.8%，财政支出为 5960 亿欧元，同比增加了 2.7%，财政盈余达到 85 亿欧元，这说明德国各级政府财政从良好的就业环境和稳定的经济发展中获益。其中，德联邦政府赤字减少 60 亿欧元至 22 亿欧元，各州政府盈余 12 亿欧元，市镇政府财政盈余 43 亿欧元，社保盈余 43 亿欧元。

德国负债状况有所好转，财政节约措施取得较好的效果。2013 年，德国政府总债务占 GDP 的 80.39%，同比下降了 1.92%。这主要是因为，德国有一个长期的减赤计划。2009 年 6 月，德国大联合政府就通过了《债务消减法案》，并将其写入德国的《基本法》，以强调法案的长期约束力。同时，德国联邦议会通过了一揽子财政节约措施，主要包括取消国家对失业金领取者的养老金支付、住房暖气费以及父母补贴；对于救济金的发放采取更加严格的审察措施，拒绝工作者不得领取失业金；到 2014 年减少联邦政府一万个工作岗位，联邦公务员的薪金下调 2.5%；从 2013 年起消减国防开支 20 亿欧元等。不过中期内，老龄化带来的社会福利支出上升将增加政府财政压力，欧债危机可能再次恶化将导致政府面临较大或有负债风险。

第三，德国金融体系保持稳健，但盈利能力有所下降，容易受欧元区信用风险恶化的影响。不过，银行资本充足率逐步改善，防控金融风险能力进一步加强。

近五年来，德国银行的资产质量和资产配置情况转好，不良贷款率开始呈下降趋势，不良贷款比率也一直保持在 3% 左右。2012 年，德国 M2/GDP 的比率为 174.77%，呈现逐年下降的趋势，但经济货币化程度较高。通胀率也随之逐年减小，从 2012 年的 2.14% 下降到 2013 年的 1.61%。德国银行对外资产占 GDP 比率为 67.13%，银行开放程度较高。但德国基准利率呈逐年下降趋势，2013 年下降至 0.5% 的低位。因受低利率环境影响德国银行盈利能力有所下降。银行业对欧元区重债国风险敞口较大，金融系统稳健性未来易受欧元区信用风险恶化的冲击。不过，银行业资本充足率和流动性有所改善，国内及欧盟层面金融监管正逐步加强。德国银行的资本充足率在 2008 年金融危机之后都超过巴塞尔协议规定的 8%，而且呈现逐年增高的趋势。总体而言，德国金融体系风险可控，并将继续对企业与家庭提供较强信贷支撑。

第四，德国是出口导向型的经济，对外依存度较高，但出口对象国主要是稳定的发达国家及地区。近期受海外市场低迷影响，中国与德国双边贸易总额有所下滑，但两国经贸联系依然十分密切。

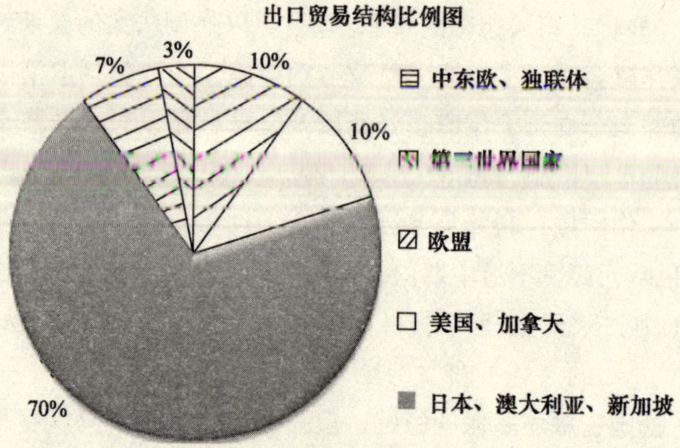

图1　出口贸易结构比例图

图片来源：此图为作者绘制。

德国是一个出口导向型国家，近年来出口总额平均约占国民生产总值的1/3，成为拉动德国经济发展的主要动力之一。机电产品、运输设备和化工产品是德国的主要大类出口商品。据相关最新统计，德国80%的出口产品流向西方工业国家，其中的70%流向欧盟及欧洲自由贸易区国家，7%流向美国和加拿大，3%流向日本、澳大利亚和新加坡；另外的10%流向中、东欧及独联体；最后的10%流向第三世界国家。据联邦统计局发布的数据显示，截至2013年11月，德国当月出口额为946亿欧元，同比增长1.0%，已连续出现4个月的增长。因此，发达国家是德国商品的主要外销对象，稳定的出口对象国是德国经济发展的保证。2013年，德国贸易盈余1989亿欧元，经常盈余2010亿欧元。但是，大量出口形成对外贸易的依赖，使德国有超过95%的对外依存度。一旦外部环境出现较大变化，很容易影响德国的出口状况，从而影响德国的GDP增长及就业形势。2013年，欧洲部分国家经济持续衰退和世界经济增长乏力导致德国出口受阻，外贸对国内生产总值的贡献率下降。不过，我们认为，德国产品出口地绝大多数是发达国家和地区，而且产品的竞争力较强，出口状况对德国经济危害程度有限。

2013年，受国际市场低迷影响，中国与德国双边贸易状况有所下降。据欧盟统计局统计，1—9月，中德双边货物进出口额为1229.2亿美元，下降1.5%。其中，德国对中国出口658.4亿美元，增长0.9%，占德国出口总额的6.1%，下降0.1个百分点；德国自中国进口570.8亿美元，下降4.1%，占德国进口总额的6.5%，下降0.4个百分点。德国与中国的贸易顺差87.6亿美元，增长52.4%。截至9月，中国为德国第五大出口市场和第三大进口来源地，中国对德国主要进出口产品为机电产品。

（四）德国能源转型与社会保障系统将逐步完善

第一，德国新能源政策及过度的监管短期内会制约经济的发展，但长远来看，能源转型政策将是经济的一个新增长点，而且德国工业水平发达，产品核心竞争力较强，经济进一步下滑的可能性较小。

自日本福岛核泄漏之后，德国政府在2011年5月就完成了对核电的检讨，宣布关闭八座核电站，其余九座核电站在2022年之前完全关闭。换而言之，德国以后使用的能源只能依赖于开发新型能源和从国外进口。但德国是一个资源匮乏又十分重视环保的国家，为摆脱对能源进口和传统能源的过度依赖，德国近年来能源政策重点放在节约传统能源、提高能效和发展新型能源三个方面，以期实现能源生产和消费的可持续发展。德国对包括生物柴油、甲醇汽油及生物乙醇等替代能源的研究、开发和利用均处于世界领先水平，其做法和成效对我国发展相关产业具有一定的参考和启示作用。能源转型将是德国新的经济增长点，但在完全转型达成自给状态前，这很容易使德国的生产成本升高，从而对近期德国的经济造成一定的损害。

德国从核能转向风能和光伏等新能源供应的政策，虽然在短期内会减缓国内生产总值的增长速度，但长期来看，这是一个促进经济健康发展的因素。能源的暂时短缺与核能工业的减产肯定会影响到德国的GDP增长，我们预计德国2013年的GDP增长率为0.61%，同比下降29.13%。而制约德国经济发展的另一个因素是过度的监管，如针对商店营业时间的限制，不允许城际间的长途客车服务等等。不过，德国在机械、车辆、石化、电子、医疗、生物技术等行业均是世界领先，德国经济也因此才可以在金融危机后保持增长。

第二，德国政府正积极改善劳动力市场及社会保障体制，就业形势在欧元区中位于前列，劳动者权利得到了较好的保障，有助于保持社会秩序的稳定。

近年来，德国执政联盟不断推动与完善劳动力市场和社会保障系统。德国过去几年在劳动力市场灵活化方面做出了较大的改革，取得了一定的成效。2013 年 11 月，德国失业率为 5.2%，同比下降了 4.76%，其中年轻人就业形势在欧元区中属于最好，服务业吸纳就业人数最多，仅公共服务、教育和医疗服务就有 986.6 万人就业，同比增长 0.9%。德国失业率虽然是欧盟国家最低，但结构性失业的问题依然严重。因此，德国政府早在 2011 年就推出了新的劳动力市场法律，旨在帮助那些长期失业者寻找适当的工作并能够尽快的融入，法律使职业中介公司的信息更加的完善，服务更及时，对求职者基本保障的发放审查更加严格。为失业和年龄较大的人员提供专业培训机会，切实了解他们的需求，解决他们的问题。良好的失业者上岗培训和专业培训为失业者重新融入社会进行工作提供了保障，起到降低失业率、维持良好社会生产秩序的作用。

（五）中国“走出去”在德国机会

德国营商环境保持良好，中资企业在当地投资踊跃。随着交通的不断便利，以及相关鼓励政策的持续推进，中国企业“走出去”德国将获得更多产业转型升级的机会，未来中国对德国投资会出现快速增长。

德国是欧洲最大、全球第四大经济体，经济和科技高度发达，拥有雄厚的产业基础、科研实力和大批跨国公司。外资企业进入德国后，可以获取很好的生产管理经验和先进的生产技术，有助于企业的进一步发展和市场不断开拓。同时，德国的税收也不高，平均税收额度约占产值的比率仅为 20%。我们认为，德国对于中国企业而言是一个很好的投资地和并购地。目前，德国已有的二十几家上市中资公司，他们经营状况都很稳定，遇到的社会和法律问题一般较小。中德在发展阶段、产业结构、要素禀赋以及市场空间等方面具有较强的互补性，不论传统产业还是新经济领域，双方均具坚实的合作基础和强烈的合作愿望。

渝新欧铁路的开通以及中欧铁路的逐步建设，为中国企业今后到德国投资提供了极大的交通便利。《里斯本协议》执行后，在德国的外国企业可以轻易获得很大的欧洲市场，而且德国的生产技术和生产管理经验只要学到一部分，就足以完善中国本土企业的生产结构，并帮助中国本土企业进行产业升级。因此，中国政府应积极组织各类企业，以联合投资的方式到德国，若有可能的话，要以政府为担保使这些企业获得银行的贷款支持，解除他们资金上的后顾之忧。

由于中国企业"走出去"的迫切需求以及"德国制造"在中国的高认可度和良好的品牌效应，我们认为，未来中国对德国投资会出现快速增长。中国的经济转型将会为双方开启新的合作领域。除环保和能源技术外，中国政府还将更加重视中德企业在信息、生物工程、新材料、高端制造业等高新技术领域的合作，积极促进双边有核心技术的企业在东道国设立研发中心，从而产生技术"外溢效应"，争取中德两国经济技术合作的长期互利共赢。

（六）不确定性分析和未来预测

未来地看，德国经济将逐步好转，并继续在欧元区处于领先地位，但受移民增多的影响，失业率将有所提高。随着新兴市场的崛起，德国出口优势也正逐渐消失，未来建筑业和科教行业的投资前景更为广阔。

德国经济目前状况良好，主要表现在：失业率低、就业人数继续增加、工资收入正常增长。另外，目前利率水平较低，有利于刺激私人消费和住房建造。国际市场需求的变化将给德国经济带来新的活力。工业化国家的经济复苏和欧元区经济的逐渐好转，将给德国出口带来动力，继而会拉动企业投资和进口贸易。但由于外来移民增加，会有更多人涌入劳动力市场，因此失业率也会略有提高。另外，由于工资稳步增长、通胀率保持在适度范围，银行实行低率政策，使经济增长的主要动力来自私人消费。银行业联盟预期建筑业投资向好，对外贸易增幅略有下降。

2013 年德国经济将增长 0.61%，2014 年将增长 1.7%，2015 年将增长 2%。德国将继续充当欧洲经济火车头的作用，但整个欧元区经济仍令人疑虑。根据欧洲央行的预测，欧元区经济 2014 年将增长 1.1%，2015 年增长1.5%。虽然德国经济在欧元区中仍处领先地位，但其经济模式已经难以维持长期发展，因为依靠世界贸易发家致富的时代很快就要过去。随着新兴经济体的崛起和技术革新，德国引以为傲的出口产品——机械设备和汽车的优势正逐渐消失。想要长久保持竞争力，德国需要加大投资研发力度、提高教育培训水平，并拉动国内需求。

三、俄罗斯

俄罗斯的国际环境因乌克兰问题趋向恶化，但国内政局保持稳定，财政实力雄厚，债务负担较低，外汇储备充足，但外部市场低迷，贫富差距较大，社会治安不佳，金融体系仍需调整，财政盈余收窄，基础设施陈旧，廉政建设和法律不完善等问题影响着投资环境。

（一）俄罗斯与世界政治经济风险分析

第一，俄罗斯与中国关系保持紧密。俄美两国间关系虽然不太融洽，但俄罗斯与欧盟建立合作伙伴关系之后，多边外交发展迅速。同时，俄罗斯与周边国家关系也正在不断发展，地缘政治风险较低。

俄罗斯在地理上与中国相邻，经济上有多方面的互补，两国一直都保持着友好合作关系。近年来，中俄双方政治互信已上升到新水平，各领域合作不断扩大和深化，两国战略协作伙伴关系达到前所未有的新水平。2012年6月，俄罗斯总统普京访华，双方发表了关于进一步深化平等信任的中俄全面战略协作伙伴关系的联合声明。中国是俄罗斯第六大出口市场和第一大进口来源地，已连续三年成为俄罗斯第一大贸易伙伴国。不过，俄罗斯与中国的边界还是存在问题。

俄罗斯与美国双边关系一直不平坦，近期也有恶化的倾向。虽然，2009年奥巴马首次访问俄罗斯，称要“重启”美俄关系，两国发表联合声明同意削减战略核武器。2013年奥巴马连任后，美国和俄罗斯在军事上也有合作的关系。不过，除了在叙利亚，伊朗和美国导弹防御系统等问题上美俄间存在尖锐分歧外，斯诺登事件又给两国关系蒙上了另一层阴影。另外，俄罗斯把欧盟各国看作一个极为重要的政治和经济伙伴，并努力与它发展积极稳定和平的关系。欧盟各国一直都是俄罗斯最重要的经贸伙伴和投资者，俄罗斯也是欧盟的第六大贸易伙伴。但近期受到俄美关系和乌克兰的影响，让欧盟与俄罗斯贸易关系陷入紧张。不过，俄罗斯与各国际组织间保持着很好的关系，已参与包括亚太经合组织、联合国、欧亚经济共同体等74个国际组织，并在其中为世界和平与发展起着积极作用。

在与周边国家关系中，日本在俄罗斯的亚太政策中占有重要的地位，但两国在“北方领土”问题上仍存在纷争，对两国合作产生一定的影响。历史以来，俄罗斯与日本在南千岛群岛的问题上都存在争议，两国近期关系也因岛屿之争而不断激化。不过，在2013年11月，日本和俄罗斯首次举行外交部长和国防部长会议（“2+2”会议），以通过经济、能源合作等方式拉近日俄关系，努力为早日解决“北方领土”问题创造条件。同时，独联体也是俄罗斯的外交重点，在整个俄罗斯外交政策中占有绝对优先的地位。俄罗斯继续把发展同独联体国家的合作视为对外政策的绝对优先选择，根据独联体不同国家不同的发展速度和水平，决定与独联体国家合作的内容和性质，加强与独联体政治、经济的联系。另外，朝鲜也是俄罗斯在东北外交的重点之一，但朝鲜和俄罗斯在核问题上意见存在分歧。对于朝鲜的核能危机问题，各方基本表现出克制姿态，寻求以和平的方式解决冲突。

第二，多党制背景下，俄罗斯各党派间基本和平相处。国内政局保持稳定，但政府腐败问题仍较突出，对投资环境带来不良影响。

俄罗斯实行的是多党制，国内政党派别较多，但政党之间能和睦相处。截至2013年上半年，在俄司法部获准注册的政党已超过70个。俄罗斯政党在“总统集权制”和政党体系等主客观因素的影响下，政党作用受到限制，政党政治发展也由于俄罗斯国内政治生态的变化而受到制约。但由于政党格局的变化、权威主义政治体制的延续、政党竞争力的缺失及“普梅组合”都给俄罗斯政党政治未来发展带来诸多不确定性。2012年5月，俄反对派在莫斯科举行“百万人游行”活动以反对普京政府，在莫斯科市中心的“沼泽”广场与警察发生冲突，造成约20人受伤，近250人被拘押。从整体来看，俄罗斯政党政治逐渐规范化、法制化，政党作用不断加强，政党制度不断成熟。

俄罗斯政治局势稳定、政策连续性较好、中央政府具有较强的执行力。2012年3月，普京赢得总统大选，任期6年或再度连任12年，国内政策稳定性得以有效延续，经济和政治方面的改革不断推进，有利于俄罗斯的进一步发展。但是，政府廉政建设还不到位。根据联合国最新发布的《2013年全球腐败指数》显示，俄罗斯的分数是28分（总分100分，分数越高越清廉），在调查的177个国家里面，俄罗斯排名为127名。2013年11月，因涉嫌“国防服务公司”腐败丑闻，俄国国防部长谢尔久科夫被免职。腐败问题对在俄华人的经济活动带来了不同程度的困难，比如正常的经营活动也要贿赂海关、税务等官员。对住在莫斯科的大部分中国人而言，他们经常无理地遭受到代表政府行为的警察和区管理人员的苛刻对待，有59.8%的人称曾受过警察的敲诈勒索。在腐败的经营环境下，企业投资积极性普遍不高。

（二）俄罗斯的贫富差距严重，社会保障力度不断加大，相关政策举措正陆续推进，投资环境日益改善

第一，俄罗斯的贫富差距问题仍较突出。不过，相关政策正陆续推进，以保障中低收入者的生活和维持社会的稳定。

俄罗斯的贫富差距程度仍比较严重。根据俄罗斯联邦国家统计局的资料，2013年上半年，俄罗斯10%最富有的人占有现金总收入的份额高达30.4%，10%最贫穷的居民所占俄罗斯居民现金收入总额的比重仅为1.9%，去年同期这一指数也是1.9%。不过，俄罗斯政府正采取相关政策措施来提高中等收入者的比例，以不断缩小贫富差距，减少社会不稳定因素。社保方面，政府将通过对来自联邦预算拨款和社会保险基金的社会支出和补贴实行指数化管理、实行养老体系现代化、养老保险缴费取代统一社会税多项措施加大社会保障力度。住房保障方面，为帮助解决中低收入群体住房需求，俄政府制定了一系列房改和保障措施，不断加大保障房建设，对符合条件的中低收入群体提供租房、购房和建房补贴。

第二，俄罗斯是一个多民族的国家，总体上各个民族相处友好。但人口密度低、地理分布不均和老龄化程度加深等人口问题会加重国家的负担。

俄罗斯是世界上民族种类最多的国家之一，其境内就有大小民族约193个，其中俄罗斯族是最大的民族。俄罗斯的民族分布大体上呈大民族与众多民族小民族混杂而居、个别民族聚集而居的状态。由于俄罗斯的民族众多，但各个民族之间也会存在摩擦。不过，各民族受教育程度稳步提高，居民生活资料来源日益多样化，经济自立人口有所增加，这些都有利于社会的稳定。

俄罗斯地域辽阔，人口平均密度很低，目前每平方公里仅8.43人，是世界上人口密度最低的国家之一。俄境内人口稀少的地方，消费市场有限。人口地理分布极不均衡，截至2013年1月，俄罗斯总人口数为1.43亿，其中农村人口为26%、城市人口占总人口的74%，主要集中在中央区、伏尔加河沿岸区、北高加索和乌拉尔区，城镇化水平较高，但地区经济发展不平衡。但俄罗斯当前面临着平均预期寿命缩短、死亡率过高等人口问题。如果按这种趋势延续下去，俄罗斯将会面临劳动力和兵源短缺等问题，这将极大威胁俄罗斯经济发展的持续性和国防安全的稳定性。同时，人口老龄化程度也在加深，如今俄罗斯60岁以上的人口共有2666.3万，占总人口的18.89%，65岁以上人口1817.6万，占总人口的12.7%。老龄化问题给俄罗斯社会造成沉重的负担：不断上升的退休成本带来的财政挑战，不断萎缩的人力资源带来的发展挑战，不断衰退的消费市场带来的增长挑战。

第三，俄罗斯的社会治安状况不佳，个别地区恐怖袭击仍较频繁，对吸收外资造成一定的影响，治安水平还待进一步的提高。

俄罗斯的治安不稳定，恐怖事件发生的频率较高。近年来，俄境内发生了几起严重恐怖袭击事件，包括2010年莫斯科地铁连环爆炸案和2011年莫斯科多莫杰多沃机场爆炸案。2013年5月，位于俄联邦达吉斯坦共和国首府马哈奇卡拉郊区的公路警务检查站发生两起汽车炸弹袭击，造成包括警察、军人和平民在内的十多人身亡。达吉斯坦共和国、车臣共和国、印古什共和国等在内的北高加索地区是俄非法武装的活跃地带，也是俄国内部安全主要威胁所在之一。恐怖事件频繁对俄罗斯吸收外资造成一定的影响，俄罗斯治安还需要有待进一步的提高。不过，俄护法机关一直在该地区对非法武装势力进行打击，使恐怖事件发生频率开始下降。

（三）俄罗斯资源丰富，外汇储备充足，债务负担较轻，经济风险可控

第一，近期俄罗斯经济增长放缓，通货膨胀率和失业率都在下降，第三产业在产业结构占主导的地位，尽管第二产业在产业结构占次要地位，但俄罗斯的资源在世界上还是名列前茅。

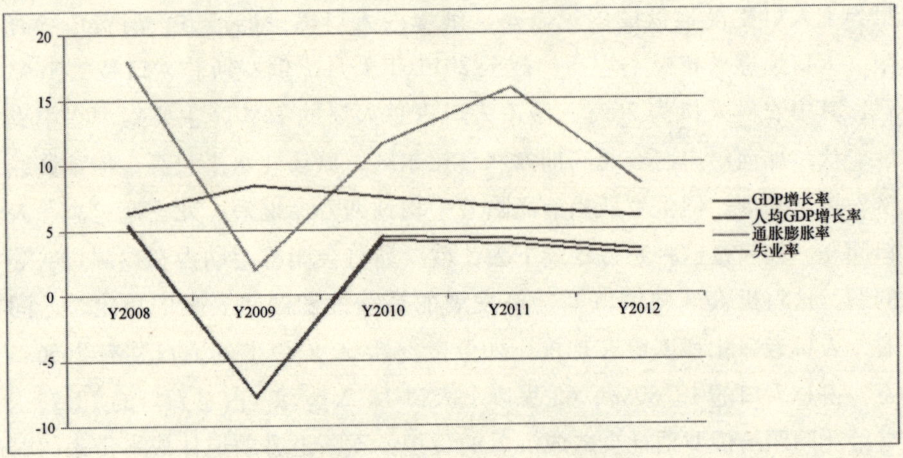

图2　俄罗斯 GDP 增长、通货膨胀率与失业率

图片来源：此图为笔者绘制。

俄罗斯国内生产总值（GDP）从 2010 年开始，呈现出缓慢下降的走势。2012 年，俄罗斯 GDP 增长率为 3.44%，同比下降了 19.78%，人均 GDP 增长率为 3.03%，同比下降了 21.82%。受国内投资需求不足及疲软的外部市场环境所累，俄罗斯 2013 年经济增长率进一步下滑至 1.4%。粤省情预计，由于受国际原油价格上行动力不足及外部市场需求低迷影响，2014 年经济增速 2.5%，国内经济的脆弱性仍将持续较长时间。俄罗斯的物价水平变动较大。2013 年，俄罗斯通货膨胀率为 6.5%，同比大幅下降了 23.08%。2014 年，由于冻结自然垄断部门的费率上涨，消费价格上涨速度将明显低于以往各年，粤省情预计全年通胀率将从 2013 年的 6.5% 降

至4%—4.5%，加工、贸易、服务等领域的利润将大幅增加。俄罗斯央行仍将实行紧缩货币政策，把通胀控制在5%以内。另外，至2012年底，俄罗斯失业人数约为413万人，失业率为6%，同比下降了9.09%。

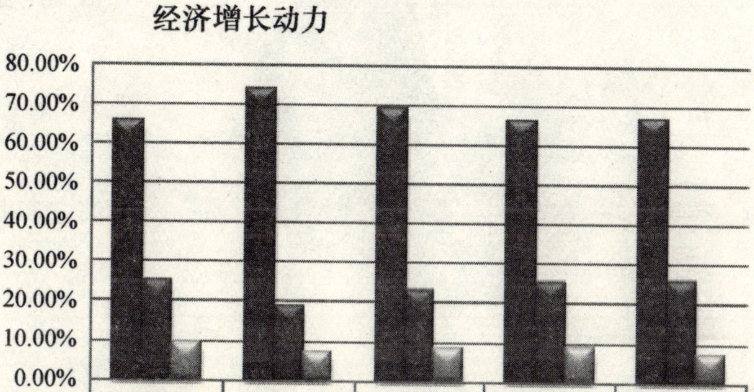

	Y2008	Y2009	Y2010	Y2011	Y2012
最终消费支出/GDP	65.26%	73.63%	68.95%	66.24%	66.72%
资本形成总额/GDP	25.50%	18.93%	22.78%	25.00%	25.98%
货物和服务净出口/GDP	9.24%	7.44%	8.28%	8.76%	7.30%

图3　俄罗斯经济增长动力

图片来源：此图为作者绘制。

俄罗斯经济受消费需求拉动明显，2013年10月消费增长高于GDP增长，零售贸易增长3.5%，9月增长3%。但国内消费的拉动作用已经达到极限，而且消费者信心不足。居民实际收入有所下降。2013年第二季度俄消费者信心指数跌至80点，已达到金融危机以来最低值。俄罗斯属于出口导向型经济，能源和原材料出口在总出口额中占到了70%左右的份额，成为拉动俄罗斯经济增长的重要因素。但国际经济不景气，外部需求下降，俄罗斯在近段时间很难实现出口增长。投资不足一直制约俄罗斯经济发展，投资增长速度依然乏力。2013年1—5月，俄罗斯国内投资增速从2012年上半年的13%剧降至0%。

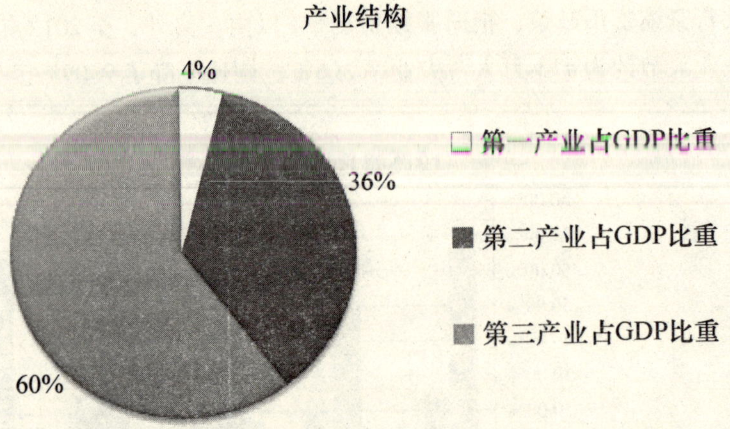

图4　2012年俄罗斯产业结构

图片来源：此图为作者绘制。

俄罗斯第三产业对国内生产总值的贡献是最大，一直保持着重要支柱产业的地位，为国内提供大量的就业机会。2012年，俄罗斯第三产业对国内生产总值的贡献是60.13%，同比上升了2.35%，第二产业对国内生产总值的贡献是36%，同比下降了2.7%，第一产业对国内生产总值的贡献是3.87%，同比下降了9.01%。尽管2012年俄农业生产下降4.7%，但2013年俄农业生产增速达6.8%，拉动了整体GDP增长，入世对俄农业的影响是积极的。由于社会分工的进步和资源的有限性，所以俄罗斯的第二产业逐渐减少，第三产业的比重占主导地位。其中，旅游作为俄罗斯的新兴产业，近年来显示出巨大的活力和发展前景。2012年，俄入境游市场呈现持续较快增长的良好势头。根据俄旅游署统计，去年，俄国境外人口入境总人次为2817.6万，同比增长13%。

从资源能力上看，俄罗斯地大物博，俄罗斯的矿产资源丰富，储量丰富，自给程度高。森林覆盖面积、天然气和铁蕴藏量居世界第一位。天然气供货能力分别为1900亿立方米和2400亿立方米，接近整个中东或非洲地区。煤、铝蕴藏量居世界第二位。石油储量占世界探明储量的13%。俄罗斯重点发展重工业，建立了煤矿工业区、石油工业区、天然气工业区、电力工业区，这些对俄罗斯的经济起了主导的地位。

第二，俄罗斯的金融体系比较健全，外汇储备充足，但资产质量有所恶化，经济货币化程度较低，银行业近期亏损较为严重，不过政府对金融机构正在进行整顿，让金融体系更好地为俄罗斯经济发展服务。

俄罗斯建立了比较稳健的金融机制，在国家预算、税收、银行、价格、证券市场这四个方面建立起来的金融机构。2013 年 1—8 月，俄罗斯银行纯利润为 6536 亿卢布。不过，不良贷款数额在增多，2013 年上半年，不良贷款率从 6% 上升至 6.3%，已经超出了央行规定的 6.1% 的上限，其中个人和企业贷款中延期贷款所占比例相当，分别为 4.3% 和 4.5%，增长趋势十分明显。近五年来，俄罗斯广义货币供应量占国内生产总值（M2/GDP）的比例维持在低位，2012 年该比例仅为 51.48%，经济货币化程度较低。同时，银行资本充足率和流动性比率的下降，也降低了金融体系的抗风险能力。金融市场发展缓慢在一定程度上制约了财富创造能力的提升。据俄罗斯央行的数据显示，2013 年 9 月，全俄银行的 16% 处于亏损状态，亏损总额 109.6 亿卢布，亏损的主要原因是俄央行从今年年初开始收紧银行储备。

不过，俄罗斯的金融机构也在不断的调整之中。2013 年 9 月，俄央行董事会决定维持 8.25% 的基准利率不变。在基准利率长期保持不变的情况下，俄央行利用“基础业务利率”变动微调再贷款利率，实际上执行货币政策工具职能。2013 年，俄央行加强个人消费信贷风险控制，3 月 1 日提高无抵押贷款的准备金率，6 月 1 日又引入消费信贷的风险指数管理机制。2013 年 7 月，普京签署了成立超管理机构的法律，以让金融机构更好的为俄罗斯的经济带来积极的影响，推动了经济快速发展。

2013 年卢布兑美元和欧元汇率下降 7—11 个百分点，预计 2014 年卢布汇率将继续走低，主要原因包括石油价格将小幅下降，投资增长将不超过 3.9%，加上美国、欧盟经济企稳复苏，美元和欧元将比发展中国家货币更受市场青睐。截至 2013 年 1 月，俄罗斯外汇储备达到 5376 亿美元，位居世界第四，庞大的外汇储备能较好地预防国际收支失衡和维持汇率的稳定。

第三，短期内由于宽松财政政策的刺激，俄罗斯的财政盈余幅度正在收窄，政府债务规模较小，偿债能力充足。

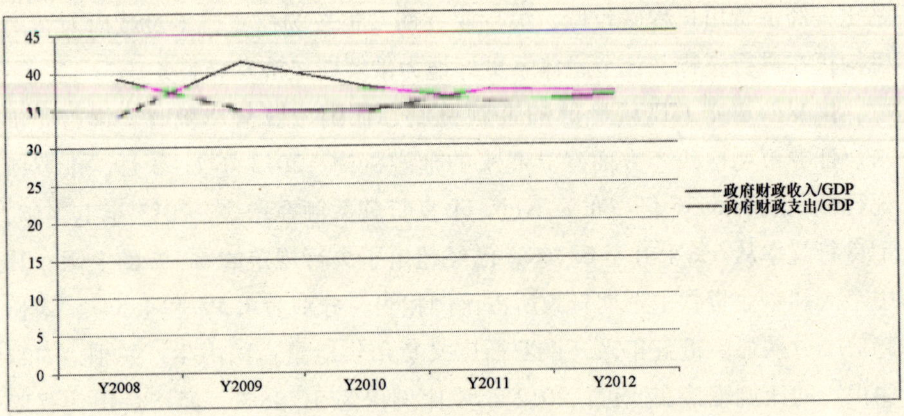

图5　俄罗斯财政收支状况

图片来源：此图为笔者绘制。

俄罗斯的财政实力很强，政府储备基金规模较大，财政状况在2011年和2012年基本趋于平衡，财政盈余幅度呈现减少趋势。2012年，俄罗斯政府财政收入占国内生产总值的37.03%，财政支出占国内生产总值的36.6%，财政盈余幅度收窄至0.4%。粤省情预计，短期内政府将采取宽松财政政策以刺激经济，预计2013年和2014年将出现0.6%和0.2%的赤字率，但受此影响2013年和2014年政府债务负担率将上升至11.7%和13.0%。不过，俄罗斯债务负担很轻且债务偿付能力很强。尽管政府大规模基础建设项目将促使政府债务上升，一般政府债务与GDP的比率预计将增至12.9%，但仍低于其他投资级别国家。

第四，俄罗斯的进出口贸易状况不佳，贸易盈余幅度逐渐收窄，但俄罗斯对外依存的程度较弱，受外部经济影响较小。中国（广东）与俄罗斯双边贸易具有较强的互补性，贸易总额增长较快。

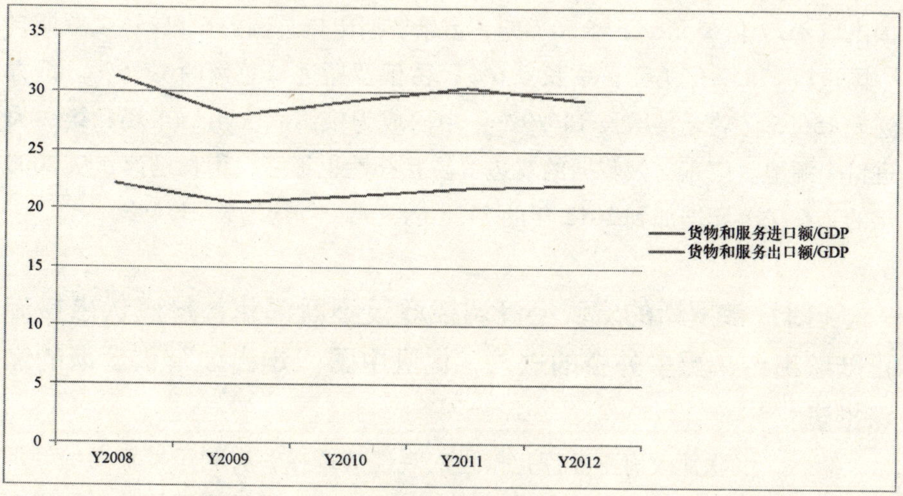

图6　俄罗斯贸易情况

图片来源：此图为作者绘制。

俄罗斯的贸易一直处于顺差状态，商品出口结构以能源矿产等资源性产品为主，进口结构则以机电产品为主，主要出口到独联体和一些欠发达的国家。随着普京执政后贸易方针的调整，俄罗斯与世界各国贸易业加强了联系。俄罗斯经常项目收支常年处于盈余状态，但近年来盈余幅度正逐步减小，2012 年经常项目/GDP 为 3.7%，同比下降了 28.9%。在进口需求上升，出口增长承压的环境下，经常项目盈余面临进一步缩减压力。2013 年以来俄罗斯的贸易状况出现了较明显的萎缩迹象。据俄联邦海关局网站报道，2013 年 1—11 月份俄出口金额为 4697 亿美元，同比下降了 2.1%；进口额 3093 亿美元，同比增长 1.8%。1—11 月俄贸易顺差达 1604 亿美元，相比去年同期下降 8.8%。不过，俄罗斯对国际市场的依赖程度不高，近五年来对外贸易依存度一直维持在 50% 左右。

中俄双边贸易具有较强的互补性。俄罗斯对中国出口以资源性商品为主，中国已成为俄罗斯原油出口的重要贸易伙伴。俄罗斯自中国进口的大宗商品是机电产品、纺织品、原料。据俄罗斯海关统计，2013 年 1—6 月中俄双边货物进出口额为319.9亿美元，下降18.4%。其中，俄罗斯对中国出口81.7亿美元，下降50.3%，占俄罗斯出口总额的6.0%；俄罗斯自中国进口238.2亿美元，增长4.6%，占俄罗斯进口总额的17.6%。俄方逆差156.5亿美元，增长146.9%，中国成为俄第六大出口市场和第一大进口来源地。广东与俄罗斯的双边贸易互补性也很强，增长迅速，从2000年的7.6亿美元增加到2012年的77.5亿美元，年均增长21.4%。

（四）俄罗斯的宏观经济调控政策不断深化，投资优惠措施正陆续出台，更多外资的进入，促进中国“走出去”俄罗斯的纵深推进

第一，俄联邦政府不断深化推进宏观经济调控，有利于俄罗斯的经济发展。虽然改革进程缓慢，但加入世贸组织以后，俄罗斯正陆续采取更多投资优惠政策来吸引境外资金。

2013年，俄罗斯的宏观经济调控政策也在不断推进。2012年9月，俄罗斯对农业的补贴为13.5%，高于墨西哥的12.3%和以色列的11.4%。2013年9月，为推进政府采购体系改革，提高政府采购透明度，俄总理梅德韦杰夫日前主持召开专题会议，内容包括就大宗政府采购项目举行听证会，建立由非营利组织、媒体和公民共同参与的监督机制等。但是，目前俄罗斯仍有大量联邦级和地方法律法规尚未进行相应调整，改革进展缓慢。2009年开始，俄政府对部分商品提高了临时进口关税，涉及商品主要集中在汽车、钢铁、食品领域，这些商品也是俄主要的进口商品。不过，俄罗斯加入世贸组织后，放宽对国内外投资商投资领域的限制政策，吸引和鼓励外商和私有资金投资俄市场。目前，政府给予外商投资国民待遇，各经济特区对投资商在联邦和地方税收方面给予不同的优惠政策。

第二，在俄罗斯的华人华侨数量和影响都不小，生活水平也有了较大提高，但部分民族狭隘主义的报道对华人华侨生活造成一定的影响。

从20世纪末开始，大批中国人涌向了俄罗斯，形成一个不小的华侨华人群体。据欧洲华侨华人社团联合会统计，截至2008年，俄罗斯华侨华人总数在30万人左右，主要来自山东、新疆、河北、东北三省、浙江、福建等地，以流动商贩及短期劳工居多。俄罗斯共有华侨华人社团总数在45

家，中文学校共10所，中文报纸杂志总数为10家。华侨华人在俄罗斯的影响和贡献越来越大。

虽然当地华人华侨的生活水平有了很大的改善，但由于俄罗斯政治、经济以及社会等方面的风险对华侨华人带来的影响不容忽视，特别是民族狭隘主义对华人的排斥和偏见，产生的负面作用不可低估。俄报刊和影视媒体不时传出“黄祸论”的言论，主要有:（1）中国正在有计划、有目的地对俄实施人口扩张；（2）中国移民的存在已打破了俄东部地区民族和人口结构的平衡，威胁俄罗斯在该地区的主权；（3）中国移民挤占了当地人的工作岗位等。俄罗斯民众对在俄华人有些不良印象，这一方面是不同民族之间的误解，同时也有华人自身的原因。近段时间，在俄先后发生了多起涉及中国公民在俄非法务工及华商货物遭查封事件。随着俄扩大市场整治范围，以及强力部门介入加深，粤省情预计未来将整治更多的外国非法移民务工和违规经营现象。

第三，俄罗斯投资环境优势突出，但基础设施落后问题仍有待改进。不过，政府正采取相关改善举措，减少外资进入障碍。

俄罗斯的投资环境优势包括：以普京和梅德韦杰夫为核心的政治精英保持对俄罗斯政治的较大控制，俄罗斯政治局势为苏联解体后最为稳定的阶段，以能源和矿产为龙头的出口增长迅速；国内居民生活水平迅速提升，市场需求不断加大；国内资源丰富，铁路、空运和公路较为发达。但基础设施多为前苏联时期建造，较为陈旧。不过，俄罗斯政府正大力投资改善基础设施建设，拟在今后10年向交通领域注入巨资，全面提升现有铁路、公路和航空的运营条件，加快港口和机场等基础设施的现代化步伐。为吸引更多外资，俄政府提出了“现代化战略”和国有资产私有化，并通过修改相关法律法规，简化外资手续、调低外资准入门槛，成立“俄直接投资基金”等举措，吸引外资呈回暖趋势。

俄罗斯营商环境的改善有助于吸收更多的外资。福布斯2013年公布的全球最适宜经商国家排名中，俄罗斯在145个国家中位居第91位，较去年提升了14位，其中贸易自由度和创新均有显著提升。据世界银行的《2014年营商环境报告》显示，俄罗斯的营商环境在其统计的189个经济体中排在第92名，同比快速提升了19名。据俄联邦统计局网站报道，

2013年1—9月俄共吸引外资1324亿美元，同比增长15.7%。外资主要投向制造业、金融、商业、交通工具和电器维修、矿产开采、房地产及租赁服务等领域，投资额合计达1508.1亿美元，占同期外国对俄投资总额的97.5%。

中国是对俄投资第四大国。2013年1—3月，我对俄非金融类直接投资为3767万美元，同比下降61.4%。我对俄非金融类直接投资主要分布在能源、矿产资源开发、林业、建筑和建材生产、贸易、轻纺、家电、通信、服务等领域。2013年1—3月，中俄签署工程承包合同金额4.6亿美元，同比增长39.4%，完成营业额2.3亿美元，同比下降21.5%，期末在外人数13933人。目前，中资企业在俄罗斯经营正处于蓬勃发展阶段，主要集中在建筑、能源、林业、矿产、农业、零售等领域，截至2012年4月底，在驻俄罗斯使馆经商处登记企业194家，其他地区为41家，还有大量中小企业在俄罗斯经营。在投资待遇方面，俄方给予中方投资者的投资及相关活动公平和平等的待遇，不采取任何可能阻碍与投资相关行为的歧视措施。但是，在俄罗斯投资的中国企业仍然面临许多障碍，包括不合理的投资争端解决机制、小股东的权益保护问题等。

（五）不确定性分析和未来预测

第一，俄罗斯央行对卢布贬值恐将难以限制，卢布危机的可能性有所增大。

从2013年4月开始，俄罗斯中央银行每月都在进行外汇干预，但仍没能有效阻止卢布对美元贬值7%，对欧元贬值14%。目前，世界上通常把货币年内贬值达到20%的定为危机。粤省情预计，2014年卢布危机可能在俄罗斯上演，目前也已经具备卢布危机的前提条件：1. 油价已经上涨到109美元/桶历史高位，而且再上涨可能性很少；2. 经济已经进入紧缩状态，预计2014年增长不会超过2%；3. 俄公司将向外国投资者支付利润，偿还贷款，俄居民对进口商品和服务（出境旅游）的消费不会减少，资本外流不会低于600亿美元，预计2014年俄罗斯外汇赤字将达到750亿美元；4. 国家福利基金和储备基金消耗过快，政府应对危机能力减弱。

第二，俄罗斯未来发展规划，将有助于降低中国“走出去”俄罗斯的风险，促进双方投资合作。

根据俄罗斯经济发展部制定的《2020 年俄联邦社会经济长期发展构想》，2015—2020 年，俄罗斯国民生产总值将位居世界前 5 名；2020 年，人均国民生产总值将达到 3 万美元，俄罗斯高科技产品将在 5—7 个领域中占全球市场 5%—10% 的份额，俄罗斯将进一步加强在一体化的欧洲的领导地位，并逐步成为世界经济中心之一。普京当选总统后，俄罗斯将继续实施 2020 年前发展战略，重点进行产业结构调整、扩大投资、发展创新经济，加快对传统工业的升级改造，改善基础设施建设，稳步推进国企私有化。入世后，俄罗斯将会更加开放市场，改革市场体制。俄政府总理梅德韦杰夫承诺 2020 年之前俄将新增 2500 万个现代工作岗位，并在五年内使劳动生产率提高 50%。

四、法国

法国国际关系良好，政局保持稳定，政府廉洁度高，金融体系整体稳健，产业结构合理，但经济增长低迷，政府债务和赤字水平高，失业率较高。

（一）法国国内政局相对稳定，政府廉洁程度较高

第一，法国受到经济危机影响较深，近年来经济处于低迷状态，失业率仍居高不下。法国与欧盟和 IMF（国际货币基金组织）一直保持着不错的关系。在外交上，法国重视大国关系，并注意加强同亚洲、拉丁新兴国家的联系，尤其是与中国的关系较为密切。

法国受到经济危机的影响比较大，近几年经济一直处于低迷状态，失业率也居高不下。法国与 IMF 的关系一直保持不错，现在 IMF 的总裁即是法国财长拉加德，但由于法国经济一直表现低迷，IMF 在 2012 年对法国发出了警告，要求其实行改革，改善经济。此外，法国作为欧盟的创始国之一，在欧盟中有重要影响力。

外交方面，法国是联合国安理会常任理事国、欧盟创始国及北约成员

国，其基本外交政策是：积极推动世界多极化，反对单边主义；致力于将欧盟建成真正独立的一极，继续发挥法国在其中的核心作用；重视大国关系，注意加强同亚洲、拉丁新兴国家的政治、经济、文化联系；努力保持并发展与非洲国家的传统关系，推动发达国家增加对非援助，帮助企业开拓海外市场，广泛参与国际事务和热点问题解决。

中法两国在1964年建立了大使级外交关系。建交后，双方在政治、经济、文化、科技、教育等各领域合作富有成果。2009年4月1日，中法发表新闻公报，中法关系逐步恢复良好发展势头。当前，中法关系发展良好。2010年，双方元首和立法机构领导人实现年内互访。2011年3月，萨科齐总统来华出席国际货币体系研讨会开幕式。2011年11月，胡锦涛主席出席在法国嘎纳举行的二十国集团领导人峰会，同年12月，中法经贸混委会第20次会议在法召开。

第二，当前法国的政局总体上保持稳定。2012年，奥郎德被选举为总统。由于受到欧债危机影响，民众有不满情绪。不过，法国政府的廉洁性较好。

法国是二元制的政治体制，总统是国家元首和武装部队统帅，任期五年（根据全民公决结果，2000年6月改为五年，之前是七年），由选民直接选举产生。总统有权任免总理和批准总理提名的部长；主持内阁会议、最高国防会议和国防委员会；有权解散议会；可不经议会将某些重要法案直接提交公民投票表决；在非常时期，总统拥有“根据形势需要采取必要措施”的全权。在总统不能履行职务或空缺时，由参议院议长代行总统职权。法国中央政府是国家最高行政机关，对议会负责。法国实行多党制，共有30多个政党，其中包括人民运动联盟（主要执政党和议会第一大党）、社会党（议会第二大党和主要反对党）、法国共产党、国民阵线及其右翼、左翼政党。

当前，法国政局稳定。社会党候选人奥朗德在2012年5月举行的总统选举中获胜，当选法国总统。国际金融危机和欧债危机影响深远，民众不满情绪上升。在2012年6月举行的立法选举中，以社会党为首的左翼获得国民议会多数席位。法国政府通过20国集团峰会CG20等多边舞台，积极参与全球治理、国际金融体系改革和气候变化等国际热点问题的解决，加快调整与各大国关系，维护法国大国地位。法国政府的廉洁性相对较好，根据透明国际组织2012年发布的全球腐败指数报告，法国获得71分，排在第22位。

（二）法国经济未来发展构成利好，社会福利水平较好

第一，法国人口出生率较高，是欧洲国家平均水平的两倍，高生育率对法国的未来经济发展，尤其是提升生产和消费水平有很大的促进作用。

据法国官方提供的统计数据，法国人口出生率是欧洲国家平均水平的两倍，在最近四年内法国人口增加了140万，是欧洲地区人口增长最具活力的国家。法国境内多个地区，如布列塔尼、卢瓦尔河、阿基坦、南部—比利牛斯、朗格多克鲁西永、罗讷—阿尔卑斯等大区的人口年出生率超过0.75%，在欧洲地区处于较高水平。高生育率对法国未来经济发展构成利好，有助于提升法国整体生产和消费水平，并进一步增加法国经济总量。

第二，法国作为高福利国家，社会保险制度已经发展得较为完善。在社会福利方面的大投入对法国人民的生活水平提供了充足的保障。

法国是高福利国家。社会保险制度始建于1945年，现已发展得较为完善。2009年各类社会保障总支出为6245亿欧元，资金主要来源于雇员和雇主交纳的社会分摊额以及对工资外收入征收的普通社会税金，保障范围涵盖退休金、养老金、医疗保险费、家庭津贴、待业金（失业补助和职业培训费）、残疾人补助等。由于人口老龄化等问题，政府财政逐渐不堪重负，遂于2003年和2004年相继推出《退休制度改革法案》和《医疗保险改革法案》，旨在通过延长社会分摊额缴纳时间等措施减轻国家财政负担。法国长期实行最低标准工资制度，根据世界银行的数据显示，2012年1月起最低工资为每月1398.37欧元，人均国民收入约42930美元，居世界第26位。根据法国统计局和法国卫生部的报告显示，2010年全法共有2751家医疗机构，住院床位近48万张，平均每10万人可享受334位医生、66位牙医、133位助产士和119位药剂师的服务。法国家庭56%拥有自己的产权房，80.7%有汽车，95.8%有手机，60.1%有个人电脑，58.1%接入了因特网，家用电器已很普及。

（三）在金融市场方面，法国近年来不断调低基准利率，金融体制不断加强

第一，受经济危机的影响，法国的经济从2008年开始就一直表现低迷，经济增长过分依赖三驾马车中的国内消费，人均GDP增长率也出现较大波动。值得注意的是法国的失业率水平一直居高不下，并且预期在短期内无法好转。不过在通货膨胀方面，法国一直控制得较好。在资源方面，法国在铁矿、煤矿上主要依靠进口。此外，法国在科研和教育支出上一直有较大的投入。

法国的经济从2008年之后一直表现低迷，根据世界货币与基金组织公布的数据，法国的GDP在08年和09年分别为－0.08%和－3.15%，尽管10年之后GDP增长率有所上升，在11年达到了1.69%，但在2012年经济增长又几乎停滞，在2012年GDP增长率仅为0.03%，IMF预测法国在13年GDP增长率将为－0.07%，经济出现停滞或倒退现象。其中在拉动经济增长的三家马车中，法国近些年来主要依靠的是国内消费。据世界银行公布的数据，法国从2009年到现在，最终消费支出占GDP的比重一直维持在82%上下，资本形成总额维持在20%左右，而国际贸易中一直处于贸易赤字，2012年净出口额占GDP的比重为－2.22%。与此同时，法国的人均GDP增长率在近几年波动非常大，从2008年的9.41%到2009年的－8.17%，2011年突然升至7.52%后，在去年又降为－6.57%，人均GDP增长率如此反复的波动，将影响到法国民众对经济恢复的信心。不过，法国政府在控制通货膨胀率方面做得较好，根据IMF的数据，法国的通货膨胀率在2009年和2010年分别只有0.09%和1.54%，虽然2011年和2012年由于部分商品和服务增值税上调以及能源价格上涨导致通货膨胀率上升到2.08%和1.98%，但相比其他欧盟国家，法国的通胀率还是处于较低水平，IMF预测2013年法国的通货膨胀率将降到1.57%。最值得关注的是，法国的失业率水平一直居高不下。从IMF发布的数据看，法国的失业率自2008年之后逐年上升，从2008年的7.78%增加到了2012年的10.23%，并且预测2013年和2014年分别达到11.18%和11.56%。尽管法国总统奥朗德宣称法国将在今年年底扭转失业居高不下的局面，但这需要政府补贴

和来自外部市场环境的有效助推才能实现。然而，现在法国国内经济大环境并没有改善，总体经济水平也没有提高，再加上欧元区周边国家纷纷采取了强力紧缩措施来重振经济竞争力，欧元区整体经济增长环境在年内将无法有效好转，因此，法国的失业问题在短期内不可能得到根本的好转。

在资源方面，根据法国农业部的资料整理，法国的铁矿蕴藏量约10亿吨，但品位低、开采成本高，煤储量几近枯竭，所有铁矿、煤矿均已关闭，所需矿石完全依赖进口。有色金属储量很少，几乎全部依赖进口。能源主要依靠核能，约78%的电力靠核能提供。此外，水力和地热资源的开发利用也比较充分。森林面积约1556.5万公顷，覆盖率28.6%。

法国对公共教育支出和科研一直都非常重视。近年来，法国在公共教育方面的支出维持在政府总支出的10%左右，而研发支出占到了GDP的2%以上。根据法国教育部公布的数据，2010—2011学年，法拥有53798所小学、11375所中学，另有83所大学以及226所名校，各类在校生人数1499.8万人，其中小学生666.4万、中学生535.3万、大学生231.9万。2011年全国教职人员共110.8万，其中教师92.8万，行政技术人员18万。像巴黎大学、格勒诺布尔第一大学、斯特拉斯堡第一大学、里尔第一大学、里昂第一大学等高校都为法国以后的经济社会发展提供了强大的人才储备。

第二，在金融市场上，法郎汇率的波动较大，这加剧了法国贸易投资的风险，在国内金融市场上，法国的货币政策与欧洲央行保持一致，不断下调基准利率。法国银行的资本充足率一直维持在10%以上，不良贷款率也控制在4.3%，保证了银行的安全性。此外，法国的M2/GDP达到了76.03%，金融深化不断加强。

在金融市场上，法郎的汇率波动较大，在11年汇率上升了5%之后，在2012年汇率又下降了7.7%，汇率的巨大波动，加大了法国贸易投资的风险。在国内金融市场，法国国内的基准利率自2008年后持续下调。根据欧洲中央银行公布的数据，法国的基准利率在2009年下调了60%，在2011年又下调了25%，并预计在2013年继续下调33.33%，这与欧洲央行的货币政策相一致，基准利率的不断下调，显示了法国政府对2013年下半年及2014年复苏经济的决心。在银行方面，法国的银行不良贷款率在2008年经济危机之后虽然有所上升，但近年来始终维持在4.3%。同时，近三年来银行资本充足率保持在了10%以上，其中2012年更是达到了13%的水平，远远高于巴塞尔协议所要求的8%。这些均说明了法国的银行说明金融机构收回贷款的风险小，银行流动性较强。但是，法国银行资产负债规模逐年扩大，在2012年，银行资产负债总额/GDP占到了35.90%，这是需要警惕的地方。除了利率和银行方面，还有值得关注的是M2/GDP这个指标。法国在2012年M2/GDP比例达到了76.03%，表明了法国的经济货币化程度越来越高，金融深化也进一步加强。

第三，法国的财政赤字在2012年达到了4.6%，高于欧盟规定其成员国财政赤字不能超过GDP3%的要求。并且在2012年，法国政府总债务上升到了90.29%，预测之后两年还将上升。

政府财政方面，法国政府财政收入在最近五年内只有小幅度增加，其中2012年政府财政收入占GDP的比重为51.96%。而政府财政支出在2012年占GDP的比重为56.59%，财政赤字占该国GDP的4.6%，大大高于欧盟规定其成员国财政赤字不能超过其GDP3%的要求。虽然法国政府努力削减财政赤字，但政府总债务逐年增加，根据世界货币组织发布的数据，法国政府总债务占GDP的比重从2008年的68.21%上升到了2012年的90.29%，并称2013年、2014年将进一步增加到92.74%和94.04%，其中国家内债占财政收入的比重在2012年达到了63%。根据上述指标分析，荷兰政府的债务风险在未来几年趋于上升。

第四，法国在国际贸易方面一直处于逆差状态，在2013年上半年出口和进口均有所下降。

法国在国际贸易上一直处于逆差状态，2012年，货物和服务进口额占GDP的比重为29.65%，货物和服务出口额占GDP的比重为27.44%，国际收支逆差占到GDP的2.21%，进出口总额占GDP比重为57.09%。法国对外贸易依存度并不大，因此整体国际经济环境的恶化对法国国际贸易的表现并没有太大影响。据欧盟统计局统计，2013年1—3月，法国货物进出口额为3162.8亿美元，比上年同期（下同）下降2.9%。其中，出口1447.0亿美元，下降2.7%；进口1715.8亿美元，下降3.1%。贸易逆差

268.8 亿美元，下降 5.6%。机电产品、运输设备和化工产品是法国的主要出口商品。2013 年 1—3 月出口额分别为 272.1 亿美元、261.2 亿美元和 243.7 亿美元，占法国出口总额的 18.8%、18.1% 和 16.8%。其中化工产品增长 1.1%，机电产品和运输设备分别下降 4.0% 和 7.0%。机电产品、矿产品和运输设备是法国进口的前三大类商品。2013 年 1—3 月合计进口 849.5 亿美元，占法国进口总额的 49.6%。2013 年 1—3 月，法国出口和进口均出现下降。

（四）法国的财政政策和产业政策在长期来看都保持稳定，始终以第三产业为主导

第一，长期来看，法国的财政政策相对稳定，但欧债危机导致政府债务加剧，必须实行紧缩性财政政策。在产业政策方面法国始终保持以第三产业为主导。

法国国内的财政政策长期来看是相对稳定的，但是欧债危机的爆发，使得法国的政府债务和财政赤字水平急剧上升，并且民众开始对法国政府的财政政策有所不满。这些都将迫使法国政府在未来几年采取紧缩性的财政政策，以减少政府债务和赤字水平。产业政策方面，法国将第三产业服务业作为支柱产业，根据 IMF 的数据，第三产业占了国内生产总值 79.17%。

第二，法国的华人数量占其总人口的 1%，华人主要来自浙江温州和青田。目前华人在法国的社团发展不断壮大，已形成相当大规模的唐人街。

法国有 60 多万华人，约占该国人口的 1%。在法国华人当中，20 世纪 70 年代以后，从东南亚各国移民来的华人占 40%，浙江温州、青田人占 50% 以上，他们大部分是 20 世纪 80 年代以后陆续来到法国的；来自中国其他地区的华人只占很小的部分。据欧洲华侨华人社团联合会统计，截至 2008 年，法国华侨华人社团总数在 75 家，中文学校共 50 所，中文报纸杂志总数为 10 家。法国华人人数众多，华人社区空间也相对更大，这对于生活于此间的华人来说，无论对生活和事业发展，都有着明显的益处。比如，法国华人主要聚居于大巴黎地区，人数约有 30 多万，已形成了几处相

当有规模的唐人街：巴黎13区、美丽城和龙城唐人街。在这些街区内，华人经营的商家不但十分集中，而且“五脏俱全”，涉及吃、穿、住、行各个行业。

第三，法国的对外投资主要集中在德国、比利时、意大利和西班牙。2013年1—3月的统计数字显示，法国自中国进口的下降幅度略高于其平均进口跌幅。

分国别（地区）看，德国、比利时、意大利和西班牙是法国出口的前四大目的地。2013年1—3月，法国对上述四国的出口额分别占法出口总额的16.5%、7.8%、7.1%和6.9%，为239.2亿美元、113.4亿美元、102.8亿美元和99.6亿美元。其中对比利时增长3.7%，对德国、意大利和西班牙分别下降4.8%、9.0%和6.0%，对上述四国出口占法出口总额的38.3%；德国、比利时、意大利和荷兰是法国进口的前四大来源。2013年1—3月，法国从上述四国的进口额分别占法进口总额的19.7%、11.7%、7.5%和7.0%，为338.1亿美元、200.2亿美元、128.1亿美元和119.6亿美元，分别下降1.8%、0.6%、1.3%和4.3%，从上述四国的进口占法国进口总额的45.9%。法国前五大逆差来源地依次是德国、比利时、荷兰、中国和意大利，分别占法逆差总额的36.8%、32.3%、21.2%、12.5%和9.4%；顺差主要来自中国香港、新加坡、阿尔及利亚和英国，分别为17.8亿美元、10.7亿美元、10.7亿美元和9.1亿美元，分别增长8.5%、16.3%、58.6%和37.6%。据欧盟统计局统计，1—3月，中法双边货物进出口额为126.2亿美元，下降6.3%。其中，法国对中国出口46.4亿美元，下降10.4%，占法国出口总额的3.2%，下降0.3个百分点；法国自中国进口79.9亿美元，下降3.7%，占法国进口总额的4.7%，与去年同期持平。1—3月，法国与中国的贸易逆差33.5亿美元，增加7.4%。截至3月，中国为法国第八大出口市场和第七大进口来源地。运输设备成为法国对中国出口的第一大类产品。2013年1—3月出口额为14.5亿美元，下降10.8%，占法对中国出口总额的31.3%。机电产品是法对中国出口的第二大类商品，出口额11.6亿美元，下降23.0%，占法对中国出口总额的25.1%。化工产品是法国对中国出口的第三大类商品，占法对中国出口总额的12.3%，下降11.5%。上述三大类产品合计占法国对中国出口比重达到67.9%。2013年1—3月法国对外出口下降幅度仅为2.7%，但对中国出口下降10.4%。

法国自中国进口的主要商品为机电产品、纺织品及原料和家具、玩具、杂项制品。2013年1—3月合计进口50.2亿美元，占法国自中国进口总额的62.9%。除上述产品外，贱金属及制品、鞋靴等轻工产品和化工产品也为法国自中国进口的主要大类商品（HS类），在其进口中所占比重分别为6.4%，超过5.5%和4.8%。总体来看，法国自中国进口的下降幅度略高于其平均进口跌幅。

（五）不确定性分析和未来预测

受欧债危机的影响，法国的经济持续低迷，青年和老年工人的低就业率，少数出口企业在市场份额和竞争力都有所下降，过高的政府债务都加大了法国在未来几年的风险。不过法国的家庭债务较低，储蓄水平高，基础设施和公共服务的质量都较高，并且在能源、航天方面都有具有竞争力的组织。

失业率的上升（法国国家统计局（INSEE）的数据显示，截至2013年第一季度末，法国本土失业率攀升至10.4%，比上个季度升高了0.3%），企业低业务盈利能力，这些都会降低经济参与者的信心，法国政府紧缩性的财政政策，将下降国内需求，预计短期内法国的政府债务和赤字水平很难下降。不过法国的家庭债务较低，储蓄水平高，基础设施和公共服务的质量都较高，并且在能源、航天方面都有具有竞争力的组织。以及法国在科研教育上的大量支出法国在公共教育方面的支出（维持在政府总支出的10%左右，而研发支出占到了GDP的2%以上）为法国以后几年的发展提供智力保障。

五、荷兰

荷兰国际关系良好，政局保持稳定，政府廉洁度高，金融体系整体稳健，产业结构合理，但经济增长低迷，通胀率较高，政府债务过高。

（一）经济危机导致荷兰经济受挫，国内政局保持稳定，法制建设完善

第一，由于经济危机的影响，以贸易为立国之本的荷兰所处的经济环境大不如前，不过荷兰一直在努力寻求与美俄等大国合作，并重视发展亚洲国家尤其是中国的关系。此外，荷兰与世界银行、欧盟等组织保持着良好的关系。

目前，国际政治环境依然将和平与发展作为主题，但少数国家间的冲突时有出现。国际经济呈现一种以地缘经济合作发展为主体，跨地缘贸易和投资发展为辅的整体格局。欧洲经济一体化进程的实质性突破，欧元区的成功建立，使世界经济格局发生了战略性的改变。在经历2008年经济危机，美国和欧洲各国经历了几年的阵痛期后，经济开始出现好转。作为主要以自由贸易为立国之本的小国，荷兰努力寻求和中、美、俄等大国的合作。荷兰为欧盟和北约成员国。对外政策具有大西洋派和欧洲派双重色彩。国家安全、经济利益和民主人权是其外交的三大支柱。视美国为传统盟友，认为世界上任何重大问题的解决均离不开美国的合作，美在欧洲的存在是实现欧洲安全与稳定的保证。认为欧洲一体化进程不可逆转，支持欧盟和北约双东扩。重视联合国等国际组织的作用，支持联合国改革。重视发展与亚洲国家的关系。

根据美国使馆发布的荷美经济合作报告，荷兰与美国经济联系进一步深化。截至2011年荷对美投资总额达2400亿美元，是美国第三大外资来源国，美对荷投资总额达5950亿美元，荷兰是美国第一大对外直接投资国。荷兰与美国的经济合作维持了美国68万个工作岗位，比2010年增长9%。报告称，荷兰强烈支持美欧间建立贸易和投资伙伴关系，以进一步深化荷美经济合作、为双方实现更大经济利益。

此外，作为欧盟国，荷兰与其他临近国家也维持良好的双边关系，例如法国、德国、英国、北欧国家、比荷卢三国经济联盟中的伙伴比利时和卢森堡、以及其他欧盟和北约成员国。荷兰在与美国和欧洲国家建立良好关系的同时，和中国也一直保持着友好的外交，2000年朱镕基总理与荷兰女王的会面进一步加深两国友谊。同时，荷兰作为欧盟国的重要成员，与

欧盟以及国际货币组织、世界银行等均保持着良好的关系。

第二，国内政局大体保持稳定，荷兰政府的廉洁性非常好，并且拥有完善的法制建设。不过2012年由于执政联盟就削减财政赤字一事发生了争执，造成了当时政府的小动荡。

关于荷兰国内政局，荷兰是一个君主立宪制国家，议会为最高组织机构，政府由君王和内阁共同组成。中央政府与地方政府关系维持“自治性”和“协同政府”两个基本原则。基于中间地位优势论，执政联盟由多党派组成。荷兰议会由一院和二院组成，两院议员任期均为四年，但改选不在同一年进行。一院（参议院）主要职责是立法，有权同意或拒绝批准法案，但不能提出或修改法案，议员75名，由省议会间接选举产生。本届一院于2011年5月产生，议长为弗雷特·德赫拉夫（Fred de Graaf，自由党）。二院（众议院）主要职责是立法和监督内阁执政，立法权体现在二院可自行提出法案、批准或否决内阁提案和修改法案，监督权体现在二院具有预算核准权、独立调查权和质询权。本届二院于2012年9月产生，议长为阿努奇卡·范米尔滕伯格（女，Anouchka van Miltenburg，自由党），议员150名，按比例代表制通过直接普选产生。荷兰的主要政党有八个：自由党、工党、新自由党、社会党、基督教民主联盟、六六民主党、基督教联盟、左翼绿党。荷政党实行领导人负责制，党主席负责日常党务工作。

总体来说，荷兰的国内政局相对稳定，但是2012年，由于执政联盟就削减财政赤字一事发生争执，导致首相吕特向女王提交辞呈，造成荷兰政局的动荡。不过，2012年9月，自由党党首吕特又再次连任，稳定了荷兰的政局。现内阁成立于2012年11月5日，由自由党和工党联合组成，任期四年。内阁共设13名大臣（包括首相）和7名国务秘书。自由党党首马克·吕特（Mark Rutte）连任首相。前阿姆斯特丹副市长路德维希·阿舍（Lodewijk Asscher，工党）出任副首相兼社会事务大臣。前欧盟事务大臣弗朗斯·蒂莫曼斯（Frans Timmermans，工党）出任外交大臣。自由党、工党在2012年9月12日举行的议会选举中分列第一、第二大党，两党联合赢得议会二院多数席位。经过一个半月的谈判，两党组成稳定多数内阁。从长期看，荷兰政府领导的变更趋于稳定，没有出现重大的动荡。

荷兰国内的法制建设非常完善，政府部门的廉洁性也很高，根据透明国际组织2012年发布的全球腐败指数报告，荷兰政府获得了84分的高分，廉洁程度排在全球第九位。由于荷兰执政联盟有多党派共存，所以在一些国家重大事情的决策上容易出现分歧，影响效率，比如2012年就是否缩减财政赤字一事导致政府内部出现了很大的矛盾。

（二）荷兰社会的人口老龄化问题严重

在人口结构方面，荷兰的人口老龄化与移民化增长加快。据荷兰中央统计局公布的人口预测报告，未来30年内荷兰人口将从目前的1650万增长到1750万人，然后逐步下降。与此同时，荷兰老龄化现象将日趋严重，外来移民将日益增多。这主要原因是人口寿命延长以及外来移民增速高于此前的预计。荷兰人口老龄化会导致的医疗保健成本上升幅度不大。尽管老龄化会导致需要进行治疗和护理的老年人口增加，但大部分成本只会发生在老人生命的最后一年，而且超过80岁的老人最后一年的花费实际上少于更年轻的人。因此在某种程度上，老龄化反而存在减少医疗护理成本的效应。世卫组织表示，未来三十年内荷兰老龄化相关的治疗和护理成本每年将上升0.5%—0.9%，但其上升速度将逐渐减缓，2060年将不再上升，但工作人口减少将导致医疗和护理成本上升。

（三）由于紧缩性财政政策、世界贸易的减弱以及放缓的私人消费，荷兰经济逐渐衰退

第一，受2008年经济危机的影响，荷兰的经济增长在2009年、2010年一度停滞，2011年才开始有所好转。但是2012年以来，荷兰的通货膨胀率居高不下，失业率也逐年上升，不过荷兰的产业结构没有过大波动，在教育和科研方面的较大支出也未长期经济发展提供保障。

2008年爆发全球金融危机后，荷兰受其影响，在2009年、2010年经济增长陷入停滞甚至是衰退。根据国际货币基金组织发布的报告，2009年荷兰的GDP增长率为-3.67%，但是在之后的2010年、2011年，GDP增长率有所回升，在2012年虽然又有所下降，但幅度不是很大。与此同时，荷兰国内的通货膨胀率除了2009年、2010年由于刚陷入经济危机，保持

在0.97%的较低水平，到2012年之后，通货膨胀率开始居高不下。其中主要原因是爆发经济危机后，荷兰政府进行了大规模的货币扩张政策来刺激经济，例如2008年之后，荷兰政府共出资400亿欧元对金融业进行大规模救助。由于货币政策的时滞性，在11年之后开始发生作用，根据荷兰央行发布的报告，2013年，荷兰的通货膨胀率将达到2.7%，如此高的通胀率，除了之前的宽松货币政策有关，还与荷兰政府调高增值税能源税等息息相关。但如此之高的通胀率不会维持太久，荷兰央行预计明后两年其通胀率将降至1.5%左右。伴随着低增长和高通胀率，荷兰的失业率从2008年的3.07%开始持续上升，到2012年已经达到了5.31%，考虑到荷兰政府继续坚持紧缩政策，预计失业率将进一步上升。2013年4月荷兰的失业人数已经升到65万人。截至2013年3月，荷兰有39万人接受失业救济，人数超过五年前的1.5倍。不过令人乐观的是，荷兰的经济结构始终保持稳定，作为荷兰经济发展的支柱产业，第三产业占GDP的比重保持在74%左右，第一、第二产业所占比重也未发生明显变化。稳定的产业结构可以防止荷兰经济的过大波动。除此之外，公共教育支出和科研支出比例相对保持稳定，这为荷兰长期的经济发展提供了保障。

荷兰的自然资源贫乏，但天然气储量丰富，2011年开采天然气2419亿立方米。2012年底，在其所属北海海域发现石油田。此外荷兰工业发达。主要工业部门有食品加工、石油化工、冶金、机械制造、电子、钢铁、造船、印刷、钻石加工等，是世界主要造船国家之一，鹿特丹是欧洲最大的炼油中心。自上世纪1980年代以来，荷政府积极鼓励发展新兴工业，特别重视发展空间、微电子和生物工程领域中的高技术产业。

第二，欧元汇率的过大波动给以贸易为主的荷兰带了了很大的风险；在利率方面，荷兰一直与欧洲央行的货币政策相一致，不断下调基准利率。荷兰银行的不良贷款率控制在5%以内，资本充足率也保持在10%以上，相对较为稳定。

在金融市场上，欧元的汇率在2008年之后波动较大，在2011年上升5%之后在2012年却下降了7.7%，汇率的过大波动加大了荷兰进出口贸易的风险。在荷兰国内，基准利率在2012年下降了25%，并在2013年继续下降，这与欧洲央行的货币政策相一致，基准利率的不断下调，显示了荷兰政府对2013年下半年及2014年复苏经济的决心。在银行方面，荷兰的银行不良贷款率始终保持在5%以内。同时，2008年以来，银行资本充足率保持在了10%以上，其中2012年更是达到了14.83%的水平，远远高于巴塞尔协议所要求的8%，这些均说明了荷兰的银行风险是非常小的。但是，荷兰银行资产负债表规模逐年扩大，在2012年，银行资产负债总额/GDP占到了42.35%，这是需要警惕的地方。除了利率和银行方面，还有值得关注的是M2/GDP这个指标，荷兰从2008年以来，M2/GDP比例每年都有小幅上升，这与荷兰的金融机构业务过于单一、经济低迷导致公众出于谨慎动机增加货币持有、金融市场不够发达等因素有关。

第三，荷兰的政府债务处于较高水平，在2012年达到了71.74%，并且财政赤字水平大大高于欧盟的规定，预测在未来几年，荷兰的债务风险将会继续上升。

政府财政方面，荷兰政府财政收入在最近五年内只有小幅度增加，其中2012年政府财政收入占GDP的比重为45.94%，2012年财政收入的小幅上升主要来自工资税的调整以及公民医疗保险个人风险缴纳金的大幅上调。而政府财政支出在2012年占GDP的比重为50.09%，财政赤字占该国GDP的4.1%，大大高于欧盟规定其成员国财政赤字不能超过其GDP3%的要求。虽然荷兰政府努力削减财政赤字，但政府总债务逐年增加，根据世界货币组织发布的数据，荷兰政府总债务占GDP的比重从2010年的53.15%上升到了2012年的71.74%，并预测2013年，2014年将进一步增加，其中国家内债占财政收入的比重在2011年上升到了65%。值得注意的是，在政府债务中，长期债务所占的比重非常高，并且在2012年，政府间贷款急剧上升，从2011年的42亿欧元上升到了2012年的117亿欧元。根据上述指标分析，荷兰政府的债务风险在未来几年趋于上升。

第四，虽然收到经济危机的影响，全球的经济环境遭到恶化，但是荷兰在国际贸易方面一直表现良好。

荷兰在国际贸易上一直表现良好，2008年以来，货物和服务进口额占GDP的比重上升到了2012年的78.52%，货物和服务出口额占GDP的比重上升到了87.36%，国际收支顺差占到GDP的8.35%，进出口总额占GDP比重更是达到了165.88%。荷兰对外贸易依存度的不断增加是一把双刃剑，一方面对外贸易规模不断扩大拉动了荷兰经济的增长；但另一方面，过度依赖贸易，当世界经济形势出现下滑时，也会给荷兰经济增加不确定风险。

（四）荷兰的财政和产业政策相对保持稳定，工业产品和农产品出口减少，欧债危机导致荷兰对外投资受阻

第一，长期来看，荷兰的财政政策相对稳定，主要以健康稳定为原则。在产业政策方面荷兰始终保持以第三产业为主导。

荷兰国内的财政政策长期来看是相对稳定的，即使在2008年爆发全球经济危机之后，荷兰财政大臣德亚赫多次公开声明，荷兰始终坚持“健康稳定的财政政策以收复市场信心。”尽管荷兰几大在野党提出了不断扩大财政支出的政策建议，但最终还是未能被采用。目前荷兰所采取的稳健的财政政策旨在应对美国、日本和欧盟其他国家财政状况可能带来的风险。而在产业政策方面，荷兰更是始终将第三产业服务业作为支柱产业，占了国内生产总值七成以上，创造了超过70%的就业岗位。

第二，近年来，越来越多华人、华侨涌向荷兰。中荷两国一直保持着良好的双边关系。荷兰政府出台了对华政策备忘录，多方面阐述对华政策。近年来在荷兰当地的华人社团也日益兴盛，中国已成为荷兰的第二大国际留学生输出国。2013年上半年，荷兰对中国的出口有所增加，但是来自中国的进口减少了。

在侨民方面，华人、华侨、华工及留学生正越来越多地涌向荷兰。自20世纪以来，荷兰与中国一直保持着良好的双边关系。2006年8月，荷兰政府出台对华政策备忘录，从政治、经济等方面阐述了荷兰的对华政策。近年来，两国交往也日益增多，在政治、经济、文化等方面的交流和合作日益加强。有研究显示早在17世纪初，就有华人在荷兰出现。2012年，荷兰当局公布了境内华人人口数达到80198人，这个数据为包括来自大中华地区以外的华人。据估计，现居荷兰的华侨华人约为19万人。随着荷兰华人社会的发展，当地的华人社团也日益兴盛。目前，荷兰华人社团已达100多个，其中比较有影响力的社团有华侨总会、荷兰华人总会等。此外中国在荷兰的留学生也日益增多，中国已是荷兰的第二大国际留学生输入

国。据统计，2012 年中国在荷留学生总数达到了 8000 人，以北京、上海、南京、浙江一带的学生居多。

第三，美国和欧盟等大经济体由于受到经济危机影响，对荷兰在工业产品和农产品方面的出口贸易造成了很大的影响。而欧债危机的爆发，使得荷兰的对外投资受阻，此外在 2013 年上半年，荷兰对中国的出口有所增加，但是来自中国的进口减少了。

由于受到全球经济危机影响，尤其是美国和欧盟主要成员国在此次危机中受到重创，导致荷兰在贸易和资产方面风险有所增加。例如荷兰作为全球第五大石化输出国，全年总产值为 310 亿美元，占全国工业总产值的比重约 18%，其产品 80% 均出口国外，而近年来美国等大国的经济不景气，对荷兰的出口贸易造成了很大的影响，在农产品出口方面，也遇到了一样的状况。但是值得注意的是，荷兰对中国的出口一直在稳步上升，2013 年中国已经占了荷兰供给市场的 9%。

在资产方面，荷兰作为国际直接投资大户和资本净输出国，每年对外直接投资额远远高于其从国外输入的直接投资。荷兰对外直接投资去向国主要集中在欧盟成员国，占对外投资总额将近一半，由于欧债危机的爆发，欧盟成员国纷纷陷入债务问题，使荷兰的对外投资受阻。而在资金来源方面，荷兰连续三年成为美国对外直接投资的最大目的国，截至 2011 年底，美国对荷兰的直接投资存量达到了 5951 亿美元，尽管美国在经济危机之后在荷兰的对外投资增长率有所下降，但是其绝对量依然逐年上升。

据欧盟统计局统计，2013 年 1—6 月荷兰与中国的双边贸易额为 376.2 亿美元，下降 2.01%。其中，荷兰对中国出口 50.9 亿美元，增长 2.8%，占荷兰出口总额的 1.6%；自中国进口 325.3 亿美元，下降 2.7%。荷方贸易逆差 274.4 亿美元。中国为荷兰第 12 大出口目的地以及第二大进口来源地。荷兰对中国出口排名前三位的产品是机电产品、矿产品和贱金属及制品，2013 年 1—6 月出口额分别为 13.7 亿美元、9.2 亿美元和 5.2 亿美元，占荷兰对中国出口总额的 27.0%、18.1% 和 10.3%，其中对中国出口机电产品和矿产品增长 22.9% 和 82.6%，对中国出口贱金属及制品下降 47.4%。此外，荷兰对中国出口的纸张和运输设备出现大幅下降。荷兰自中国进口比重最大的商品是机电产品，2013 年 1—6 月进口额为 237.8 亿美元，增长1.2%，占荷兰自中国进口总额的73.1%。中国占荷兰该类商品进口市场份额的34.5%，主要竞争对手是德国、日本、美国、日本和马来西亚等国家。中国在劳动密集型产品上保持优势，自中国进口的家具玩具、纺织品及原料等轻工产品占荷兰同类商品进口市场份额的35.7%和20.2%，在这些产品上，德国、比利时和意大利等国家是中国的主要竞争对手。

（五）不确定性分析和未来预测

国际经济环境持续低迷，外部市场仍未确定何时能真正复苏，让荷兰的贸易投资方面存在风险，但国内需求总体上保持稳定，产业结构的相对稳定。此外人口老龄化问题严重。预计荷兰经济将会有所改善。

虽然经济基本因素依然稳健（外部账户盈余，包含了公共债务），该国受金融危机影响，鉴于其财务和商业开放，2008—2009年经济大幅动摇。由于美国次贷危机的成本，很多银行需要政府来负担。至于贸易方面，荷兰一直表现良好，但是受国际形势的影响，出口大多集中在欧元区（63%），不够分散。不过多元化的出口（成品油、天然气、汽车、电力设备）使荷兰的贸易增长可以保持稳定。在财政上，虽然荷兰政府一直在采取紧缩性财政政策，但是因为受金融危机影响，全国经济不景气，导致失业率升高。此外人口老龄化问题严重，威胁到养老金的偿付能力。

六、瑞士

瑞士国际关系良好，政局保持稳定，政府廉洁性好，通货膨胀压力小，金融体系整体稳健，产业结构合理，但经济增长低迷，汇率波动较大。

（一）瑞士国内政局稳定，拥有成熟的司法体制，与中国的关系日益密切

第一，瑞士在国际政治上，主张加强发展中国家尤其是新兴国家的话

语权和地位，并且加强联合国在人权领域的地位和作用。

瑞士比较提倡新兴国家在国际政治中加强话语权与地位。瑞士世界经济、政治格局正在发生变化，新兴国家加速崛起，中国和印度已成为世界经济增长的发动机。全球和地区危机增加，金融经济危机、气候变化、能源、卫生等问题已构成全球性挑战，加强国际合作成当务之急。现有国际多边机构无法反映当今世界经济和政治力量对比，发展中国家特别是新兴大国要求获得更多话语权，国际问题增多和现有多边组织能力有限的矛盾日益凸显，改革现有国际多边体制、增强其权威性和行动能力势在必行。世界格局的变化导致人权共识被削弱，应加强联合国在人权领域的地位和作用。

第二，在对外关系方面，瑞士一直保持中立关系，近年来瑞士与中国呈现出新的发展态势。

瑞士为永久中立国，自 1815 年以来一直奉行中立政策。近年来，为更好地维护自身利益，瑞士逐步调整外交政策，由传统保守的中立向“积极的中立”过渡，把促进和平共处，尊重人权并促进民主，维护瑞海外经济利益，减少全球危机与贫困以及维护人类基本生存条件视为其外交政策的五大目标。自 2002 年 9 月加入联合国以来，瑞外交政策更加突出人权和人道主义，大力开展斡旋外交，力图在国际事务中发挥独特作用，扩大瑞士的国际影响。瑞士同世界上 192 个国家建有外交关系。

与欧盟关系上，瑞士视欧盟为最重要的政治和经济伙伴。虽然瑞迄未加入欧盟，但瑞欧双边联系十分密切。瑞士与欧盟关于人员自由往来、消除技术壁垒等七个领域的双边协议已于 2002 年 6 月生效。但瑞士加入欧洲经济区、入盟申请以及启动入盟谈判的人民倡议先后遭公投否决。2004 年 10 月，瑞士与欧盟签署了涉及司法警察及难民合作、利息税、加工农产品等九个领域的第二批双边协议。2005 年 6 月和 9 月，瑞士举行两次公投，通过了瑞加入《申根/都柏林协定》和关于扩大第一批协议人员自由流动协定适用范围的附加议定书。瑞士联邦政府于 2005 年 11 月做出决定，不撤回加入欧盟的申请，但将这一长远战略目标降格为今后发展瑞欧关系的选择之一。

同美国的关系方面，瑞士同美关系密切。但在伊拉克问题上，瑞士对美发动对伊战争持批评态度，主张在联合国框架内政治解决伊问题。伊战爆发后，瑞士停止向美、英等出口战争物资，并禁止联军战机飞越其领空，拒绝美关于驱逐伊外交官并关闭伊驻瑞外交机构以及冻结并转移伊政府在瑞资产的要求。

在与中国的外交上，瑞士于 1950 年 1 月 17 日承认中华人民共和国，同年 9 月 14 日与中国正式建立外交关系。建交以来，两国关系发展顺利，各领域务实合作不断深化。近年来，中瑞关系呈现新的发展态势，两国高层保持密切合作。2007 年 9 月，中瑞签署了《关于加强对话与合作的谅解备忘录》，为新时期中瑞关系指明了发展方向。2010 年 1 月和 7 月，中国国务院副总理李克强、全国人大委员长吴邦国先后对瑞士进行访问。

第三，瑞士政府执政基础稳固，国内政局长期保持稳定。而且瑞士政府的廉洁性好，拥有成熟的司法体制，办事效率高，在政策的制定上也保持稳定，未出现大波动。

瑞士联邦以委员会制为政权组织形式，以联邦制为国家结构形成，实行多党制。长期实行委员会制和在立法上允许公民享有某些直接民主权利，是瑞士联邦政治制度的主要特点。联邦议会是最高立法机构，由具有同等权限的国民院和联邦院组成。只有两院一致批准，法律或决议方能生效。国民院有 200 名议员，由公民普选产生，任期四年；联邦院有 46 名议员，由各州选派，任期因州而异，最长四年。两院议长任期均为一年，2013 年度国民院议长为玛雅·格拉芙（Maya Graf，绿党），联邦院议长为菲利普·伦巴第（Filippo Lombardi，基民党）。联邦委员会是国家最高行政机构，由七名委员组成，分任七个部的部长，实行集体领导，任期四年。设主席和副主席，由联邦委员轮任，任期一年，不得连任。联邦法院是瑞最高司法机构，法院内设民事、刑事、公法和社会法法庭，现有联邦法官 38 名，均由议会选举产生，正、副院长每两年改选一次。现任联邦法院院长为洛伦茨·迈尔（Lorenz Meyer），副院长为吉尔伯特·考利（Gilbert Kolly）。此外，瑞士还设有联邦行政法院和联邦刑事法院，负责审理行政申诉或上诉案件、渎职案件及恐怖袭击、泄密、叛国、洗钱等特殊刑事案件。瑞士国内大小政党共有 30 多个，主要政党有：瑞士人民党（SVP），法语区称中间民主联盟，1971 年由农民党和民主党合并组成，党员约9万人，现任主席托尼·布龙讷（Toni Brunner）；瑞士自由民主党（FDP），法语区称激进民主党，1894年成立，党员约12万人，主席菲利普·穆勒（Philipp Müller）；社会民主党（SP），法语区称瑞士社会党，1888年成立，党员约3.5万人，主席克里斯蒂安·莱韦拉特（Christian Levrat）；瑞士基督教民主人民党（CVP），法语区称基督教民主党，建于1912年，前身是“人民保守党”，1970年改为现名，党员约10万人，主席克里斯托弗·达伯雷（Christophe Darbellay）；瑞士公民民主党（BDP），2008年成立，自瑞士人民党中分离出来，党员约6500人，主席马丁·兰多尔特（Martin Landolt）；瑞士绿党（GPS），建于1983年。党员约7500人，联席主席为蕾古拉·吕茨（Regula Rytz）和阿黛拉·多昂·古梅（Adèle Thorens Goumaz）。

瑞士委员会制的政权组织形式，及多党制的政治制度使瑞士政府的执政基础稳固，政策也保持了较好的连续性和稳定性。2011年末的大选并未对瑞士政局造成冲击，各党派之间依旧遵循合作治理模式，政局非常稳固。此外，瑞士政府的廉洁性非常好，根据透明国际组织2012年发布的全球腐败指数报告，瑞士获得86分，排在第六位。瑞士拥有成熟的司法体系，在处理政府内的问题具有非常高的效率，而且瑞士政府在国内政策制定与颁布上遵循严格的程序，较为稳定，很少出现大的波动。

（二）瑞士人均收入较高，人民生活福利优越，外籍人口比例相对较高

第一，瑞士外籍人口比例较高，官方语言主要包括德语、法语、意大利语及拉丁罗曼语。

瑞士社会对外来人口的包容性较好，外籍人口的比例较高。据瑞士统计局公布的数据。2012年12月，瑞士拥有795.5万人，其中外籍人超过22.3%。德语、法语、意大利语及拉丁罗曼语等4种语言均为官方语言，居民中讲德语的约占65.6%，法语22.8%，意大利语8.4%，拉丁罗曼语0.6%，其他语言18.7%。信奉天主教的居民占38.6%，新教28.0%，其他宗教11.3%，不信教的占20.1%。

第二，瑞士的人均收入高，人民生活水平好，也享受非常高的福利。

瑞士人的平均收入在全球名列前茅，平均月工资4000多瑞士法郎，相当于2万多人民币。即便是瑞士连锁超市的最低级售货员，每个月也能挣上3000瑞士法郎。此外，瑞士的社会福利制度相当完善，瑞士人一旦参加工作，雇主就必须为其建立社会保险账户，未雨绸缪，为他储蓄养老金。100多年的和平环境，使得瑞士人早已过了忙忙碌碌创造财富的阶段，瑞士中央银行的黄金储备过多，不得不每天甩卖1吨。普通瑞士人虽然将工作权利看得很重，但是更追求休息的权利。在瑞士，延长营业时间犯法。瑞士近些年来努力发展旅游业，政府和商家都施展浑身解数，吸引游客在瑞士消费，但是大多数城市的商店和餐馆在周日和节假日都是不营业的。一般的瑞士餐馆，晚上10点以后大厨就熄了炉火，不再接待新客人。而瑞士商店除了周四营业到晚上七八点之外，平常都早早关门打烊，因为员工必须赶回家去享受天伦之乐。几年来，瑞士人就是否延长商店周四营业时间和增加周日营业讨论了很长时间，最后还分别在各州付诸公决，结果只有少数的几个州获得通过，以至于伯尔尼州通过周日商店开门决议的时候，其他州的市民居然当成一件大事，专程到伯尔尼进行周日购物。为了保护员工权利，准点下班、非营业时间不得营业是瑞士法律中明确规定的。如果商店或者餐馆要延长工作时间，除了必须向有关部门报批，多交税，还要给员工双倍工资。在瑞士，休息是最重要的权利，“会休息的人才会工作”这句话，几乎被瑞士人当成座右铭。为政府工作在瑞士算是不错的铁饭碗，福利条件好，工资待遇也不低，而且上班时间宽松，喝完两杯咖啡就几乎到了该下班的时候。喝咖啡是瑞士人当然的权利，各个写字楼的咖啡厅都是大家聚集闲聊的地方，学生们和老师们的课间休息就是去咖啡厅一起喝一杯，公司的同事也会时常溜到咖啡厅去休息。瑞士是极为重视劳工福利的国家，作息时间均制度化，员工每年除一般例假日外，尚享有四至六周之带薪休假（长短视年龄而不以年资而定），每年年底并加发第十三个月薪为年终奖金（试用期间按规定亦应依照比例发给）。此外，雇主并须依规定负担员工第一及第二退休保险费，以及失业保险费、子女补助费、工作意外保险费、保险公司行政手续费等费用之半数（合计约为员工月薪毛额13%至15%左右），故员工每名子女可由各邦政府发给100—260瑞士法郎不等（各邦所规定之数额不同）的子女补助费。

（三）瑞士经济增长、产业结构稳定，金融深化程度不断加强，金融市场的多样性也在增加

第一，瑞士所受经济危机和欧债危机的冲击较少，但经济增长在近几年有所减缓，人均GDP增长率出现波动，不过瑞士在失业率和通货膨胀率方面控制的较好，在2012年甚至出现通货紧缩。瑞士经济增长主要依靠消费、投资和净出口三驾马车并驾齐驱，非常健康，产业结构也保持稳定；瑞士虽然矿产能源贫乏，但依靠在教育上的大投入，工业发达，此外旅游业也对瑞士经济做出很大的贡献。

相比欧盟国家，瑞士受到2008年经济危机和欧债危机的冲击较少，不过在近几年瑞士的经济发展也有所减缓。根据国际货币与基金组织公布的数据，瑞士的GDP增长率一直保持在较低的水平，个别年份甚至有所衰退。2008年瑞士的GDP增长率为2.16%，而2009年下降到了-1.94%，2010年回升到了3.03%，2011年和2012年只有1.93%和0.98%，处于较低的增长率。在人均GDP增长率方面出现了小的波动。2008年瑞士的人均GDP为15.08%，而2009年为-5.22%，在2011年有18.72%的大幅上升后，2012年又下降了4.86%，人均GDP增长率的不断波动会直接影响到瑞士人民的消费信心。值得注意的是，瑞士在通货膨胀和失业率方面控制的较好。瑞士在2010年和2011年的通货膨胀率只有0.69%和0.23%，在2012年甚至出现了0.70%的通货紧缩。而在失业率方面，在近两年一直控制在3%以内，与欧盟国家10%以上的失业率相比，瑞士的失业率处于非常低的水平。在经济增长的动力上，拉动瑞士经济增长的三驾马车并驾齐驱，非常健康。其中最终消费占GDP的比重一直控制在68%左右，资本形成总额占GDP的比重控制在20%上下，货物和服务净出口则维持在10%附近，消费、投资、净出口的共同拉动将使瑞士经济在未来几年可以有稳定的增长。在产业结构方面，瑞士主要以第三产业为主，占了GDP的62%，第一产业占GDP的比重较少，只有1%。此外公共教育支出占政府支出的比例达到了16.24%，如此巨大的教育投入，对瑞士今后的发展提供了保障。

在能源方面，瑞士矿产资源匮乏，仅有少量盐矿、煤矿、铁矿和锰

矿，生产生活所需能源、工业原料主要依赖进口。水力资源丰富，森林面积127.8万公顷，森林覆盖率为32.4%。不过，瑞士的工业十分发达，机械制造、化工、医药、高档钟表、食品加工、纺织业是瑞士的主要支柱产业。工业技术水平先进，产品质量精良，在国际市场具有很强的竞争力。除ABB、雀巢、诺华、苏尔寿等著名大公司外，绝大多数为中小企业。2012年，工业就业人数约144万，占总就业人口的21.85%。农业方面，主要农作物有小麦、燕麦、马铃薯和甜菜。肉类基本自给，奶制品自给有余。2012年，农业就业人数24万，约占总就业人口的3.63%。此外，旅游业十分发达，是仅次于机械制造和化工医药的第三大创汇行业。2012年，瑞士拥有旅馆4742家，床位24.7万张，2012年游客过夜数为3477万人次。受欧债危机影响，欧盟国家来瑞旅游人数大为减少。近年来，爱尔兰和罗马尼亚等东欧国家的游客大幅增加。

第二，瑞士的金融体系整体保持稳定。瑞士法郎汇率的波动给瑞士的贸易投资带来了不确定性；国内基准利率的下调与欧洲央行的货币政策相一致；瑞士银行的高资本充足率和非常低的不良贷款率说明了整个银行业的安全与稳定；此外，瑞士的金融深化程度在不断加强，金融市场的多样性也在增加。

外汇市场方面，根据世界银行公布的数据，瑞士法郎的汇率波动非常大，在2009年增加了0.47%，在2011年又降低了14.85%，之后的2012年再次上升5.59%，巨大的汇率波动，对瑞士进出口贸易以及国际投资会产生巨大的不确定性与风险。在瑞士国内利率市场上，根据英国央行公布的数据，基准利率在2009年下调了25%，在2011年又下调了了66.67%，这与欧洲央行的货币政策相一致，基准利率的不断下调，是瑞士通过宽松货币政策来刺激经济的体现。瑞士国内的金融业发达，2011年全国共有银行312家，外国银行在瑞分支机构35家，全日制银行职员约13.3万人。最大城市苏黎世是国际金融中心之一，是仅次于伦敦的世界第二大黄金交易市场。有210家保险企业，其中外资保险公司49家，瑞士国内从事人寿保险的全日制职工约5000人。瑞士银行的资本充足率一直维持在较高水平，根据世界银行公布的数据，瑞士银行的资本充足率在2008年为12.33%，在2009年达到了16.40%，而在2012年达到了16.73%，远远高于巴塞尔协议规定的资本充足率标准。并且，瑞士银行的不良贷款率非常低，从2008年到现在，瑞士银行的不良贷款率一直在1%以下，如此高的资本充足率和较低的不良贷款率都表明了瑞士银行的安全性和稳定性处于较好的水平。此外，瑞士的M2占GDP的比例从2008年开始逐年上升，从2008年的137.32%上升到了2012年的187.70%，表明了瑞士的金融深化程度在不断加大，金融市场的多样性也在增强。

第三，瑞士的财政收入和财政支出占GDP的比重保持稳定，不过瑞士从2008年的财政盈余状态逐渐转向财政赤字；近年来瑞士的公共债务占GDP的比重也逐步减少。

根据世界货币基金组织公布的数据，瑞士的财政收入占GDP的比重相对稳定，从2008—2012年一直维持在33%上下，并且IMF对英国2013年和2014年财政收入占GDP比重的预测分别为33.18%和33.20%，没有过大的波动，同时经常性收入占总收入也维持在80%左右。瑞士的财政支出占GDP也保持在较稳定水平，在2010年为32.66%，在2011年为33.10%，到了2012年为32.69%。值得注意的是，瑞士从2008年的财政盈余开始逐渐转向财政赤字。财务方面，瑞士的政府总债务占GDP的比重在2012年达到48.33%，其中根据瑞士联邦财政部发布的初步数据，瑞士政府债务控制措施卓有成效，2011年瑞士公共债务占GDP的比重为36.5%，在上年的基础上继续下降1.4个百分点，其中联邦债务占19.5%，地方债占17%，其余为社会保险。该数据说明瑞士公共财政基本未受金融经济危机影响，发展健康。财政部预计2012年公共债务占GDP的比重可能由于经济增长放缓出现微幅反弹，2013年将降至35.7%，是1991年以来的最低点。

第四，外向型经济的瑞士对外贸易依存度较高，进出口总额占GDP的比重达到了91.64%。在国际收支方面，瑞士一直处于顺差状态，并且在对外援助上也有不小的投入。

瑞士属于外向型经济，其对外贸易依存度较高。根据世界银行公布的数据，瑞士的进出口总额占GDP的比重在2011年达到了91.64%，其中货物和服务进口额占GDP的比重为40.44%，货物和服务出口额占GDP的比重为51.30%。据瑞士海关统计，2013年1—6月，瑞士货物进出口额为

2129.9亿美元，基本与上年同期（下同）持平。其中，出口1142.3亿美元，增长0.9%；进口987.6亿美元，下降1.0%，贸易顺差154.7亿美元，增长15.4%。6月当月，瑞士货物进出口345.8亿美元，下降1.3%。其中，出口187.7亿美元，下降0.5%；进口158.1亿美元，下降2.3%。贸易顺差29.6亿美元，增长10.1%。

而在国际收支方面，瑞士一直处于顺差状态，在2008年瑞士的国际收支顺差占GDP的比例为14.27%，在2012年这一比例为13.40%。2011年瑞士对外直接投资达420亿瑞郎，投资主要在亚洲、北美、欧洲等主要地区工业国。外国在瑞士直接投资达104.9亿瑞郎，注册资产在1000万瑞郎以上的外国企业共800多家，1000万瑞郎以下资产的外资企业约4000家，外资企业在瑞共有员工约30万人。此外，瑞士在对外援助上也有不小的投入，瑞士将帮助战乱国家恢复和平、发展经济、消除贫困作为其发展援助的主要目标，并通过双边和多边途径加以实施。瑞士的援助对象主要是非洲、亚洲、拉美地区贫穷的中、小发展中国家以及东欧和独联体国家，政府计划2015年达到联合国关于发达国家发展援助占其国内生产总值0.7%的目标。

（四）瑞士的政策和产业结构较为稳定，与中国的双边贸易活跃

第一，瑞士的财政政策和产业政策保持稳定，主要以第三产业为主导，并且出台一系列政策扶持第三产业。

瑞士的财政政策较少出现大的变动，国家对于新财政政策的颁布较为谨慎。而在产业政策方面，非常稳定。瑞士主要以第三产业发展为导向，瑞士第三产业占GDP的比重达到了62.33%，第二产业占GDP的比重达到了36.70%，而第一产业占GDP的比重只有0.97%。同时，瑞士联邦政府相续出台多项政策，大力扶持支柱产业的发展，其中包括银行业、保险业、旅游业、医药化工以及成套机械设备制造业等。特别是瑞士银行业监管机构与银行业中的财产管理部门联合调整并出台了一系列行业新规。由于这些新规的要求均高于国际标准，瑞士的银行赢得了更多国际高端客户的青睐，确保了银行收益来源。此外，瑞士政府还出台了针对性很强的政

策，鼓励瑞士保险业和再保险业进行更为合理的资产重组与风险转移，收到明显的经济效益。

第二，瑞士的教育科技发达，中国在瑞士的留学生日益增多，主要从事科学研究工作居多。

瑞士因其独特的永久中立国地位，以及在生物医药、化工、医学等方面的先进地位，吸引了一批中国留学生和高层次专业人士在这里学习、工作。中国的留学生在瑞士成立了中国学人科技协会，旨在为该组织的留人员为国服务和回国服务以及同行之间的交流提供平台。目前中国的留学生以及高层次人才在瑞士发展的主要特点为：（1）人数较少；（2）留学生分布相对集中，主要分布在苏黎世、日内瓦、伯尔尼等几个城市的大学；（3）高层次专业人士分布较散，华侨华人高层次专业人士在瑞士工作后，由于供职单位和住所分散，故难以形成聚集效应；（4）社团少，活动少，最近两年欧洲经济形势不好，而国内经济好俗发展，使他们越来越关注国内，加上我驻瑞使领馆的指导和帮助，逐渐成立了几个科技社团，并举行一些活动；（5）来源地分散，主要来自北京、天津、河北、山东、上海、广东等省市；（6）个别领域集较多人才，瑞士中国留学生和高层次专业人士主要集中在化学、医学、生物等几个领域；（7）与国内联系多，与职能部门联系少。在瑞士的留学生大多是改革开放后出国的，一般在国内都有亲属，与国内保持着较为密切的联系，但是他们却很少与国内政府的职能部门联系，因此很难通过职能部门获得他们的有关信息。

第三，瑞士与中国的双边贸易一直非常活跃，在2013年1—9月，中瑞双边货物进出口总额增长了9.7%。

据瑞士海关统计，2013年1—9月，中瑞双边货物进出口额为156.3亿美元，增长9.7%。其中，瑞士对中国出口68.0亿美元，增长9.1%，占瑞士出口总额的4.0%；自中国进口88.3亿美元，增长10.1%，占瑞士进口总额的6.0%；瑞方逆差为20.3亿美元，增长13.9%。中国为瑞士第六大出口市场和第五大进口来源地。机电产品为瑞士对华出口的第一大类产品，2013年1—9月出口额为18.9亿美元，增长5.2%，占瑞士对中国出口总额的27.8%。化工产品为瑞士对中国出口的第二大类商品，出口额18.5亿美元，增长26.8%，占瑞士对华出口总额的27.2%。光学、钟表、医疗设备是瑞士对中国出口的第三大类商品，2013 年 1—9 月出口额 17.2 亿美元，下降 5.5%，占瑞士对华出口总额的 25.4%。艺术品为同期瑞士对中国出口猛增的产品，出口额增长 363.2%。对华出口下降幅度较大产品为纤维素浆、陶瓷玻璃和皮革制品，下降幅度分别为 31.0%、23.2% 和 21.1%。2013 年 1—9 月，瑞士自中国进口的主要商品为机电产品，纺织品及原料和光学、钟表、医疗设备。其中，机电产品进口额为 37.7 亿美元，增长 20.2%，占瑞士自中国进口总额的 42.7%。纺织品及原料进口额为 12.9 亿美元，增长 5.3%，占瑞士自中国进口总额的 14.6%。光学、钟表、医疗设备进口以 8.2 亿美元位列第三位，增长 3.3%，占瑞士自中国进口总额的 9.3%。2013 年 1—9 月，瑞士自中国进口增长较快的产品有食品、饮料、烟草和纤维素浆、纸张，增幅分别为 43.3% 和 22.0%。

七、西班牙

西班牙国际关系良好，政局保持稳定，社会维持安定，金融体系整体稳健，产业结构合理，但经济增长低迷，失业率较高，财政赤字和债务过大。

（一）西班牙政府具有良好的廉洁性和成熟的司法体制以保持政局的稳定性和政策的连续性

第一，受经济危机和债务危机影响，西班牙所处的欧盟经济体受到了严重影响，西班牙的经济增长缓慢甚至衰退，失业率居高不下。在外交方面，西班牙政府将欧美、北非、亚洲及新兴经济体作为四大战略重点。西班牙与中国的联系也一直保持密切。

由于受到经济危机和欧债危机的影响，整个欧盟经济体都遭受了重创。西班牙作为世界第十二大经济体，在欧盟甚至世界中都扮演着重要的角色。近年来，西班牙受危机影响较大，经济增长缓慢甚至衰退，失业率也居高不下。不过，随着欧盟经济开始好转，美国也通过多轮的货币宽松政策使得经济有所复苏，因此西班牙所处的国际经济环境在逐渐开始改善。西班牙与国际货币基金组织（IMF）的关系一直保持得不错。

外交方面，拉霍伊政府外交政策的首要目标是尽快恢复西班牙在欧盟和国际社会中应有的严肃守信形象，为国内经济复苏和海外战略利益服务。政府统筹资源，在政治、经济、文教、体育等领域科学评估并全面打造"西班牙品牌"，树立西班牙"伟大国家形象"，政府将欧美、伊比利亚美洲、北非、亚洲及新兴国家视为外交四大战略重点。西与近200个国家和地区有外交、领事和商务关系。在同欧盟的外交上，西班牙奉行欧洲主义，视欧洲为其对外政策三大传统支柱之首，融入欧盟并在欧盟内发挥更大作用是西班牙对外政策的根本。认为强大和团结的欧洲是世界进步的保障，欧盟应拥有真正的安全防务政策，在预防和解决国际和地区冲突中发挥积极有效和可信的作用，根据联合国宪章担负起维护世界和平与安全的责任。2005年2月，西班牙就《欧盟宪法条约》举行全民公决，成为欧盟第一个经公投通过欧盟宪法的国家。西班牙与欧盟成员国保持密切关系，强化与法国、德国的"亲密传统友好关系"。同德国、法国、意大利和葡萄牙建立了政府首脑定期会晤机制。欧盟成员国是西班牙的主要经贸伙伴，2010年，欧盟占西班牙进口总额的52.4%，出口总额的66.8%，主要贸易伙伴国包括法国、德国、英国、意大利、葡萄牙等；主要投资国包括英国、荷兰和意大利等。同美国的关系，西班牙坚持独立自主的外交政策，反对国际关系中的单边主义，主张在相互尊重和主权平等的基础上与美发展有效和建设性的合作关系，使西美关系疏远冷淡。

在与中国的外交方面，西班牙1973年3月9日同我国建交。两国政治、经贸、文化、科技、教育、司法等领域的友好合作关系不断发展。双方签有引渡条约、被判刑人移管条约、刑事司法互助条约、航空协定、文化协定、经济和工业合作协定、科技合作基础协定、避免双重征税协定、投资保护协定和打击有组织犯罪合作协定。近年来，中西关系继续保持良好发展势头。2005年，两国建立了全面战略伙伴关系。2008年以来中方访西的有：全国人大副委员长蒋树声（2008年7月），全国政协副主席王刚（2008年9月），国务院总理温家宝（2009年1月），中共中央政治局常委、中纪委书记贺国强（2009年6月），全国人大常委会副委员长司马义·铁力瓦尔地（2010年11月），国务院副总理李克强（2011年1月），全国政协副主席孙家正（2011 年 6 月），全国人大常委会副委员长乌云其木格（2011 年 7 月、2012 年 5 月），全国政协副主席黄孟复（2011 年 7 月），全国人大常委会副委员长严隽琪（2011 年 11 月）、全国人大常委会委员长吴邦国（2012 年 5 月）、全国政协副主席阿不来提 · 阿不都热西提（2012 年 8 月）等。北京奥运会、残奥会期间，西王后、王储等王室成员以及多名政要来华出席开、闭幕式并观摩赛事，第 7 届亚欧首脑会议期间，萨帕特罗首相来华参会。2010 年 5 月，西众议长博诺来华出席上海世博会开幕式；2010 年 8 月，西首相萨帕特罗来华参加上海世博会西班牙国家馆日活动。2011 年 4 月，萨帕特罗来华出席博鳌亚洲论坛并访问北京。

第二，长期来看，西班牙国内政局保持稳定，但受到经济危机和债务危机的影响，2011 年，公社党政府的执政能力受到了怀疑，被迫提前进行大选。西班牙政府的廉洁性较好，排在全球第 30 位。

西班牙宪法规定西班牙实行议会君主制，王位由胡安 · 卡洛斯一世的直系后代世袭。国王为国家元首和武装部队最高统帅，代表国家、政府负责治理国家并向议会报告工作。宪法承认并保证各民族地区的自治权。政党方面，西班牙实行多党制。人民党，原名人民同盟，1977 年创立，1989 年易名为人民党，执行“中间改良主义”路线，现有党员约 60 万。该党成立后不久便在国家的政治舞台上崭露头角，力量不断扩大。1996 年 5 月首次上台执政。2000 年 3 月蝉联执政。2011 年 11 月在全国大选中获胜，再度执政。主席马里亚诺 · 拉霍伊，总书记玛丽亚 · 多洛雷斯 · 德科斯佩达尔。西班牙工人社会党，执政党，成立于 1879 年，现有党员约 41 万。该党在 1982—1996 年间，四次蝉联执政。2004 年 4 月至 2011 年 11 月两度执政。主席何塞 · 安东尼奥 · 格里尼安，总书记阿尔弗雷多 · 佩雷斯 · 鲁瓦尔卡瓦。西班牙共产党，成立于 1920 年，党员约 4 万人，总书记何塞 · 路易斯 · 森特利亚，西共和其他左翼党派组成以它为主的联合左翼，党员约 5 万人，卡约 · 拉腊任总协调人。统一与联合，由加泰罗尼亚民主统一与加泰罗尼亚民主联合党组成，1975 年成立，党员约 1 万，主席阿图尔 · 马斯，总书记何塞 · 安东尼奥 · 杜兰 · 列达。巴斯克民族主义党，1895 年成立，巴斯克自治区执政党，党员约 4 万人，主席伊尼戈 · 乌赫库略。

西班牙国内政局长期来看处于稳定状态，但是受国际金融危机和欧洲主权债务危机影响，西班牙经济形势日趋严峻，萨帕特罗领导的工社党政府应对乏力，执政能力受到西民众及反对党的置疑和指责，被迫宣布提前大选。2011年11月20日，西班牙举行全国大选，在野的人民党取得议会绝对多数胜利，工社党惨败。此外西班牙政府的廉洁性较好，根据透明国际组织2012年发布的全球腐败指数报告，西班牙获得25分，排在第30位。

（二）西班牙高失业率成为西班牙国内主要的社会问题

自2008年国际金融危机爆发以来，随着经济形势的不断恶化，就业逐渐成为西班牙的社会难题，对外来移民更是如此。截至2010年底，尽管西班牙的移入人口仍在继续增加，但增幅逐渐下降。与此同时，西班牙的移出人口不断增加，并且已超过移入人口。统计数据显示，2013年上半年约有2.71万西班牙人选择移民国外，同比增长23%。值得注意的是，移民国外的西班牙人中，有许多是受过高等教育的年轻人，这一现象已经引起西班牙政府的重视。巴塞罗那自治大学社会学教授安东尼奥认为，这对于西班牙经济发展来说是个障碍。

另外，移民的减少可能加剧西班牙的老龄化。西班牙的生育率在经合组织成员中是比较低的，平均每个妇女生育不足两个孩子，而现在西班牙约20%新生婴儿来自移民家庭。西班牙国家统计局发布的数据还表明，在经历了2009年之前连续10年的增长后，由于育龄妇女人数的减少，西班牙2010年的出生率已降至2003年的水平。如果移民人口持续减少，将对西班牙的人口结构和可持续发展造成一定的负面影响。

（三）西班牙的经济增长缓慢，金融深化不断加强，国际贸易顺差额逐年减少

第一，受经济危机和债务危机的影响，西班牙在近几年经济增长表现低迷，失业率一直居高不下，不过西班牙的通货膨胀率维持在稳定的水平，产业结构没有过大波动。在经济增长方面，主要依靠消费和投资拉动。在中长期有待于加强对外出口贸易，降低失业率。在资源方面，西班牙的旅游业给当地经济贡献了很大的力量。

受到经济危机以及欧债危机的影响，西班牙的经济增长一直非常缓慢甚至停滞。根据IMF（世界货币及基金组织）发布的数据，西班牙的GDP增长率在最近五年只有2011年为正，其余的年份均是负值。在2012年GDP增长率为-1.42%，而2013年预测GDP增长率将为-1.56%，持续衰退。更值得关注的是西班牙的人均GDP增长率，通过数据显示，西班牙的人均GDP在2009年和2010年发生了严重的衰退，尤其是2009年，其增长率为-9.49%，在2011年有所好转，但是到了2012年人均GDP增长率又衰减了到了-8.69%，人均GDP增长率的衰减对西班牙的生活水平造成了极其严重的影响，并且降低了西班牙人民对经济恢复的信心。此外西班牙的失业率水平居高不下，根据IMF的数据，西班牙在2012年的失业率达到了25%，并且预测在2013年将上升到27%，如此高的失业率给西班牙政府在失业救助支出上产生了很大的压力，并且会对社会稳定性产生影响。值得庆幸的是，西班牙的通货膨胀率维持在比较稳定的水平，2012年下降到了1.94%，并且预测2013年将下降到1.94%。此外，西班牙的产业结构没有过大的波动，一直保持在稳定的水平，主导经济的第三产业占GDP的比重维持在71%左右。而作为拉动经济的三驾马车，西班牙的消费支出和投资占GDP的比重分别维持在79%和21%左右，由于经济增长低迷，西班牙人民的可支配收入减少，这将导致其消费支出在今后几年会有所缩减。在贸易上，西班牙多年来处于逆差状态，对经济的拉动力不足。其他，如公共教育支出、研发支出等，西班牙一直表现良好，在这两方面的投入分别占了GDP的10.86%和1.93%左右，如此大的科研教育投入也为西班牙的后续发展提供了智力保证。

在资源方面，主要矿产有煤88亿吨，铁19亿吨，黄铁矿5亿吨，铜400万吨，锌190万吨，汞70万吨。森林总面积1179.2公顷。主要工业部门有造船、钢铁、汽车、水泥、采矿、建筑、纺织、化工、皮革、电力等行业。服务业是西国民经济的一个重要支柱，包括文教、卫生、商业、旅游、科研、社会保险、运输业、金融业等，其中尤以旅游和金融业较为发达。由于气候宜人和多历史文化古迹，旅游业发达。旅游业是西经济的重要支柱和外汇的主要来源之一。著名旅游胜地有马德里、巴塞罗那、塞维利亚、太阳海岸、美丽海岸等。农业只占国内生产总值的7%，主要种植小麦、玉米、甜菜、油橄榄、葡萄、柑橘等。橄榄油产量居世界前列，乳、肉畜牧业和捕鱼业发达。欧洲经济共同体成员国，输出工业品、柑橘、橄榄油、葡萄酒和软木等，输入石油、棉花、机器等。

第二，西班牙在近年来不断下调基准利率，实行较为宽松的货币政策，表现拉动经济的决心。在银行方面，西班牙银行一直保持着较高的资本充足率和较低的不良贷款率，银行风险较少。金融市场的深化程度也不断加强，不过汇率的过大波动，会对西班牙的贸易和投资带来风险和不确定性。

外汇市场方面，根据世界银行公布的数据，欧元的汇率波动非常大，2012 年汇率下降了 25%，如此巨大的汇率波动，对西班牙进出口贸易以及国际投资会产生巨大的不确定性与风险。在西班牙国内利率市场上，根据西班牙央行公布的数据，西班牙的基准利率在 2008 年下降了 37.5%，在 2009 年下降了 60%，在 2012 年下调了 25%，并且预测 2013 年继续下调，这与欧洲央行的货币政策相一致，基准利率的不断下调，是西班牙宽松货币政策的表现，表现了西班牙政府希望拉动经济，恢复经济参与者信心的决心。在银行方面，西班牙银行在 2008 年和 2009 年银行资本充足率均在 10% 以下，略高于 8%，2009 年以后才达到 10%，高于巴塞尔协议所要求的 8%。而在不良贷款率方面，西班牙银行的不良贷款率一直维持在 6% 以下的较低水平，这些均说明了西班牙的银行风险是非常小的。不过 2013 年 11 月，IMF 在一篇有关西班牙再清理其银行业方面取得进步的报告中指出，脆弱的经济环境和较小的资本缓冲强调了西班牙银行业有必要以不过分依赖信贷建设的方式，继续维持最近实现的资本水平，并且建议西班牙银行继续增加他们的资本储备缓冲。这将允许西班牙银行不要承担额外的损失，并将释放资本以满足新的借贷需求。除了利率和银行方面，还有值得关注的是 M2/GDP 这个指标。西班牙从 2008 年以来，M2/GDP 比例一直维持在非常高的水平，在 2010 年达到了 211.3%，在 2012 年达到了 190.06%，如此高的比例一方面显示了西班牙金融市场的深化程度，同时也许警惕通货膨胀率的上升。

第三，西班牙的财政收入和财政支出占 GDP 的比重一直保持在较为稳定的水平，但是赤字水平和债务水平都过高。

根据世界货币基金组织公布的数据，西班牙的财政收入占 GDP 的比重相对稳定，从 2008 年到 2012 年一直维持在 36% 上下，并且 IMF 对西班牙 2013 年和 2014 年财政收入占 GDP 比重的预测分别为 37.11% 和 36.68%，没有过大的波动，同时经常性收入占总收入也维持在 63% 左右。同时，西班牙的财政支出也保持在稳定的水平，根据 IMF 公布的数据，西班牙财政支出占 GDP 比重在 2010 年、2011 年、2012 年分别为 46.28%、45.15%、46.65%。但是值得注意的是，西班牙的财政赤字在 2012 年达到了 8.5%，远远高于欧盟规定的 3%。此外西班牙的政府债务占 GDP 的比重从 2008 年来不断上升，在 2012 年达到了 84.08%，并且预计在 2013 年将达到 91.81%，其中政府总债务主要以外债为主。

第四，西班牙在国际贸易上表现良好，从 2009 年开始，货物和服务进口额和出口额占 GDP 比重不断上升，并且在国际收支方面，2009 年以来，西班牙的顺差额在逐年减少。

西班牙在国际贸易中，货物和服务进口额占 GDP 的比重从 2009 年到 2012 年处于上升趋势，在 2012 年达到了 31.19%。根据世界发展指数的数据，西班牙货物和服务出口额也在近年来有所上升，在 2012 年达到了 32.21%。西班牙对外贸易依存度从 2008 年的 49.7% 上升到了 2012 年的 63.39%。这些均说明了西班牙政府在近年来一直努力通过国际贸易拉动本国经济。据欧盟统计局统计，2013 年 1—3 月，西班牙货物进出口额为 1591.7 亿美元，比上年同期（下同）下降 2.3%。其中，出口 764.8 亿美元，增长 3.2%；进口 826.9 亿美元，下降 7.0%。贸易逆差 62.1 亿美元，下降 58.1%。

而在国际收支方面，从 2009 年之后，西班牙的顺差额占 GDP 的比重一直在缩小。根据世界经济展望数据库的数据显示，2009 年，西班牙的顺差额占当年 GDP 的 11.26%，而到了 2012 年，该数据缩小到了 3.05%。顺差额的减少说明了西班牙政府加大了对外出口贸易和对外资的引入。

（四）西班牙政策和产业结构较为稳定，政府采取紧缩性财政政策

第一，西班牙的财政政策长期来看较为稳定，但是 2013 年为了降低债

务水平和财政赤字水平，西班牙政府采取了紧缩性财政政策。此外，西班牙的产业结构一直很稳定，第三产业始终处于主导地位。

西班牙的财政政策较少出现大的变动，2013 年西班牙政府为了降低赤字水平和债务水平，实行了紧缩性的财政政策。IMF 强烈支持西班牙政府恢复健康财务状况，同时确保经济复苏和创造就业的目标。近几年，西班牙的产业结构一直非常稳定，三大产业占 GDP 的比重一直都没有出现大波动，第三产业始终处于主导地位，占 GDP 的比重约为 71%，第二产业占 GDP 的 26%，第一产业占 GDP 的 2%。

第二，近年来，在西班牙的华人数量越来越多，旅西华侨华人以新华侨为主，旅西华侨对推动西班牙当地经济，加大两国文化交流起到了重要的作用。

2011 年第一季度西班牙获得居留身份的外国移民首次超过了 500 万人，和上一年度同期相比增长了 2.6%。根据这份数据，中国移民人数在西班牙外国移民中排第七位，共有 160636 人获得居留身份。根据西班牙劳工部所公布的最新资料显示，自从西班牙 2008 年实施了自愿返乡政策以来，共有两万多名移民选择了自愿返乡政策。旅西华侨华人以新华侨为主，并以浙江省青田、温州人为主，占 51%，福建次之，而 20 世纪 80 年代到 90 年代初，以浙江、上海、福建人为主，全国 31 省市自治区和港澳台地区都有侨胞在西。2000 年至今，旅西华侨迅速发展，雇佣型合法劳工占 35%，以浙江为主；以商务考察旅游等滞留占 40%，以东三省，福建，山东，河南为多；留学占 8%；从其他南美、欧洲国家转过来的占 12%，以广东人为多。按目前华侨华人原来身份，农民占 55%，工人占 20%，公务员及其他占 5%，学生占 20%，平均年龄在 29.3 岁。在西班牙移民总人数大幅下降的同时，一些亚非国家的移民，尤其是中国移民的人数却出现了逆势增长。对于华人移民人数的逆势增长，与其他移民所不同的是，中国移民不是为了工作而来，他们来西班牙主要是为了经商，开发西班牙以及其它的相关市场。此外，旅西华人经济在危机中逆势发展，大量新店不断开业，也为那些初到西班牙的华人提供了大量的工作机会。现在，旅西华人所从事的产业已经不仅限于餐饮业，而是呈现出多样化的发展趋势，像仓储批发、百货零售等行业，都是能够吸纳较多劳动者的产业。而这些都为旅西华人的人数在移民加速回乡的情况下，呈现出逆势增长的态势提供了最基本的保证。

旅西华侨华人在推动当地经济发展、促进中西贸易中扮演重要角色。旅西华侨华人从事的职业从原先的单一中餐馆业发展到贸易（包括服装、箱包、鞋帽、饰品、玩具、装修、洁具、器材、日用品、食品等）、制造业、太阳能、风力发电、旅游业、会计、律师、服务、农业、建筑等各行各业。目前旅西华侨华人主要产业有：中餐馆4700家，中国百货店5200家，干果店3200家，批发公司1050家，成衣工厂600家。旅西华侨华人在融入当地主流社会，为推动中西交流做出积极贡献。随着在当地经济商务活动的频繁和经济实力的增长，华侨华人日益融入所在国的主流社会，提升了他们在所住国的地位和影响，同时对促进中西经济文化交流起到重要作用。旅西华侨华人是反独促统的生力军，是维护祖国领土完整和尊严的重要力量。从1997香港回归祖国到1999年抗议美国轰炸我驻南斯拉夫使馆，从反对李登辉的“两国论”到2000年的反对陈水扁“台独”倒行逆施，西班牙中国和平统一促进会和其他兄弟社团开展了反台独促统大会、座谈会、展览等活动，并和其他国家有识之士提议全国人大制定《反国家分裂法》。2008年以来，西侨界为维护祖国领土完整展开了反藏独反疆独系列活动，走在各国前列。推广华文教育，弘扬中华文化。随着在海外的生存发展和下一代的出生培养，积极推进海外华文教育成了旅西侨团侨胞的自觉行动。

第三，西班牙截至2011年底，对外投资占GDP的比重上升到了40%，中国作为西班牙第13大出口目的地和第四大进口来源地，与西班牙的投资合作日益增加。

在贸易投资方面，截至2011年底，西班牙对外投资累计达6400多亿美元，占GDP的比重从1990年的3.0%飙升到40%以上，绝对量和相对量均超过了意大利。据欧盟统计局统计，2013年1—3月中西双边贸易额为58.3亿美元，下降2.3%。其中，西班牙对中国出口13.0亿美元，增长13.8%；自中国进口45.3亿美元，下降6.1%；西班牙逆差32.3亿美元，下降12.2%。中国为西班牙第13大出口目的地和第四大进口来源地。机电产品一直是西班牙对中国出口的主力产品，1—3月出口额为1.9亿美元，占其对中国出口总额的15.0%，下降8.2%。化工产品是西班牙对中国出口的第二大类商品，出口额1.7亿美元，占其对中国出口总额的13.4%，增长20.7%。贱金属及制品对中国出口1.6亿美元，增长34.1%，为西班牙对中国出口的第二大类产品。此外，运输设备、矿产品、塑料橡胶和纺织品及原料也为西班牙对中国出口的重要产品，在对中国的出口中所占比重均超过5%，其中矿产品出口增长最为明显，增速为50.8%。1—3月，西班牙自中国进口的主要商品为机电产品、纺织品及原料和贱金属及制品，进口额为11.8亿美元、8.8亿美元和4.4亿美元，占自中国进口总额的26.0%、19.4%和9.6%，机电产品下降21.5%，纺织品和贱金属增长3.7%和4.4%。机电产品中，电机和电气产品进口6.8亿美元，下降24.6%；机械设备进口5.0亿美元，下降16.9%。纺织品及原料中，非针织或非钩编的服装进口4.3亿美元，增长1.4%；针织或钩编的服装进口2.9亿美元，增长5.0%。家具玩具、化工产品和鞋靴伞等轻工产品也是西班牙自中国进口的重要产品，在西班牙自中国总进口中的份额均超过5%。中国是西班牙纺织品及原料、家具玩具、鞋靴伞等轻工产品和皮革制品及箱包的第一大进口来源地，主要竞争者来自土耳其、德国、意大利和法国等。

在2013年，西班牙工业、能源和旅游大臣索里亚提到：拉美是一个越来越引人注意的兴趣点。那里在电信、经济、工业等诸多领域存在巨大的消费需求。那里同时也是多种原材料产地，这对强有力的经济体如中国的发展意义重大，西班牙可以成为沟通的桥梁。这不仅仅因为西班牙和拉丁美洲有着长久的交往传统，同时也因为我们都说西班牙语，西班牙语在全球有着超过5亿的使用者。西班牙有很多空间提供给中小型的投资企业，比如工业、电信、旅游业等等领域。

近年来，西班牙政府对中小企业非常重视，希望占国民经济特别是占就业比重很大的中小企业成为其经济国际化的新增长点。西班牙政府了制定“西班牙中小企业执行计划”，负责接受欧盟提供的专项援助基金，用于中小企业在合作、培训、创新、信息、设计和生产等方面的投资。中国企业可以在工业、电信等方面选择与当地的西班牙企业合作投资，更好地获得西班牙当地政府的支持。

此外，值得注意的是，在西班牙的房产投资需谨慎。虽然西班牙的房地产市场十分吸引中国投资者，也将会有更多的中国人选择在海外置业，但目前购房换居留的政策不但苛刻和存在许多变数，而且有数据显示，西班牙的房屋极度饱和，需要近五年的时间才能消化完毕，也就是说，即使在西班牙购房，房子在近年内可能都不会有明显升值。西班牙的房地产政策虽然吸引，却仍需谨慎投资。

（五）不确定性分析和未来预测

西班牙与欧盟及主要的国际组织都保持着良好的关系，与拉美的联系密切，旅游业的潜力巨大，不过西班牙的公共财政不断恶化，失业率居高不下，其出口产品大多为中等技术产品。

根据欧盟统计局公布的数字，欧元区 5 月份失业率达 12.1%，创历史新高，西班牙以 26.9% 的失业率持续居高不下，失业人数达 608 万，较 4 月份有轻微回落，其次是希腊和葡萄牙。5 月份欧元区失业人数为 1922 万人，其中青年失业人数为 353 万人，青年失业率为 23.8%，环比下降 1/10。西班牙青年人失业人数为 94.6 万，占欧元区的 26.8%，其中 25 岁以下青年失业率自 4 月份的 56.2% 上升到 5 月份的 56.5%。西班牙如此之高的失业率将会加大社会风险。

财政方面，西班牙财政部公布数字，2013 年前八个月，西班牙财政赤字 475.79 亿欧元，较去年同期下降 2.2%，占 GDP4.62%，但仍高于全年占 GDP3.8% 的目标。财政大臣 MONTORO 表示，未来四个月赤字状况将好转，能够完成年度赤字目标。财政赤字的改善说明 2013 年西班牙的财政紧缩政策取得了效果，但还有待于进一步加强。

八、英国

英国国际关系良好，政局保持稳定，社会维持安定，金融体系整体稳健，产业结构合理，但经济增长低迷，失业率较高，私人债务和公共债务都过高。

（一）由于经济危机使得欧盟和美国两大经济体受到影响，导致英国所处的国际经济环境有所恶化

第一，由于经济危机的影响，整个欧盟经济体在近年来一直处于缓慢复苏的状态，导致外需急剧下降，使得英国的出口贸易受阻。2013年，英国与世界货币基金组织就财政赤字问题发生了摩擦。在外交方面，中、英两国的发展势头良好，在经贸和文化交流等方面都在不断地加强两国之间的合作。

当代国际政治的主题和时代发展的主流是和平与发展，越来越多的国际间合作让英国在新的国际环境中能够更稳定更快地发展。英国作为世界第六大经济体，在欧盟甚至世界中都扮演着重要的角色。近年来，由于2008年经济危机的影响，美国和整个欧盟的经济都遭受了重大打击，这使得英国所处的国际经济环境相比2008年前恶化了很多。不过，近几年欧盟经济明显开始好转，美国也通过多轮的货币宽松政策使得经济有所复苏，因此英国所处的国际经济环境在2013年开始改善。英国与IMF（国际货币基金组织）的关系也历来保持得不错，但是2013年4月，英国与IMF就英国财政紧缩方案的可信性进行了争论，不过到了10月份，国际货币基金组织改变了对英国财政紧缩政策的批评，并将英国经济增长预期大幅提高。

在外交方面，英国是联合国安理会的常任理事国，是欧盟、北约、英联邦、西欧联盟等120个国际组织的重要成员国。英国主要主张同美国加强关系，重视发展与其他大国的关系，努力改善同中、俄、印、日等大国的关系。努力维系同英联邦国家的传统联系，保持和扩大在发展中国家的影响，积极参与全球事务，保持强大的国防力量、强调自由贸易。近年来，中英关系发展势头良好。目前，中英两国政府高层交往频繁，经贸合作不断加强，文化教育交流也日益活跃。首先，两国高层对话密切，在重大国际问题上的沟通与协调不断加强。英国交通、贸易投资、财政部门等官员、伦敦金融城市长及保守党、议会中国小组代表团先后访华。中国海军舰艇编队访问英国，与英国海军举行了海上联合搜救演习。两国各层次交流密切，双边关系不断增强。其次，双边贸易等领域合作持续发展不

断加强，金融服务、投资和可持续发展领域有望成为新的增长点。英国在华累计投资居欧盟国家之首。英国政府和工商企业界对加强两国金融投资领域合作持积极开放态度，在对华贸易中反对贸易保护主义，并希望发挥英国金融服务业的优势，吸引中国对英国的投资并购，扩大对华服务和技术贸易。双方在环保及可持续发展合作上也有所进展，中英启动可持续发展对华工作计划。此外，英国各界普遍希望加深对中国了解，“中国热”持续升温，两国文化教育交流活动日益活跃，大伦敦市连续三年举行“中国在伦敦”活动。随着“中国热”在英国的悄然升温，英国政府、研究机构、大学等都相继举办各类有关中国的研讨会。英国议会举办题为“中国经济发展对英国的影响”系列研讨会，政府官员、工商企业界人士、专家学者共600多人出席。随着两国关系不断发展，两国领导人的互相访问将进一步推动中英全面战略伙伴关系不断深入发展。

第二，国内政局保持稳定，英国政府的廉洁性较好，具有成熟的司法体系，在处理政府内的问题具有非常高的效率。此外，在国内政策制定与颁布上拥有严格的程序，较为稳定，很少出现大的波动。

英国属于“联邦制”国家，整个国家分为英格兰、威尔士、苏格兰和北爱尔兰四部分，这四个部分也就是四个联邦（相对独立自治的行政单位）。它们各自有自己的议会和行政机构，有自己的立法权、行政权、司法权，全面负责本地方的事务，只有外交、国防、总体经济和货币政策、就业政策以及社会保障等仍由中央政府控制。

英国的政体为君主立宪制。国王是国家元首、最高司法官、武装队总司令和英国圣公会的“最高领袖”。英国目前存在的主要政党有保守党、工党、自由民主党，以及苏格兰民族党和威尔士民族党等。其中保守党主要代表垄断资产阶级的利益，该党组织由领袖、议会党团、全国联盟和中央事务所组成。该党在2010年大选中，成为议会第一大党，并在2010年大选后保守党与自民党组成联合政府，卡梅隆出任首相。该党主张减少公共开支，大幅度削减财政赤字，保持宏观经济稳定，改革银行体系，缩小会议规模，重建制造业、与中国建立更紧密的合作关系、与美国保持坦诚平等的伙伴关系。工党在1900年成立，原名为劳工代表委员会，1906年改名为工党。该党的组织由领袖、议会党团、议会外组织和总部组成，在经济上主张维持适度的公共开支，保持宏观经济稳定增长，建立现代福利制度；外交上主张积极参与国际合作，视对美国关系和欧盟关系为两大外交支柱，支持欧盟一体化建设，主张在经济条件成熟时加入欧元区。三大主要党派的自由民主党则是由原民主党与社会民主党在 1988 年合并而成，该党主张通过减税还富于民，提高个税起征点，承诺公平教育，保护公民权利和自由，倡导宪政改革。

英国政府的廉洁性相对较好，根据透明国际组织 2012 年发布的全球腐败指数报告，英国获得 74 分，排在第 17 位。此外，英国具有成熟的司法体系，在处理政府内的问题具有非常高的效率。而且，英国政府在国内政策制定与颁布上拥有严格的程序，较为稳定，很少出现大的波动。

（二）英国社会等级观念严重，老龄化问题严重，年轻人的失业率较高

第一，为了协调和维护国家内部的关系及利益，更有效地管理国家、社会及组织，英国社会存在着严重的等级观念。

英国历来深受阶级观念影响，即使是到了今天，阶级观念对英国社会的影响仍然存在，英国国会仍以阶级划分为上下两院，上院所代表的是世袭的上流社会，而下院所代表的则是广大民众，立于社会建筑最顶层的是英国君主。英国的等级观念及制度形成的原因主要是协调和维护国家内部的关系及利益，更有效地管理国家、社会及组织，其基本特征是层级负责人和与内部成员之间的关系的建立。公开公正公平的等级制度对激励组织本国人民有着无可比拟的战斗力，使每一个成员都建立向上积极的人生观而不是大锅饭和表面无组织无纪律，某种程度上在明君、明主的带领下，有效的阻止腐败的滋生和蔓延。

第二，近年来来越多的人移民到英国，而这些移民主要集中在中国和东亚各国，这可能会彻底改变英国的人口结构。此外，英国的人口老龄化问题严重，年轻人的失业率非常高，这会对英国的社会稳定构成威胁。

在人口结构方面，英国的人口老龄化问题日趋严重。据公布的最新人口普查数字显示，英国人口老龄化趋势加快。目前英国 60 岁以上的人口已首次超过 16 岁以下人口，其中 85 岁以上的老龄人口已达 110 万，是 50 年

前的5倍。普查结果显示，英国目前总人口为5800多万，60岁以上的人口占总人口的21%。此外，英国人口构成中的外来移民数日益增多，特别是英国推出了投资移民之后，似乎就出现了新的趋势。据“移民观察”调查分析，自2000年至今，已有2053396名外国人（不包括欧盟）加入英籍，是英国历史上从未有过的移民潮，主要来源国是印度、巴基斯坦、尼日利亚、菲律宾和中国。就2012年加入英籍的外国人就达204541人，创历史高峰，比2011年增加14%，平均每两分半钟就有1人宣誓为英国人，早前一次的入籍高峰是2009年，有203789人。照这样的发展趋势，英国社会人口结构将会彻底改变，出生在国外的英国人将占全社会的1/3。

此外值得注意的是，英国年轻人的失业率过高，年轻人的高失业率会对社会稳定构成很大的危险。英国国家统计局公布的最新失业统计显示，2012年11月至2013年1月，全英总失业人数达到252万，16岁至24岁年轻人的失业率接近22%，其中华人青年失业率首次突破10%。分析其原因，主要有两个方面构成，一方面是受外部经济的影响，英国疲软的经济增长使得就业岗位减少，导致年轻人失业率增加；另一方面则是华人青年就业结构过度集中。据统计，英国有近2/3的华人直接或间接服务于餐饮行业，因此中医和餐饮业的兴衰将对整个华人群体的就业情况起到重要的影响。

（三）英国经济增长低迷，财政赤字严重

第一，受2008年经济危机的影响，英国在近几年经济增长表现低迷，失业率达到1996年来最高记录，不过英国的通货膨胀率维持在稳定的水平，产业结构没有过大波动。在经济增长方面，主要依靠消费和投资拉动。在中长期有待于加强对外出口贸易，降低失业率。

2008年的经济危机对英国的冲击非常大。根据世界货币基金组织公布的数据显示，英国受2008年经济危机影响，GDP增长率在2009年降低了3.97%，虽然在2010年有所回升，但在2011年、2012年依旧表现低迷，增长率未超过1%。更值得关注的是英国的人均GDP增长率，通过数据显示，英国的人均GDP在2008年和2009年发生了严重的衰退，尤其是2009年，其增长率为-18.39%，而之后两年的好转也是暂时的，到了2012年

人均 GDP 增长率又衰减了 0.44%，人均 GDP 增长率的衰减对英国人的生活水平造成了及其严重的影响。除此之外，英国的失业率也在 2008 年之后处于上升趋势，在 2012 年达到了 8.02%，创造了自 1996 年来的最高纪录。高失业率除了对经济造成影响，更会影响到社会的稳定性，所以如何降低失业率是英国政府的当务之急。值得庆幸的是，英国的通货膨胀率维持在比较稳定的水平，2012 年下降到了 2.84%。此外，英国的产业结构没有过大的波动，一直保持在稳定的水平，主导经济的第三产业占 GDP 的比重维持在 78% 左右。而作为拉动经济的三驾马车，英国的消费支出和投资占 GDP 的比重分别维持在 87% 和 15% 左右，唯一不足的是货物和服务净出口显得动力不足，当然，这与美国和欧盟等大经济体受经济危机影响导致出口下降有关。其他，如公共教育支出、研发支出等，英国一直表现良好，在这两方面的投入分别占了 GDP 的 11% 和 1.8% 左右，如此大的科研教育投入也为英国的后续发展提供了保证。

在能源方面，英国是欧盟中能源资源最丰富的国家，主要有煤、石油、天然气、核能和水力等。能源产业在英经济中占有重要地位，2008 年天然气产量为 810 百万兆瓦时，原油产量 7166 万吨，煤炭产量 1760 万吨，总发电量达 385 万亿瓦时，2/3 发电量来自煤和天然气。英国现有 10 座核电站，其发电量在 2008 年占英国总发电量的 13%，但是到 2025 年，其中九座核电站将达到使用寿命而停止运营。目前，英国政府已确定 10 个适合建设新一代核电站的地址。第一座核电站有望在 2018 年投产，其余九座核电站将在 2025 年之前陆续完工，届时英国 40% 的电力供应将来自核能。采煤业完全私有化，近年来生产呈下降趋势。英森林覆盖面积 281 万公顷，占本土面积 12% 左右，主要工业原料依赖进口。近年来，政府强调要提高能源利用效率，发展核能和可再生能源，减少对传统矿物燃料的依赖，建设“低碳经济”，并为此进行了一系列立法保障和政策引导，鼓励高效节能技术开发，培养企业和家庭节能意识。

第二，英国的金融体系整体上保持稳健，银行的资本充足率常年维持在 10% 以上，M2 占 GDP 比例的下降，表明了英国金融深化的不断加强。但是，银行的不良贷款率的上升加大了银行风险，并且汇率的过大波动给英国进出口贸易以及国际投资带来了巨大的不确定性与风险外汇市场方面，根据世界银行公布的数据，英镑的汇率波动非常大，2009 年上升了 18.01%，2010 年上升了 0.82% 后，在 2011 年下降了 3.56%，之后在 2012 年又略有上升，如此巨大的汇率波动，对英国进出口贸易以及国际投资会产生巨大的不确定性与风险。在英国国内利率市场上，根据英国央行公布的数据，基准利率从 2007 年的 5.5% 急剧下降到了 2008 年的 2%，之后在 2009 年到 2013 年一直维持在了 0.5%，这与欧洲央行的货币政策相一致，基准利率的不断下调，是英国宽松货币政策的表现，同时这也体现了英国政府努力拉动本国经济的决心。在银行方面，2009 年之后，银行资本充足率保持在了 10% 以上，其中 2012 年更是达到了 14.27% 的水平，远远高于巴塞尔协议所要求的 8%，说明了荷兰的银行风险是非常小的。但是值得注意的是，英国银行的不良贷款比率从 2008 年的 1.6% 上升到了 2012 年的 4%，这需要英国加强在银行监管方面的工作。除了利率和银行方面，还有值得关注的是 M2/GDP 这个指标。英国从 2008 年以来，M2/GDP 比例在 2009 年、2010 年小幅上升后，在 2011 年和 2012 年又下降到了 164.27%，低于 2008 年的比率，这与近年来英国的金融市场深化不断加强有关。

第三，英国近年来的公共债务和私人债务一直处于较高水平，并且财政赤字居高不下，不过，由于近年来英国政府一直采取紧缩性财政政策，使得近两年英国的财政支出占 GDP 比重有所下降。

根据世界货币基金组织公布的数据，英国财政收入占 GDP 的比重相对稳定，从 2008—2012 年一直维持在 36% 上下，并且 IMF 对英国 2013 年和 2014 年财政收入占 GDP 比重的预测分别为 38.56% 和 37.89%，没有过大的波动，同时经常性收入占总收入也维持在 79% 左右。相比财政收入的稳定，由于英国近几年一直采取紧缩性的财政政策，英国的财政支出占 GDP 比重从 2010 年开始一直有所下降，根据 IMF 公布的数据，英国财政支出占 GDP 比重在 2010 年、2011 年、2012 年分别为 46.68%、45.27%、43.46%。不过，英国的财政支出中，经常性支出所占的比重一直维持在 93% 左右，比较稳定。

第四，由于经济危机使得国际经济环境恶化，导致贸易依存度较高的英国受到了严重的影响。2013 年上半年英国的进出口额下降了 6.3%，并且英国的国际收支逆差逐年扩大。

英国在国际贸易中，货物和服务进口额占 GDP 的比重没有过大波动，根据世界发展指数的数据，英国货物和服务进口额在 2011 年和 2012 年略有上升，达到了 34% 左右，而货物和服务出口额占 GDP 的比重在 2008 年之后基本维持在 30% 左右。据英国海关与消费税局（H. M. Customs and Excise）统计，2013 年 1—6 月，英国货物进出口额为 5470.4 亿美元，比上年同期（下同）下降 6.3%。其中，出口 2343.7 亿美元，下降 4.9%；进口 3126.7 亿美元，下降 7.3%。贸易逆差 783.0 亿美元，下降 13.7%。分国别（地区）看，2013 年 1—6 月英国对美国、德国、荷兰、法国和爱尔兰的出口额分别占英国出口总额的 13.4%、10.2%、7.8%、7.5% 和 5.8%，其中对美国、德国和荷兰出口下降 1.5%、9.3% 和 6.5%，对法国和爱尔兰出口增长 1.0% 和 4.1%；自德国、美国、中国、荷兰和法国的进口额分别占英国进口总额的 13.8%、8.7%、8.2%、8.1% 和 6.1%，自德国和荷兰进口增长 0.9% 和 8.5%，自美国、中国和法国进口下降 12.0%、1.2% 和 0.9%。英国贸易逆差主要来源地是德国、中国和挪威，1—6 月逆差额分别为 190.9 亿美元、171.2 亿美元和 106.6 亿美元，德国增长 17.5%，中国和挪威下降 7.2% 和 32.9%。贸易顺差主要来自爱尔兰和美国，1—6 月顺差额 47.1 亿美元和 42.0 亿美元，增长 98.9% 和 335.8%。

而在国际收支方面，从 2008 年之后，英国的逆差额占 GDP 的比重一直在扩大。根据世界经济展望数据库的数据显示，2008 年，英国的逆差额占当年 GDP 的 1%，而到了 2012 年，该数据已经达到了 3.51%，并预计在 2014 年该比例将进一步扩大到 4.3%。另外从进出口总额占 GDP 的比重来看，近几年都维持在 65% 左右，可以发现英国的对外贸易依存度相对较高

（四）英国的政策和产业结构都较为稳定，外来投资项目同比增加

第一，英国的政策风险较低，国家对于新财政政策的颁布较为谨慎。此外，英国的产业结构一直很稳定，第三产业始终处于主导地位。

英国的财政政策较少出现大的变动，国家对于新财政政策的颁布较为

谨慎，不过由于近年来英国财政赤字尤为严重，政府一直在采取紧缩性的财政政策，以减低赤字水平。而在产业政策方面，英国更是非常稳定，近几年，英国的三大产业占GDP的比重一直都没有出现大波动，第三产业始终处于主导地位，占GDP的比重约为78%。

第二，近年来，越来越多华人、华侨涌向英国。英国华人主要从事金融、餐饮等中高端职业，英国华人在当地组建了大量的社团。不过比较成熟的社团主要是香港移民，老一代广东移民及大陆留学生较难融入。此外政治冷漠是英国华人的流行病。

在侨民方面，越来越多的华人、华侨涌向英国。据英国国家统计局2012年12月发布的数据，英国华人的总人口在41万到43万之间。而根据世界侨情报告可知，英国华人主要居住在城市地带，剑桥和伦敦金融城的华人占当地人口比重最高，达3.6%。英国华人所从事的主要行业有餐饮、财会、金融等中高端职业。据不完全统计，在中国驻英大使馆登记在册的华人社团总数已有300多个。目前全英最大的华人社团联合体是全英华人社团联合总会，现有51个下属社团。数量众多、类型多样的华人社团在服务英国华人方面历来有出色表现，在向英国议会和行政部门游说以维护华人权益方面，华人社团也愈来愈积极。英国华人社团目前也存在一些问题，比较成熟的华人社团成员主要是香港移民、老一代广东移民及其在英国的后代，大陆来的留学生很难融入到这个圈子里；许多华人社团以经费有限为理由，将主要的服务对象设定为老移民；还有一些老移民对新移民的行为习性看不惯。政治冷漠是英国华人的一个流行病，投票、参选不积极，遇到罢工、示威更不积极。按人口比例，华人在英国下议院至少应有4—6席，但目前是零，在800人的上议院中华人也只占据一席。据英国选举委员会的调查，英国华人是所有少数族裔中选民登记比例最低的一个群体。目前在英国，有些华人凭借个人能力或家庭财力较快地跻身精英阶层，但大多数华人仍处于社会中下层，他们中的许多人为求职而烦恼、奔波，他们面临的求职障碍包括英国的高失业率、身份和签证问题、语言水平等。

第三，虽然在2012年欧洲吸引外资整体下降，但英国的外来投资项目同比有所增加，保持欧洲第一大投资目的地。此外，中英双方的双边经贸合作日益增多，2013 年上半年，英国与中国的双边贸易额增加了 2.2%。

在贸易投资方面，2012 年，欧洲吸引外资整体下降 2.8%，但英国的外来投资项目同比增加 2.7%，继续保持为欧洲第一大投资目的地。据联合国负责贸易和投资的机构统计，2012 年外国公司对英国投资达 620 亿美元，比 2011 年增长 22%，与仍在经济衰退中挣扎的欧元区国家和美国对比鲜明。英国吸引外资项目最多的行业是商业服务和软件。英国的成功部分归功于其成为美国在欧增加投资的首选目的地。另外，因目前欧元区存在的问题，英国被看作一个相对安全的避风港。

英国是中国在欧洲的传统重要贸易伙伴，双方经贸往来源远流长。目前，中英双方已建立了中英经贸联委会、中英经济金融对话、中英能源对话等多层次的双边经贸交流机制。近年来，在中英两国政府的积极推动下，双边经贸合作不断深化，成效显著。从英国统计局发布的贸易国别数据看，从 1—6 月份国别数据看，英国对华出口增长较快。据英国海关与消费税局统计，2013 年 1—6 月英国与中国的双边贸易额为 340.5 亿美元，增长 2.2%。其中，英国对中国出口 84.7 亿美元，增长 13.8%；自中国进口 255.8 亿美元，下降 1.2%。英方贸易逆差 171.2 亿美元，下降 7.2%。中国是英国第七大出口市场和第三大进口来源地。英国对中国出口的前四大类商品是运输设备、机电产品、化工产品和贱金属及制品，1—6 月分别出口 30.7 亿美元、17.6 亿美元、10.5 亿美元和 8.0 亿美元，占对中国出口总额的 36.3%、20.8%、12.4% 和 9.4%，其中运输设备、机电产品、化工产品出口增长 20.9%、14.6% 和 31.4%，贱金属及制品出口下降 4.7%。在英国对中国出口的第一大类产品运输设备中，绝大多数为车辆及零附件，1—6 月出口额为 30.6 亿美元，增长 20.9%。

英国经济发展具有很高的对外依赖性，因此特别注重和倡导建立一个多边的开放贸易系统，即世界自由贸易体系。现在英国的对外服务贸易和货物贸易的管理基本放开，在一般情况下，政府不干涉公司的对外经济贸易行为。在欧盟内部实行统一大市场，政府对企业从欧盟以外的国家进口或向欧盟以外国家的出口总体无限制。在对外经济贸易法规方面，英国采用欧盟共同政策。在英国，对进出口企业及其经营行为进行监管的部门有英国公司登记局、关税与消费税局、英国贸工部的出口控制局和进口许可证事务局。凡在英国公司登记局注册的公司，都可以向英国进口许可证事务局申请进口产品的配额。英国对日用瓷器、绝大部分的鞋类产品实行进口配额管理，对钢铁、化工产品、玻璃制品、烟花制品、皮革手套、玩具、工艺陶瓷制品等实行一般许可证管理。这些均由进口许可证事务局负责办理。根据英国的的外贸管理政策以及结合英国国内的经济环境，广东省在接下去几年可以继续加强在电子、服装等行业的投资，并区分所投资行业是配额管理还是许可证管理方式。

（五）不确定性分析和未来预测

第一，国际经济环境持续低迷，外部市场仍未确定何时能真正复苏，让英国的贸易投资方面存在不确定性，但国内需求总体上保持稳定，服务业成为经济增长驱动力，预计英国经济将会有所改善。

英国国家统计局发布统计，英国经济第三季度环比增长 0.8%，印证了此前有关专业人士的乐观预测。其中，服务业是第三季度经济增长的主要驱动力。尽管第三季度经济部门各领域均实现了增长，但增长最快的是变化无常的建筑业，达到 2.5 个百分点。工业生产增长 0.5 个百分点，其中制造业增长 0.9 个百分点。因为服务业占英国 GDP 比重达 78%，服务业增长对 GDP 贡献最大。在第三季度 GDP 增长的 0.8 个百分点中，其中 0.6 个百分点是服务业贡献的。但是制造业和建筑业仍然低于金融危机前水平，尽管服务业产出超过了 2008 年峰值，但制造业和建筑业产出仍然比 2008 年峰值低 12%。英国 GDP 如要达到顶峰时期，需要继续增长 2.5 个百分点，这有望在 2014 年达到，鉴于建筑业和工业生产仍然较弱，加强商业投资刺激该领域快速复苏空间较大。

第二，英国的财政赤字依然处于较高水平，虽然英国政府采取了了紧缩的财政政策，但对财政赤字的改善并不明显，预计英国的财政赤字在下半年持续处于高位。此外高失业率也给财政政策带来了挑战。

虽然英国政府一直在采取紧缩性财政政策，但是因为受金融危机影响，全国经济不景气，导致失业率升高，加上社会福利太高，养老金和社会保障金太高，英国的财政赤字很难近期内下降。英国政府已经冒险使用经济复苏的说法。尽管确实有大量证据说明英国经济停止了在低谷徘徊，但是英国财政部的政策若想让执政党赢得2015年大选，仍面临众多挑战。其中，最大的挑战是国际形势，包括欧元区危机、美国政治瘫痪、叙利亚内战以及日本在经济上的超常实验。其次，还面临低收入人群贫穷、国内各地经济发展不平衡问题。最后，还有人口大量老龄化和创新乏力造成经济永久低增长的威胁。

九、意大利

意大利国际关系良好，政局长期保持稳定，社会维持安定，金融体系整体稳健，产业结构合理，但经济增长低迷，债务问题严重，失业率较高。

（一）意大利国内政治经济风险分析

第一，意大利在对外关系方面主要是立足欧洲，依靠北约，并积极发展同拉丁美洲及中国的关系。

对外关系上，意大利对外政策基本点是立足欧洲，积极参加欧盟建设，促进欧洲一体化进程；依靠北约，重视发展跨大西洋盟友关系，主张联合国安理会改革，但坚决反对增加常任理事国，强调联合国在建立国际新秩序和解决地区冲突中的主导作用，积极参加联合国框架下的维和与人道主义救援行动；主张世界多极化和加强地区性合作；认为要对现行国际金融体制进行改革，加强全球经济治理；主张通过对话解决地区冲突和南北差距，减免债务和增加对第三世界国家的援助；关注巴尔干半岛局势和地中海事务，积极推动中东和平进程；拓展同亚太地区国家的关系，强调维护人权，同120多个国家建立外交关系。

同欧盟的关系，意大利作为欧盟创始成员国之一，高度重视并积极推动欧洲一体化建设。认为欧盟一体化建设是应对全球化挑战的有效手段，只有建立强大团结的欧盟才能最大限度维护意安全和利益。支持欧盟机构改革，积极参与欧盟对外行动署的筹建和运作。欧洲主权债务危机爆发后，倡议在欧盟内部设立应对危机的统一基金，支持欧盟三大经济治理措施，即由欧洲统一发债、赋予欧洲央行更大权力以及加大体制改革协调力度。

蒙蒂政府上台后，积极奔走于英、法、德大国之间，宣讲意政府解决债务问题和促进经济增长的紧缩和改革措施，以谋求欧盟大国支持，力求赢得市场信心。继续致力于巩固意美战略同盟，并将美国确定为新政府组阁后出访的首个非欧盟大国；同北约的关系认为北约仍是欧洲主要防务力量，在保障欧洲大陆和各成员国安全方面发挥中心作用。主张北约与欧盟在危机处理和维和行动方面进行密切合作。支持北约组建快反部队，主张北约和欧盟快反部队应互为补充，共同维护跨大西洋联盟。支持北约东扩，倡导北约与俄罗斯建立新型伙伴关系。主张北约转变职能，在解决地区冲突、反恐和防扩散行动中发挥重要作用。同俄罗斯的关系，意积极发展与俄罗斯的关系，视俄罗斯的为世界政治、军事和能源大国，重视俄罗斯在欧洲政治、安全的合作，率先提出俄罗斯与欧洲有着共同的文化和宗教渊源，俄罗斯应成为未来大欧洲的一员。支持俄罗斯加入世界贸易组织，力促欧盟和北约进一步对俄罗斯开放，主张加大融俄力度，建立包括俄在内的“大欧洲”，同俄在经贸、能源、科技和文化等领域的合作不断加深。同巴尔干国家的关系，从地缘政治出发，积极参加“中欧倡议”组织活动，促进该地区合作，谋求在中南欧特别是巴尔干地区发挥更大作用。曾负责联合国驻阿尔巴尼亚多国维和部队的指挥，为阿局势的稳定发挥了独特作用。对巴尔干重建的投资居欧盟第二位，仅次于德国，还是中东欧国家的重要贸易伙伴。

同地中海国家的关系，意认为自己是欧洲和地中海的桥梁，历届政府一直将该地区视为其地缘战略的重点。作为“地中海和平稳定宪章”的倡议国和欧盟－地中海伙伴关系国成员，意积极推动欧盟与地中海国家对话与合作，实施欧盟－地中海战略，支持巴塞罗那进程。强调北约南翼的重要性，呼吁欧盟关注地中海地区局势，支持2010年建立欧盟－地中海自由贸易区。推动北约成立“地中海常设舰队”，与法、西组建“地中海快速反应部队”。对中东和平进程十分关注并积极参与调解行动。意同阿拉伯国家及巴以双方均保持良好关系，为寻求政治解决巴以危机作出积极努力。2012年11月，意赞成第67届联合国大会通过对巴勒斯坦成为联合国观察员国决议；同亚洲、非洲、拉丁美洲国家的关系，意重视同亚太地区国家的关系，加强同东南亚国家的经济合作。主张印巴和解，积极推动朝鲜半岛和平进程，促进印尼的民主进程。意大利积极参与阿富汗战后重建工作。在与亚洲国家的关系中，意大利重点发展与中国、日本、伊朗及中亚各国的互利合作关系。意大利是第一个同朝鲜建交的西方国家，关注朝鲜半岛局势。认为朝核问题涉及国际安全，希通过外交手段和平解决；意大利积极加强同非洲国家关系，发展经贸合作，保持援助规模，促进非洲民主化进程。意大利曾系利比亚宗主国，是利比亚在欧盟内最大贸易伙伴。2011 年 2 月利国内危机爆发后，意大利支持联合国安理会第 1973 号决议，承认“国家过渡委员会”，主张政治解决。意大利积极加强发展同埃及战略伙伴关系，支持埃民主化进程。意大利是埃在欧洲第一大、世界仅次于美国的第二大贸易伙伴，是埃及的重要出口市场。意大利同拉美国家有传统的政治、经济、文化关系，在该地区有千余万移民。意大利积极开拓与拉美国家之间的关系，强调拉美南方共同市场是欧盟重要的对话伙伴，深化与南方共同市场的贸易和文化关系是欧盟的优先课题。

第二，意大利法制完善，国内政局长期保持稳定，但是由于欧债危机的影响，在近些年出校小的动荡，且意大利政府的廉洁性不是很好。

意大利国内的政治体制完善，现行宪法于 1947 年 12 月 22 日由立宪大会通过。宪法规定意大利是一个建立在劳动基础上的民主共和国。总统为国家元首和武装部队统帅，代表国家的统一，由参、众两院联席会议选出。总理由总统任命，对议会负责。议会是最高立法和监督机构，由共和国参议院和众议院组成。两院权力相等，可各自通过决议，但两院决议相互关联。参、众两院分别有 315 个和 630 个席位，参、众议员均由普选产生，任期五年。总统有权在任期内任命五位终身参议员。议会的主要职能是：制定和修改宪法和法律，选举总统，审议和通过对政府的信任或不信任案，监督政府工作，讨论和批准国家预算、决算，对总统、总理、部长有弹劾权，决定战争状态和授予政府必要的政治决定权力等。本届为战后第 17 届议会，于 2013 年 2 月选举产生，参议长彼得·格拉索（Pietro Grasso，民主党），众议长劳拉·宝尔德里尼（Laura Boldrini，左翼生态自由党）。

意大利政府由于欧债危机等影响，发生了小动荡。2011 年 11 月，在意主权债务形势压力下，意总统纳波利塔诺任命经济学家马里奥·蒙蒂（Mario Monti）为总理，组建由无党派背景的专家组成的技术政府。2013 年 2 月 24—25 日意提前举行议会选举，中左联盟在参、众两院胜出，但未能在参院获得绝对多数。彼得·格拉索（Pietro Grasso）和劳拉·宝尔德里尼（Laura Boldrini）分别当选意大利参、众两院议长。目前各方尚未就组阁达成妥协，意大利新政府组建面临“难产”。

意大利政府的廉洁性不是很好，根据透明国际组织 2012 年发布的全球腐败指数报告，意大利获得 42 分，排在第 72 位。

（二）意大利社会人口老龄化严重，出生率下降，死亡率大于出生率

第一，意大利社会的人口老龄化和出生率下降很严重，不过意大利政府在教育上的大投入提高了意大利的国民素质，促进了意大利社会的稳定发展。

根据意大利国家统计局数据，意大利共有 2490.5 万个家庭，平均每个家庭 2.41 人，家庭月平均消费 2453 欧元。多年来，意人口老龄化和出生率下降现象严重。人口出生率为 9.2‰，死亡率为 9.7‰。人均寿命较长，男性平均 79.1 岁，女性平均 84.3 岁。不过在教育方面，意大利政府一直较为关心，2008 年 10 月 29 日，意大利参议院批准了政府提出的教育改革方案，政府要在五内年削减大学的教育经费，同时减少小学任课教师的人数。根据改革计划，在小学将恢复实行“单一教师制”，即一个教师担任多门学科的任课老师。在大学的改革包括适当压缩学生获取学位的课程，政府还允许大学设立基金会，以吸纳私人投资来弥补公共财政资金的不足。著名大学有罗马大学、米兰“博科尼”大学、米兰理工大学、都灵理工大学、波伦亚大学、帕多瓦大学、那不勒斯大学、比萨大学和佛罗伦萨大学等。良好的教育促进了意大利国门素质的提高，也增加了社会稳定性。

第二，多年来，意大利在南方问题上的处理上一直没有太大进展，南方地区的发展落后将会给整个意大利社会的稳定性产生威胁。

意大利在南方问题上一直没有很好的处理，至今南方地区依然发展落后。这对社会稳定性会造成影响。南方地区包括阿布鲁佐、莫利塞、坎帕尼亚、普利亚、卡拉布里亚、巴西利卡塔大区，以及西西里岛和撒丁岛。南部面积为12.3万平方公里，占全意的40.8%，人口2085万，占全国人口的36%。由于历史原因，南方经济和社会发展严重滞后，南北差距较大，某些省区甚至是欧盟中经济最落后的地方。南方人均收入低，贫困家庭占12%，南方人均国内生产总值仅占中北部地区的一半，南方失业率也居全国最高。另外，南方“黑手党”等犯罪组织猖獗，虽然近年来随着意打击力度的加大，犯罪组织气焰减弱，但仍影响着南方的发展。

（三）意大利经济低迷，GDP增长率低，人均GDP增长率波动较大，失业率较高，对外贸易依存度不断加强

第一，受2008年经济危机的影响，意大利经济表现低迷，GDP增长率低，人均GDP增长率波动大，失业率较高。不过，意大利的通货膨胀压力较少，经济增长动力主要依靠消费拉动，并且产业结构稳定；在教育科研的大投入为后续发展提供保证，不断发展的服务业和旅游业也将拉动意大利经济的增长。

2008年的经济危机对意大利的影响非常大。根据世界货币基金组织公布的数据显示，意大利受2008年经济危机及后续欧债危机的冲击，2009年意大利的GDP增长率为-5.49%，在2010年和2011年虽然有所好转，但也只是暂时性的回暖。到了2012年，意大利的GDP增长率仅为-2.37%，IMF预测意大利的GDP增长率在2013年继续下降。在人均GDP增长率方面，波动也非常大，在2008年意大利的人均GDP为7.93%，但是2009年就降为了-9.34%，2011年有所好转，为6.16%，12年又将为了-8.59%。人均GDP增长率直接关系到意大利人民的生活水平，如此巨大的波动会严重影响到意大利人民对经济增长的信心，从而降低他们的消费倾向。意大利的失业率从2008年开始也是逐年上升，从2008年的6.78%上升到了2012年的10.63%，并且预计14年会继续上升。值得注意的是，2013年11月，欧洲的青年失业率在不断攀升，其中意大利更是高达41.2%，青年的高失业率除了对经济发展产生影响外，更会威胁到意大

利社会的稳定性。不过在通货膨胀方面，意大利政府控制的较好。2009 年意大利的通货膨胀率仅为 0.76%，2012 年略有上升，为 3.30%，预计 13 年会下降到 1.99%。在经济增长动力上，意大利主要是靠消费拉动，根据世界银行公布的数据，2012 年意大利最终消费支出占了 GDP 的 81.15%，资本形成支出占了 GDP 的 17.62%，不过货物和服务净出口对经济增长的贡献较少，在 2012 年货物和服务净出口占 GDP 的比重为 1.23%。意大利想要提高经济增长率，除了保持国内消费高支出外，还需在加强货物与服务净出口。

意大利在产业结构上较稳定，主要是以第三产业为主导，最近五年，第三产业占 GDP 的比重保持在 72% 左右，第二产业占 GDP 的比重保持在 25% 左右，第一产业则只占 GDP 的 2%。此外，意大利政府在公共教育和研发支出上的投入非常巨大，在 2009 年，意大利政府的公共教育支出占政府支出的 9.05%，而研发支出占了 GDP 的 1.26%，如此巨大的教育和科研支出，为意大利经济的长期发展提供了智力保障。

在资源和产业方面，意大利自然资源贫乏，仅有水力、地热、天然气等能源和大理石、粘土、汞、硫磺以及少量铅、铝、锌和铝矾土等矿产资源。本国石油和天然气产量只能满足 4.5% 和 22% 的市场需求，3/4 的能源供给和主要工业原料依赖国外进口。近年来，工业增长在欧盟处于较低水平，各类中等技术含量消费品和投资产品在世界市场上占有相当份额，但高技术产品相对较少。主要工业有：石油化工、汽车制造、家用电器、电子仪器、冶金、机械、设备、纺织、服装、制革、家具、食品、饮料、烟草、造纸、出版、印刷、建筑等。中小企业众多，且专业化程度高、适应能力强，传统上以出口为导向，近 70% 的国内生产总值由中小企业创造。中小企业在制革、制鞋、服装、纺织、家具、厨房设备、瓷砖、丝绸、首饰、酿酒、机械、大理石开采及机械工业等领域具有较大竞争力，但随着经济全球化和不断加剧的国际竞争，中小企业也面临日益严峻的挑战。农、林、渔业占国内生产总值约为 2.4%，境内多山和缺乏肥沃土壤，农业可耕地面积仅占全国总面积的 10%。世界葡萄酒生产大国，主要出口德国、美国和英国。尽管 2011 年意经济受到债务危机严重打击，但该国食品行业出口仍逆势增长，总规模达 300 亿欧元，甚至超过汽车出口成为拉动意经济增长的火车头。其中，奶酪出口增长21%，橄榄油增长9%，意大利面8%，烘烤食品及冷鲜肉增长7%。从出口目的地看，对欧盟国家出口平均增长6%，向非欧盟国家出口则大幅增长了15%。酒类出口增长21%，向我国出口增长幅度高达65%。服务业发展较快，一直呈上升势头，产值占国内生产总值的比约为68%，是制造业的两倍，但多数服务业均与制造业产品营销或供应有关。旅游业发达，为世界第四旅游大国。旅游资源丰富，气候湿润，风景秀丽，文物古迹很多，有良好的海滩和山区，公路四通八达。旅馆多为中小型，包括宾馆、露营地、旅游村和农业旅游住所等在内全国共有11.5万处，旅游从业人员32万人。主要旅游城市是罗马、威尼斯和佛罗伦萨等。意大利虽然自然资源贫乏，但是不断发展的服务业和旅游业将对意大利经济发展产生巨大的促进作用。

第二，意大利面临的巨大汇率波动对其外贸和国际投资业务产生风险，国内基准利率的不断下调在刺激经济的同时也许防止通货膨胀的发生。在银行方面，资本充足率一直维持在较高水平，但是不良贷款率的上升需要引起注意，此外，意大利的金融深化也在不断加强。

外汇市场方面，根据世界银行公布的数据，意大利的汇率波动非常大，2008年上升了7.32%，2009年又下降了5.17%，2011年上升5%，之后在2012年下降了7.7%，如此巨大的汇率波动，对意大利出口贸易以及国际投资会产生巨大的不确定性与风险。在意大利国内利率市场上，根据意大利央行公布的数据，基准利率在2008年之后一直下调，并且幅度巨大，2008年基准利率下调了37.5%，2009年继续下调了60%，2012年又下调25%，并且预测2013年继续下调，基准利率的不断下调与欧洲央行的货币政策相一致，宽松的货币政策可以刺激经济，但是需要警惕货币的时滞性，导致几年后的通货膨胀。

在银行方面，意大利银行的资本充足率一直维持在较高水平，2008年为13.4%，2009年为12.68%，到了2012年达到了21.86%，远远高于巴塞尔协议所规定的银行资本充足率。不过值得注意的是，意大利银行的不良贷款比率和资产负债总额占GDP的比重在逐年上升，银行不良贷款率从2008年的6.3%上升到了2011年的11.7%，而资产负债总额占GDP的比重从2008年的13.40%上升到了2012年的21.86%，这两项比率的不断上升对意大利银行的稳定性和安全性发出了警告。此外，意大利的 M2 占 GDP 的比重也一直在上升。2008 年为 126%，到了 2012 年上升到了 165.21%，这一方面说明了意大利金融深化的不断加强，同时也需要意大利政府警惕经济危机的发生。

第三，意大利的财政收入占 GDP 比重一直保持在稳定水平，但是巨大的债务问题将使意大利深陷债务危机。

根据世界货币基金组织公布的数据，意大利财政收入占 GDP 的比重相对稳定，从 2008—2012 年一直维持在 46% 上下，并且 IMF 对意大利 2013 年财政收入占 GDP 比重的预测为 48.2%，略有上升。同时经常性收入占总收入也维持在 70% 左右，在财政支出占 GDP 的比例上也没有过大波动，2008 年意大利的政府财政支出占 GDP 的比例为 48.60%，2009 年为 51.88%，到了 2012 年为 50.69%。值得注意的是，意大利政府的债务水平一直处在较高水平，根据 IMF 公布的数据，意大利政府总债务占 GDP 的比重在 2008 年为 106.09%，在 2009 年为 116.42%，到了 2012 年上升到了 120.80%，并且预测在 2013 年和 2014 年这一比例将继续上升。其中国家外债总额在 2012 年占了 GDP 的 124.16%，占了出口总额的 410.01%。意大利政府如果不尽快降低赤字水平，将会深陷债务危机。

第四，意大利的货物进出口额占 GDP 的比重较为稳定，在 2013 年上半年，意大利的货物进口额有所下降，货物出口额有上升，并且贸易依存度不断加强。此外，在国际收支方面，意大利在缓慢地从逆差转为顺差。

意大利在国际贸易中，货物和服务进口额占 GDP 的比重没有过大波动，根据世界发展指数的数据，意大利货物和服务进口额在 2011 年和 2012 年分别为 30.31% 和 29.06%，而货物和服务出口额占 GDP 的比重在 2009 年之后一直有所增加，在 2009 年为 23.75%，到了 2012 年 30.28%。据欧盟统计局统计，2013 年 1—8 月，意大利货物进出口额为 6511.9 亿美元，下降 1.4%。其中，出口 3382.3 亿美元，增长 1.9%；进口 3129.6 亿美元，下降 4.7%。贸易顺差 252.8 亿美元，增长 606.8%。8 月当月，意大利货物进出口 644.5 亿美元，下降 1.7%。其中，出口 329.4 亿美元，增长 1.5%；进口 315.1 亿美元，下降 4.9%。贸易顺差 14.3 亿美元，上年同期为逆差 6.6 亿美元。1—8 月，意大利与中国的双边货物贸易额

290.4 亿美元，下降 2.7%。其中，意大利对中国出口 85.0 亿美元，增长 12.5%，占其出口总额的 2.5%，提高 0.2 个百分点；意大利从中国进口 205.3 亿美元，下降 7.8%，占其进口总额的 6.6%，下降 0.2 个百分点。意方贸易逆差 120.3 亿美元，下降 18.3%。

而在国际收支方面，从 2008 年之后，意大利的逆差额占 GDP 的比重一直在减少。根据世界经济展望数据库的数据显示，2008 年，意大利的逆差额占当年 GDP 的 2.85%，而到了 2012 年，意大利的逆差额占 GDP 的比重为 0.53%，并预计在 2014 年意大利的国际收支将转为顺差。另外从进出口总额占 GDP 的比重来看，意大利从 2010 年的 57.74% 上升到了 2012 年的 59.34%，说明了意大利的对外贸易依存度在不断加强。

（四）意大利不断紧缩财政政策，对外投资大幅度萎缩

第一，意大利受经济危机和欧债危机影响，近年来不断紧缩财政政策，不过在产业政策上没有较大变动。此外，意大利政府出台了一系列有针对性的政策来增强南部地区经济以及整个意大利的国际竞争力。

意大利的政策变动较少，长期处于稳定状态。但是近些年由于经济危机和欧债危机的影响导致意大利深陷债务危机，意大利政府必须不断地实行紧缩性的财政政策来摆脱危机。在产业政策方面，意大利非常稳定，近几年，意大利以第三产业为主导产业，一直维持在 78% 左右。此外，意大利政府根据本国国情，特别是南部地区欠发达、企业创新乏力、产业机构老化、国际市场竞争力不足等实际情况，有针对性制定的相关具体支持措施和项目，目的是鼓励社会投资、支持产业发展、促进研发和创新。其特点是：

首先，政策目标涵盖范围广泛，具体有：针对设立新企业以及扩大再生产的支持措施、针对复兴工业园区投资的支持措施、针对技术研究和创新的措施、针对新投资及新研发的措施。

其次，资金补贴形式多样，囊括企业生产经营各个环节。为充分发挥资金补贴这一支持措施的作用，意大利政府将本国及欧盟提供的补贴资金进行了整合。预计在 2007—2013 年间，约有 1250 亿欧元的资金可供意大利政府使用。资金补贴的侧重点是支持投资，特别是对意南部地区投资。

再次，创新管理机制，满足产业发展及企业经营多元化的需求。为了使支持措施能够“精确制导”，满足不同区域、产业以及企业需要，意大利政府对管理机制进行了创新。根据政策目的有支持产业发展及支持技术创新和研发两个方向。

最后，其他支持措施，主要有税收鼓励及出口鼓励措施。

第二，近年来，意大利的华人华侨越来越多，这些华人华侨主要以经营纺织品和轻工业贸易为生，意大利政府宽松的政策为华人提供了很好的环境。

在意大利，中国侨民除少部分为侨居多年的华侨外，可以说80%以上的现有中国侨民都是在1989年后进入意大利的。据意大利国家统计局统计资料显示，截至2006年1月1日，意大利外国移民人数已达到267.05万人，中国移民为12.82万人，占外国居民总人口的4.8%，比2003年同期增长了83.6%，位居外国移民人口的第四位。截至2008年，意大利的华侨华人总数为17.30万人。意大利的华商多以经营轻工业转口贸易和纺织品、服装、箱包、皮具、小商品批发业务为主，其销售市场氛围除欧洲其他一些国家外，意大利的市场份额占据着相当大的比例。近年来，意大利政府宽松的政策为华人提供了好的环境，形成了若干个华人聚集区，特别是普拉托中国侨民密度在欧洲首屈一指。

第三，受到欧债危机的影响，意大利在近几年的对外投资大幅度萎缩，其投资地主要集中在美国和日本及近些年来迅速发展的金砖国家。在2013年1—3月，意大利与中国的双边贸易额也下降了3%。

意大利是欧债危机的核心国家之一，从2009—2011年，意大利对外投资数额大幅萎缩，这主要是受美国次贷危机及随后爆发的欧洲债务危机影响，导致意大利国内金融环境恶化，企业生存状况堪忧，而意大利国内又多为中小企业，应对国际风险的能力差，在欧债危机的背景下很难支撑企业对外投资。2011年，虽然意大利对外投资达到483.9亿欧元，但多为非权益性投资（集团内部贷款），意大利整体对外投资水平依然没有完全恢复。从国家和地区分布来看，意大利对外投资主要集中在西欧地区及世界其他几个大国，如美国、日本及近年来发展迅速的金砖国家。意大利国内制造业发达，特别是机械制造及服装纺织行业，也是对外投资的重点领域。意大利金融业在欧洲也占据一定地位，意大利裕信银行、意大利联合圣保罗银行及忠利保险集团都是欧洲同行业巨头。此外意大利国内资源匮乏，投资海外采矿业也是国家重要的战略之一。意大利支持企业对外投资，鼓励企业实现国际化，主要有以下措施：鼓励中小企业对外投资，为鼓励意大利中小企业发展，意大利设立了多项资金，如“中小企业基金”、“意大利制造基金”、“项目基金”等，通过资金上的支持，帮助中小企业“走出去”；设立专门促进对外投资机构，意大利对外投资促进公司是意大利政府促进对外投资的最主要的政策性金融机构，成立于1991年。对外投资促进公司主要负责管理政府的对外投资基金，协助企业开展对外投资。1999年，政府将原中期信贷银行促进企业国际化的金融职能及相应资金划归意大利对外投资促进公司管理运作，从而成为意大利唯一直接为企业提供国际化融资的公共部门。

据欧盟统计局统计，1—3月意大利与中国的双边贸易额为107.5亿美元，下降3.0%。其中，意大利对中国出口28.7亿美元，增长2.9%；自中国进口78.9亿美元，下降5.0%。意方贸易逆差50.2亿美元，下降9.0%。中国为意大利第12大出口市场和第三大进口来源地。机电产品是意大利对中国出口的主要商品，1—3月出口额12.1亿美元，占意大利对中国出口总额的42.3%，下降3.8%。其中，机械设备对中国出口10.6亿美元，下降7.7%；电机和电气产品对中国出口1.5亿美元，增长37.3%。另外，化工产品、运输设备和纺织品及原料也是意大利对中国出口的重要产品，合计出口6.6亿美元，占对中国出口总额的22.9%。意大利自中国进口的主要商品为机电产品和纺织品及原料，1—3月进口27.6亿美元和15.0亿美元，占自中国进口总额的35.0%和19.0%，下降4.1%和8.1%。机电产品中，机械设备进口14.5亿美元，增长3.6%；电机和电气产品进口13.1亿美元，下降11.4%。纺织品及原料中，非针织或非钩编的服装进口4.8亿美元，下降16.8%；针织或钩编的服装进口4.2亿美元，下降11.9%；鞋靴、护腿等进口3.8亿美元，增长3.3%。中国是意大利纺织品及原料、鞋靴伞等轻工产品、家具玩具和皮革制品及箱包的首要来源地，所占市场份额分别为23.1%、24.4%、28.8%和16.4%。另外，中国是意大利机电产品的第二大进口来源地，占市场份额的15.4%，低于居首位的德国 8.2 个百分点。

中国企业在意大利投资需要注意意大利南北部的不同优惠政策：意大利南部是经济欠发达地区，因此享受优惠政策倾斜，意政府针对在南方投资和增加就业制定了众多优惠政策，主要包括一般性的财政金融激励措施、雇工鼓励措施和基础设施投资的融资扶助计划。意大利在北部的地里雅思特和威尼斯设有用于出口加工的保税区，进入该区域的货物享受零关税待遇。保税区的主要优惠措施是：货物可以不受海关监管措施的限制进行任何形式的深加工；对出口欧盟其他国家的货物自离开保税区之日起，海关税可在 180 天以内缴纳。另外，保税区内可以雇佣投资来源国的劳工和技术人员，但需要遵守意大利的劳工法律和社会安全法律。中国企业主要可以考虑意大利北部的优惠政策，在北部进行投资，可享受以雇佣投资来源国的劳工和技术人员等政策。

（五）不确定性分析和未来预测

第一，意大利的失业率在 2013 年继续维持在较高水平，尤其是青年失业率越来越严重。意大利政府已经努力通过货币政策和财政政策来刺激经济，但失业率并没有得到缓和。

意大利统计局 7 月 1 日数据显示，5 月份失业率为 12.2%（季调后）。这一数据创下了纪录新高，创下 2004 年 1 月以来的月度最高值及 1977 年一季度以来的季度最高值。5 月份失业人数为 314 万，环比四月增长 56000 人，同比增长 48 万人。五月份意大利青年（15—24 岁）失业率为 38.5%，青年失业总人数约为 64.7 万人，比四月下降 1.3 个百分点，比去年同期增长 2.9 个百分点，依然面临 10 个青年人中就将近有四人失业的困局。如此高的青年失业率将对意大利社会造成严重的不稳定性。

第二，意大利政府虽然在努力实施紧缩性财政政策来降低债务水平，但效果并不明显。

意大利公共债务 5 月份环比增长 334 亿欧元，创下“新高”，达到 20747 亿欧元。2013 年头 5 个月的税收收入总额与 2012 年同期相比增长 0.7%，仅 2013 年 5 月份的税收收入为 301 亿欧元，同比下降 2.2%（0.7 亿美元），2012 年同期税收收入为 308 亿欧元。公共债务的增加主要原因是国库部可支配资金增长了204亿欧元（达到624亿欧元，而2012年5月份这一数字为358亿）以及公共管理支出增长了115亿欧元。5月份欧洲金融稳定基金（EFSF）对意大利投放的贷款，总额为29亿欧元总份额已经达到309亿。2013年头五个月债务增加861亿欧元，主要原因是公共管理支出增加581亿欧元以及国库部的可支配现金增长了280亿欧元。2013年头五个月向欧元区困难国家发放的70亿欧元的援助资金也导致了债务规模的增长，其中欧洲金融稳定基金向意大利发放的贷款额为40亿欧元，4月欧洲稳定机制也注入了29亿欧元。如果意大利政府的政策再不发生作用，如此巨大的债务问题将使意大利的整个经济发展受到威胁。

第五章

中国在非洲与大洋洲地区的利益风险分析

一、南非

南非国际关系良好，经济发展速度较快，金融体系整体稳健，社会保障较好，国际储备基本充足，华人华侨营商和生活环境有所提高，但政府治理不高、腐败问题和贫富差距仍在加剧、社会治安较差、经常账户长期逆差、财政赤字和负债规模较大、外资限制较多，将影响中国在当地的利益。

（一）南非国内外政治环境较为稳定，政策连续性能得以保障

第一，南非国际政治环境良好，不仅与中国关系发展迅速，也与各主要国际组织和国家都保持着良好的合作关系，积极推动非洲一体化进程，地缘政治风险总体较小。

从国际政治因素看，南非对外交往活跃，国际地位不断提高，并与各主要国际组织保持着较好的关系。南非为70多个国际组织的成员，担任过联合国贸易发展会议、不结盟运动、非洲联盟和南部非洲发展共同体等国际机构的主席国。2010年10月，南非获得联合国安理会非常任理事国席位，使其在主要的全球论坛中有了更多的话语权。2010年12月，南非被接纳为金砖国家成员，2011年4月，首次作为成员参加金砖国家

首脑会议，这将为南非在国际舞台维护非洲和发展中国家利益提供了新的平台。

近年来，中国与南非的政治和经贸关系快速发展。两国于1998年正式建交，2002年成立双边委员会。2010年8月，南非总统祖马访华期间，中南签署了建立全面战略伙伴关系的《北京宣言》，开创了两国友好合作关系的新局面。此后，两国高层互访频繁。2011年4月，南非总统来华出席金砖国家领导人第三次会晤和博鳌亚洲论坛。2012年7月，祖马总统来华出席中非合作论坛第五届部长级会议开幕式并访华。2013年3月，习近平主席对南非进行国事访问。经贸方面，中国已连续四年稳居南非第一大贸易伙伴国、第一大出口市场和第一大进口来源地，南非则是中国在非洲的第一大贸易伙伴国。据南非国税局统计，2013年1—6月，中南双边货物进出口额为129.6亿美元，增长7.5%。其中，南非对中国出口54.6亿美元，增长3.2%，占南非出口总额的13.3%；南非自中国进口75.1亿美元，增长10.9%，占南非进口总额的15.2%。矿产品一直是南非对中国出口最主要产品，2013年1—6月矿产品占南对中国出口总额的78.8%。

在与大国外交上，南非与美国签有“防御互助条约”和军事协定，两国设有部长级双边协调论坛。曼德拉总统和姆贝基总统均曾多次访美。美国是南非第二大贸易伙伴国、最大的投资来源国，而南非是美在撒哈拉以南非洲最大的出口市场。2012年8月，美国国务卿希拉里·克林顿来南非进行第二轮战略对话，并出席两国首届经贸伙伴关系峰会。南非与欧洲也保持着良好的政治、经济关系。南非与欧盟签有贸易、发展与合作协议，建有合作联委会机制和战略伙伴关系。欧盟是南非最大的区域贸易伙伴、投资方及援助方。欧盟投资占南非外来直接投资的一半以上。2012年8月，南非外长会见到访的欧盟外交与安全政策高级代表、欧盟委员会副主席阿什顿，并与其举行部长级政治对话。9月，第五届南非－欧盟峰会在比利时首都布鲁塞尔举行，南非祖马总统、欧洲理事会主席范龙佩、欧盟委员会主席巴罗佐等出席。同时，南非与俄罗斯也建立了良好的经贸关系，双方签有军事合作协议，建有政府间联合委员会。南非近期对俄罗斯的投资额已突破3亿美元，俄罗斯在南非的直接投资总额也已超过12亿美元。2011年7月，南非祖马总统对俄进行工作访问。南非与日本也有传统的贸易关系，日本是南非第四大贸易伙伴，也是南非重要的投资国和援助国之一，两国建有部长级“南非-日本伙伴论坛”。

在与其他国家的外交关系方面，南非主张在尊重主权和平等互利的基础上与一切国家保持和发展双边友好关系，并与186个国家建立外交关系。南非视非洲为其外交政策立足点，将维护南部非洲地区的安全与发展和推动南部非洲地区一体化作为其外交首要考虑，制订并积极推动“非洲发展新伙伴计划”，积极参与调解津巴布韦、苏丹、马达加斯加等热点问题，与非洲国家高层互访频繁，努力促进非洲一体化和非洲联盟建设，大力推动南南合作和南北对话。非洲也是南非重要的出口市场，而南非是非洲最大的投资来源之一。此外，南非与新兴国家的合作呈上升趋势。2010年7月，巴西、南非两国签署战略伙伴关系宣言，双方合资企业数量与日俱增。南非与印度也具有传统友谊，两国之间经济往来比较密切，2010年双边贸易增至75亿美元。

第二，祖马总统有望继续连任，政策稳定性能得以持续，但非洲人民大会推行的一些经济政策难惠及广大基层群众，政府腐败现象仍较突出，民众支持率有所下降，国家总体治理能力不高。

南非政治格局长期内不会出现大的变动，仍将保持种族和解的道路。南非实行多党制，国民议会现有13个政党。非洲人国民大会是主要执政党，最大的黑人民族主义政党，有成员62万，其主张建立统一、民主和种族平等的南非，领导了南非反种族主义斗争。2011年5月，南非举行的新一届地方选举中，非国大以61.95%的得票率再次获胜。2012年底，南非总统祖马再次当选非国大主席，预计在2014年的大选中，非国大很可能赢得超过半数选票及祖马的连任。组马政府延续了上届政府的经济政策和有利于黑人的经济改革。不过，南非的统治阶级由两部分阶层组成：一部分是掌控国家政治生活的黑人贵族阶层，他们在南非的所有权和生产经济的控制方面几乎没有作用，只是财富再分配过程中的监督者；另一部分是实际掌控南非经济的经济寡头阶层，他们是南非主要财富包括矿产资源等的实际控制者或所有者，在经济利益上已不完全，甚至不代表广大基层黑人民众的利益。这种情况导致了国内政治派别中“亲资派”和“亲民派”在国家经济发展政策上的较大分歧，代表不同利益的不同声音将影响南非转型的走向。

此外，南非政府官员的贪污腐败现象突出，国家治理难以保障。全球反贪机构“透明国际”最近公布的2013年清廉指数显示，南非在177个被评估的国家里排第72位，与2012年相比排名靠后了3位，腐败程度仍在加剧，并且被查明有腐败问题的人总能逃脱制裁，导致民众对政府的认同不断下降。

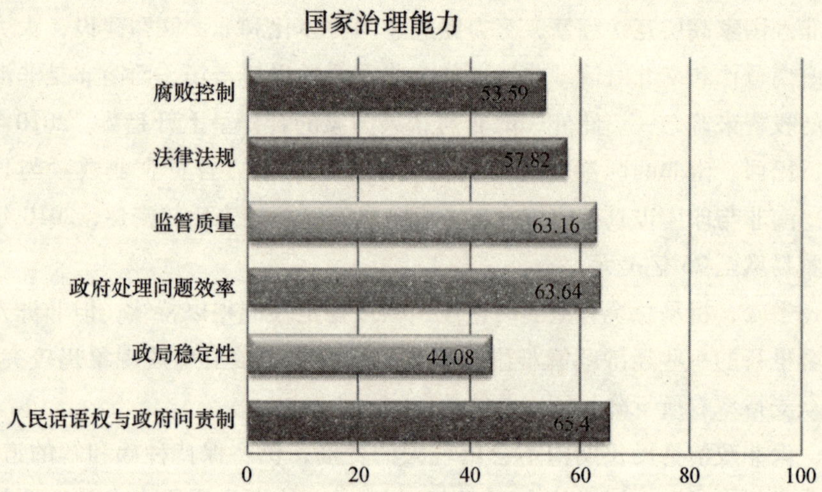

图1　南非国家治理能力

图片来源：此图为笔者绘制。

世界银行《2012年国家治理能力》显示，在被统计的215个国家里，南非政府在腐败控制、法律法规、监管质量、政府处理问题效率、人民话语权与政府问责制方面的得分仅略高于平均线。由于存在统治阶层脱离群众利益的现象，南非政局稳定性将会较大的风险。

（二）南非的贫富差距仍在加剧政府和社会组织保障公民的基本权利和社会动荡风险相对稳定

截至2012年，南非总人口为5177万，主要有四大种族，包括黑人、有色人、白种人和亚洲裔人，分别占总人口的79.6%、9%、8.9%和2.5%。基督教信徒约占总人口的80%。虽然种族隔离制度早已被打破，但南非的文化传统和社会结构仍受其影响，较大的收入差距正在持续扩大。2011年南非的基尼系数高达0.65，为世界上最高，2/3的国民收入集中在占总人口20%的富人手中。这主要是因为生产越来越多地偏向资本和技术密集型，普遍较差的劳动力素质很难与之匹配。同时，南非政府在医疗服务方面也非常薄弱，艾滋病和结核病的患病率保持高位。2011年，南非人均预期寿命男性为53.3岁，女性为55.2岁。此外，南非治安形势依然严峻。据国际刑警组织统计，南非是世界上犯罪率最高的国家之一，各种刑事犯罪成为该国最突出的社会问题。据南非警方估计，散落在南非民间的非法枪支有数百万支。南非公安部2010—2011年全国犯罪统计数据显示，该年度南非共发生将近210万起严重犯罪。

尽管存在上述严重问题，但南非社会基本不会出现较大动荡，主要原因是：第一，南非社会组织多，能够有效代表中下阶层利益，政府也愿意倾听底层声音；第二，公民基本权利得到保障。1994年大转型后，南非法制化进程相对较快，目前已经建立起基本的民主法制体制，黑人和白人享有同等的基本权利；第三，南非贫困家庭每月可免费享受一定量的水和电。地方政府能保障贫民区的水、电等基本服务，保障防火安全。

（三）南非经济发展飞速，财政赤字较高，债务规模有所上升

第一，近期南非经济发展速度有所减缓，经济增长动力仍以国内消费为主，外部市场疲弱导致出口对经济拉动乏力。在产业结构方面，第三产业一直占主导地位，而丰富的矿产资源，使南非的经济增长潜力

突出。

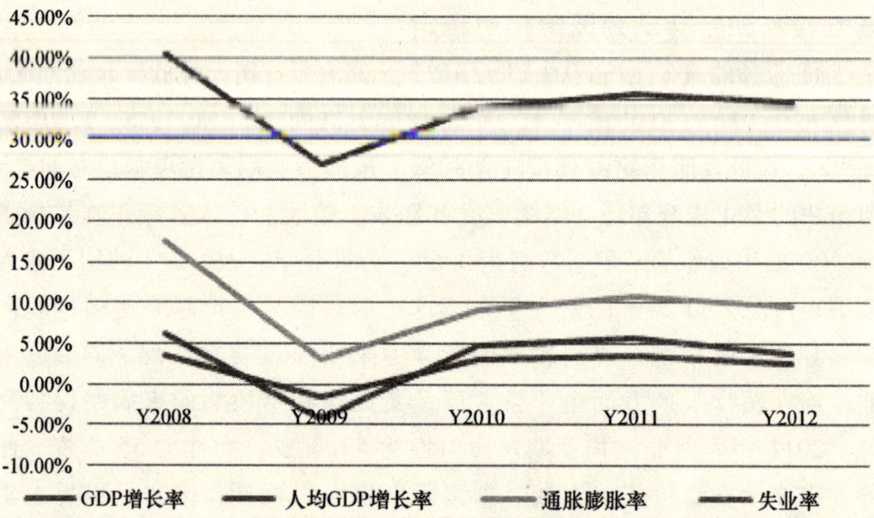

图2　南非 GDP 增长、通货膨胀率与失业率

图片来源：此图为笔者绘制。

在过去的近 20 年时间里，南非的经济年均增长率达 3%，2005 至 2007 年更是超过了 5%。截至 2012 年，南非的国内生产总值比 1994 年翻了近 7.4 倍。2012 年，南非国内生产总值增长率 2.55%，同比下降了 26%，人均国内生产总值增长率为 –5.59%，同比下降了 159%。不过受制造业增长拉动，2013 年第二季度南非经济环比增长 3%。南非的通货膨胀率较高且处于上升状态，2012 年南非的通货膨胀为 25.2%，同比增长了 13%。2013 年 7 月，南非消费者价格指数同比增长 6.3%，涨幅超出央行预计的 6% 上限。粤省情认为，由于此次增长的主要原因是水、电、燃油价格的上涨，央行并不会因此上调利率，高通货膨胀率还将持续一段时间。

南非的失业率处于比较稳定的状态，但有上升的趋势。2013 年，受罢工、兰特贬值、工资增长等影响，南非经济面临巨大下行压力。下半年，南非经济活动仍将处于疲软状态，全年经济增长预计为 2%。2013 年第二季度，南非失业率（不含失意劳工）为 25.6%，环比增加 0.4 个百分点，是 2012 年第三季度以来的最高水平。由于预计政府救济金增速较往年有所减缓且民众债务偿还压力较大，积极寻找工作的人数增长了 12.2 万。制造业和农业分别减少就业岗位 1.8 万和 2.6 万，但建筑、贸易和金融等行业增加岗位 10 万。2013 年 6 月，南非通胀率为 5.5%，低于彭博社预期的 5.8%。南非通胀率已经连续两个月低于预期。业内人士表示，由于汽油价格和电费的上涨，通胀率低于预期的形势不会持久，本季度南非的通胀率将突破 6% 的上限。

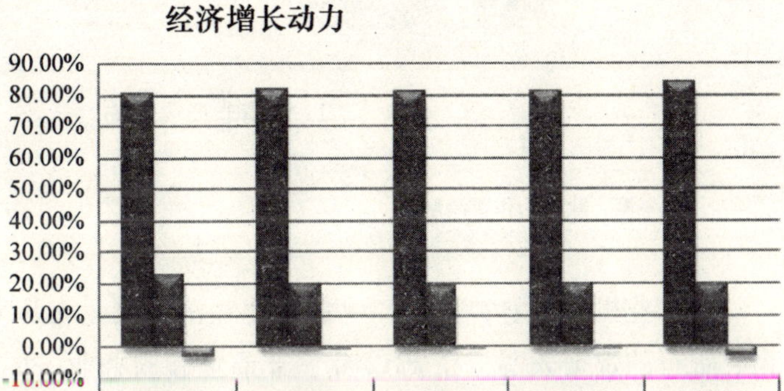

	Y2008	Y2009	Y2010	Y2011	Y2012
最终消费支出/GDP	80.36%	81.33%	80.97%	81.12%	83.64%
资本形成总额/GDP	22.71%	19.54%	19.23%	19.50%	19.41%
货物和服务净出口/GDP	-3.06%	-0.88%	-0.20%	-0.62%	-3.05%

图 3　南非经济增长动力

图片来源：此图为笔者绘制。

消费仍是南非经济增长的主要动力。2012 年，南非最终消费支出占国内生产总值比例高达 83.64%，资本形成总额占国内生产总值比例 19.41%，投资对于促进南非经济的增长有重要的作用，而货物和服务净出口占国民生产比例为 -3.05%。近年来，受国际市场持续低迷影响，外部需求不断下降，南非的贸易一直都处于逆差状态，2012 年的逆差状态比 2011 年的逆差状态有所扩大。

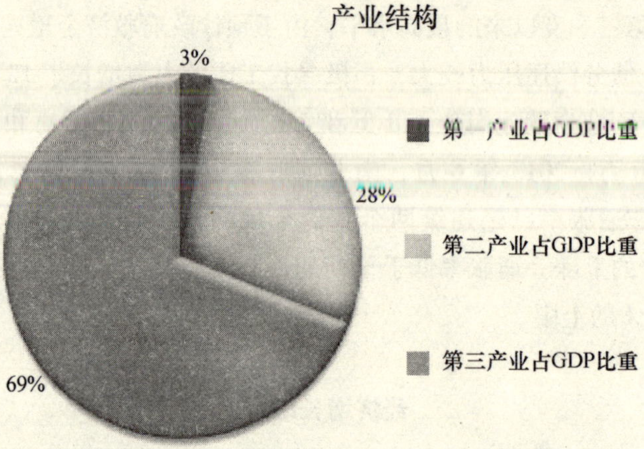

图4　2012 年南非产业结构

图片来源：此图为作者绘制。

从产业机构上看，第三产业在南非经济发展里发挥着主导作用。根据世界银行的数据表明，在 2012 年南非商业和服务业占国民生产总值 69%，同比增长了 1%，第二产业占国内生产总值 28%，同比下降了 3%，第一产业占国内生产总值 3%，同比增长 4%。2013 年 4 月，南非制造业同比增长 7%，高于预期的 2%，为 19 个月以来的最快增速。4 月的快速增长表明制造业或将从第一季度的萧条中复苏。然而同时，2013 年 2—4 月制造业产量较前三月减少 1.9%，汽车业是唯一表现良好的行业，也是 4 月制造业产量快速增长的主要原因。2013 年 2 月，南非旅游总收入同比增长 8.8%，食宿开销同比增长 9.3%，其中 3.8 个百分点来自于住宿开销增长，5.4 个百分点来自餐饮及其他开销增长。

在资源能力方面，南非矿产资源丰富，是世界五大矿产资源国之一。现已探明储量并开采的矿产有 70 余种。黄金、铂族金属、锰、钒、铬、硅铝酸盐的储量居世界第一位，蛭石、锆、钛、氟石居第二位，磷酸盐、锑居第四位，铀、铅居第五位，煤、锌居第八位，铁矿石居第九位，铜居第十四位。矿业是南非外汇收入的重要来源，占出口份额的 40%。

第二，南非的金融体系比较完善，资金流动性有所提高，但银行资产质量较差，发展水平较低，外汇储备仅能应对短期内外部市场的波动，利率和汇率变化较大不利于经济稳定性。

南非有非洲大陆最健全和现代化的资本市场，南非成熟的银行体系有很高的信誉。2012 年南非银行的资本充足率为 12.1%，远高于《巴塞尔协议Ⅲ》的 8%，表明南非银行的资产配置情况较好。2012 年的广义货币占国内生产总值（M2/GDP）的比率为 75.18%，同比下降了 3%，其对南非的通货膨胀有一定的抑制的作用。尽管南非的银行业比较完善，但是近年来由于受到国际经济环境疲惫的影响，对南非的金融业产生影响。2013 年 1 月，信用评级机构惠誉国际（Fitch Group）下调了南非主要银行的生存力评级。兰特银行、莱利银行和标准银行的长期外币发行人违约评级由 BBB + 下降至 BBB。2012 年，南非的银行对外资产负债占国内生产总值比例为 6.74%，同比增长了 26%，但对外开放程度仍然较低，对经济支撑力度很小。受宏观经济环境疲软、银行大量持有政府债券和依赖短期大额存款等因素影响，南非银行业前景黯淡。由于较高的失业率和贫困人口比例，无抵押贷款和抵押贷款成为南非银行业的一大威胁。2013 年 6 月，不良贷款占总贷款的 4%，且零散贷款恶化形势明显。同时，南非官方外汇对进口的覆盖月数较低，近五年都维持在 3—4 个月，能在短期内抵御外部市场风险，但中长期内仍易受外部市场影响。此外，南非央行的基准利率和汇率近年来都不太稳定。2012 年，南非基准利率下降了 9.09%，汇率则上升了 13.07%，相对波动较大，将不利于南非经济的稳定发展。不过，2013 年 7 月，南非央行发布数据显示，南非央行将维持基准利率 5.0% 不变，短期内将基本维持稳定。

第三，近期南非财政状况有所好转，财政收入来源稳定，但财政赤字仍然较高。虽然政府负债规模逐渐上升，但债务违约风险较低。

南非的政府一直都处于财政赤字的状态。2012 年，南非政府财政收入占国内生产总值的 27.92%，经常性收入占总收入的 98.75%，同比下降了 1%，保障有充足的财政收入来源；政府财政支出占国内生产总值 32.7%，同比增长了 2%，主要增加在公共事业的支出有所增加。2013 年 6 月，南非政府财政状况有所好转，其中收入为 1026 亿兰特，环比几乎翻番。不过，同期的开支为 825 亿兰特，环比增加 87 亿兰特，预算赤字较去年同期仍然较高。近五年来，南非政府总债务持续上升。2012 年，政府债务总额占国内生产总值 42.28%，同比增长了 7%，但仍低于 60% 的债务风险线，债务水平仍处于可控范围之内。

第四，南非贸易常处于逆差状态，经常账户逆差幅度有所扩大，但对外依赖程度较低，近期外部经济逐渐复苏将有利于南非贸易状况的改善。

贸易状况

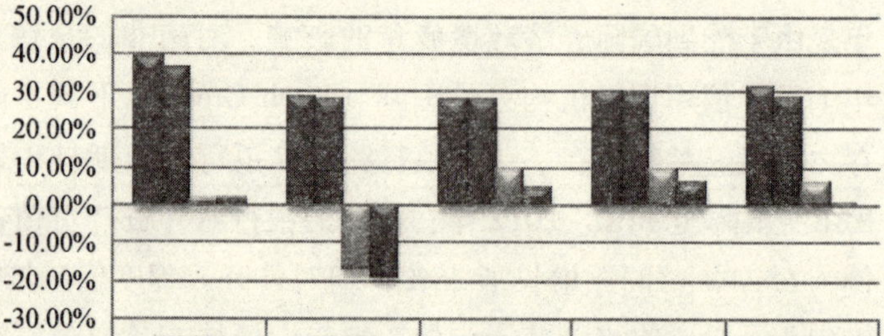

	Y2008	Y2009	Y2010	Y2011	Y2012
货物和服务进口额/GDP	38.94%	28.19%	27.56%	29.90%	31.31%
货物和服务出口额/GDP	35.88%	27.31%	27.36%	29.28%	28.26%
货物和服务进口变化率	1.51%	-17.39%	9.56%	9.72%	6.29%
货物和服务出口变化率	1.75%	-19.53%	4.53%	5.94%	0.12%

图 5　南非贸易状况

图片来源：此图为笔者绘制。

近五年来，南非贸易一直处于逆差状态。2012 年，南非货物和服务出口占国内生产总值达 28.26%，同比下降了 4%，货物和服务进口占国内生产总值 31.31%，同比增加了 5%。2013 年前 4 个月，南非贸易赤字 570 亿兰特，比去年同期增加近 200 亿兰特，同比增长 54.6%。截至第三季度，2013 年南非的贸易赤字已达到 1264 亿兰特，较去年同期增长 51.2%。业内人士认为，由于罢工等原因导致的供应不足，南非短期之内无法较快提高出口，限制进口是控制赤字规模的唯一方法。不过，南非对外依赖程度仅为 59.56%，受外部经济影响程度不大。2013 年，由于欧债危机有所收敛，美国经济正在缓慢复苏，中国经济仍会保持 7.5% 以上的高速增长，南非出口业务也得到了恢复，国内经济的复苏也将吸引更多的外部投资。2013年4月，南非出口增长3%，进口增长12%，贸易赤字达到150亿兰特，远高于预期的95亿兰特和3月的83亿兰特。出口对于南非的国际收支平衡起着至关重要的作用，出口的疲弱，无疑令南非的经常账户赤字不断扩大，2012年，南非的全年经常账户赤字占国内生产总值的6.3%，远高于2011年的3.4%。此外，受广泛罢工、内需增幅缓慢等影响，南非2013年第二季度的经常账户赤字总额仅占国内生产总值（GDP）的6.5%，罢工和劳动力的高成本已严重削弱了南非作为投资目的地的吸引力。

（四）南非宏观经济调控政策有效，有利于华资企业升级

第一，南非积极推进一系列刺激经济增长的发展规划和财经政策，不断鼓励国内重点项目建设，对外商投资的限制仍有不少，但政府正逐步放开外资进入门槛。

2011年11月，南非国家规划委员会发布了“国家发展计划（NDP）：2030年的愿景”。NDP将采取一系列旨在通过这些措施来扩大就业，降低收入不平等的措施，如投资基础设施建设、出口多样化、与快速增长的经济体加强联系、通过改革降低企业经营成本、在各个领域减少对经济增长的制约因素、转向更高效和气候友好型的生产体系、鼓励创业和创新、提高教育和培训的质量、为所有公民提供高质量的医疗服务、加强反腐败斗争等。与此同时，南非政府采取积极的财政、货币政策和措施。根据《2012年南非财政预算案》，2012—2015年期间，南非政府计划从66亿美元的财政资金中拨出约合11亿美元，用于刺激经济发展。此外，南非政府从未放松对教育和医疗这两方面的建设和投资，教育支出长期占政府财政总支出的17%左右，而医疗及医药支出比例从2005的8%上升至2010年的10%。

在促进投资政策方面，南非政府将有步骤的实施《中长期基础建设投资规划》。依据该规划，未来10—20年南非政府将耗资约4600亿美元对本国18项战略基础设施项目实施重点建设。但是，在外商投资领域仍有两个限制：一是投资银行和保险公司有当地最低股本要求；二是非南非公民经

营或者控股多于75%的企业是受限制的。另外，如果要在南非设立外资银行的分支机构，必须要雇用一定比例的当地居民，才能获得银行营业执照。外国公司必须先在南非注册登记为“外国公司”后，才可将不动产登记在其名下。

第二，南非华侨华人较多且增长速度快，老移民生活环境相对较好，但华人及其廉价商品的大量涌入导致了轻微的冲突；当地群众对华态度友好，评价积极正面。

目前，南非华人总数约为30万，来自中国福建、广东、台湾省籍人分别占35%、20%、20%，平均每年新增中国大陆移民约1万人。但华人的迅速增加使南非部分地区房价快速上涨，引起了当地中下层民众的一定不满。从华人分布状况分析，早期移民大多居住在南非的大中城市，整体教育背景和经济地位都比较好，而后来的新移民以普通民众为主，基本分散在南非大城市外的乡村，其教育程度、外语水平、经济状况都较差，与南非的融入度较低。南非老华侨多采取传统方式经营杂货店或开设中餐馆。中餐馆散布各地，数目繁多，水平参差不齐，而中国大陆新移民在南非主要以经商为主，从事饮食、商贸、电子、建筑、渔业等行业，但规模一般较小。大量中国零售商和小摊贩的到来及其从中国带来的廉价商品严重冲击了南非黑人摊贩的市场，所以南非经常爆发黑人摊贩和华人小贩之间的冲突。同时，南非媒体对大量华人的进入进行了诸多负面报道，迷惑了当地人对华的认同感。不过，华人总体上在南非地位高、形象好、受尊重。南非始终把中国当作好朋友、真朋友，重视发展对华关系。调查显示，在非洲国家中，南非民众对中国的好感度名列前茅。察哈尔学会的统计显示，在访问覆盖的六个国家中，南非民众对中国的印象最为积极、正面和友好，他们对中国“有魅力的”“可接近的”“友好的”“平和的”等正面描述方面的认可度最高，同时对中国“令人排斥的”、“有攻击性的”、“软弱的”等负面印象的比例也最低。

第三，南非营商环境良好，市场辐射面广，中国企业在南非经营风险较低；中国对南非的投资规模不断扩大，但南非的贸易和关税壁垒仍然存在，频繁罢工问题仍值得关注。

南非是全球最有市场潜力的新兴市场之一。南非政治经济稳定，矿产和劳动力资源丰富，基础设施完备，法律制度健全，投资鼓励政策明确，外汇管制比较宽松。世界经济论坛《2013—2014 年全球竞争力报告》显示，在全球最具竞争力的 148 个国家和地区中，南非排在第 53 位。由于南非是南部非洲经济共同体和南部非洲关税同盟等非洲地区性经济组织的成员国，其商品、货物以及货币可在该地区的自由流通。同时，由于历史和地理的原因，通过南非商业连锁系统转到南非周边国家的商品在这些国家的商业销售中占有重要地位。南非海运发达，是整个非洲大市场的主要货物集散地，非洲最大的集装箱港口德班就在南非，最大的散货港口理查湾也在南非。投资南非，其辐射的销售市场是整个非洲乃至欧洲、北美等发达国家。据世界银行发布的《2014 年营商环境报告》显示，南非在 189 个经济体中排名第 41 位。

因此，南非是中国企业在非洲投资的重点国家之一。中国企业主要分布在南非约翰内斯堡地区和各省的工业园中，主要投资矿产开发和家电领域。截至 2011 年 12 月，中资国有企业和大型民营企业在南非累计投资额为 70 亿美元，其中具有一定规模的为 40—50 家，包括中国银行、中国工商银行在内的金融业，中钢集团、五矿集团在内的矿业企业，中兴、华为等通讯服务业以及工程机械、家电等企业，此外还有一些贸易型企业。据中国商务部统计，2012 年中国在南非的非金融类对外直接投资额为 1.7 亿美元。2013 年 6 月，中国海信集团在南非开普敦举行仪式，宣布将建立一个以生产电视机为主的工业园区，这将会是海信在非洲建立的最大工业园区，预计为当地提供 1200 个就业机会。

但是，由于南非正处于社会改革转型期，以下投资风险仍不能忽视：一是南非近年来酝酿相关领域改革，涉及公司法、税制改革以及环境保护等多个方面，因而企业在经营上面临的立法风险值得关注；二是由于南非改革涉及如何维护多数黑人利益，保护本国商品，故对部分外来产品征收较高的进口关税，主要集中在奶制品、酒精、饮料、纺织品和香烟等；三是频繁的罢工运动将增加在南非商业活动的成本。2013 年 8 月底，由于薪酬问题，南非近 9 万名建筑工人加入罢工潮。由于劳资双方纠纷不断，南非每年在这个时候都会发生罢工，社会矛盾进一步激化等问题导致南非的国际投资吸引力遭受质疑。

（五）不确定性分析和未来预测

第一，非国大将赢得2014年总统大选，国内政策和政府稳定性将得以持续，但各党派间政治冲突恐将有所增加，但总体对国内政治影响不会太大。

南非将于2014年举行总统选举。由于目前非国大是南非最大执政党，新任非国大主席有望在2014年总统选举中获胜，成为南非下一任总统，而新任主席很可能在祖马和党的副主席、南非副总统莫特兰蒂之间产生。粤省情认为，若非国大在选举中获胜，南非的政策稳定性将有望得以持续，其政局也将保持总体稳定。非国大成立于1912年，是南非主要执政党，一贯反对种族隔离制度，主张建立统一、民主和种族平等的南非。1994年，南非举行第一次不分种族的大选，非国大和南非共产党、南非工会大会组成联盟，上台执政。近年来，非国大与其他政党一起努力，使国家在政治、经济、外交、文化和教育等领域取得了很大成就。非国大将继续领导全国发展经济，促进工业化，增加就业，提高民众生活水平。但2014年即将举行的总统选举，也可能会加剧了各党派间关系的紧张程度，政治冲突事件恐将随之增多，不稳定因素依然存在。

第二，南非工业发展计划将有助于扭转国内目前严重的失业困境，但未来南非经济下行风险犹存。

据南非统计部门发布的最新数据显示，目前南非失业率高达25%，全国4932万人中靠政府救济度日的超过1300万人。工业发展计划的批准对于南非就业而言无疑是强心剂。南非政府已经批准2011—2014年的工业发展计划，该计划将有望为南非创造近12.9万个就业机会。由于失业率问题一直困扰南非，南非政府更是把就业率作为政府相关职能部门和地方政府部门政绩考核的重要指标之一。南非贸工部本年度共花费70亿兰特以刺激经济，其中51亿兰特用于推动制造业投资。尽管这些措施给制造业带了将近9万个就业岗位，但受汽车行业持久罢工影响，南非第三季度GDP增速或降至第一季度0.9%的水平，金矿工人的罢工每天造成的损失超过3500万美元，南非经济难以承受如此巨大的损失。粤省情预测，南非2013年经济增速为1.9%，明后两年的经济前景也较为黯淡。南非国内经济增长的下行风险依旧存在，上涨的通胀、劳资纠纷、电力短缺瓶颈等因素阻碍了今年经济的增长，经济增长前景依旧脆弱。

二、尼日利亚

尼日利亚国际关系保持良好，国内政局总体稳定，金融体系稳健，债务负担较轻，外贸发展迅速，国际收支状况改善，自然资源丰富，经济增长强劲，GDP 增长率一直保持在 5% 以上。但尼日利亚产业结构单一、失业率和通胀率仍在高位、财政状况有所恶化，腐败问题突出、基础设施落后、部族及宗教矛盾明显等负面因素，对外资的进入和经济发展带来了一定的影响。

（一）尼日利亚广泛推动外交领域的发展，与主要国家和组织关系保持友好，地缘政治风险爆发的可能性较低

第一，尼日利亚广泛发展外交关系，与主要国家和国际组织间保持友好关系，国际政治环境风险较小，但与周边国家仍存在领土纠纷，外部不稳定性因素仍然存在。

从国际政治上看，尼日利亚现任政府广泛提升外交关系，目前已与 100 多个国家和地区建立友好的外交关系。尼日利亚积极参与国际事务，并与各主要国际组织间保持良好关系，2010—2011 年度任联合国安理会非常任理事国，2011 年当选联合国经济和社会理事会成员国。尼日利亚积极的对外政策，以及采用与西方国家类似的民主制度，使得尼日利亚国际环境良好。

中国自 1971 年与尼日利亚建交以来，两国关系发展顺利。2013 年 7 月，乔纳森总统来华进行国事访问。9 月，中国全国人大常委会委员长张德江对尼进行正式友好访问。2012 年双边贸易额 105.7 亿美元，其中中方出口 93 亿美元。

尼日利亚一直将经济外交作为优先方向，重视与西方国家和新兴大国保持友好合作关系。早在 1960 年，尼日利亚已经与美国建立外交关系，至

今两国关系保持紧密。2012 年，尼日利亚副总统桑博访美，然后美国务卿希拉里访尼。2013 年 2 月，美国前总统克林顿访尼。美是尼日利亚最大的贸易伙伴之一，尼日利亚有 40% 产品销往美国。尼日利亚是美国非洲增长和机会法案框架下向美国出口最多的撒哈拉以南非洲国家。尼日利亚原为英国的殖民地，在文化宗教贸易等多方面与英国关系密切。英国是尼日利亚第二大出口国，也是尼日利亚最大投资国，总投资额约占尼日利亚外资总额的 20%，主要投资领域是石油。2012 年 2 月，刚当选的乔纳森总统访英。在与周边国家关系上，尼日利亚与领国贝宁、乍得、尼日尔等经贸往来密切，但在领土或领海划分上仍存在争端。

第二，尼日利亚政局保持稳定，国家政策连续性得以保持，但发展规划受限制较大，部分州政府和联邦政府的关系仍有待改善。

2011 年乔纳森执政以来，政局总体保持稳定，并继续推进国家发展战略。人民民主党的连续执政，并在两个议会都占有绝大多数席位，这是尼日利亚政局暂时稳定的保证。在人民民主党掌控大局的情势，尼日利亚的政治局势在 2015 年大选前可以保证短暂的平稳。乔纳森政府在经济和财政等领域采取诸多措施以继续推行“2020 愿景规划”，但鉴于通过公私合营方式吸引基础设施建设资金成效有限等诸多制约因素，完全实现愿景目标的难度较大。

尼日利亚部分州有分离独立倾向，与联邦政府分歧较大。联邦政府在财政分配上由于权力是松散结构，缺乏统管力度，造成石油销售之后的财政收入难以在各州之间均衡分配，致使中央政府关系难以和谐，从而影响政府的工作效能。2013 年开始，在国际形势的影响下，尼日利亚石油收入和产量持续下跌，导致联邦政府和州政府的财政分配也下降。依赖石油销售的财政收入减少，激化地方与联邦政府的矛盾，州政府和联邦政府关系的恶化就会引发相应的社会动荡。

（二）尼日利亚部族和宗教间冲突激烈，社会治安问题突出，民众生活水平有待进一步改善

第一，部族利益冲突和宗教矛盾长期难以调和，将继续威胁尼日利亚的社会稳定。

尼日利亚是一个多民族的国家，总共有250多个民族，其中最大的豪萨－富拉尼族占全国人口的29%。但由于历史和现实的原因，尼日利亚部族之间隔阂较大，少数民族部族之间积怨甚深，有时会爆发部落之间的武装冲突。据统计，自1999年以来，死于种族冲突的尼日利亚人就超过了13500人。2013年发生两宗因豪萨族与约鲁巴人的冲突，2月的冲突导致45人死亡，4月的冲突导致19人死亡。

尼日利亚50%的居民信奉伊斯兰教，信奉基督教的有40%。但是，民族及宗教冲突时有发生，南部产油区反政府武装死灰复燃，北部“博科圣地”等伊斯兰极端组织频频制造恐怖袭击活动，2012年以来已经造成2000多人死亡。由于延续对尼日尔河三角洲反政府武装的怀柔政策，南部产油区安全局势相对平稳，但是北部“博科圣地”的暴力活动依然猖獗，国内安全状况堪忧。据统计，2012年“博科圣地”共发动袭击120起，造成780人死亡。2013年，尼政府将“博科圣地”定性为恐怖组织，在该组织活动猖獗的东北部三个州实施紧急状态并派兵清剿。

宗教和部族间的矛盾使尼日利亚的社会秩序混乱，外商投资缺乏安全感，导致众多的企业和投资者不敢进入尼日利亚，使资源和劳动力丰富的尼日利亚难以发挥其经济优势。“博科圣地”等恐怖组织的行动，更加剧了外界对尼日利亚营商环境的担心。大量劳动力的无法使用会形成较高的失业率，从而加重社会的负担。多余的失业者却成为了恐怖组织扩展势力的基础。粤省情认为，社会风险高是限制中国“走出去”尼日利亚的主要瓶颈。

第二，尼日利亚是非洲人口第一大国，市场规模较大，但劳动力素质总体较低，贫困现象日益严重，当地民众生活水平低下，社会治安形势仍较严峻。

尼日利亚全国人口总量约为1.68亿，是非洲第一人口大国，具备了较大的市场规模，这也是吸引FDI的一个重要筹码，但综合素质较低，成人识字率仅为57%。专业技术和管理人员严重匮乏，劳动力熟练程度十分低下。在尼设厂需由投资者派遣本国技术和管理人员，也需对本地劳动工人进行全面培训。同时，尼日利亚又是世界最贫穷国之一。尼日利亚基尼系数已经从0.38升至目前的0.48，贫富差距问题严重且在不断扩大。据联合国开发计划署今年的最新调查，通过对173个国家生活状况进行评估，尼日利亚被排列在第148位，仍是世界第26位最贫穷国，人均收入约为300美元，医疗条件也较差。全国约有20210余名医生，106453张病床，患者与医生的比例为4400:1。2010年11个州爆发霍乱疫情，造成700多人死亡。人均寿命48岁。每年30多万人死于疟疾，占全球总数的1/4，是全球唯一小儿麻痹症发病率上升的国家。仅仅庞大的人口数量还不足以构成一个大市场，还需同时具备有支付能力的有效需求。因此，尼日利亚有效市场需求十分有限，但预料将随着可支配收入的增加而扩大，具有较大的市场规模发展潜力。

尼日利亚安全形势较为严峻，特别是2011年4月全国大选后，尼日利亚安全问题进入高发期。欺诈、偷窃、抢劫、绑架、谋杀、海盗、恐怖袭击等案件屡见不鲜。近年来，尼日利亚政府采取了一系列改善治安状况的措施，但收效甚微。贫穷、失业、贫富差距过大以及社会腐败使底层民众铤而走险。此外，尼日利亚警力不足、装备落后，大案要案破案率较低，工作效率低下，也是导致恶性案件频发的重要原因。腐败、包庇、族群庇护使犯罪作恶者难以得到及时惩治，这是尼日利亚治安状况差的根本原因。

（三）尼日利亚经济增长速度较快，金融体系稳健，财政状况好转，经济风险总体较小

第一，尼日利亚经济增长强劲，但石油产业增长乏力，经济增长幅度继续扩大的可能性较小。由于基础设备和技术落后，尼日利亚农业和制造业的发展总体缓慢。

尽管受到2012年洪灾、2013年北部安全局势恶化、盗油和破坏活动猖獗造成石油输油管线关停等不利因素影响，但在2013年上半年，尼日利亚经济依然保持6.4%的增长速度。粤省情预计，尼日利亚2013年国内生产总值（GDP）有望达4050亿美元，超过南非的3700亿美元，成为非洲第一大经济体，有助于进一步吸引金融和实业投资者。2013年尼日利亚通胀率保持在10%以下，为2008年以来最低，但难以显著改善。随着电力和农业领域改革初见成效，非石油行业有望保持增长。粤省情预计，短期

内，在非石油产业的拉动下，经济仍将保持较高增长率，但受全球经济低迷和国际油价上涨乏力的影响，增速将有所放缓。多元化改革有利于经济的长远发展，但石油产业增长乏力拖累了经济增速。尼日利亚投资动力差强人意，私人投资意愿不强，主要靠政府投资拉动，经济多元化总体进展有限。

在产业结构方面，2012 年尼日利亚产值约 865 亿美元，占 GDP 的 33.5%，主要农作物有棕榈油、棉花、木薯等。尼日利亚气候和土壤条件适合发展农业，目前农业就业人口占全国劳动力的 2/3，对经济增长的贡献率为 42%，但由于投资不足，农业基础设施和种植技术落后，农业产出水平与世界平均水平相比仍很低下。尼日利亚制造业总体发展缓慢，未建立起完备的工业体系，主要制造业为纺织、车辆装配、木材加工，大多集中在拉各斯及周边地区。由于技术水平较低，尼日利亚多数工业品仍依赖进口。石油工业自 20 世纪 70 年代起逐渐成为尼日利亚国民经济的命脉和国家财政、外汇收入的最主要来源。2012 年，尼日利亚石油工业产值约 968 亿美元，占 GDP 的 37.5%。由于产业发展严重失衡、过度依赖原油出口而大量进口成品油始终是国民经济的薄弱环节。由于尼日尔河三角洲出现新型少数民族武装人员袭击石油设施事件，迫使石油公司减产，使石油年产量出现下滑。2013 年布伦特油价平均为 105 美元/桶，2014 年和 2015 年可能降至 100 美元，也就是说 1/3 左右的产能未能实现。

第二，尼日利亚金融体系保持稳健，汇率维持稳定，资本市场表现活跃，资金监管系统较为完善。

2012 年，尼日利亚奈拉升值了 3.9%，是非洲大陆表现最好的货币之一。粤省情认为，尼日利亚经济总体稳定和外汇大量流入是奈拉汇率保持稳定的主要原因，2013 年尼日利亚奈拉汇率将继续保持稳定。2013 年，尼日利亚股市上涨 47.19%，涨幅高于肯尼亚、埃及和南非等非洲主要国家股市，也高于印度、印度尼西亚、墨西哥等新兴经济体。截至 2013 年末，尼股市总市值约合 827 亿美元，较上年末增长 47.38%。2013 年 1—11 月尼资本市场同比增长 38%，表现极佳，是世界范围内表现最好的 10 个资本市场之一。近几年，证券委员会一直致力于加强对资金管理的法律监管，打造健康的资本市场，以吸引更多的投资者。

第三，尼日利亚财政状况有所好转，但外汇储备较小，过于依赖石油收入的财政脆弱性较大。不过，尼日利亚政府债务规模较小，财政风险处于可控水平。

2013 年，尼日利亚政府财政收入占 GDP 的 27.39%，财政支出占 GDP 的 26.96%，财政赤字水平较低且有所下降，粤省情预计中期内有望下降到 2.0%。尼日利亚财政收入主要靠石油出口和税收。近年来，由于国际油价上涨，国际社会大幅减债，尼日利亚财政状况明显好转。不过，一旦石油销售遇阻或者国际油价有所下降，尼日利亚就会出现比较大的财政缺口，400 多亿的外汇储备也只能弥补一两年的财政缺口。据尼央行最新数据显示，尼外汇储备已经降至 440 亿美元，为 13 个月以来新低，相比年内高点 488.58 亿美元，降幅近 10%。对此，近期取消汽油价格补贴、消减经常性支出和设立主权财富基金等财政巩固措施，有利于逐步重建财政缓冲，改善过于依赖石油收入的财政脆弱性。此外，2013 年，尼日利亚政府总债务占 GDP 的 17.85%，债务负担率仍处于全球较低水平。尼日利亚未来债务前景稳定，陷入债务危机的风险较低。但尼政府应采取措施，避免油价波动及经济增长变化可能对尼宏观经济及偿债带来负面影响。

第四，尼日利亚受国际经济影响较小，对外贸易发展呈上升趋势，经常项目保持顺差状态。中国与尼日利亚经贸往来保持密切，近年来双边贸易发展迅速。

近五年来，尼日利亚对外贸易依存度较低，但呈逐年上升趋势，2013 年上升至 79.75%，受国际经济环境影响不大，进出口分别增长 8.48% 和 5.78%。近年来，尼日利亚与西非国家经济共同体（ECOWAS）内一些成员国之间的贸易增长较快。2013 年，中国与尼日利亚贸易额达到 130 亿美元，比 2012 年增长 20%，使得尼日利亚成为中国在非洲第二大出口市场和第三大贸易伙伴。此外，近年来两国在政治、农业、基础设施建设、卫星、通讯以及文化教育等领域的合作发展迅速。中国对尼日利亚出口商品主要有机电产品、化工产品及服装、鞋、眼镜、家具等轻工产品。近期尼日利亚石油出口收入增速下降，经常项目顺差有所减少，但直接投资和证券投资前景有所改观，国际收支有望维持平衡或小幅顺差。中国自尼日利亚主要进口石油、天然气和一些矿产品、皮革等。由于中国经济的健康发展和中尼双边贸易的快速增长，尼日利亚中央银行已决定将人民币纳入其外汇市场的交易货币之一。

（四）尼日利亚族群主义明显，国家认同较低，法制政策稳定性及公平性有待提升

第一，尼日利亚族群主义仍较突出，各族群对国家内部其他族群及国家的认同度较低。由于尼日利亚不同地区间有不同的文化及宗教信仰，在利益分配上难以有效平均，从而导致各族群依赖本族群的认同感来获取利益。因此，近期约鲁巴人和豪萨族矛盾渐趋激化。国家概念没被全体人民从内心接受及认同是尼日利亚个性风险的根源。由于这种认同的差异和相互排斥，尼日利亚很多政治家依赖自己的族群而建立官僚系统。当奥巴桑乔下台后，尼日利亚又逐渐朝族群化的政治发展，从而影响社会秩序的稳定性。每一个政治派别上台后都努力使自己的族群利益最大化，并努力以法律形式加以确定。法律的多次修改很容易使法律失去权威性。粤省情认为，尼日利亚这种个性风险归根结底是一个公平问题，官员选拔制及分配制度的公平性有待进一步提高。

第二，尼日利亚经济发展迅速，市场潜力较大，但偏高的失业率使当地不法犯罪分子有所增多，外商投资时仍存在不少经济陷阱，如信用证、大额电汇诈骗等。

（五）中国“走出去”在尼日利亚问题点和利益点

近年来，中尼两国人员往来日益紧密。据相关数据显示，约有 2 万中国人居住在尼日利亚，而在中国也有不少尼日利亚人的聚居点。尼日利亚是中国的主要客商，他们从中国采购大量的商品输出到非洲中东和尼日利亚，对中国及尼日利亚的发展贡献巨大。尼日利亚商人在中国采购的商品一般是：建筑材料、五金机电产品、家具、服装和日用产品等。另外，据中国商务部对外投资和经济合作司统计，在尼日利亚的中国企业有 282 家，其中广东有 24 家企业，主要业务有工程承包、进出口贸易、药品和医疗器械、家具、太阳能、建材、皮革箱包、关高策划展览等。针对尼日利亚的产品需求，更多的广东企业正考虑到尼日利亚设厂生产，从而避开当地较

多的贸易限制，并充分利用当地既丰富又廉价的劳动力。不过，要注意的一点是，尼日利亚劳动力的生产效率比中国的略低，工作的主动性仍然不高，投资尼日利亚必须谨慎。

（六）不确定性分析和未来预测

第一，受投资需求等因素拉动，2014 年，尼日利亚经济整体增速约为 6%；通胀水平保持下行态势，到 2014 年底，该地区通胀率将降至 6% 以下。这主要是由于尼政府实施的经济改革计划和审慎货币政策以及非石油行业的持续发展，尼日利亚经济总体表现将好于该地区其他国家。大部分到尼投资的外国投资者，都受益于尼当前采取的从紧货币政策。外来投资对于尼短期宏观经济稳定起到了积极作用，若这些投资外流，将对尼中长期经济稳定带来冲击。尼联邦政府将继续确保政策合理到位，防范外来投资风险。同时，尼日利亚要注意做好商品价格和生产波动、大选年可能引发的安全问题等风险防范。如果尼电力、农业和其他关键领域改革能获成功，尼日利亚经济增长将会更加强劲。

第二，2014 年，尼日利亚联邦财政预算将向能够促进经济更快增长的领域倾斜。粤省情预测，尼日利亚基础设施建设项目将置于财政资金的首要保障地位。2014 年，尼政府仍将致力于消除经济增长的“关键瓶颈”，特别是基础设施瓶颈。农业作为解决贫困问题的主力军，仍将获得众多政策扶持，而部分领域预算资金则可能收紧。同时，尼日利亚还将继续改善营商环境，打击腐败，加强制度建设和政策制定，改善民生等。为准备 2015 年大选，尼日利亚政府将在 2014 年减少债务规模并保持经济稳定，主要是通过加强税收征管，将目前占尼企业总数 75% 的“漏税”企业纳入征管范畴。

三、澳大利亚

澳大利亚国际关系良好，政权平稳过渡，社会维持安定，福利体系健全，经济形势向好，产业结构合理，自然资源丰富，金融体系稳健，财政状况有所改善，贸易逆差不断收窄，总体营商环境较好，与中国合作领域不断扩大，但产业政策不是很稳定，失业率和通胀率仍然偏高，外债规模有所扩大等问题仍将影响澳大利亚的进一步发展。

（一）澳大利亚坚持平等友好的对外政策，国际关系保持良好

第一，澳大利亚与中、美、日等世界大国关系保持友好，与中国合作领域不断扩大，与美、日两国政治互信和贸易关系进一步提升。同时，澳大利亚也与印尼等东盟国家经贸合作发展顺利，地缘政治风险相对较低。

在对外政策上，澳大利亚始终将与中国、美国、印尼、日本关系作为最重要的四大双边关系。中、澳两国自1972年建交以来，双边关系发展顺利，两国友谊日益加深，合作领域不断扩大。2013年4月，吉拉德总理访问中国，并建立了全面战略合作关系和两国领导人定期会晤机制，以及签署了人民币与澳元直接兑换协议。2013年10月，习近平主席与李克强总理分别在人民大会堂会见澳大利亚总督布赖斯，积极推动双边自贸协定的突破及更多领域的合作。

美国与澳大利亚自1940年建交以来，双边关系一直保持紧密，政治互信不断加强。2011年吉拉德总理访美，然后奥巴马总统也访澳，并签订美国海陆军战队入驻澳大利亚的军事协定。美、澳两国自2004年签署自由贸易协定以来，贸易关系发展顺利，美国是澳大利亚第三大贸易伙伴。此外，早在2003年澳大利亚就积极与东盟国家开展合作，先后与新加坡和泰国签订了自由贸易协定。印尼则与澳大利亚签订了双边反恐合作协定和全面发展两国伙伴关系框架协议，也是澳大利亚第11大贸易伙伴、最大的发展援助接受国。虽然澳大利亚与印尼在东帝汶和偷渡船事件处理上有些分歧，但澳大利亚与印尼以及其他亚洲国家关系都相当不错。日本则是澳大利亚第二大贸易伙伴，自1996年起与澳大利亚开始年度首脑会晤并建立“政治、军事”年度磋商机制。

第二，澳大利亚联盟党在大选中获胜，政权过渡平稳，政策施展阻力较小。新政府废除碳税的计划，将有助于经济结构的调整和减少大多数家庭的开支。大幅裁减公共部门人员的紧缩政策，将对减少政府赤字规模起

着积极作用。

澳大利亚国内政权平稳过渡，联盟党在大选中顺利胜出，并获得众议院的绝大多数席位。澳大利亚联邦政府一般由众议院多数党或政党联盟组成，总理任期一般为三年。2013 年 9 月，澳大利亚自由党 – 国家党联盟在选举中获胜，得票率为 53%，自由党领袖托尼·阿博特出任新一届政府总理。虽然在参议院上联盟党无法获得绝对的投票优势，但对于政策的施展应该不会有大的阻碍，因为在澳大利亚如果出现两次否决之后就可以提请澳大利亚总督解散议会重选。新一届政府上任后，饱受各方争议的碳税和矿产资源租赁税将废除，经济结构也将稳步调整，逐步实现由目前过度依赖矿产行业逐步分散到制造业、农业等其它部门。阿博特总理公布了撤销碳排放交易的立法草案，并表示废除碳税会使得电费和气费等开销降低，使大多数家庭一年能省约 550 澳元。而工党实施的碳税补偿计划，例如提高养老金补贴和家庭福利金等将保留。同时，新政府将推出以裁减公共部门人员为主的财政紧缩政策，以更大力度地减少政府赤字规模。阿博特政府计划通过自然裁员和冻结人员招聘等方式，在 2014 年 6 月前削减 6000 个公务员岗位，在 2015 年 9 月前再裁员 6000 个岗位。澳大利亚国会预算办公室认可阿博特的裁员节流结果，认为冻结人员招聘可在 2013—2014 财年至 2016—2017 财年的四年内为国家节省开支 52 亿澳元。

（二）澳大利亚地广人稀，人口分布不均，利益集团与政府间的矛盾对社会稳定性的影响仍未完全消除

澳大利亚人口密度较低，人口总数较小且分布不均。截至 2012 年 6 月，澳大利亚人口为 2268 万，平均人口密度约为每平方公里三人。悉尼、墨尔本、珀斯、布里斯班、阿德莱德等十几个城市集中了全国人口的 70%。目前，在澳大利亚的华人约有 110 万，约占当地总人口的 5%，中国已成为澳大利亚移民的第二大来源国。华裔新移民的大量涌入为澳大利亚的经济发展增添了无尽的动力。他们大多集中在悉尼、墨尔本等地，从业状况呈多元化趋势，但仍以餐饮服务业为主。经过几代移民的努力，华人已深深融入到澳大利亚政治、经济体系之中，不仅在联邦和州政府里面有华裔官员，而且在 2013 年澳洲福布斯富豪榜中也有华裔富豪。不过，华

人的就业和收入状况在澳大利亚仍处于较低水平。据相关调查显示，华裔人口的就业率为55.5%，低于澳大利亚本地出生人口66%的就业率，而华裔人口平均周薪为239澳元，低于本地出生人口484澳元的周薪。

澳大利亚是一个多民族国家，英国及爱尔兰后裔占总人口的74%。因主要沿袭英国的社会和法律制度，澳大利亚可以免去很多曲折的社会管理探索和降低相关经验成本。英国成熟的社会治理模式，为澳大利亚社会的稳定起了相当关键的作用。同时，澳大利亚宗教信仰自由，全国约63.9%的居民信仰基督教，教派间很少发生冲突。澳大利亚也是世界上实行社会福利制度最早的国家之一，社会福利种类多且齐全，当地居民享有大多数免费医疗服务。澳大利亚政府和非政府机构共同合作，全方位帮助老年人、残疾人、病人、失业者和有子女的家庭等等，全国性服务网络延伸至边远地区和土著民族。因此，澳大利亚总体治安情况良好，近年来没有发生过恐怖袭击，入室抢劫和盗窃等案件大幅减少，但大城市部分区域治安情况稍差，人身攻击事件有所上升。影响澳大利亚社会秩序的不稳定性因素还有利益集团与政府间的矛盾。例如，“碳税法”虽然在2012年7月才开始执行，但强大的工矿企业主就利用各种的途径与政府进行对抗，迫使制定政策的工党在大选中下台。还有去年的矿产资源租赁税也是引发矿山企业主大力反对政府的原因，他们竭尽所能的反对工党政府，利用其所属员工和经济影响力大肆反对工党，导致了地区性的罢工，如2012年2月，世界矿业巨头澳大利亚的必和必拓公司约3500名工人开始了为期七天的罢工，构成澳大利亚10年来规模最大的行业停产，严重影响了澳大利亚的社会和经济稳定性。

（三）澳大利亚经济增长势头强劲，中澳两国经贸联系日益加深，澳大利亚经济风险总体可控

第一，金融危机后澳大利亚经济仍保持增长，增长势头远好于其他发达国家。消费是经济增长的主要动力，国内市场需求强劲，四大支柱型产业发达，对经济拉动作用明显。虽然澳大利亚失业率和通胀率仍然偏高，劳动力成本较高，但资源禀赋和区位优势使澳大利亚经济发展潜力巨大。

自2008年金融危机发生以来，澳大利亚经济连续六年平均增速达到

2.72%，可见澳大利亚具有很强的抗击经济危机能力，这是大部分发达国家所不具备的。2012年，澳大利亚国内生产总值（GDP）全球排名12位，人均生产总值达到67043美元，排名也在世界前几名，远高于美国、英国等主要发达国家。澳洲经济在2013年第二季度继续增长，GDP增长率达到2.6%，同比增长0.6%，延续了澳洲经济连续21年不间断扩张的纪录。粤省情认为，根据美国引领的发达市场经济增速加快的预期、房地产活动的好转，以及较为宽松国内融资状况，澳大利亚经济已开始在悄然复苏。中长期内，虽然经济转型将面临非矿业的空心化和劳动力成本高企的制约，但澳大利亚良好的资源禀赋和区位优势使其经济发展潜力较大，预计澳大利亚未来五年的平均经济增速约为2.0%。

消费仍是澳大利亚经济增长的主要动力。近年来，澳大利亚私人消费已占GDP的60%，强劲的国内消费市场使得澳大利亚经受住了亚洲金融危机以及2008年世界性金融的双重考验。这主要归功于澳政府一直着力培育国内市场，出台一系列符合市场规律的有效政策。例如，积极推进国企私有化改革，增强企业的活力；取消市场准入壁垒，实施放松金融、劳动力等市场管制政策，提供富有竞争的市场环境；通过税收、福利等分配制度改革，提高市场资源配置能力保证充分就业、完善社会保障体系和鼓励消费信贷等提高个人即期消费能力。不过，近期矿业投资下降致使澳经济增速有所放缓。短期内，亚洲新兴经济体对铁矿石需求减弱将影响矿业投资和出口，而较高的失业率和缓慢的工资增幅将对消费产生一定的负面作用，预计2013年和2014年，澳大利亚经济增速分别为2.5%和2.2%。

澳大利亚经济主要由四大支柱产业支撑，分别是服务业、制造业、采矿业和农业。2012年，服务业总产值在澳大利亚国民经济中占比高达75%，就业人数超过980万人，几乎是澳全国人口的43%。虽然澳制造业占GDP的比例仅为8%，但其机械设备制造、石油化工、食品加工、饮料烟草、皮革加工和家具制造等行业为国民经济体系的完整性做出了重要贡献。同时，采矿业和农牧业也是澳大利亚的特色优势产业。澳大利亚采矿业技术水平高，生产工艺先进，是世界五大矿产国之一。当地矿产资源极其丰富，是世界上最大的铝矾土、氧化铝、铅、钽等的生产国，煤、铁矿石、黄金等产量也位居世界前列，是世界第九大能源生产国。近20年来，在亚洲新兴经济体工业化、城市化、现代化对资源类产品巨大需求的带动下，澳大利亚的采矿业迅速发展。2011 年，澳大利亚采矿业产值的 GDP 占比为 7.9%，就业人数约 22 万人。在农牧业方面，机械化程度高、市场化程度高是两大特点，澳大利亚农用面积也相当可观，羊毛和牛肉出口稳居世界第一，2011 年农牧业产值达 426 亿澳元，GDP 占比 2.9%。

不过，澳大利亚就业形势和通胀水平仍不容乐观。2012 年中以来，澳大利亚企业连续数月职位空缺，企业招聘意愿均保持低迷。据澳大利亚统计局数据显示，2013 年 12 月全国季调后失业率达 5.8%，就业总人数减少 2.26 万个至 1162.95 万个。受资源热潮降温冲击的地区就业形势恶化尤为明显，如昆州和西澳地区。不过，消费信心、零售支出、住建审批等经济指标开始有转好迹象，这将逐渐渗透和传递到就业市场。但澳大利亚统计局数据还显示，澳通胀率自 2008 年起至今平均每年为 2.76%，2013 年最后一个季度通胀年率上升 2.7%，升幅超出市场普遍预期，创下八个季度最大升幅。

第二，澳大利亚金融体系稳健，资产质量保持良好，银行资本充足率较高且呈上升趋势，资产配置情况较好，证券市场发展成熟，经济货币化程度较高。

澳大利亚银行业盈利能力强，运行稳健，银行总资产高达 2.7 万亿澳元。澳大利亚银行的资产质量状况保持良好，2008—2012 年的年均不良贷款率为 1.88%，远低于国际标准的 3% 要求，一直保持在安全水平之上。2013 年 11 月，澳大利亚央行再度将基准利率维持在 2.5% 的低位不变，符合市场普遍预期。这两年来，该行一直在积极降息以应对矿业增长放缓给经济带来的冲击，也有助于限制投机套利资金的大量涌入，从而增强澳大利亚的金融稳定性。在银行资本充足率方面，除了 2008 年因金融危机影响出现略低于 8% 的 7.62% 外，其他各个年份都超过《巴塞尔协议Ⅲ》规定 8% 接近 10%，表明澳大利亚银行的资产配置情况也较好。澳大利亚证券市场也较为成熟，澳交所是世界第五大股权市场。近五年来，澳大利亚广义货币供应量占国内生产总值（M2/GDP）的比例持续上升，2012 年升至 102.85%，经济货币化程度较高，但通胀水平也较高。

第三，澳大利亚政府财政赤字水平大幅下降，而且随着税收的增加和经常性支出的减少，政府收入将得到进一步提升。虽然澳大利亚外债规模逐步扩大，但长期资本净输入使政府债务负担率逐渐降低。

近年来，澳大利亚政府财政赤字率明显降低，这主要得益于税收收入的增加和经常性支出的削减。2013年，澳财政赤字率已由2012年的3.0%下降至1.6%，政府预计在2015—2016财年实现盈余。澳政府收支赤字是为抵消全球金融危机的影响而实施了明确的经济刺激计划，连续七年的赤字预算被证明是成功的，澳洲是近几年能成功避免经济衰退的少数几个国家之一。虽然赤字预算是政府原先计划的延续，但是新政府更大幅度的紧缩政策将使财政赤字率进一步下降，而且由于政府的刺激计划对税收、资源部门以及部分商品价格的依赖，随着新的资源项目的投资增加和出口收入的增长，政府的收入预计将得以提高上升。不过，澳大利亚外债规模继续扩大，外部平衡风险继续积累。澳大利亚私人部门外债规模持续扩大导致总外债规模继续攀升，2012—2013财年其总外债负担率同比上升0.4%至97.6%。但澳大利亚经济发展呈现长期资本净输入特征以及本币在国际外汇市场良好的汇兑和流通能力将保障其外债偿付。粤省情预计，澳大利亚各级政府债务负担率将由2012—2013财年的19.8%逐年降低。

第四，澳大利亚贸易发展稳定向上，逆差幅度不断收窄，对外依存度较低，受国际市场影响不大。中澳两国经贸发展迅速，产品结构互补性很强，中国已成为澳大利亚外贸的主要依赖市场。

澳大利亚外贸发展顺利，贸易逆差逐渐收窄。澳大利亚统计局数据显示，2012年12月，澳大利亚商品和服务出口增长3%，约254亿澳元，进口下降6%至258亿澳元。自2008年金融危机后，澳大利亚贸易逆差年均3.8%。2013年11月，澳大利亚商品及服务贸易状况明显改善，但仍表现为赤字。澳大利亚11月季调后商品及服务贸易帐录得赤字1.18亿澳元，好于预期和前值。在澳联储的口头干预下，澳元兑美元在11月份大幅走弱近500点，给该国贸易帐赤字收窄带来了一定帮助。不过，2013年第三季度，澳大利亚经常帐赤字127亿澳元，赤字规模较上月扩大且高于预期。但澳大利亚经济的对外依存度保持在42%左右，受海外市场波动影响较低，对外贸易将继续稳定发展。

中国与澳大利亚经贸联系日益密切，产品结构互补性较强。在过去63

年里，中国逐步超越英国，成为二战后澳洲最为依赖的出口市场。澳洲2013年第二季度出口的货物有35.4%运到中国，数值创历史新高，与五年前相比也激增了一倍有余。中国不仅是澳洲矿产品的最大进口方，也于2011年第二季度超越日本成为本土农产品的最大消费国，近几年更是超越新加坡及韩国成为了澳洲制造业产品的第四大买家。过去三年内，中国进口的澳洲高价医药产品激增超过200%，2013年第一季度从澳进口比例最大的制造业产品，价值高达8.56亿元。澳对华出口的发电设备、酒水饮料以及爆炸品也暴涨超过50%，肉类、油籽、棉花和奶制品的增幅则有50%至400%不等。

（四）澳大利亚营商环境较好，政府鼓励外资进入

澳大利亚政治和社会环境稳定，法律体系健全，金融体系规范，自然资源丰富，地理位置优越，成为联系西方市场和亚太地区的重要桥梁，而且澳政府欢迎并鼓励外国投资，投资环境较为理想。继2009年修改投资管理体制、简化对外资的要求之后，2010年澳大利亚政府表示要彻底改变外商投资机制，并考虑调整双边贸易策略，将美国与澳大利亚在自由贸易协定下达成的投资限额拓展至所有贸易伙伴。但在实际执行中，澳大利亚采取了区别对待的做法，对中国以国有企业为投资主体的外商投资的监管有所强化。世界经济论坛《2012—2013年全球竞争力报告》显示，澳大利亚在全球最具竞争力的144个国家和地区中，排名第20位，经济弹性排名全球第5位。但澳大利亚劳工成本高，制造业价格在国际上比较优势低。为此，澳政府扬长避短，通过国内产业结构和贸易结构调整，同时出台降低关税、减少贸易壁垒、扩大贸易伙伴等宽松的外贸政策，调整进出口贸易结构。

澳大利亚政府虽然在产业转型上有具体确定的长期政策和方针，也获得了一定的成效。但部分的产业政策却朝令夕改，如2012年实施的矿产资源租赁税，以及工党强力推行实施的“碳税法”，可是今年联盟党上来就准备废除该法案。从这方面来看澳大利亚的产业政策还是具有一定的波动性，政策连续性相对较低。

澳大利亚2012年7月实行新的技术移民政策，是近年来澳大利亚技术

移民政策中最大的一次变化。新移民政策将确保技术移民计划迎合澳大利亚经济的需要，帮助澳大利亚政府灵活地选择合适的人才，控制申请数量及申请时间。这是因为在2010—2011年间中国移民快速增加，成为了向澳大利亚移民最多的国家，一年间新增加移民就达到了20%。除了出台限制华人大规模移民的政策，澳大利亚人还对中国投资澳大利亚具有很大的戒备心理。据相关的民意调查显示，超过半数的澳大利亚人不太欢迎中国国企的投资，担心中国控制澳大利亚的关键资源，而且担心中国崛起带来地缘政治威胁，并对中国日益发展的军力感到威胁，澳大利亚民众认同“中国威胁”的比例不断的上升。不过，澳大利亚对待中国籍移民没有历史一致的政策，时而紧缩时而放松。当意识到外来移民帮助经济增长为主时，澳洲政府就会放松移民条件和管制。

（五）中国“走出去”在澳大利亚机会

随着中澳从战略高度推动两国经济的纵深合作，中国与澳大利亚经贸合作将面临广阔的发展空间。中国与澳大利亚主要的合作领域是：矿产资源、农业畜牧业、现代服务业、渔业和海洋技术。据统计，如今在澳大利亚有中国企业683家，中国企业“走出去”澳大利亚已颇具规模，但近期资源矿产类企业比较容易受到政策的影响。近年来，中国经济高速发展，所需的资源缺口逐年增大，成本上升，企业不堪重负。金融危机以来，中国部分企业赴澳购买煤矿和铁矿开发权，获利颇丰。中国政府应继续鼓励有实力企业抢抓机遇，赴澳进一步开展矿产资源开发合作。同时，中国也应充分利用澳农牧业资源，多渠道引进澳方畜牧、粮食、油料、蔗糖、水果等产品，对满足居民迅速提高的消费需求、缓解食品安全问题、平抑物价水平具有重要意义。

值得注意的是，外国人投资澳大利亚房地产须获得事先认证。中国在澳大利亚有两家企业从事房地产开发，一家是优宜居房地产发展集团（天恒）有限公司，另一家是世纪都市投资有限公司。他们像国内对澳大利亚房地产普遍认识一样，认为澳大利亚有市场竞争力较强的环境和地价，销售利润应该不错，但他们忽略了澳大利亚对外国人投资房地产所做出限制。对于居住用住宅，无论房产价值大小，外国投资者都必须通知澳大利亚政府其获得的利益。对于商业性住宅，在发达商业区5000万澳元以上的房地产获得500澳元以上的利益需向澳政府申报，被列入文化遗产名单的房产价值500万澳元以上即需要申报。外国投资者购买居住性住宅也需事先申报并通知政府所获得的收益。这就使中国在澳大利亚的两家地产公司，投入了与国内相同的资金量却难以获得在国内类似的丰厚回报。澳大利亚房产项目的滞后，也不会像国内房产市场有涨价获利的预期。目前，澳大利亚对于投资设定限制的还有以下行业：银行、航空、海运、机场、电信、媒体，这六个行业的审查和控制比较严格。因此，中国企业投资澳大利亚房地产要预先做好前期的调研和风险准备。

（六）不确定性分析和未来预测

未来澳大利亚汇率的大幅波动仍对经济带来较大影响，利率过低也容易导致楼市泡沫的破灭。因此，澳政府未来必须制定合理的财政政策，积极寻找新的经济增长点，从而进一步提升澳大利亚的营商环境。

澳大利亚金融市场完全开放不久，经验不足，经常性出现汇率的暴涨暴跌，而汇率影响到进出口，今后将对澳大利亚的经济造成较大影响。同时，澳大利亚现在利率已经降无可降，利率太低将导致楼市火爆，最终导致楼市泡沫的破灭，过于依赖货币政策会产生危险。澳大利亚目前房价在世界上都是名列前茅的，如果房价下降而非一再上涨，有很大可能触发经济衰退。因此，如果经济从矿业繁荣转型，澳政府必须制定合理的财政政策。澳大利亚也不该完全放弃矿产出口，而应该积极寻找新的经济增长点，但必须在生态可持续性原则下重建经济架构。据澳联邦政府的《2013—2014年中经济与财政展望报告》显示，当前财年联邦政府赤字将达470亿澳元，远期预估累计赤字达1230亿澳元。联邦财长表示，如果没有任何政策革新举措，预计在未来10年内财政收支难以重回盈余状态，且已发行总债务预计会增至6670亿澳元。

后记

本书所呈现的成果是在省级部门领导的无私支持、国际问题专家的全力参与，以及在一个团队的不懈努力之下完成的。

2013年1月，本人出席广东省十二届人大第一次会议时，提出“关于推进中国海外利益保护工作的建议”。其中重点提出“海外利益保护的调查、研究和评估，是一个系统、科学的工程，依靠单个企业、单个人员是无法完成的，因此，建议成立一个跨部门、多学科的科研人员队伍，就目前涉及到海外利益的重要方面、关键环节和热点问题，进行集中攻关研究，定期发布海外利益风险信息，建立风险评估与风险预警机制”。该建议引起了与会人大代表的共鸣，并得到了有关部门领导的大力支持。

2013年2月，在广东成立了由本人担任所长的中国海外利益研究所，并邀请省内外著名国际问题专家，组建以中国人民大学国际关系学院李宝俊教授为组长、本人为执行组长的中国“走出去”风险评估课题组，抓紧研究“走出去”风险问题，建立“走出去”风险分析与预警机制，为中国企业“走出去”提供贴心服务，同时加强与对象国（地区）的沟通，增进中国与世界各国的相互理解、沟通与民心沟通、政治互信，为国家发展战略服务。

这个课题组的核心专家包括广东省人大原副主任陈坚同志、广东省社会科学院院长王珺教授、云南大学国际关系学院赵伯乐教授、广东国际经济协会副会长张理中先生、广东省社会科学院区域竞争力中心主任丁力研究员、广东省社会科学院国际经济所所长丘杉研究员、广东省省情调查研究中心主任助理王建国同志等；课题组聘请中国人民大学国际关系学院时殷弘教授、北京大学国际关系学院王逸舟教授、中国人民大学国际关系学院金灿荣教授、云南大学国际关系学院赵伯乐教授、苏州大学商学院董洁林教授为特约专家，在“岭南大讲坛”开辟“中国海外利益专场”，向广州市公众宣讲研究成果；另外聘请广东省社会科学院郑梓桢研究员、浙江师范大学非洲研究院院长助理姜恒昆研究员、燕山大学国际关系系张鸿石教授、云南大学国际关系学院刘军副研究员为课题组外审专家，审议批改研究报告。

本项目的前期研究，从2013年开项至2014年结项，整整历时一年，先后超过50位国内国际问题专家学者投入工作，还有一大批工作人员参与了整个过程，工程不可谓不大。现在，广东印太和平与发展研究院、中国（昆明）南亚东南亚研究院基于“一带一路”倡议实施的考虑，继续委任本人担任“中国海外利益研究”课题组组长，持续研究该专题，并以太平洋、印度洋地区作为核心关注点，决定每年发布“中国海外利益风险分析报告”，为“一带一路”倡议和中国企业“走出去”服务。

感谢时事出版社的各位领导以及高冉编辑的热心和厚爱，他们精益求精的敬业精神以及孜孜不倦的工作作风是本书能够与读者见面的基本保证。

海外利益研究，以及“走出去”风险分析为新课题，无论在理论上、方法上，还是结论上，由于空白过多，其研究难度非一般可比，由于学识所限，本书仍有许多不足甚至谬误。因此，希望读者诸君不吝指出，以期下一轮分析时能够改正。尤其要指出：书中的不足或谬误概由本人负责。联系邮箱：shx010@126.com。谢谢！

宋海啸

2017年11月1日

昆明海埂花园